고용노동정책의 역사적 변화와 전망

서울대학교 행정대학원
국가리더십연구센터 국가리더십연구총서 4

고용노동정책의 역사적 변화와 전망

초판 1쇄 인쇄 2017년 5월 15일
초판 1쇄 발행 2017년 5월 20일

지은이 금현섭 외
펴낸이 성낙인
펴낸곳 서울대학교출판문화원

출판등록 제15-3호

주소 08826 서울 관악구 관악로 1
대표전화 02-880-5252 | 팩스 02-888-4148
전략기획팀(출판상담 및 홍보) 02-880-5217
출판관리팀(주문상담) 02-889-4424, 02-880-7995
이메일 snubook@snu.ac.kr
홈페이지 www.snupress.com

ISBN 978-89-521-1781-6 94340
978-89-521-1641-3 (세트)

서울대학교 행정대학원 국가리더십연구센터
국가리더십연구총서 ④

고용노동정책의 역사적 변화와 전망

LABOR POLICY IN KOREA

금현섭 김성중 김원배
김헌수 송지태 유길상
이규용 이주희 이철수
장신철 정병석 황덕순

서울대학교출판문화원

머리말

최근 들어 가장 뜨거운 논쟁이 벌어지는 경우로 고용·노동 문제를 들 수 있다. 단적으로 일자리 수요는 늘고 있는데 일자리 공급이 더딘 현실은 어제 오늘의 일은 아니지만, 1960-80년대 발전 과정에 비추어 볼 때 생소한 것이 사실이다. 청년실업의 심각성은 차치하더라도 여성과 고령자 등 새로운 수요의 증가는 가히 폭발적이다. 비정규직의 급증은 물론이고 정규직과의 근로조건 격차는 더욱 커지고 노사갈등이 완화되기보다는 도리어 노노갈등, 사사갈등으로 심화되고 있다.

앞으로의 예상은 더욱 암울하다. 기술혁신은 강조되지만 이로 인해 예상되는 노동력 대체에 대한 대비는 이루어지지 않고 있으며, 상품시장의 국제화는 강조되지만 생산기지 이전에 따른 일자리 감소에 대한 대책은 찾아보기 어렵다. 이 과정에서 근로가 최선의 복지라는 점에는 모두가 동의하면서도 막상 고용과 복지의 연계와 관련해서는 갈등이 빚어지고 있다. 노동시장 유연화를 요구하는 목소리와 직업 안정성을 요구하는 목소리가 정면으로 충돌하고, 일정 부분 희생을 요구하는 목소리와 최소한의 보장을 요구하는 목소리가 경쟁하고 있다. 모든 경제 문제의 만병통치약으로 여겨지던 경제성장은 더 이상 고용효과를 산출하지 못하고 있으며, 향후 경제성장은 그 자체도 둔화될 뿐 아니라 고용효과는 더욱 감소할 것으로 예상된다. 즉, 제로섬(zero-sum) 인식틀에 갇혀 있는 형국이다. 이제 우리는 어디로 가야 하며, 이를 위해 어떤 대안을 찾아야 할까?

우리의 선택은 온고지신(溫故知新)이다. 『논어(論語)』「위정(爲政)」편에 나오는 '옛것을 익혀 새로움을 안다'라는 이 고사성어가 의미하듯이 우리는 과거 정책과정에 대한 재해석을 통해 미래를 대비하고자 한다. 사실 대한민국정부 수립 이후 지난 70여 년간의 발전 경험은 향후 미래세대를 위한 중요한 자산이다. 그리고 그 과정에서 정부와 정책의 역할이 막중했다는 데에는 이견이 없다. 따라서 해당 시기에, 해당 사안에 대해 정부가 어떤 일을, 왜, 그리고 어떻게 했는지를 밝히는 작업은 중요하다. 하지만 과거의 경험에 대한 기술은 다양한 접근에 의한 해석이 부가되기에 누가, 어떤 의도에 의한 것인지에 따라 달라질 수 있다.

더욱이 대부분의 정책이슈는 복합적인 성격을 갖는다. 이념적 지향성은 물론이고 이해관계에 따라 다양하고 중첩적인 관계자를 양산하고, 이들의 상호작용은 때론 치열하게, 때론 부지불식간에 이루어진다. 따라서 어떠한 정책이든 이에 대한 해석과 재해석의 과정은 지난

하고 수렴되기 어려운 경우가 많다. 그럼에도 불구하고 지속적 노력을 통해 이에 대한 검증과 재해석이 이루어질 때 객관적인 사실에 보다 가까이 갈 수 있고 새로운 아이디어를 창출할 수 있다. 과거의 경험에 대한 회고에 머무는 것이 아니라 이에 대한 비판적 검토가 병행될 때 지난 경로와 다른 새로운 경로를 탐구할 수 있다.

이러한 점에서 고용·노동 분야의 각종 이슈에 대해 실제로 이를 담당했던 국정 경험자와 직·간접적으로 참여했던 연구자의 입장에서 살펴보고자 했다. 어떠한 정책이든 그 과정에서 수많은 시각과 주장이 횡행하면서도 그들 간에 상당한 비대칭적 정보교류가 일어나지만 이러한 정보 흐름이 맞닿는 곳에는 담당 실무자가 존재하기 마련이다. 더욱이 담당 실무자의 경우 해당 사안의 문제 정의부터 정책 형성 및 집행 과정, 그리고 이후 정책과의 연계성에 이르기까지 구체적 실례를 확인할 수 있을 뿐 아니라 그 과정에서 누가 어떤 역할을 어떻게 수행했는지를 파악할 수 있는 최적의 위치에 있다. 따라서 이들의 회고와 서술을 통해 해당 이슈가 정부 내에서 어떻게 인식되고, 그 대안 탐색과 선택 과정에 누가, 어떤 역할을, 어떻게 했는지를 이 책에 담고자 했다. 그리고 이를 통해 그동안 오해 또는 간과했거나 숨겨져 있었던 가치를 발견하고 잘못을 수정하며 재해석을 시도해 보고자 했다. 물론 담당자로서의 주관적 한계가 발생할 수 있지만 이는 공개된 포럼에서의 질문과 토론으로 일정 부분 상쇄하고자 했다.

이러한 접근의 또 다른 취지는 문제해결 과정에서 나타난 리더십의 속성을 파악해 보고자 하는 것이다. 우리의 지난 발전 과정이 위계적 조직하에서 목표를 선정하고 재원을 조달하며 적재적소에 인력을 투입하는 선도적 리더십의 결과라고 단정하지만 실제 그 양상은 훨씬 복잡하고 중층적이며, 숨겨진 리더가 존재하기 마련이다. 제도와 제도 사이의 공백, 계획과 실행 사이의 격차는 리더의 역할에 의해 채워지는 것이 일반적이다. 이러한 맥락에서 리더는 더 이상 대통령이나 기관장에 국한되지 않는다. 과업에 따라 정치인, 관료, 시민단체, 연구자, 기업, 국제기구 등 다양한 관계자가 될 수 있으며, 이들의 역할 역시 비정형적(atypical)이고 상황적응적(contingent)일 수 있다. 하지만 적극적 태도와 전문성, 그리고 윤리성의 겸비가 과업을 해결하고 정책의 질을 높이는 핵심 요소임은 분명하다. 따라서 새로운 리더십을 가상적으로 설계하기보다는 과거의 정책과정 경험에서 핵심적인 역할을 담당했던 인물과 그 행태를 살펴봄으로써 리더십의 속성을 파악해 보고자 했다.

이러한 의도에서 포럼을 기획하고 출판하는 과정에서 서울대학교 행정대학원 국가리더십연구센터 김병섭 교수님과 박하나 연구원의 지원과 노력은 절대적이었다. 포럼의 취지와 주제 선정에 절대적인 지지와 자율성을 제공해 주신 데 대해 다시 한번 감사드린다. 참여자를 선택하고 섭외하는 과정에서는 장신철 서울지방고용노동청장의 도움이 매우 컸다. 시간의 제약으로 보다 폭넓은 주제를 포함하지 못한 아쉬움은 있지만 선정된 각 주제에 대해서 최고의 전문가가 최선의 노력으로 원고를 작성해 주었다고 자부한다. 이 자리를 빌려 심심한 감사의 마음을 전하며, 출판 과정이 생각보다 지연된 점에 대해 머리 숙여 양해를 구하고자 한다. 국가리더십연구센터가 진행하는 '정책의 변화와 전망'의 두 번째 시리즈물인 이 책이 우리나라 정책과정에 대한 중요한 기록물이자 자산이 되기를 바란다.

2016년 12월

저자를 대표하여 금현섭

차례

머리말 • iv

1부 총론

1장 / 우리나라 고용·노동정책의 변동과 과제: 역사적 접근의 필요성

금현섭

1. 들어가는 말 • 3
2. 역사적 경험에 대한 접근 • 4
3. 역사적 접근에서의 고용 · 노동정책 • 8
4. 책의 구성 • 14
5. 맺음말: 향후 과제 • 23

2장 / 우리나라 고용정책의 전개 과정

김성중

1. 들어가는 말 • 31
2. 고용정책의 전개 과정 • 36
3. 고용정책의 발전 방향 • 61

3장 / 시대별로 살펴본 우리나라의 노동정책

김원배

1. 들어가는 말 · 70
2. 1960년대의 노동정책 · 73
3. 1970년대의 노동정책 · 81
4. 제5공화국의 노동정책(1981-1987) · 89
5. 제6공화국의 노동정책(1988-1992) · 97
6. 문민정부의 노동정책(1993-1997) · 105
7. 국민의 정부의 노동정책(1998-2002) · 120
8. 참여정부의 노동정책(2003-2007) · 134
9. 이명박 정부의 노동정책(2008-2012) · 150
10. 맺음말: 향후 과제 · 160

2부 정책 분야별 회고와 전망

4장 / 노사관계법의 역사적 변화와 전망

이철수

1. 들어가는 말 · 169
2. IMF 구제금융 이후 노동법제의 제 · 개정 내용 · 175

3. 2000년대 초 · 중반의 노동법상 주요 담론 • 184
4. 최근의 해석론 · 입법론상 쟁점 • 192
5. 맺음말 • 204

5장 / 임금정책의 변화와 정책결정 과정
김헌수
1. 들어가는 말 • 210
2. 임금정책의 변화 • 212
3. 대법원의 통상임금 판결과 임금정책 변화 • 240
4. 정년 연장법과 임금정책 방향 • 245
5. 맺음말 • 247

6장 / 직업능력개발정책의 역사적 변화와 전망
정병석
1. 들어가는 말 • 250
2. 직업훈련제도의 도입과 발전 • 252
3. 맺음말: 향후 과제와 전망 • 276

7장 / 고용보험제도의 도입과 발전
유길상
1. 고용보험제도의 도입 과정 • 282
2. 고용보험제도 도입 과정에서의 핵심 쟁점과 주요 행위자의 역할 • 286
3. 고용보험제도 발전 과정에서 주요 행위자의 역할 • 297
4. 맺음말 • 315

8장 / 산업안전보건정책의 흐름과 전망
송지태
1. 들어가는 말 • 320
2. 산업안전보건정책의 발전 과정 • 321
3. 산업안전보건 수준의 현주소와 전망(2010년 이후) • 337
4. 맺음말 • 342

3부 정책 대상별 회고와 전망

9장 / 고용복지 연계정책의 변화와 전망

황덕순

1. 들어가는 말 • 347
2. 고용복지 연계정책 관련 개념과 한국의 제도적 맥락에서의 함의 • 348
3. 고용복지 연계정책의 전개 과정 • 351
4. 근로빈곤층 보호 방안을 둘러싼 논의 전개 과정 • 364
5. 맺음말 • 378

10장 / 외국인력정책의 변화와 전망: 저숙련 외국인력 정책을 중심으로

이규용

1. 들어가는 말 • 387
2. 고용허가제 도입 이전의 외국인력정책 • 391
3. 고용허가제의 도입 및 실시 • 399
4. 외국국적동포의 국내 취업과 방문취업제 도입 • 408
5. 외국인력정책의 주요 제도 변화와 쟁점 • 420

11장 / 여성고용정책의 변화와 쟁점

이주희

1. 들어가는 말 • 431
2. 주요 여성고용정책의 도입 시기와 내용 • 433
3. 여성 일자리 특성과 고용정책 쟁점별 평가 • 445
4. 맺음말 • 451

12장 / 4대 사회보험 적용 · 징수 통합 추진과 향후 과제

장신철

1. 들어가는 말 • 456
2. 4대 사회보험 적용 · 징수 체계의 문제점 • 459

3. 각 정부에서의 적용 · 징수 통합 논의 • 463
4. 징수 통합 과정에서의 정책참여자 역할 분석 • 478
5. 맺음말: 향후 과제 • 483

찾아보기 • 489
발간사 • 495

1부

총론

1장 우리나라 고용·노동정책의 변동과 과제 _금현섭

2장 우리나라 고용정책의 전개 과정 _김성중

3장 시대별로 살펴본 우리나라의 노동정책 _김원배

1장 /

우리나라 고용·노동정책의 변동과 과제

역사적 접근의 필요성

금현섭

1. 들어가는 말

지난 70여 년에 걸친 우리나라의 성장에 대해 해외의 관심이 높다. GDP와 각종 경제 지표는 물론이고 국제 원조의 수혜국에서 공여국으로의 지위 전환이 우리나라를 제외하고는 전 세계적으로 전무했다는 점에서, 이를 주도했던 정부의 정책적 노력과 관리 경험에 대해 외부로부터 문의가 쇄도하고 있다. 실제로 최근 몇 년에 걸쳐 최빈국에서 탈피한 경험에 대한 노하우를 지식이전(knowledge-transfer) 차원에서 공적개발원조(Official Development Assistance, ODA) 사업의 일환으로 진행 중이다. 하지만 우리의 가치를 해외로부터의 수요에 의해 재탐색하게 되었다는 점에서 반성의 지적도 높다. 해방 이후 사회·경제적 급성장 과정은 결코 녹록지 않은 도전과 위기대응의 연속이었고, 따라서 이에 대한 이해로부터 얻을 것이 적지 않음에도 불구하고, 그동안 그에 대해 우리 스스로가 상당히 무관심했다는 것이다. 실제로 정책 경험에 대한 자료가 적절히 문서화되지 못하고, 일부는 담당자의 경험으로만 남아 있거나 담당자가 이미 사망하여 더 이상 정확한 실체를 파악하지 못하는 경우도 많다.

이는 그동안 우리의 지식 추구 행태가 갖고 있는 비대칭성을 의미한다. 당면한 문제에 대응하려는 전방적(forward) 지식 추구 행태에 비해 지난 경험에 대한 검토와 평가를 통한 후방적(backward) 지식 추구 노력은 상대적으로 미흡했음을 보여 준다. 해외 사례와 지식에 대한 검토를 통해 당면 문제를 해결하는 데 급급한 나머지 우리 스스로 축적할 수 있는 지식과 경험의 가치를 간과하고, 급기야 우리의 경험을 해외 학자의 분석을 통해 재해석해야 하는 상황조차 종종 발생하게 된 것이다.

물론 우리가 당면한 문제들이 과거의 반복이 아니기에 경험에 대한 검토가 즉각적인 대안을 제시해 주지는 않는다. 하지만 현재의 상황은 과거 경험의 누적으로 이루어지기에 우리의 과거와 현재에 대한 충분한 이해가 없으면 대처하기 곤란한 경우가 많다. 과거에 대한 해석을 통해 실수를 방지하고 향후 발전을 모색할 수 있을 뿐 아니라 (Santayana, 1905), 실제 무엇을 얼마나 할 수 있는지에 대한 판단 역시 실제 실천이 이루어졌을 때 더욱 구체적으로 가늠해 볼 수 있다는 것은 일반적인 진실이다. 따라서 과거 경험에 대한 검토는 문제의 핵심뿐 아니라 해결 주체의 능력에 대한 판단을 위해서도 필요하다. 더욱이 앞으로의 성장 과정이 그동안 우리가 경험해 온 것과는 질적으로 다를 것이라는 전망은 과연 우리가 무엇을, 얼마나, 어떻게 할 수 있는지에 대한 판단 위에서 설계할 수 있으며, 이러한 점에서 우리의 경험에 대한 실증적 검토는 매우 중요한 작업이 아닐 수 없다.

2. 역사적 경험에 대한 접근

하지만 실제로 이를 수행하기 위해서는 몇 가지 고려에 따른 전략적 접근이 요구된다. 실증연구는 대체로 다음의 네 가지 연구전략을 따르는 것이 일반적이다. 첫 번째 전략은 비교연구로서, 현재의 상황을 과거 또는 다른 공간적 상황과 비교하여 유사성과 상이성을 파악함으로써 현재의 지위에 대한 상대적인 검토를 수행하는 것이다. 하지만 새로운 측정 도구를 개발하고 이를 이용해 국가 간, 시점 간 비교를 통해 그 성과와 미흡함을 평가하는 것은 비교·검토의 타당성과 일반화는 물론이고 인과관계에 대한 논의로 승화하기가 쉽지 않다. 비교 대상인 정책 상황이 갖는 다양한 조건을 통제하기가 어렵기 때문이다. 예를 들어, 여성의 노동시장 참여와 관련하여 우리와 유럽을 비교하는 경우 단순한 제도적 비교만으로 그 차이점을 파악하기란 쉽지 않다. 이는 여성의 노동시장 참여와 관련한 다양한 이슈들이 유럽의 오랜 역사적 경험과 전통을 배경으로 하는 데 반해 우리의 경우 매우 상이한 발전 전략적 차원에서 유도·조성된 경향이 크기 때문이다. 이러한 역사적·문화적 가치관과 관련한 이슈들은 제도적 비교 연구에서 고려하기 쉽지 않은 문제들이다.

두 번째 전략은 사회과학과 행태과학에서 활용되는 이론과 모형, 방법론과 자료를 이용해 어떤 요인이 어떤 상황과 조건에서 효과적으로 작동하는지 여부를 정량적(quantitative)으로 살펴보는 방식으로, 최근 실증연구의 대부분을 차지하는 방법이다. 이 경우 객관성과 신뢰성은 물론이고 통계적 검증을 통해 타당성을 확보할 수 있다는 장점은 있지만, 측정의 정밀성과 자료의 가용성, 그리고 조건 통제의 치밀성이 요구될 뿐 아니라 이를 통해 도출된 추론 결과 역시 다양한 가정에 따른 제약과 복잡한 맥락의 단순화에 따른 정보손실을 피할 수 없다는 약점을 안고 있다. 따라서 타당성의 범위가 파편적일 수 있다는 비판에서 자유롭지 못하다.

세 번째는 사례분석으로서, 실제 정책이 집행된 다양한 사례(case) 중에서 가장 전형적인 사례에 대한 기술적(descriptive) 분석을 통해 실제 현장 경험에서 인지되는 효과적인 실천과 그렇지 않은 실천에 대한 기술 및 비교·평가를 도출하는 연구전략이다. 이때 전형적인 사례는 그 기준을 무엇으로 볼 것인가에 따라 다양하게 정의될 수 있는데, 미리 설정된 계획에 충실한 사례이거나 실제 현장에서 가장 빈번하게 발견되는 사례일 수도 있다. 물론 위에서 언급한 통계적 접근 역시 일정 부분 전형적인 사례를 추정(estimation)과 검증(validation) 과정을 통해 찾고자 하는 전략으로 볼 수 있다. 다만 이 경우 구체적인 실제 사례이기보다는 정량적 속성(attributes)을 이용해 가상적으로 구성된 평균적 사례라는 점이 특징이다.

특히 정책과 관련해서는 실천적 효용성으로 인해 모범 사례를 검토하는 것이 일반적이다. 이 경우 성과를 중심으로 우수한 경우를 선택한다는 점에서 이들은 일종의 극단적 사례인 경우가 대부분이며, 이에 대한 분석을 통해 현장에서 적용할 수 있는 성공적인 또는 효과적인 방법과 원칙, 전략과 전술을 예시적으로 제시함으로써 다른 현장에서의 성공을 이끌어 낼 수 있는 일종의 준거로 활용되기도 한다. 테일러(Frederick W. Taylor)의 과학적 관리론이나 메이요(George E. Mayo)의 인간관계론, 피터스(Tom Peters)와 워터맨(Robert Waterman)의 월등함의 탐색(Search of Excellence), 오스본(David Osborne)과 게블러(Ted Gaebler)의 정부재창조(Reinventing Government) 등이 바로 이러한 모범 사례 연구를 통한 연구결과라고 할 수 있다. 하지만 여전히 '모범'의 판단 기준이 무엇인지가 모호하고, 해당 사례가 갖는 상황적 맥락과 요인의 특수성을 일반화하기 힘들다는 점에서 학술연구로서의 활용도는 상당 부분 제약받는 것이 사실이다.

네 번째는 역사적·기술적·제도적 접근으로서 공식 문서나 실제 관련자에 대한 인터뷰, 학계나 컨설턴트의 연구서와 현장보고서, 당사자의 회고에 대한 체계적 분석과 평가를 통해 해당 정책 또는 정책과정에 내재한 맥락(context)과 요인들에 대해 기술적으로 분류함으로써 의미와 결론을 도출하는 연구전략이라고 할 수 있다. 이러한 접근의 기저에는 현재의 발전 과정에 대한 다양한 시각이 존재하며, 객관적 사실에 근거한 기술과 설명은 맥락이 부재한 경우가 많다는 전제가 깔려 있는 반면, 주관적 서술이 갖는 자의성이라는 위험에도 불구하고 해당 상황에 대한 복합적·통시적 판단이 갖는 효용성을 중시한다. 특히 분석 대상의 과거와 현재를 연결하는 맥락에 대한 이해를 제고할 수 있다는 장점이 있다. 현재 시점에서의 어떠한 이슈도 과거로부터의 맥락적 연계에서 자유로울 수 없으며, 이러한 맥락은 현재 시점에서 독립적으로 보이는 이슈도 실은 과거로부터의 내재적 연관성 아래서 조성된 것이라는 점을 이해할 수 있는 중요한 정보이기 때문이다.

여기서 '맥락'이란 주로 질적인 연구방법에서 강조되는 연구대상이 존재하는 상황을 구성하는 이슈, 환경, 사람, 제도, 기술 등 내·외재적 요인과 그 특징을 의미한다. 특히 역사적 맥락이란 현재 상황에 영향을 주는 과거의 정치적·사회적·환경적·문화적 사건이나 조건을 의미한다. 이는 단적으로 현재 상황이 조성된 배경과 이유를 파악할 수 있다는 점에서 관찰 가능한 현재 시점에서의 제한적인 변수와는 구분되는 연계적 차원에서의 고려대상이라고 할 수 있다. 따라서 역사적 맥락으로부터의 정보는 과거 시점에서의 각종 문헌이나 당사자의 경험에 의한 구술 등에서 채집될 수밖에 없으며, 이러한 정보 원천은 상호 검증 과정을 거쳐 그 타당성을 확보할 수 있어야 한다. 또한 역사적 접근은 주로 서술적(historiography) 방식을 채택하는데, 이는 역사적 사건과 시기에 대한 이해에 있어서 사실관계를 파악하려는 자료 분석적 접근보다는 해당 사실에 대한 담화적(narrative)·해석적(interpretative) 분석을 통해 결론에 도달하려는 접근이기 때문이다. 물론 이러한 특징은 해당 결론의 타당성에 대한 의문, 즉 선택편의(selection bias)의 발생 가능성에 다분히 노출되어 있음을 부정할 수 없다. 따라서 단일 사건에 대해서도 다양한 견해의 다수의 서술을 요구하며, 특히 서술의 당사자 또는 서술 정보의 원천이 갖는 자격과 해석능력이 중요하다.

3. 역사적 접근에서의 고용·노동정책

이 책의 취지는 바로 이러한 역사적·기술적 관점에서 우리나라 노동시장의 변화와 관련 정책과정을 검토하는 데 있다. 즉, 1945년 정부 수립 이후 70여 년 가까이 진행되어 온 고용·노동정책 분야에서 어떤 정책이, 어떤 시기에, 어떤 과정을 거쳐 입안되고 집행되었는지를 살펴보려는 것이다. 특히 해당 정책의 형성 및 결정 메커니즘은 어떠했고, 집행상의 장애와 그 극복 과정에서 누가, 어떤 역할을 했으며, 실제 집행 실적과 효과는 어떠했고, 이는 다시 이후 정책에 어떤 영향을 주었는지를 살펴보고자 한다. 이유는 명료하다. 이러한 분석이 과거 해당 정책에 대한 이해는 물론이고 현재와 향후 정책 발전에 기여할 수 있다고 판단하기 때문이다. 이를 좀 더 자세히 살펴보면 다음과 같다.

첫째, 정책 연구 일반에서도 역사적 접근의 필요성이 향후 더욱 중요해질 것으로 보인다. 역사는 현재의 나침반이지만 결코 반복적이지는 않다. 즉, 역사적 경험이 미래에도 반복될 것이라고 가정하는 것은 아니다. 하지만 과거의 외생적 요인이 전통과 경험, 문화에 스며들어 현재와 미래에 내생적 요인이 될 것으로 가정한다. 역사적 고찰의 기본 논리는 확률론의 베이즈 정리(Bayes' Theorem)에 비유할 수 있다. 즉, 통시적인 정책 과정은 현재의 지식(사전확률, prior probability)과 당면한 문제의 조합을 통한 새로운 정책 형성(사후확률, posterior probability) 과정으로 간주할 수 있으며, 새로운 정책은 일종의 갱신된 현재의 지식으로서 이후 습득하거나 집행 과정에서 획득한 새로운 정보가 추가되면서 다시 새로운 정책으로 개선될 수 있다. 현재의 정책이 과거의 그것에 비해 개선될 수 있는 여지는 바로 이러한 반복적인 갱신 과정에서 생성되고 집행되기 때문이다.

물론 이 과정에서 일정 부분 경로의존성(path dependency)이 인정되는데, 어떠한 이유를 막론하고 과거의 경험은 현재의 모습에 내재되어 있고, 현재의 모습은 과거의 인식틀(frame)에 일정 부분 기초하기 때문이다. 물론 경로의 시계(time horizon)에 따라 의존성의 정도가 달라질 수 있다는 점에서 역사적 설명 역시 항구적(permanent)이기보다는 임시적(tentative)이라고 볼 수도 있다. 예를 들어, 최근 회자되는 『21세기 자본론』에서 피케티(Thomas Piketty)는 미국과 유럽을 대상으로 지난 300여 년간의 경험에 대한 회고를 통해 경제 대공황과 제2차 세계대전 이후부터 1970년까지를 현대 자본주의 발전 과정에서의 비정형적 시기로 간주한다. 자본의 우위가 정부 정책에 의해 억제되고 통제되었다고 보는 것이다. 하지만 동일한 현상에 대해서도 단절적 균형(punctuated equilibrium) 이론과 같이 그 이전 시기에서 누적되어 온 사회·경제의 구조적 동력에 의해 임계점(threshold)을 중심으로 조절되고 발현한 것이라 볼 수도 있다. 즉, 피케티가 간주한 비정형적 기간마저 좀 더 장기적 시각에서는 그 시기를 구체화하지는 못하지만 전형적인 시기의 일부로서 하나의 부침(up-and-down)으로 간주할 수 있다는 것이다. 어느 설명을 따르더라도 과거의 외생적 사건과 그러한 경험의 누적은 현재 또는 미래의 내생적 메커니즘의 일부로 작용할 수 있음을 의미하며, 따라서 과거 정책 과정의 맥락에 대한 이해는 현재와 미래의 정책 형성을 위해 필요한 작업이라는 점을 말해 준다.

둘째, 다른 정책 분야와 구별되는 고용·노동정책의 특성을 살펴보고자 한다. 낮은 실업률 또는 높은 고용률을 유지하고, 근로 욕구가 있는 국민이 일할 수 있는 환경을 조성하며, 건설적인 노사관계를 지향하고자 하는 고용·노동정책은 경제성장, 물가 관리, 국제수지 균형, 예산 및 부채 관리 등을 주요 과제로 하는 경제정책 중 일부라고 할 수 있다. 하지만 다른 분야와 차별화되는 점 중 하나는 이해관계자 간 이해 및 가치갈등이 다른 정책 영역에 비해 다층적이고 보다 직접적이며 치열하다는 점이다. 예를 들어, 최근 고용률 70%라는 국정목표가 말해 주듯 일자리를 찾는 국민들의 요구(노동공급)가 매우 높다. 하지만 경제 여건 및 산업구조가 더 이상 제조업 중심의 대규모 노동력보다는 서비스 산업 중심의 기술 수준의 범위가 넓고 소규모 노동력을 요구하는 신경제(new economy)·지식경제(knowledge economy) 형태로 전환됨에 따라 노동 수요 자체가 상당히 감소한 상황이다. 더욱이 OECD 회원국 중 가장 높은 수준의 노인빈곤율, 20%를 넘어선 청년실업률, 그리고 비정규직에 집중되어 있는 여성 취업 등 청년세대, 노년세대, 여성 등 우리 사회의 하위집단별로 각기 상이한 이유로 일자리를 찾고 있다. 특히 최근 들어 심화되는 저출산·고령화와 소득불평등 문제에 대한 우려로 인해 소득 창출의 주 원천인 근로기회(일자리) 부족의 의미가 각자에게 유별할 수밖에 없고, 양보와 타협의 미덕을 기대하기에는 너무나 각박한 상황이다. 또한 노사관계의 경우에도 기존의 노사갈등이 점차 노조원과 비노조원, 정규직과 비정규직 간의 노노갈등, 대기업과 중소기업 간의 사사갈등, 그리고 현직자(장년세대)와 구직자(청년세대)의 갈등과 같이 다양하게 진화·심화되고 있어 사회적으로도 어느 일방의 견해와 이해를 지지하고 수용하기 힘든 상황이 전개되고 있다.

정책은 궁극적으로 가치지향적이며, 일반적으로는 지속적인 환경으로부터의 도전에 대한 대응으로서 내·외부적인 격발(trigger)을 통해 형성되고 집행된다. 이때 격발은 문제 해결을 위한 논리적 주장이 될 수도 있고, 일종의 루틴(routine)이 될 수도 있으며, 특별한 주창자가 담당할 수도 있고, 또는 정치(politics) 자체가 될 수도 있다. 문제는 우리나라 고용·노동정책의 경우 급속한 경제성장 추진 과정에서 다양한 가치에 대한 우선순위의 판단 근거가 미흡하게 제시됨으로써 상당 부분 해석의 정치(interpretive politics) 또는 제도의 공백(institutional void)을 메우기 위한 노력이라는 성격이 강했다는 점이다. 여기에 일정 부분

부처 간, 관료 및 정치인 개인 간 편익의 선점 및 우위를 위한 정치와 이를 위한 규범 형성이라는 일종의 구성적 정치(constitutional politics)의 성격이 추가되었다고 할 수 있다.[1] 따라서 사안에 따라 급격히 부상했던 갈등의 양상을 파악해 보는 작업은 고용·노동정책의 성격을 이해하는 데 필요하다고 판단된다.

셋째, 위에서 살펴본 고용·노동정책의 가치 갈등적 성격은 그 해결에서도 일부 찾아볼 수 있는데, 다양한 견해와 논의 속에서 어느 한쪽의 견해보다는 한층 절충적 성격으로 전개되거나, 파편화되어 개별적으로 추진되는 양상을 보이거나, 또는 정권에 따라 정책기조와 이에 따른 목표의 전환이 일어나는 등 높은 변동성을 보인다고 할 수 있다. 따라서 이러한 양상은 각 단계에서의 정책목표 선택이 전략적이었든, 또는 시대적 요구에 따른 상황적 판단이었든 간에 이를 주도했던 주도자 또는 제도적 역할이 상대적으로 지대한 측면이 크다는 점을 말해준다.[2]

사실 정책은 목표 지향적이지만 그 목표가 정책 관련자 모두에게 공유되는 것은 아니다. 관련자들 사이에 하나 이상의 정책목표가 존재하여 목표 간에 갈등이 빚어지는 상황은 비일비재하다. 이론적으로는 주어진 목표를 달성하기 위한 가장 효율적인 수단을 찾는 도구적 합리성(instrumental rationality)이 정책 과정에서 가장 강조되지만, 실제 정책 설계 과정에서는 주어진 목표에 대한 합의가 힘들 뿐 아니라 이에 따른 수단 선택에서도 상이한 선호가 발생한다. 예를 들어, B/C 분석의 경우 주어진 목표를 달성할 수 있는 다양한 수단에 대한 비용과 혜택

---

1 이 책의 2장(우리나라 고용정책의 전개 과정)과 3장(시대별로 살펴본 우리나라의 노동정책)을 보라.

2 이 책의 6장(직업능력개발정책의 역사적 변화와 전망)과 11장(여성고용정책의 변화와 쟁점)을 보라.

을 비교·검토함으로써 최선의 대안을 선택하려는 것이지만 현실에서는 많은 제약으로 인해 제한적으로 활용되는 것이 일반적이다. 비용과 혜택의 파악(identification), 가치화(valuation), 집계화(aggregation) 등 각 단계에서의 제약들은 B/C 분석 본연의 가치를 충분히 담보하지 못하는 것이다. 더욱이 정책목표에 대한 동의가 있다고 하더라도 이는 갈등의 준해결(quasi-resolution) 수준에 그칠 뿐이며, 절차적 측면과 협의된 만족(compromised satisfaction) 수준으로 재정의되는 경향이 높다. 따라서 관련자들은 수단 선택 및 집행 과정에서 자신이 생각하는 목표를 독립적으로 성취하기 위해 지속적으로 노력하고, 자신의 선호가 수단 선택에 반영되기를 바란다.[3]

이처럼 정책목표에 대해 완전한 동의가 이루어지지 않는 경우 실제 정책 과정에서의 추진 양상은 크게 다음의 세 가지로 구분할 수 있다. 첫째, 경쟁하는 목표 또는 가치를 순차적으로 추진하는 전략, 둘째, 서로 상이한 하부조직이 각각 경쟁하는 목표 또는 가치를 독립적으로 동시에 추진하되 이에 따른 책임을 지는 전략, 셋째, 유사한 과거 및 외부 사례에 대한 검토를 통해 당면 문제와의 유사성과 상이성에 따라 그때그때 상황에 맞게 판단해서 추진하는 전략 등이 그것이다(Thacher and Rein, 2004: 457-486). 특히 상황적응적 판단(situated judgement)의 경우 정책목표의 적절성은 해당 사안의 시간과 장소, 맥락에 따라 달라질 수 있다는 점에서 목표 설정의 합리성을 사전적으로 담보하기는 어렵다고 보고 있으며, 합리성은 실제 행태가 이루어지는 맥락

3 우리의 정책 경험은 이론과 괴리가 있다는 평가를 자주 받아 왔다. 문제정의에 따른 명확한 정책목표의 수립과 이를 위한 다양한 대안의 검토 및 비교를 통한 수단 선택이라는 정책결정에서의 이론적 틀이 그대로 적용되는 실제 사례가 그리 흔치 않다는 것이다. B/C 분석이 예비타당성 분석과 같이 실제 정책 과정에서 자주 쓰이기는 하지만 상당한 제약하에서 제한적으로 활용되고 있음을 부인할 수 없다.

의 독특성에 대한 이해를 통해 가능하다고 가정한다.

물론 이러한 선택은 여러 가지 요인에 의해 영향을 받는다. 예를 들어, 다양한 목표를 순차적으로 선택하는 전략은 목표 중 어느 하나를 선택하기 곤란할 뿐 아니라 어느 한 목표에서 다른 목표로 전환하는 데 드는 비용이 크지 않아야 한다. 제도나 조직적 신축성이 낮아 목표 전환에 드는 적응비용(adjustment cost)이 큰 경우 실제 이를 실행하기도 어렵고, 목표 전환에 대한 기대가 낮아지면 순차성 자체에 대한 수용이 어렵기 때문이다. 반면, 다양한 목표를 하위조직이 각기 맡아 추진하는 전략의 경우 분업의 원리를 이용하는 것이긴 하지만 지속적인 정책 조정 및 갈등 관리의 부담이 발생할 뿐 아니라 정책기조에 대한 일관성이 모호해져 자원배분의 효율성을 기대하기 힘들다는 약점이 있다. 마지막으로 상황적응적 정책 추진의 경우 과거 경험 및 현황에 대한 지속적인 검토와 판단이 필요하고, 이는 다시 중앙과 일선이라는 결정 주체의 수준에 따라 다른 의미를 갖는다. 결국 상이한 시기와 분야, 제도적 취지에 따라 상이한 정책 전략이 채택되고 정책 결정이 이루어진다는 점에서 맥락에 대한 이해의 중요성이 매우 크며, 그 안에서 제도와 관련 이해관계자의 행태에 대한 이해가 필요하다.

결국 이러한 판단의 주체가 누구이고, 정책 과정에서 그들의 행태는 어떠했으며, 그 결과는 어떠했는지를 살펴보지 않는 한 정책 형성 및 변동의 기제를 이해하는 데 한계가 있을 수밖에 없다. 지난 수십 년의 고용·노동정책에 있어서 일차적으로 정부를 주도자로 판단할 수 있으나, 그 내부에도 관료와 정치인, 주관 부처와 청와대 등 다양한 정부 주체가 존재하고, 이들은 각기 사회 제 세력들과의 연계를 통해 정책 형성 및 집행 과정에서 자신들의 목소리를 반영한 측면이 있었다. 이러한 점에서 내부자의 육성을 통해 해당 정책 과정의 맥락과 이에 대한 참여자를 파악하고 이들의 입장과 역할에 대해 기술하는 것이 필요하다.

4. 책의 구성

이 책의 집필진은 바로 위에서 밝힌 목적을 위해 구성되었다. 이들은 실제 고용노동부(과거 노동부)와 청와대, 국책연구기관, 대학에 근무하면서 해당 분야를 직접 주관했던 담당자들이거나 해당 정책의 주요 이론적·실천적 기여자로서 자신들의 실제 경험에 대해 설명하는 데 적임자라고 할 수 있다. 물론 주관적 서술의 한계가 있음은 분명하나, 이미 해당 사안을 객관적으로 검토할 만한 충분한 시간이 흘렀다는 점과 정부관료의 인사 관행상 다른 사안을 담당하며 한 발 떨어져서 살펴보는 상대성을 나름 확보할 수 있었다는 점을 고려하였다. 이들이 살펴본 분야는 고용·노동정책의 역사적 전개 과정(김성중, 김원배), 노사관계(이철수), 임금정책(김헌수), 직업능력개발정책(정병석), 고용보험제도(유길상), 산업안전보건정책(송지태), 고용복지 연계정책(황덕순), 외국인력정책(이규용), 여성고용정책(이주희), 4대 사회보험 적용 및 징수 통합추진(장신철) 등으로서, 고용·노동정책의 주요 이슈일 뿐 아니라 위에서 언급한 역사적 입장에서 해당 정책 과정을 내부자 또는 관찰자 입장에서 기술하고 있다.

먼저 김성중은 '고용정책'을 일하려는 사람에게 일할 수 있는 능력을 갖추어 주고(직업능력), 차별받지 않고 원하는 일자리에 취업해 적정한 근로조건으로 일하여 생활할 수 있게 하며(임금 및 근로 조건), 실업을 예방할 뿐 아니라 실업에 처했을 때 다양한 지원방안을 시행함으로써(실업 및 고용보험), 한 나라의 노동력을 생성하고 최대한 효율적으로 사용하여 개인의 행복과 사회적 안정을 도모하면서 경제발전을 이룩할 수 있게 하는 종합대책으로 파악한다. 이러한 취지에서 그는 그동안의 고용정책을 태동기, 발아기, 발육기, 발전기, 시련기로 구분하여 살펴보는데, 주로 인력 형성과 배분이라는 관점에서 고용정책의 발전 과정을 검토하고 있다. 특히 1960년대 경제성장에 필요한 인력 창출에 있었던 정책적 방점이 1970년대 고도성장기를 거치면서 경제성장만 유지되면 고용은 자동적으로 유발될 것이라는 다소 안일한 기대로 변질되었고, 이러한 경험은 이후 전개된 지식경제로의 전환, 즉 성장 자체의 고용 유발 효과를 기대하기 힘든 상황에서 도리어 비정규직을 양산하고 노동시장의 이중구조를 심화시키는 원인의 하나로 작동했다고 파악한다. 즉, 인력 형성이 요구하는 기간을 고려할 때 산업구조 변화 전망과 이에 따른 사전적 조치가 있었어야 했다는 것이다. 이러한 점에서 그는 고용률 제고 중심의 국정운영, 종합적이고 적극적인 고용정책, 사회안전망의 강화 등이 향후 미래를 위한 전제적 대응으로서 필요한 부분이라고 파악한다.

김원배는 고용·노동정책의 역사적 변동을 노사관계 관련 정책을 중심으로 거시적 관점에서 연대별·정권별로 검토한다. 그는 우리나라의 노동정책이 큰 틀에서 1987년을 기점으로 커다란 변화를 맞이했다고 보는데, 1987년 이전 단계에서의 정책은 산업화 과정을 거치면서 작은 틀에서의 변화만을 추구해 왔으며, 당시 정부정책의 최우선은 경제성장, 즉 성장률 제고였고, 노동정책은 국정운용의 큰 틀에서 독자적인 발전을 추구하기보다는 성장정책 기조에 의해 좌우되었다고 본다. 따라서 정부의 노사관계 관련 정책 역시 노사관계의 균형적 발전을 위한 비전과 정책적 틀을 제시하기보다는 노사분쟁 방지 및 해결에 방점을 두고, 치안과 사회안정 차원에서 노사갈등의 해결책을 모색하는 데 그쳤다는 것이다. 반면에 1987년 노동운동의 대폭발 이후 노사관계의 전기가 마련되었다고 보는데, 그 기조를 다양화와 제도화, 선진화로 요약한다. 즉, 민주화에 진전에 따라 노사분규의 성격이 다양화·대형화되면서 임금수준이 급상승했고, 노사관계개혁위원회, 노사관계선진화위원회 및 선진화 입법 등 노사 균형발전을 위한 최소한의 규범이 마련되었으며, 점차 장시간 근로체계의 문제, 비정규직 확산의 우려, 간접고용의 불공정성, 노동시장의 이중구조 심화 등 노동시장 및 근로조건 체계의 전근대성에 대한 논의가 일자리 부족 문제와 연동하여 제기되었다고 파악한다.

이철수 역시 노사관계의 역사적 변동을 법적 관점에서 고찰한다. 그는 우리나라의 노동법 체계를 근로기준법, 노동조합법, 노동쟁의조정법과 노동위원회법의 노동 4법 체계로 정의하고, 사회·경제적 이슈에 관해 사회적 대타협과 이후의 노동법제 제·개정의 경로를 거쳐 성장해 온 것으로 파악한다. 특히 1990년대 국제노동기구(ILO) 회원국 가입에 따른 국제기준에 부합할 수 있는 노동법제의 재검토 필요성과 IMF 외환위기에 따른 노사타협의 필요성에 대한 인식이 이후 노사관계 주체인 노사정의 참여와 대화를 통해 사회적 조합주의(social corporatism)를 실험할 수 있는 배경이 되었음을 지적하고 있다. 즉, 합의에 이르지 못한 사항이라도 사회적 대화를 통해 일차적으로 갈등을 흡수하고, 입법 또는 정책 과정에 보다 정제된 논의거리를 제공하는 계기가 되었다는 것이다. 2000년대 초반 노동 유연화와 탈규제 논의가 대세를 점했던 가운데에서도 근로시간 단축과 비정규직 보호를 위한 다양한 법령과 규정이 전문가 집단, 노사정위원회 또는 국회 등의 공론화 과정을 거쳐 국민적 관심 속에서 마련된 경우도 바로 이러한 사회적 조합주의 흐름의 부분적 연장으로 보고 있다.

한편, 노사관계의 가장 큰 이슈는 임금 문제로서, 이는 노동이라는 생산요소에 대해 노동시장에서의 수요와 공급에 의해 결정되어야 하지만 노동시장 자체의 불완전성으로 인해 정부 개입이 제한적으로 허용된다고 여겨진다. 다만 이러한 상황에서도 노동시장 스스로의 가격 결정에 따른 효율성이 저하되거나 또는 정부 개입에 의한 또 다른 형평성 훼손의 여지를 최소화해야 한다는 제약이 필요하다. 따라서 정부의 임금정책은 경제성장, 물가안정, 사회불안 해소, 노사의 세력관계 등 여러 가지 요인을 동시에 고려해야 하는데, 김헌수는 우리나라 임금정책의 변화 과정을 정치·경제적 상황의 변화와 노사의 역학관계에 비추어 살펴보고 있다.

그는 우리나라의 임금정책이 성장단계별로 경제상황이나 정치상황, 노사관계의 지형에 따라 변화하고 영향을 받아 왔으며, 그 내용은 주로 고율의 임금인상에 대한 억제정책과 저임금에 대한 해소정책으로 구분해 볼 수 있다고 한다. 전자의 경우 산업화 시기 수출상품의 가격경쟁력을 위해 억제되었던 임금수준이 1980년대 민주화 시기를 거치면서 급상승한 것이 그 배경이 되었는데, 이를 위한 총액임금제 등 임금체계 단순화 작업이 도리어 각종 수당의 증가 같은 임금체계의 왜곡을 가져온 경향이 컸다고 본다. 최근 통상임금(정기성, 고정성, 일률성)과 관련된 논의와 대법원 판결은 이러한 점에서 중요한 의의가 있다.

한편, 임금의 본질상 정부가 그 결정에 개입할 성질이 아님에도 불구하고, 노동시장의 자율적인 기능에 의해 결정된 임금이 사회적으로 용인하기 어려운 경우 사회정책적 관점에서 정부가 개입할 정당성이 확보된다. 이러한 취지에서 도입된 것이 최저임금제이며, 최근 들어 그 수준에 대한 논의가 소득불평등 완화 문제와 연계되어 이루어지고 있음은 주목할 만하다. 특히 그는 이러한 임금정책 결정 과정에서의 주요 참여자에 주목하고 있는데, 1970년대 저임금 일소정책의 경우 박정희 대통령에 의해, 1980년대 임금인상 억제정책은 경제기획원의 주도로, 임금교섭지도지침에 의한 지도는 노동부 임금복지과 실무자에 의해, 최저임금제 도입은 여당의 결단에 의해, 총액임금제는 노동부 장관에 의해, 통상임금의 범위는 대법원 판결로, 그리고 최근의 정년 연장 법제화는 국회 주도로 결정되었음을 밝히고 있다.

이론적으로 경제성장의 기본 요소로 노동과 자본, 그리고 기술발전을 꼽는다. 이들 요소 중 우리의 초기 노력은 직업능력 개발을 통한 노동의 질 향상에 주력할 수밖에 없는 상황이었고, 경제성장 단계별로 이에 필요한 정책과 제도를 발전시켜 왔다고 할 수 있다. 예를 들어, 산업화에 필요한 기능인력을 양성하기 위해 정부는 1960년대 초 이미 직업훈련법을 입안하여 1967년부터 시행했으며, 중화학공업화로 기능인력의 수요가 급증하자 특별조치법을 제정하여 기업에 직업훈련을 의무화하는 조치를 취하였다. 주목할 점은 그 과정에서의 전문가와 관료의 역할이다. 정병석은 우리나라 직업훈련 관련 정책과정을 검토하면서 이러한 제도적 대응이 정치인보다는 전문가와 관료집단에 의해 제안되고 주도되었다고 지적한다. 보다 구체적인 사례로 산업구조의 고도화에 부응하여 직업훈련 수준을 다양화하고, 노동시장의 불안정성이 증가하자 근본적인 대책으로 고용보험제를 근간으로 하는 인력관리체제로 개편했으며, 전 근로자의 평생에 걸친 직업능력개발 지원제도를 만들어 기금을 확보하고 근로자의 고용안정성을 기하고자 했던 노력을 언급하고 있다. 이러한 제도들은 IMF 외환위기 시의 실업대책 마련은 물론이고 오늘날 노동시장정책의 근간을 형성하고 있다고 할 수 있다. 우리나라의 경제성장에서 관료의 역할이 중요했음은 여러 정책 분야에서 확인되고 있지만 그들의 구체적 역할에 대한 논의는 상대적으로 잘 드러나지 않았던 것이 사실이다. 이러한 점에서 그의 지적은 정책 형성 및 결정 과정에서 관료의 역할에 대한 좋은 사례가 될 수 있다.

우리나라의 고용정책 분야 중 상대적으로 낙후되어 있던 것 중 하나가 고용보험 분야라고 할 수 있지만 실업보험이 아닌 고용보험이라는 명칭을 사용하고 있음은 독특하며 이에 대해 유길상은 그 의의를 밝히고 있다. 그는 우리나라의 고용보험제도 도입 과정에서 참여자의 역할에 보다 주의를 기울였는데, 한국노동연구원과 고용보험연구기획단의 일부 연구자의 주도로 제도 도입의 논리적인 근거와 제도의 큰 틀이 만들어졌고, 이를 토대로 관계 부처(경제기획원과 노동부)와 노사단체 간의 갈등에도 불구하고 지난한 의견 수렴 과정을 거쳐 협의·보완이 이루어졌음을 밝히고 있다. 특히 1998년 2월의 '경제위기 극복을 위한 사회협약', 2004년 2월의 '일자리 만들기 사회협약', 2008년 5월의 '고용보험제도 발전을 위한 합의문', 2009년 2월의 '경제위기 극복을 위한 노·사·민·정 합의문' 등 노사정위원회에서의 중요 합의는 사회적 파트너의 의견 수렴을 통한 제도 개선 방식이 우리나라에서도 어느 정도 정착되어 가고 있음을 보여 준다고 지적한다.

한편, 근로조건과 관련한 중요한 이슈 중 하나는 산업재해 및 안전보건 문제로서, 이는 근로자에게는 근로능력 상실 및 제약을 가져올 뿐 아니라 사업주에게는 경영 손실 및 기업 이미지 훼손과 직접적으로 연계된다는 점에서 중요하다. 우리나라의 경우 이미 1953년 근로기준법이 제정됨으로써 근로기준에 대한 형식적 규범이 마련되었지만 내용적 측면에서의 발전은 1960년대 이후 급속한 산업화 과정에 와서야 정책적으로 이루어졌다고 할 수 있다. 이를 검토한 송지태는 산업재해 예방을 위한 기본적인 제도와 사업주, 정부 및 근로자의 의무는 산업안전보건법(1981) 제정을 통해, 그리고 산업안전보건정책은 한국산업안전공단이 설립(1987. 12)되면서부터 정비되었다고 파악한다. 특히 1980년대 법 제정 시부터 안전관리자의 선임, 위험기계설비의 안전성 확보를 위해 많은 의무가 사업주에게 주어졌고, 1990년대 들어 부처마다 안전 관련 법령을 제정하면서 중복규제에 대한 논란이 많았음을 지적한다. 하지만 근로조건 개선에 따른 비용부담이 사업주에 집중된다는 점에서 사전 예방의 가능성보다는 사후 은폐와 왜곡의 가능성이 높아 정부의 개입 필요성은 더욱 커지고 있다. 또한 중소기업 육성의 필요성과 삶의 질에 대한 국민적 관심이 높아지고 있는 현실은 이에 대한 보다 높은 기준을 요구하고 있다는 점을 강조한다.

한편, 최근 화두가 되고 있는 고용복지 연계정책의 필요성에 대해서 황덕순은 생활보호제도에서 국민기초생활보장제도로 이어지는 공공부조제도와 결합된 고용복지 연계정책의 발전 과정을 살펴본다. 특히 고용복지 연계정책의 발전 방향과 관련해서 지속적으로 제기되어 온 논점들을 비교·평가하는데, 그는 먼저 1980년대 미국의 근로연계복지(workfare) 이후 근로능력자에 대한 지원 문제가 전 세계적으로 다양한 측면에서 논의되어 왔으며, 우리의 경우 근로연계 복지정책 또는 활성화 정책 차원에서 추진된 것으로 보고 있다. 또한 복지와 고용의 연계에 대한 정책적 관심과 전개를 기초생활보장제도의 도입과 함께 근로빈곤층 보호를 위해 추진된 자활지원사업의 실적과 성과를 중심으로 설명하고 있는데, 좁게는 근로연계 복지정책에서부터 넓게는 근로장려세제(EITC)나 적극적 노동시장(Active Labor Market) 정책 등 활성화 정책까지 포괄하고 있다.

특히 기초생활보장제도의 경우 가족과 시장에 의한 보호에 치중했던 기존 생활보호제도에 비해 국가에 의한 보호를 표명했다는 점에서 의의가 있지만 부양의무와 근로능력 조건으로 대상자를 상당히 제한하고 있다는 점을 한계로 지적하고 있다. 이로 인해 기초생활보장제도 수혜자 중 근로무능력자 비중이 늘어날 뿐 아니라 근로능력자의 경우에도 조건부과제외자와 조건부 수급자의 비중이 크게 증가함으로써 자립 촉진 기능 측면에서 한계를 드러냈다는 것이다. 다만 최근 개별급여체계로 전환하면서 근로능력 수급자와 조건부 수급자 수는 줄고, 자활·고용서비스 수요는 크게 늘어날 것으로 예상되는 데 반해서 자활·고용서비스의 확대가 제도적으로 보장되어 있지 않다는 점에서 근로빈곤층을 대상으로 사각지대 발생 가능성이 높다고 보고 있음은 주목할 만하다.

외국인 인력의 국내 노동시장 참여는 크게 전문인력과 비전문인력 부문으로 나누어 살펴볼 수 있는데, 이러한 제도적 구분은 국내로 진입하는 외국인 인력의 숙련도를 기준으로 한 것이지만, 이에 따라 정책추진체계나 운영 방식에서도 큰 차이를 보이고 있다. 예를 들어, 전자의 경우 적극 유치를 지향하나 아직까지 큰 성과를 찾을 수 없는 반면, 후자의 경우 1990년대 이후 3D 업종을 중심으로 산업연수생제도와 연수취업제로의 전환 시도, 고용허가제 도입 등의 인력 활용 방안이 시도되었다. 이규용은 비전문인력 정책을 중심으로 고용허가제 도입 전후에 따른 정책 변화, 국내취업과 방문취업제 도입에 따른 외국인 인력 수급 변화 등에 대해 살펴보면서 향후 한국의 인구변동이나 산업구조 변화를 고려할 때 이들에 대한 수요는 지속적으로 증가할 것이고, 이에 따라 외국인 인력 도입 방향을 둘러싼 정책 논의도 활발히 전개될 것으로 전망하고 있다. 특히 외국인 인력의 국내노동시장에 대한 영향과 저출산·고령화에 따른 부문별 인력 수급의 상이성을 고려할 때 단순히 노동시장의 수급 논리가 아닌 중·장기 국가전략의 일환으로 외국인 인력 도입 문제를 바라볼 필요성이 커지고 있다고 파악한다.

한편, 또 다른 노동인력으로서 큰 관심의 대상이 여성 집단이다. 여성 인구의 증가와 학력 수준의 상승으로 이들의 노동시장 참여 욕구가 제고하고 있을 뿐 아니라 저출산·고령화 사회에서의 중요한 대체 노동력으로서, 그리고 여성이 갖는 특성에 기반한 노동의 질적 측면에서도 이들의 노동시장 참여의 진작과 환경조성은 더 이상 선택이 아니라 필수적인 상황이다. 이에 대해 이주희는 우리나라 여성고용정책을 남녀고용평등정책과 여성고용촉진정책으로 나누어 대한민국 정부 수립 이후 현재까지의 정책 변화 과정을 살펴본다. 그는 지난 수십 년 동안 여성고용률이 지속적으로 증가하고 남녀고용평등법(1988)의 제정으로 기본틀은 조성되었지만 남녀평등 제고보다는 차별에 대한 선별적 조치의 성격이 컸던 것으로 파악한다. 또한 정책추진 과정에서 남녀고용평등과 여성고용촉진이라는 두 가지 정책목표의 상호 충돌 역시 존재했음을 설명하고 있는데, 예를 들어 지금까지 실시된 여성고용정책에서 남녀고용평등에 대한 강조는 법제상으로만 존재할 뿐 현실적으로는 상당히 제한되어 여성고용 촉진에 제대로 기여하지 못했으며, 특히 질 낮은 일자리에 여성고용이 집중되어 남녀고용평등을 오히려 제한한 면이 컸다고 파악한다. 또한 일·가정 균형 정책이 남녀평등을 전제하지 않고 추진됨으로써 역차별, 간접차별의 역효과로 인해 고용평등에 대한 관심이 도리어 약화되는 결과를 낳고 있다고 지적한다. 따라서 그는 저임금 비정규직에 격리되어 있는 다수 여성노동자의 노동시장 지위를 고려할 때 향후 여성고용정책에서 남녀평등을 위한 제도의 확충이 중요하며, 이러한 점에서 고용과 돌봄의 양 방향에서 남녀 유사성을 추구하는 시민-노동자-돌봄인(citizen-worker-carer) 모델에 대한 관심과 개발이 필요하다고 주장한다.

마지막으로 고용정책의 다양한 이슈 중 하나인 집행상의 문제를 살펴볼 필요가 있다. 부처별로 나뉘어 있는 소관 사무와 이에 따른 정책참여자 간의 이해관계 또는 정책지향의 상이점, 그리고 이로 인한 부처 간 갈등 상황에 대한 조정과 통합의 필요성은 정책의 효과성을 담보하기 위해 중요한 이슈로 대두된다. 하지만 이러한 문제의식에도 불구하고 실제 갈등관리는 결코 용이하지 않은 것이 사실이다. 즉, 문제와 해결 방향에 대한 합의에도 불구하고 가치 차이, 인과관계에 대한 해석의 차이, 이해관계의 상충, 그리고 장·단기 정책시계에 따라 대안에 대한 합의조차 상이한 맥락을 따르는 경우가 빈번하다. 이를 살펴볼 수 있는 사례로 장신철은 4대 사회보험의 적용·징수 통합 추진경위를 검토하고 있다. 우리나라의 4대 사회보험은 그동안 각기 상이한 적용·징수체계를 가짐으로써 사회보험의 사각지대 해소를 어렵게 하고, 보험행정의 비효율성을 유발하며, 보험료를 납입하는 사업주에게 불편을 초래한다는 비판을 받아 왔다. 따라서 보건복지부가 운영하는 건강보험·국민연금과 고용노동부가 운영하는 고용보험·산재보험이라는 보험행정의 이원화를 해소하기 위한 통합 이슈가 제기되었던 것이다. 사실 4대 사회보험의 적용·징수체계를 효율화하고자 하는 시도는 김대중 정부에서의 사회보험통합추진기획단, 노무현 정부의 빈부격차·차별시정위원회에서도 지속적으로 이루어졌지만 결국 2008년 2월 이명박 정부에서 적용·보험료 부과 업무는 각 공단에 존치시키고, 징수 업무 중 극히 일부라 할 수 있는 고지서 발송, 수납 및 체납 관리 업무만을 건강보험공단으로 일원화하는 수준에서 마무리되었는데, 이처럼 무늬만 통합이라는 비판을 지적하면서 그는 정책운영에서의 갈등 양상과 그 관리의 중요성을 시사하고 있다.

5. 맺음말: 향후 과제

현재 우리가 당면한 고용·노동 문제는 다양하고 심각하다. 이 책에서 저자들은 경험을 토대로 향후 우리 사회가 당면할 고용·노동 문제를 분야별로 지적하고 있으며, 그 지적 하나하나가 이슈 선정, 정책 형성·결정·집행 및 그 과정에서의 참여자 역할 등 현재 우리가 주의를 기울여야 할 중요한 문제라는 점을 부인할 수 없다. 따라서 이와 같은 지적에 대한 충분한 검토와 의미 탐색의 노력이 필요하다.

이와 관련하여 향후 논의를 위한 세 가지 고려점을 제기하고자 한다. 첫째로, 앞선 지적들의 분야별 적절성과 함께 우리의 현실은 이들을 종합적으로 고려해야 한다는 점이다. 즉, 과거의 외생적 사건과 분야별 사안들이 현재에서는 상호 연계된 복합적 문제로 부각되고 있다. 예를 들어, 일자리를 찾는 사람들은 많지만 기업과 정부에서 제공하는 일자리 수는 크게 부족한 형편이다. 하지만 경제 여건 및 산업구조는 지식 위주의 경제 형태로 전환되고 있어 더 이상 대규모 노동력이 요구되는 상황을 조성하기란 불가능하다. 또한 고용형태의 유연성과 직업안정성 간의 갈등, 정규직과 비정규직 간의 격차, 파견과 도급의 모호성, 실업부조의 부재, 초과근로의 횡행과 이에 대한 법과 현실의 괴리, 경력단절과 같이 여성의 노동시장 참여에서의 장애, 정년연장과 같은 노년층의 근로욕구 증가 등 노동시장 자체의 질적·구조적 개혁의 필요성이 제기되지만 동시에 이를 위한 국민적 합의와 시간·비용의 필요는 여전히 부족한 실정이다. 따라서 문제 해결을 위한 논의 자체가 고용, 복지, 경제, 산업 또는 정책 형성, 결정, 집행, 평가와 같이 분절적이기보다는 종합적일 필요가 있다.

둘째로, 고용·노동정책의 주된 대상은 실업률 관리라고 할 수 있지만 실업 자체와의 개념적 구분 역시 필요하다는 점이다. 실업은 개인 수준에서 발생하는 사건으로서 한 개인에게 실업 상황은 사회인으로서 독립적인 생활을 유지할 수 있는 토대를 잠식한다는 점에서 폐해가 발생한다. 대부분의 현대인들은 고용을 통해 소득을 창출하고, 소비를 향유하며, 사회적 관계를 형성한다. 따라서 실업은 한 개인의 기본적인 물리적 복지는 물론이고 심리적 자존감을 무너뜨리는 원인이 되지만 여전히 개인의 특성과 선택적 측면이 강하다. 반면 실업률은 일정 지역 또는 집단과 같은 공간적 범주 안에서 발생하는 사회적 현상으로, 여기에는 개인의 특성과 함께 사회구조적 요인이 개입한다. 고용의

가치는 모든 사람들에게 중요하지만 실제 고용기회는 주로 사회적으로 통용되는 기준에 의해 할당된다. 예를 들어, 생산성 또는 그 기여 능력 등을 가늠해 볼 수 있는 학력, 경력, 자격 등이 주요 기준으로 활용된다. 고용주 입장에서는 보다 우수한 역량의 확보와 유지가 선호되는 것처럼 피고용자 또는 고용 후보자 입장에서는 이를 위한 다양한 투자가 요구되는데, 그 실행 가능성과 정도는 해당 개인의 특성과는 또 다른 환경적 특성에 의존하게 된다. 개인과 부모의 능력, 국가의 지원 등이 그것이다. 따라서 실업률은 모든 사회구성원에게 고르게 분포하지 않으며, 일부 지역·산업·계층·집단과 같이 사회구조적 성격에 따라 실업의 발생 정도가 편중되거나 지속적인 것이 일반적이다. 문제는 이러한 성격의 실업률 분포가 사회구조적 요인으로 인해 일할 의지와 능력이 있음에도 일자리를 찾지 못하거나, 그런 기회 자체가 봉쇄되거나 차별받는 경우다.

그 대표적인 경우로 최근 우리 사회에서 주목하고 있는 청년실업 문제가 있다. 이와 관련해서는 우리 사회에서 점차 실체적·인식적으로 확대되고 있는 불평등과의 관계를 고려할 필요가 있다. 경제적 지위가 기회의 중요한 결정요인으로 작용하고 있는 현시점에서 상대적으로 장년층에 비해 낮은 경제적 지위에 있고, 더욱이 낮은 경제적 배경의 부모를 둔 청년층은 기회 구조에 있어서 보다 열악한 상황에 놓이게 된다. 3포, 5포, 7포 세대라는 말이 의미하듯이 그들이 자신의 사회·경제적 지위를 개선할 수 있다는 기대를 버리면 버릴수록 부자와 빈자의 격차는 물론이고 세대 간 격차 역시 점차 확대될 것이고 이로부터 탈피하는 것은 점점 더 어려워지는 악순환에 봉착할 것이다. 청년실업에 대한 관심의 제고는 바로 그들이 불평등의 악순환에 대한 인식을 혁파할 수 있는 중요한 연결고리이기 때문이다. 불평등에서 유발되는 사회문제의 대부분은 인식적 측면에 기인하는 바가 크다. 따라서 그들의 인식을 보다 긍정적으로 개선하는 조치는 불평등을 완화할 수도 있고, 이렇게 완화된 불평등 수준은 다시 불평등에 대한 인식을 제어할 수 있다. 이를 위해서는 무엇보다 기회구조의 형평성 개선이 이루어져야 하는데, 취업은 바로 그 시작점이 될 수 있을 뿐 아니라 실업과 실업률의 연결고리이기도 하다.

물론 실업률에 대한 정부의 적극적 노력이 필요한 이유는 정부 운영이라는 또 다른 측면에서 살펴볼 수 있다. 높은 실업률은 정부에게 곧 조세징수액 감소와 이에 따른 정부 프로그램에 대한 자원배분의 어려움을 의미하며, 또한 실업으로 발생하는 정부 지원 대상자의 증가는 정부 프로그램 운용의 부담을 더욱 크게 한다.[4] 국가에 따라 소득세 같은 직접세에 의존하는 비중과 소비세 같은 간접세에 의존하는 비중이 다르긴 하지만 실업은 양자 모두의 감소를 야기하는 원인이 된다. 즉, 정부 입장에서는 수입은 감소하고 지출 수요는 증가하는 상황인 것이다. 따라서 실업률 완화 또는 고용률 제고는 더 이상 고용·노동정책 분야에서만의 문제는 아니며 국정 운영의 핵심목표가 되어야 한다.[5]

---

4 특히 실업 관련 정부지원이 자격기준에 따른 권리(entitlement)인 경우 더욱 그렇다.

5 물론 낮은 실업률 자체가 항상 긍정적인 것만은 아니다. 기술적인 측면에서 볼 때, 실업률은 일종의 통계량으로서 어떻게 정의(definition)하고 어떻게 측정(measurement)되었는지에 따라 그 의미하는 바가 달라질 수 있다. 단적으로 취업 포기자가 많으면 실업률은 감소하지만 실제 그 의미는 왜곡되어 있고, 이러한 점에서 실업률과 고용률 간의 괴리가 발생하게 된다. 따라서 보다 다양한 정의와 측정을 이용한 부가적인 실업률 또는 고용률 지표가 지속적으로 개발 · 활용되어야 한다. 한편, 실체적 측면에서 볼 때, 새로운 사업을 위해서는 적절한 노동공급이 필요한데, 낮은 실업률은 일할 의사가 있는 사람들을 대상으로 완전고용에 가깝다는 의미다. 이는 시장 내 잉여 노동력의 부재를 의미하며, 기업에게는 높은 인건비 부담을 의미한다. 따라서 기업은 생산하는 제품과 서비스의 가격을 인상하거나 여타 비용을 줄이고자 보다 많은 세제 혜택을 정부에 요구하는 경우가 발생할 수 있다. 이때 가격 인상력과 정부에 대한 요구 능력은 대기업 중심이지 중소기업의 경우 용이하지 않다. 결국 실업률의 폐해는 우리 사회의 기초체력과 인프라의 구비 정도에 따라 시기적으로 달리 나타날 수 있다. 이러한 점에서 일부 학자들의 경우 NAIRU(Non-Accelerating Inflation Rate of Unemployment), 즉 인플레이션 압력이 발

마지막으로 저출산·고령화 문제와 관련한 고려의 필요성을 제기하고자 한다. 취업난의 심화와 지속은 저출산 경향과 순환적 관계를 가질 수 있기 때문이다. 성장과 일자리 창출을 위해서는 대체로 혁신적 사고와 행태를 주도하는 청년층의 참여가 필요한데, 저출산 경향은 이를 어렵게 한다. 저출산 문제는 단순히 보자면 결혼을 안 하거나, 해도 늦게 하거나, 또는 결혼을 하더라도 자식을 적게 낳거나, 낳지 않는 경우에 발생한다. 그 이유는 무엇보다 출산으로부터의 기대수익이 떨어지기 때문이다. 여성의 교육수준이 높아지고 사회참여가 증가하는 상황에서 출산으로 인한 경력단절은 개인에게 큰 비용이 된다. 특히 재취업 가능성이 낮은 경우는 더욱 그렇다. 또한 자녀가 당면할 경쟁구도가 고비용의 장기적 투자가 예상되는 경우 부모가 담당해야 할 비용은 추가된다. 스스로 취업난의 심화와 지속을 경험하는 경우 자신이나 자녀의 성공 가능성에 대한 기대는 반감될 뿐 아니라 부담해야 할 비용 역시 실제보다 크게 느껴질 수 있다. 따라서 출산을 기피하게 되는 것이다.

또한 고령화로 인한 노인인구의 상대적 증가 역시 이들의 소득, 건강, 여가 측면에서 새로운 사회적 대응을 요구한다. 구매력을 보유한 노인집단의 경우 새로운 소비층으로서 이들을 위한 상품 및 서비스 생산을 위한 일자리 수요가 있을 수도 있지만 세계 어디에서나 노인집단 내에서의 불평등 수준은 다른 연령대 집단에 비해 큰 것이 일반적일 뿐 아니라 이들은 소득활동이 중단되었기에 한정된 자산의 지속적인 소비로 인해 다른 연령대 집단과의 상대적 지위 역시 저하된다. 이러한 이유로 향후 이들에 대한 복지지출은 급증할 것이다. 보건의료에

생하지 않을 정도의 실업률 유지를 주장하기도 하지만 만성적인 실업률에 당면한 우리의 경우 이에 대한 우려는 그리 적절하지 않다고 보인다.

대한 지원과 함께 연금 등 노후소득 보장을 위한 지원, 그리고 일상생활에서의 여가활용을 위한 지원 등은 그들이 갖는 정치적 영향력(투표권)과 비례하여 증가할 뿐만 아니라 우선순위를 부여받을 것이다. 문제는 이러한 지원을 위한 재원 증가는 결국 다른 분야의 지출규모를 감소시킬 수밖에 없다는 점이다. 미래를 위한 재투자의 축소는 새로운 기업과 산업의 출현 가능성과 일자리 창출의 역동성을 감소시킬 것이고, 특히 비용부담은 청장년층에 집중된다는 점에서 세대 간 갈등이 심화될 가능성도 있다.

이러한 점에서 우리 사회의 정책기조에 대한 합의와 이에 따른 정책 조율이 필요하다. 정책지향점을 보다 지속가능하고 안정적이며 공유하는 성장으로 조정할 필요가 있으며, 대기업과 중소기업, 정규직과 비정규직, 노사, 청년층과 노년층은 물론이고 남녀, 인종, 종교, 소득으로 구분된 집단이 성장의 과실(果實)을 함께 나누며 새로운 성장을 위한 협력의 강화가 필요하다. 더욱이 저출산·고령화로 인해 사회 구성원 간 의존과 통합이 명백히 예측되는 시점에서 당사자 간의 치열한 이해관계보다 형평성 제고와 협력이라는 가치를 좀 더 강화할 필요가 있다. 우리 과거 경험의 상당 부분이 협력의 기초 위에서 생성되었다는 점을 다시금 상기할 필요가 있다.

참고문헌

Santayana, George (1905). *The Life of Reason, or, The Phases of Human Progress, Vol. 1: Introduction and Reason in Common Sense*. New York: Charles Scribner's Sons.

Thacher, David and Martin Rein (2004). "Managing Value Conflict in Public Policy." *Governance: An International Journal of Policy, Administration, and Institution*, 17(4): 457-486.

2장 /

우리나라 고용정책의 전개 과정*

김성중

1. 들어가는 말

현대 산업사회에서 사람들은 '일' 없이 살 수 없게 되었다. 누구든지 일을 하지 않고서는 생계를 유지할 수 없고, 일하는 사람 없이는 사회도 유지될 수 없다. 자연자원이 부족한 우리나라의 급속한 경제발전은 뛰어난 인적자원 덕분에 가능했음은 아무도 부인하지 못할 것이고, 앞으로도 우리나라가 발전하기 위해서는 우수한 노동력에 의지하지 않으면 안 될 것이다. 그럼에도 우리나라는 그동안 고용 문제를 너무나 등한시하였다. 경제성장만 이루어지면 고용 문제는 자동적으로 해결되는 것으로 치부하고, 산업사회의 유지·발전에 필수적인 고용정책의 개발과 적용에는 소홀히 해 왔다. 최근에 이르러서야 일자리 유지와 창출의 필요성을 절감하고 고용정책을 발전시키기 위해 노력하고 있는 실정이다.

급변하는 여건에 맞추어 적기에 적절한 정책이 수립되고 효과적으로 집행될 수 있으려면, 외국의 새로운 제도를 도입하기보다는 우리나라에서 집행해 온 정책의 경험과 교훈을 바탕으로 노동시장의 상황에 맞추어 정책을 수정·보완해야 할 것이다. 그러나 그동안 고용정책에 대한 연구가 극히 미미했을 뿐 아니라, 불과 수년 전의 자료조차 찾아보기 어려울 정도로 정보 관리에도 소홀하였다. 종전 우리가 실행했던 각종 정책에 대한 기록과 경험은 사장되어 활용되지 못했다.

이와 같은 점에서 우리나라의 노동력을 형성하고 배분하고 관리해 온 고용정책이 과연 어떻게 수립되었으며 그 효과는 어떠했는지 고찰해 보는 것은 큰 의미를 가질 것이다. 특히 우리나라 노동시장의 변화와 관련하여 어떤 과정을 거쳐 어떠한 고용정책이 입안되었는지 정책

---

* 이 글은 필자가 펴낸 『한국의 고용정책』(2005)을 요약·정리하고 보완한 것이다.

결정의 메커니즘을 찾아보면서, 그 정책의 집행 실적과 효과를 분석하는 것은 향후 정책 발전에 크게 기여할 수 있을 것이다.

이 글에서는 '고용정책'을 일하려는 사람에게 일할 수 있는 능력을 갖추어 주고, 차별받지 않고 원하는 일자리에 취업할 수 있게 하며, 적정한 근로조건으로 일하여 생활할 수 있게 하고, 실업을 예방할 뿐 아니라 실업하게 되었을 때 다양한 지원방안을 시행함으로써, 한 나라의 노동력을 생성하고 최대한 효율적으로 사용하여 개인의 행복과 사회적인 안정을 도모하면서 경제발전을 이룩할 수 있게 하는 종합대책으로 보았다. 여기에서는 근로조건 보호 등에 관한 사항은 제외하고, 인력 형성과 배분을 중심으로 검토하기로 했다. 일과 일자리, 일하는 사람들 사이에 일어나는 여러 가지 문제에 대한 정책적 대응이 주안점이 될 것이다.

고용정책을 살펴보는 데에는 여러 가지 방법이 있을 것이다. 고용에 관한 정책을 주요 사업별로 모아 볼 수도 있고, 고용정책의 특색이 다른 시기를 구분하여 시대별로 찾아볼 수도 있다. 우리나라는 1960년대 이후 여러 차례에 걸쳐 경제개발 5개년계획을 추진해 왔기 때문에 경제개발계획 기간별로 특징지어 고용정책을 살펴볼 수도 있고, 일반인에게 익숙한 대로 연대별로 1960년대, 1970년대, 1980년대, 1990년대로 나누어 살펴볼 수도 있다. 또 경제개발을 개시한 제3공화국 시절과 중화학공업화를 추진한 제4공화국, 경제안정을 우선시한 제5공화국, 6.29 민주화선언 이후 민주화를 추진한 제6공화국 등으로 나누어 살펴볼 수도 있다. 노동청이 생긴 1963년 이후의 행정과 독자적인 정책을 수립할 수 있는 중앙부처인 노동부로 승격한 1981년 이후로 구분할 수도 있다. 관련 법령을 기준으로 직업안정법이 제정된 1961년 이후와 인력개발의 필요성이 강조되어 직업훈련기본법이 제정된 1967년 이후, 고용보험법 제정 등 고용정책에 관련된 전면적인 법규 제·개정이 이루어진 1993년 이후로 나누어 살펴볼 수도 있다.

김수곤(1989: 228-247)은 1989년에 노동경제 40년사를 정리하면서 인력개발과 고용정책의 제1기를 혼란기(1945-1960)로, 제2기를 고도성장기(1961-1980)로, 1980년대 이후의 제3기를 안정기로 구분하였다. 김수곤·이주호(1995: 545-563)는 1995년에 한국 경제 반세기를 평가하면서 노동시장과 고용·인력정책을 구분하여 1945-1960년을 혼란기로, 1961-1987년을 고용팽창기로, 그 이후를 전환기로 보았다. 김수곤(1992: 99-100)은 1970년대 중반 무제한적 노동공급 시대가 끝난 것이 노동시장의 전환점이었으며, 1987년 6.29 민주화선언 이후 노사관계의 변화가 제2의 전환점이었다고 평가한다. 이주호(1996: 41)는 1980년대 후반에 노동시장의 주요 동인과 기능이 전환됨에 따라 노동시장 관련 기존 제도들을 과감히 바꾸어 나가야 할 필요성은 부각되었으나 아직까지 이러한 제도개선이 제대로 이루어지고 있지 못하다는 의미에서 1980년대 후반부터 1996년까지를 고용·인력정책의 전환기라고 보았다. 허재준(2003: 295-303)은 1962년 경제개발계획이 추진된 이후 연평균 8.3%의 고도 경제성장을 이룩한 1997년까지 노동시장에 대략 세 차례의 전기가 있었다고 보았다. 즉, 1차 전기는 1970년대 중반으로 루이스(A. Lewis)적인 무한탄력적 노동공급 시대가 끝나고 노동시장에도 점차 시장 기능이 자리 잡기 시작한 때이며, 2차 전기는 1980년대 중반, 3차 전기는 1990년대 중반이라고 보았다.

고용정책은 기본적으로 노동시장을 대상으로 하며 노동시장 변화에 대응하고, 정부의 정책이 노동시장에 영향을 미치기도 하며 상호작용하는 밀접한 관계를 유지하기 때문에, 이 글에서는 정치·경제·사회적 배경과 아울러 노동시장 상황을 중심으로 주요 고용정책과 관련 법규의 변화를 종합하여 우리나라 고용정책을 특징이 다른 다섯 기간으로 나눌 수 있다고 보았다(〈표 2-1〉 참조).

〈표 2-1〉 고용정책의 시대구분

구분	태동기 (-1961)	발아기 (1961-1975)	발육기 (1976-1986)	발전기 (1987-1997)	시련기 (1998-)
노동공급	무기능자 과다 공급	무제한 노동 공급	제한적 노동 공급	노동 공급 부족	저출산·고령화
노동수요	부족	급증	증가	완만한 증가	급감
노동시장 상황	실업과다	고실업 해소 과정	저실업	• 인력 부족 • 인력 수급의 불균형	고실업
주요 정책과제	• 일제 인력 징발 • 피난민, 빈민 구제	과다한 실업 해소	중화학공업 인력 양성 공급	유휴 노동력 활용	• 실업 대란 극복 • 청년실업 해소 • 비정규직 보호
주요 정책 · 법규	• 노동자 모집취 체규칙 • 직업소개령	• 직업안정법 • 직업훈련법	• 직업훈련기본법 • 직업훈련촉진 기금법	• 남녀고용평등법 • 장애인고용평등법 • 고령자고용촉진법 • 고용보험법 • 고용정책기본법 • 기능장려법	• 연도별 실업대책 수립·시행 • 고용지원서비스 선진화 • 비정규직 보호 입법
주요 행정 조직		• 노동청 승격 • 직업안정국· 직업훈련국 신설	• 노동부 승격 • 한국직업훈련 관리공단 신설	• 고용보험 시행 • 고용정책실 신설	실업대책단, '고용노동부'로 개칭

우리나라는 1945년 광복을 맞았지만 1961년 이전에는 미 군정과 신생정부의 출범, 6.25전쟁 등을 겪으면서 전형적인 저개발 농업국가로서 빈곤과 낙후 상태를 벗어나지 못했다. 이농인구와 피난민 유입 등으로 노동공급은 넘쳤으나 노동수요는 극히 부족했고, 1950년대에 전후 복구를 서두르면서 경제개발계획을 수립하기도 했지만 재원 부족으로 제대로 추진되지도 못했다. 그러나 전쟁 중에도 근로자 보호를 위한 근로기준법 제정 등 노동입법을 서두르는가 하면, 미국의 원조에 의지해 재정을 지탱해 나가면서도 높은 교육열을 바탕으로 인력을 양성하고 과잉노동력을 해소하려는 노력을 보였기 때문에 고용정책의

태동기 또는 모색기라 볼 수 있다.

1961년부터 제3공화국이 시작되어 체계적인 경제개발 5개년계획을 성공적으로 추진하는 과정에서 노동수요가 급증하여 과다한 실업이 점차 해소되고 노동시장이 무제한적인 노동공급 상황에서 벗어나 전환기를 맞이하게 되는 1975년까지를 고용정책의 발아기 또는 탄생기라고 보았다. 이 기간에 직업안정법과 직업훈련법을 제정하고, 노동청을 신설하고 각지에 직업안정소를 설립하는 등 본격적인 고용정책이 출범했기 때문이다. 이 시기까지 노동시장은 무제한 노동공급기라 부를 수 있으며, 실업 문제 해결이 최대 과제였다.

1976년부터 우리나라 노동시장은 대체로 완전 고용상태에 이르게 되었으나, 부문별로 인력 부족 현상이 나타났다가 제2차 석유위기 이후 심각한 실업사태에 직면하는 등 불안정한 상태를 겪기도 했다. 산업인력을 효율적으로 관리하기 위해 중앙고용안정소를 설립하고 각지에 고용안정기관을 세웠으며, 대대적인 해외인력진출을 추진하여 실업 문제 해소에 대응해 나가면서, 한국직업훈련관리공단을 창설하여 중화학공업 육성에 기초가 되는 기능인력 양성을 체계화하던 이 시기를 고용정책의 발육기라 하였다.

1987년 6.29선언 이후 3저호황을 맞으면서 우리나라 노동시장은 안정적인 저실업시대에 접어들게 되었고, 오히려 인력 부족 현상이 심각하게 대두되어 유휴노동력 활용 문제가 주된 정책적 과제로 부상하였다. 그에 따라 고용정책은 노동시장의 변화에 따른 정책적 대응을 본격화하기 시작하였다. 1987년 최저임금심의위원회가 구성되고 1988년부터 최저임금제가 시행되었으며, 1988년에는 남녀고용평등법, 1990년에 장애인고용평등법, 1991년에 고령자고용촉진법이 제정되었다. 드디어 1993년에는 고용보험법, 고용정책기본법 등이 제정되고 직업안정법 등이 전면 개정되는 등 고용정책이 기틀을 잡게 되었으므로 고용정책의 발전기라고 하였다.

그러다가 1997년 말 외환위기로 많은 기업들이 문을 닫거나 구조조정을 서둘러 노동수요가 얼어붙으면서 갑작스럽게 실업자가 쏟아져 나왔다. 노동시장이 요동치는 가운데 이전에 설계하고 발전시켜 왔던 여러 고용정책들은 제 기능을 발휘하지 못했고, 효과적인 실업대책을 마련하고자 고심할 수밖에 없었던 이 시기를 고용정책의 시련기라 볼 수 있다. 수많은 실업자들이 양산되면서 고통을 겪게 되었지만 온갖 노력을 기울인 결과 짧은 기간 동안에 사회안전망이 갖추어지고 여러 가지 실업대책도 개발되었으며, 고용정책의 중요성에 대한 인식도 획기적으로 달라졌다는 점에서는 고용정책의 도약기라 부를 수도 있을 것이다. 하지만 비정규직 근로자의 급증, 저출산·고령화, 청년실업의 급증 등 새로운 노동시장 상황이 발생하면서 끊임없는 도전과 시련이 거듭되었기 때문에 시련기라 부르기로 하였다.

2. 고용정책의 전개 과정

고용정책의 태동기(-1961)

근대적 의미에서 우리나라의 직업안정사업은 조선총독부가 1918년 1월 29일 '노동자 모집취체규칙'을 제정·공포함으로써 시작되었다고 볼 수 있다. 이는 일본이 우리나라를 지배하면서 만주, 일본 등에 필요한 근로자를 합법적으로 끌고 갈 수 있게 하려던 것이었다. 1935년까지 모두 8개소의 직업소개소가 전국에 설치·운영되었지만 취급 직종은 일용노동자 등 일부 직종에 국한되어 있었다. 1940년에 이르러 비로소 '직업소개령'이 조선총독부령으로 공포·시행되어, 1961년 직업안정법이 제정·공포될 때까지 우리나라 직업안정행정의 법적 기초가 되었다.

직업훈련은 실업교육과 병행하여 일찍부터 시작되었다. 근대 기술을 배우기 위한 시도로 고종 18년(1881) 기기창을 설치하여 무기를 제조하면서 기술자들을 교육시키기도 했으며, 1900년대 초에는 공업기술을 가르치는 공업전습소가 서울시와 각 도에 설립되었다. 일제강점기 동안에 실업계 학교로는 공업학교, 농업학교, 상업학교, 수산학교 등이 있었다. 또 보통학교나 실업학교에 부설된 간이실업학교가 있었는데, 1935년 폐지된 후 실업보습학교가 설치되어 입학자격과 수업연한이 탄력적으로 운영되었다. 또한 사설 강습소와 사설 실업학원이 직업교육을 실시하였고, 일제하에서 공업계 학교교육 외에 직업훈련도 기능자의 양적·질적 향상에 크게 기여하였다. 지방공업전습소, 전기직공양성소, 광업기술원양성강습소, 숙련공양성소 등에서 산업인력을 양성하였다. 1939년에 시행된 '공장사업장 기능자양성령'은 직업훈련을 위한 획기적인 조치로서, 조선총독이 지정하는 일반 공장이나 사업장도 기능인 양성 의무자로 정하였다.

광복 이후 12개 도시에 직업소개소가 설치·운영되어 직업소개 사업을 행하였으나 단순노무자나 접객종사원, 취사인, 유모 등이 큰 비중을 차지하였다. 미 군정 당시 직업안정을 위한 입법은 없었다. 당시 실업자와 무직자가 너무 많아 빈민구제가 시급했기에 고용을 촉진하는 시책에는 미치지 못했다. 6.25전쟁 이후 폐허 속에서 넘쳐 나는 실업자 대책에 부심하면서 고용 증대를 위해서 경제개발을 모색했을 뿐 직업안정 업무에 관심을 가질 여력이 없었다. 그러나 직업훈련에 대해서는 미군정하에서 각 부처별로 노력을 기울였다. 1948년 정부 수립 후 사회부에서 '직업보도'란 이름으로 상이군경과 유가족 등을 대상으로 기능훈련을 실시했으나, 일반 근로자를 위한 직업보도나 기능훈련은 제도화되거나 제대로 실시되지 못했고 관행에 의한 견습공제도가 있었을 뿐이었다. 직업훈련에 관한 최초의 법적 근거를 갖춘 것은 1953년 5월에 공포한 근로기준법의 '기능자 양성'에 관한 규정이었으나 실제로는 근로자 보호를 위한 것이었다.

제2공화국 이전에는 미국의 원조 없이는 국가 경제를 꾸려 나가기도 어려운 상황이었다. 그러나 높은 교육열과 경제자립의 의욕으로 전후 복구와 경제부흥을 추진하면서 효율적인 산업인력 양성 및 관리 정책을 모색해 왔던 시기라 할 수 있다.

고용정책의 발아기(1961-1975)

경제개발 초기인 1960년대와 1970년대 중반까지는 지속적인 이농 현상으로 농촌지역의 풍부한 노동력이 비농업 부문에 거의 무제한적으로 공급되었다. 그리하여 이 기간은 노동공급 과잉시대라 부를 만하였다. 필연적으로 실업률이 높아 본격적인 경제개발이 이루어진 1963년의 비농가 부문 실업률은 16.3%였고 1960년대에는 10%대의 실업률이 지속되었다.

경제개발이 시작된 후 우리나라 고용 사정은 급속도로 호전되었다. 1963년 이래 1975년까지 3.7%라는 높은 취업자 증가율에 따라 실업률은 감소하고 후진적인 취업구조도 개선되었다. 누적되었던 과잉노동력이 고도경제성장과 근대적 산업의 확대로 급속히 흡수되었다. 1970년대 초까지 노동력 공급 증대를 초과하는 노동력 수요 증대로 완전실업자가 대량으로 흡수되어 8% 이상이던 실업률은 4% 수준으로 떨어졌고 실업자 수도 70만 명에서 45만 명 수준으로 줄어들었다. 당시에는 실업자가 넘쳐 났기 때문에 근로조건에 상관없이 취업하려는 사람들로 장사진을 이루고 있었다. 따라서 노동시장이 제대로 형성되지도 못했고 임금은 고용주가 부르는 대로 받을 수밖에 없는 상황이었다. 실질임금보다 높은 생산성 향상은 제2, 3차 경제개발계획기간

10년간 생산 부분에서의 임금비용 인하를 가능하게 했다. 그러나 경제 발전에 따라 과잉 노동력이 점차 해소되고 기업에서 요구하는 인력 수준이 점차 높아짐에 따라 우수한 근로자를 확보하고자 하는 과정에서 임금 수준은 서서히 높아졌다.

1960년대에는 경제개발계획 추진과 함께 고용정책도 드디어 싹을 틔웠다고 볼 수 있다. 이전까지의 고용정책은 직업소개에 불과했으나 경제개발이 본격화되면서 인력의 중요성에 대한 인식이 점차 커졌다. 고용정책은 산업수요를 충족할 수 있는 인력개발과 양성된 인력의 적재적소 배치 등 인력관리 전반에 걸쳐 긴요한 정책으로 부상하였다. 1960년대 초반 인구증가율이 매년 2.9%가 되는 상황에서 경제성장률은 바로 잠식되고 말아 사회·경제적으로 과잉노동력은 암적 요소로 여겨졌다. 따라서 경제안정과 사회안정을 위해서 고용 문제를 가장 심각하게 다룰 수밖에 없었고 고용 증대를 통한 실업 해소는 정부의 일차적인 과제로 선정되었다. 경제개발계획을 수립하면서 인구증가율을 감안한 노동공급 추이와 투자 확대에 의한 노동수요 증가를 고려하여 고용목표를 정하였다. 과잉 노동력을 해소하기 위해 고용흡수율이 높은 노동집약적 산업 발전을 추진했으며, 실업 문제 해결을 위해 이민과 갖가지 산아제한정책 등이 추진되었다.

1961년 12월 6일 군사혁명 정부에 의해 처음으로 직업안정법이 제정·공포되었다. 이는 우리나라의 직업안정에 대한 법적 기초로서 구직자에 대한 국내 및 국외 직업소개, 직업지도 및 직업보도, 노동력 수요에 필요한 조사와 연구 및 기획, 기능자등록, 실업대책, 직업적성검사, 실업보험 등과 함께 근로자의 모집·소개와 직업보도사업에 대한 지도·감독이 그 주요 업무로 제시되고 있다. 1963년 2월 9일 직업안정법을 개정하여 각 지방자치단체에 44개소의 직업안정소가 설치되어 직업지도 및 취업알선 업무를 수행하게 되었다. 1963년 8월 31일 노동행정의 중앙관청으로서 보건사회부 노동국을 노동청으로 승격·발족시켰으나, 우리나라의 직업안정기관은 1968년 8월 노동청장 소속하에 직업안정소가 설치되기까지는 통일적이며 전국적인 조직을 갖추지 못하고 있었다. 국립직업안정기관은 수효도 적었고 근무인원이 부족하여 직업소개 업무도 제대로 수행하지 못함에 따라 음성적인 무허가 직업소개행위가 성행하여 사회질서를 문란하게 하는 등 병폐가 적지 않았다. 따라서 1967년 3월 30일 직업안정법을 다시 개정하여 무허가 직업소개행위를 양성화해 국가 기관의 엄격한 지도와 감독을 받도록 함으로써 직업소개사업을 개선하려고 노력하였다. 그러나 취업알선 실적은 대단히 미미하였다. 이때 노동시장 정보지를 발간하고, 1962년 8월부터 '경제활동인구조사'를 실시하는 등 생산성, 고용전망, 임금실태 등의 노동통계를 실시했으며, 직업적성검사 및 직업지도 기법을 개발하였고, 근로자 공급사업 허가와 근로자 등록제 실시 등 인력관리를 위한 여러 가지 노력을 시작하였다.

실업대책으로는 직업안정법을 모태로 구호대상자에 대한 구호사업, 자조근로사업 또는 정부와 각 지방자치단체에서 공동 토목사업 등을 실시하고 해고자 전직훈련과 실업자 직업훈련 사업도 전개하였다.

우리나라의 노동력은 과잉상태이면서도 기능을 가진 근로자가 현저하게 부족한 상태여서 경제개발에 따른 기능 인력의 수급 문제가 크게 대두되어 1967년 1월 16일 '직업훈련법'이 제정·공포되었다. 학교교육의 경직성을 벗어나 산업현장에서 필요로 하는 인력을 직업훈련을 통해 탄력적으로 양성할 수 있게 하려는 것이었다. 직업훈련법 제정에 따라 당시 여러 가지 형태로 실시되던 직업훈련사업은 공공직업훈련과 사업내직업훈련으로 정리되었다가 1973년에 공공직업훈련과 사립훈련으로 크게 구분되었다. 1967년 직업훈련법이 발효된 이후 직업훈련은 급격히 성장하였다. ILO 및 UNDP와 협약을 체결하여 직업훈련교사 양성을 담당하는 중앙직업훈련원을 1968년 6월에 설립하는 등 공공 및 민간 직업훈련소가 증설되었으며 직업훈련계획에 따라 기능 인력의 양성이 크게 증가하였다. 1974년 12월 '직업훈련에 관한 특별 조치법'을 제정·공포하여 근로자를 500인 이상 고용한 사업주로 하여금 매년 일정 비율 이상의 기능인력을 의무적으로 양성하도록 하는 사업내직업훈련 의무제도를 채택함으로써 필요한 기능인력을 기업 스스로 양성·활용하도록 유도하였다. 1973년 각종 자격을 통폐합하고 공신력 있는 검정 시행을 위해 '국가기술자격법'을 제정했으며, 기능경기대회 신설 및 국제기능올림픽대회 출전 등으로 기능인력의 사기 진작에도 노력하였다.

이 시기는 과잉노동력을 해소하고 우리나라 고용정책의 기틀이 되는 주요 제도들을 창설하는 등 많은 성과를 거두었다고 평가된다. 그러나 실업자를 줄이기 위해서는 수출증대로 경제성장을 이룩하면 된다고 보았기 때문에 경제성장정책이 최우선시되었고 고용정책은 소홀히 하였다. 산업 발전에 필요한 우수인력을 체계적으로 양성하고 관리하며 적재적소에 배치하여 최대의 능력을 발휘할 수 있게 하는 고용관리 시스템의 필요성조차 인식되지 못하여 형식적인 직업안정조직을 방치함으로써 노동시장 기능이 작동하는 데 오히려 저해요소가 되었고, 이는 이후 우리나라 고용정책의 발전에 큰 장애가 되었다.

고용정책의 발육기(1976-1986)

이 시기는 노동력의 무제한적인 과잉공급 시대에서 벗어나는 전환점을 통과하면서 시작되었고, 오히려 인력 부족 현상이 일어났으며, 드디어 노동력의 수요와 공급에 따라 임금이 결정되는 노동시장 기능이 제대로 작동하기 시작하였다. 중화학공업화정책에 따라 고용 흡수력이 저하되었으나 중동 건설인력 투입과 국내 건설경기 활황에 따라 노동수요가 증가하여 건설인력을 중심으로 부분적인 노동공급 부족이 나타나기도 했다. 부분적인 인력 부족은 대졸자뿐 아니라 기능인력, 나아가서 서비스업종까지 확산되어 산업 간 인력수급의 불균형이 심화되었고, 기업들의 과도한 인력 확보 경쟁은 임금부상 효과를 초래하였다. 인력수요의 양적 확대는 물론이고 고급 인력에 대한 질적 수요가 증가하여 기술인력의 확보가 중요한 과제로 등장하게 되었다. 대기업과 중소기업의 상이한 인사정책으로 말미암아 노동시장은 상호 이질적인 임금, 승진기회, 노동시간 등 고용조건에 따라 차별화되고, 노동시장구조도 상호 이동이나 교류가 거의 단절된 이중구조의 양상이 짙어졌다.

제4차 경제개발 5개년계획 수립 시 기본 정책과제로 삼은 것은 첫째로 6.25전쟁 이후 다산기(Baby Boom)의 영향으로 증가하는 노동력에 대한 고용기회의 확대였다. 고용정책의 기조는 고용기회 확대와 생산성 향상을 위해 9% 이상의 경제성장률을 유지하고 고용효과가 큰 숙련노동 집약적인 산업을 육성할 것이며, 실업교육과 직업훈련을 확대함으로써 과학기술계 인력의 공급을 증가시켜 새로운 산업사회의 노동수요 변동에 대비할 것임을 분명히 하였다. 다산기 도래의 영향을 정확하게 파악하려는 노력으로 인력수급 예측이 활발하게 이루어졌으며 이를 바탕으로 고용안정과 직업훈련계획이 수립되었다.

노동청은 1977년 6월 '직업안정행정의 기능강화대책', 1978년에는 '노동력 수급 전망과 대책' 등을 수립하여 직업안정 업무를 소극적인 취업알선에서 적극적 고용정책의 수립으로 전환하려 했으며, 고용정책과 실업대책의 수립·시행, 노동력의 수급 조정, 직업정보의 제공, 직무분석 및 직업분류 작업, 적성검사와 직업지도 등의 기능을 확대·강화하려고 했다. 국립직업안정소를 증설하여 사설 유료 직업안내소와 무허가 직업소개소의 기능을 국립직업안정소에 흡수시켜 그 폐단을 방지하고자 했다. 1977년 10월에는 해외근로국이 신설되고, 1979년에는 국립중앙직업안정소가 설치되었다. 1981년 4월 8일에 정부조직법을 개정하여 노동청이 노동부로 승격되었으나 고용 분야의 행정조직은 오히려 축소되었다. 노동부는 1982년 부당 스카우트 방지대책, 1983년에는 '제1차 고용안정기본계획'을 수립·발표하였고, 고용보험제도의 도입과 '고용대책법' 제정을 추진하였다. 일일취업안내소와 전문인력 취업정보센터를 신설하고 전국 직업안정기관을 주축으로 광역취업알선망을 구축하는 등 많은 노력을 기울였으나 취업알선 실적은 미미했고, 직무분석 및 적성검사 기능 확대 등은 일부 실현되기도 했으나 직업안정조직과 인력 증원 문제는 여전히 답보 상태를 벗어나지 못했으며 인력수급 관리는 제대로 이루어지지 못했다. 해외인력진출사업은 중동 진출이 급격히 늘어나 1980년대 초에 절정을 이루었다. 열사의 사막에서 땀 흘려 일한 근로자들의 임금은 우리나라에 들어와 국가 발전의 소중한 재원으로 활용되었다. 해외취업자들의 송금은 1980년대 초 우리나라 경상수지 적자를 보전하는 무역외수입의 4분의 1 수준을 유지하였다.

인력부족을 호소하는 단계에 이르러 실업대책의 필요성은 줄어든 채 영세민 취로사업이 규모를 줄여 가며 계속되다가, 1980년 불황 속에서 실업률이 5.2%(비농가 7.5%)를 나타내자 도시 실업자를 농번기 농촌 일손 돕기에 보내기도 했고, 1982년 중반에 영세실업자 직업훈련을 급조하여 실시하기도 했다. 이러한 경험을 바탕으로 1986년부터 실업자전업촉진훈련을 실시하였다.

이 시기에 직업훈련은 비약적인 발전을 이루었다. 1976년 12월에는 그간 시행해 오던 '직업훈련법'과 '직업훈련에 관한 특별조치법'을 통폐합하여 '직업훈련기본법'(법률 제2973호)으로 일원화하였다. 1976년에 직업훈련기본법에 명시된 직업훈련분담금으로 조성된 기금을 재원으로 하여 직업훈련을 촉진할 수 있는 여러 가지 사업을 추진하기 위해 '직업훈련촉진기금법'을 제정하였다. 1981년 11월 '기능인력 양성 및 직업안정활성화 방안'을 확정·발표하고 직업훈련관계법령을 대폭 개정하는 동시에 1982년 한국직업훈련관리공단을 설립하여 공공직업훈련체제를 재정비·강화하였고, 1984년에 '직업훈련강화방안', 1985년에 '기능인력양성 효율화 방안' 등을 만들었다. 산업의 인력수요에 부응하는 인력 양성을 위해 공단 훈련원 개편, 산학협동훈련 실시, 기능개발센터 설치, 향상훈련 확대, 농촌직업훈련원 개편, 직업훈련 연구기관 설립·운영, 직업훈련대학 설립 추진 작업을 하였다. 직업훈련을 통해 1967년부터 1986년까지 119만 3,743명의 기능인력을 양성하였다. 그러나 기업의 참여가 부진하여 사업내직업훈련의 기여도는 계속 낮아졌으며 인정직업훈련원도 부실하였다.

1981년 12월 31일 국가기술자격법을 개정하여 중화학공업 분야 이외의 모든 직종을 통합·흡수하는 등 자격제도를 일원화하여 주관부처를 노동부로 하였으며, 한국직업훈련관리공단에 자격검정 시행을 위탁하여 전문성을 제고하였다. 기술자격의 등급별 기준으로 기술계는 기술사, 기사 1·2급으로, 기능계는 기능장, 기능사 1·2급, 기능사보로 구분하고, 자격 취득자에 대해서는 채용·병역의무·처우 등에서 우대조치를 하도록 노력하였다.[1]

우리나라 경제발전이 우수한 인력 때문임을 알게 된 사우디아라

1 이 과정에서 서상선 전 직업훈련국장이 중심적인 역할을 수행하였다. 그는 1968년 노동청 전입 이래 줄곧 본부에서 직업훈련 업무를 담당했으며, 중앙직업훈련원에도 근무한 경험을 살려 1980년대 훈련기획과장과 직업훈련국장 재임 시 각기 공법인으로 설립되어 있던 공공직업훈련원을 통합하고 자격검정 업무와 일원화하여 한국직업훈련관리공단을 설립하는 등 직업훈련제도의 육성과 발전에 크게 기여하였다. 당시에는 김수곤, 박영기, 배무기 교수 등을 비롯한 학계와 노동부 공직자의 긴밀한 협력이 이루어져 각종 정책 결정 과정에 전문적인 연구 결과가 제대로 활용되었다.

비아 정부의 요청으로 KDI와 정부 관계자가 1979년 사우디 인력개발 마스터플랜 수립을 맡는 등 국제적으로 높은 평가를 받기도 했다. 그러나 당시의 고용정책은 철저하게 경제성장을 통한 고용창출시책이 우선되었다고 할 수 있다. 반면 정부 혹은 민간의 직업안정기능을 강화한다든가 실업대책을 강구하는 등의 적극적 노동시장정책은 미루어졌다. 노동시장 여건을 중요 변수로 받아들이지 않은 정책적 소홀함은 1980년대의 안정성장이라는 기조하에서도 별로 달라지지 않았다. 근로자를 주체로 하는 적절한 정책적 대응이 미흡했던 까닭에 우리나라 노동시장의 이중구조가 더욱 심화되는 현상이 빚어지고 1987년에 노사분규가 폭발하는 한 원인이 된 것으로 보인다. 1970년대 후반의 호황과 1980년 초의 경제위기와 그 극복 과정을 거치면서 우리나라 경제는 크게 성장했고 고용정책도 조금씩 자라났기 때문에 이 기간을 발육기라 부를 수 있다.

고용정책의 발전기(1987-1997)

이 기간에는 취업자의 증가율이 경제활동인구 증가율보다 높았으며 고용 규모의 지속적인 확대에 힘입어 1988년부터는 실업률이 2%대로 진입하게 되었다. 1980년대 후반 이후에 우리나라 노동시장에서는 노동력 부족 현상이 심화되었다. 총량적 고용 사정은 지표상으로는 계속 호전되었지만 1990년대에 이르러 인력난과 함께 지역별·업종별로 인력 수급 불균형이 심화되고 국제 환경과 산업구조의 급격한 변화에 따라 일부 업종은 고용이 급속히 감소하는 등 낮은 실업률 가운데 고용불안 현상도 나타나고 있었다. 서비스산업은 급속하게 비대해지는 한편 제조업 공동화 현상이 우려되었고, 인구는 고령화되는 조짐을 보였으며, 일용·임시 근로자가 늘어나면서 다양한 고용 형태가 나타났다. 우리나라의 전체 실업률은 안정되어 가는 반면, 청년실업률은 매우 높게 유지되고 있었다. 1987년의 노사분규 이후 근로자의 임금은 큰 폭으로 인상되었고, 해마다 두 자릿수의 임금인상이 이루어진 결과 근로자들의 근로조건은 크게 개선되었다. 10여 년 동안 명목임금은 거의 4배나 증가하였다.

1987년부터 '능률과 형평을 토대로 한 경제선진화와 국민복지의 증진'을 기본 목표로 설정한 제6차 경제사회발전 5개년계획이 시작되면서 노동시장의 변화에 따른 정책적 대응을 본격화하기 시작하였다. 생산인력난 해소를 위해 많은 연구와 정책 검토가 있었고 여러 대책이 강구되었다. 구인·구직자 간의 연결 기능을 강화하며 고용 관행을 개선하여 유휴인력을 활용하고자 노력하였다. 주부 등 여성 인력을 활용하기 위해 기존에 시행하던 보육시설 확충과 시간제 근로 활성화, 남녀고용평등법 운용에 추가하여 주부 단기 적응훈련을 실시하고 YWCA 등 여성 단체의 취업알선 기능을 지원하며 직장 내 성차별 관행을 적극 개선하려 했다. 고령자 고용 촉진을 위해서는 고령자고용촉진법 시행 외에도 고령자 다수 채용업체에 대한 세제 지원, 고령자 인재은행 지원, 단기 적응훈련 지원, 고령자 직업능력 조사연구 및 홍보 등을 시행하였다. 장애인 고용을 촉진하기 위해 장애인고용촉진법을 운용하면서 지역별 장애인고용촉진센터를 설치하고 고용지원금과 장려금 지급을 확대하며, 장애인에 대한 사회적 편견 해소 등에 노력하였다. 청소년을 위해서는 학교와 직업안정기관의 유기적인 협조로 직업정보를 제공하고, 직업적성검사와 상담을 실시하면서 퇴직 중·고교 교사를 직업상담원으로 배치하였다.

노동부에서는 시·군·구 취업정보센터와 읍·면·동 취업상담창구 설치·운영에 관한 지침을 제정하고, 전국 278개 시·군·구 민원실에 취업정보센터와 3,607개 읍·면·동 사무소에 취업상담창구를 설치하여 1991년 11월부터 취업알선 업무를 담당하게 했다. 노동부는 줄기차게 공공 취업알선망의 단계적 확충을 추진했으며 폐해가 많은 사설 유료 직업안내소를 폐지하고자 했다. 지방자치제와 고용보험제의 시행을 계기로 쾌적한 시설과 민간전문상담원을 갖춘 인력은행을 설치·운영하였다. 일일 취업안내소와 전문인력 취업정보센터의 운영, '구인·구직자 만남의 날 행사' 실시, 행정전산망 구축사업 등으로 1987년 5월 1일 국립중앙직업안정소를 비롯한 44개 직업안정기관을 주축으로 광역 취업알선 전산망을 개통하는 등 많은 노력을 기울였다. 분야별로 인력수급 동향을 파악하여 보급하며, '표준직업명세'와 생활권 취업정보지 발간, 전화자동응답장치 운영, 직업지도 전산시스템 개발 및 적성검사 활용 등 고용서비스도 개선하였다. 그러나 직업안정 업무의 기능과 역할은 여전히 미약하였다. 일자리를 찾는 사람들은 직업안정기관을 찾지 않았고, 일손을 구하는 기업에서도 직업안정기관에 의뢰하지 않았다. 직업안정기관을 통한 취업알선은 파출부, 청소원 등 일용직 근로자와 여성이 대부분이었다.

해외인력진출은 꾸준히 증가해 왔으나 1982년을 고비로 감소하는 추세를 보였다. 국내 임금의 상승 및 인력부족 현상이 커져 가자 1991년 한국해외개발공사의 폐쇄, 1994년 한국국제협력단의 해외취업사업 중단으로 공공 부문 해외취업은 사실상 종료되었다. 오히려 유휴인력 활용대책이 인력부족 현상을 해결하지 못하자 동남아 저임금 국가의 근로자와 중국 교포 등이 우리나라에 불법취업을 하는 경우가 점차 늘어나 외국 인력을 산업연수생으로 도입하여 활용하게 되었다.

1980년대 후반기의 경제성장이 끝나고 1990년대 초 경기침체 국면에 접어들자 휴·폐업과 부도가 급증하면서 고용불안이 확산되었다. 고용불안에 대처하기 위해 정부는 1993년부터 6개 부처에서 분산 실시되던 각종 직업훈련을 통합한 '고용촉진훈련'을 서둘렀다. 특히 석탄산업 등 사양산업에서 발생하는 실업 문제에 대처하기 위해 위로금 지급 등 근로자지원제도를 실시하였다. 또한 인력은행의 확충과 유료직업소개사업의 허가요건을 완화하고 민간 직업소개사업에 대한 규제완화, 전국적인 고용정보망 확충 등 취업알선기능 강화에 나섰다.

실업보험제도 도입의 필요성이 제기된 지는 오래되었으나 노동부는 1980년대 초부터 본격적으로 실업보험제도와 직업훈련, 고용안정사업 등이 결합된 고용보험제도를 도입하기로 하고 준비작업을 서둘러 왔다. 고용보험제도 도입을 공식적으로 결정한 것은 제7차 경제사회발전 5개년계획을 수립할 때였다. 고용보험연구기획단을 설치하는 등 수년간의 준비작업을 거쳐 법령이 제정됨에 따라 1995년 7월부터 고용안정과 직업훈련 사업을 시행했으며, 1996년 7월부터는 실업급여가 지급됨으로써 고용보험 3대 사업이 본격적으로 시행되었다.[2]

고용보험에서는 고용조정의 필요성에 직면한 기업이 근로자의 고용안정을 위해 휴업, 근로시간 단축, 고용유지훈련, 근로자사외파견, 직업전환훈련, 인력재배치, 창업교육훈련 등을 실시할 경우 비용의 일부를 지원하였다. 또한 고령자의 고용촉진과 주부인력의 고용안정을 위해 고령자고용촉진장려금, 육아휴직장려금, 직장보육시설지원금 등을 지원하였다. 1,000인 미만 사업체는 직업훈련의무제 대신에 고용보험법상의 직업능력개발사업을 실시하였다. 사업주에게는 사업내직업훈련, 교육훈련, 유급휴가훈련 등에 대해 지원하고, 근로자에게는 수강장려금, 교육수강비용 대부, 실업자 재취직훈련 등을 지원하였다. 실업

---

2 고용보험제도 도입에 조순문 전 고용정책실장이 주도적인 역할을 하였다. 그는 1976년 노동청 전입 이래 직업안정 업무를 주로 담당해 오면서 오랫동안 고용보험제도 도입을 강력히 주장해 오다가, 1991년 직업안정국장에 부임한 이래 고용보험제도를 입안하고 관련 법제를 통과시켰다. 당시 일하지 않는 사람에게 급여를 주는 제도를 만든다는 힐난의 소리를 들었지만 불과 몇 년 후 외환위기를 겪으면서 고용보험이 없었더라면 어쩔 뻔 했느냐는 반응이 주를 이루었다. 그의 선견지명과 노고로 우리나라 고용정책은 한 단계 더 발전하게 되었다. 그는 외환위기 시에는 고용정책실장으로 실업대란 극복에 앞장섰다.

급여는 가입기간과 소득 및 연령에 따라 구직급여와 취직촉진수당을 지급하였다.

직업훈련은 1980년 중반부터 후반까지는 '직업훈련강화방안'의 실천에 주력하다가 1990년 3월 12일에 '직업훈련발전 기본계획'을 수립하였다. 이 계획은 직업훈련제도뿐 아니라 학교교육과 기업체가 삼위일체가 되어 산학협동의 교육훈련체제 확립 등 인력개발체제를 재구축하려 한 것으로, 그에 따라 1991년 직업훈련기본법 등 4개 법률이 개정 공포되었다. 1993년 7월에는 신경제 5개년계획 중 '직업훈련부문 개편 추진계획'을 수립하였다. 민간 주도의 직업훈련을 촉진하기 위해 공동 직업훈련시설을 대한상공회의소로 이관하는 계획을 포함하여 1994년 4월 1일에는 대한상공회의소에 직업교육훈련사업단이 설립되었다. 1995년 12월에는 '종합적인 산업인력개발체제 구축계획'을 수립하여 추진하다가, 1996년 2월 9일 교육개혁위원회에서 신직업교육개혁방안을 발표함에 따라 교육부와 공동으로 직업교육·훈련체제 개편, 기술자격제도 개편 등을 포함하는 직업교육훈련촉진법, 자격기본법, 한국직업능력개발원법을 1997년 3월에 제정하였다.

공단 훈련원은 고급 기능인력 및 다기능공 양성체제로 전환하고, 첨단직종 위주의 훈련 과정으로 개편하며 이에 따라 노후화된 시설·장비도 대폭적으로 개·보수했으며, 9개 공공직업훈련원을 대한상공회의소로 이관하는 등 직업훈련체제를 보강하였다. 훈련교사를 양성하기 위해 1992년 3월 한국기술교육대학을 설립하고[3] 1997년 3월에는

---

3 당초 노동부에서는 직업훈련대학을 설립하고자 1980년대 초 대전에 부지까지 선정했으나 당시 전두환 대통령에 의해 과학기술인재 양성을 위한 대학〔한국과학기술대학(KAIST)〕 설립안으로 변경되었고 소관 부처도 과학기술처로 변경되면서 직업훈련대학 설립이 좌절되었다. 노동부는 이후 많은 노력을 기울여 천안에 사립대학으로 인가를 받아 한국기술교육대학을 설립했으며, 1995년에는 교명을 한국기술교육대학교로 변경하였다.

한국직업능력개발원을 설립하였다. 제6차 5개년계획 기간 중에는 매년 7만여 명을 대상으로 직업훈련을 실시하였고, 제7차 5개년계획이 시작된 1992년 이후 대폭 증가하여 1997년에는 25만여 명에게 직업훈련을 실시하였다.

기능인이 긍지와 자부심을 가지고 맡은 분야에 정진하도록 하고 사회·경제적 지위를 향상시키기 위해 1989년 4월 1일 기능장려법을 제정·공포하였다. 장기 근속자를 우대하는 명장선정제, 기능장려우수사업체 및 중소기업현장 산업기술인 선정제를 도입하고, 전통기능의 전승을 위한 지원, 매년 11월 '능력개발의 달' 행사 개최 등 기능인 우대 시책을 펴나갔다. 직업훈련 관련 국제협력사업은 개발도상국에 대한 지원 위주로 바뀌었다.

1987년 최저임금심의위원회가 구성되고 1988년부터 최저임금제가 시행되었으며, 1988년에는 남녀고용평등법, 1990년에 장애인고용평등법, 1992년에 고령자고용촉진법 등이 제정되었다. 1992년에 고용정책 기본법, 고용보험법 등이 제정되고 직업안정법 등이 전면 개정되었다. 오랜 숙원이던 고용보험제도가 드디어 1995년 7월 1일부터 시행됨으로써 고용정책이 크게 발전하는 계기가 되었다. 노동부가 기존의 노사정책실을 폐지하여 고용정책실로 개편하고 고용정책에 관한 법률 제정과 정책 수립이 활발하게 이루어진 이 시기를 고용정책의 발전기라 부를 수 있겠다.

고용정책의 시련기(1998-)

우리나라의 노동시장구조는 1997년 말 외환위기를 겪으면서 이전과는 전혀 다른 양상을 보여 주었다. 1960년대 본격적인 경제개발이 시작된 이래 우리나라의 노동시장은 작은 진폭은 있었지만 전반적으로 고용 확대 추세를 보이면서 과잉노동력을 해소하고 2%대의 실업률을 시현하는 등 대단히 안정적인 모습을 보여 왔으나, 외환위기는 순식간에 고용안정을 깨뜨리고 엄청난 실업사태를 초래하면서 일터에 큰 지각변동을 일으켰다. 평생직장이라는 관념에 젖어 있던 많은 직장인들이 하루아침에 길거리에 나앉게 된 것이다. 경제개발이 시작된 후 계속하여 실업률이 감소 추세를 보여 왔기 때문에 충격은 더 컸다.

실업률은 1997년 12월에 3.1%였다가 다음 달에는 4.5%로 가파르게 증가하기 시작하였다. 민심이 흉흉해지고 모두가 불안에 떨어야 했다. 다행히 실업률은 1999년 2월의 8.6%를 고비로 감소하기 시작하였다. 2000년 봄에 접어들면서 실업률은 3%대로 떨어져 실업자 수가 80만 명을 밑돌게 되었다. 하지만 외환위기 이후 고용조정이 상시화되면서 고용불안을 심화시켰다. 구조조정 과정에서 적응성이 높은 노동에 대한 수요가 크게 증가한 반면, 저숙련노동집약적 부문은 외주나 임시직·일용직 근로자에 의존하는 경향이 크게 나타나 고용의 질이 악화되었다는 논란이 거세게 일었다.

외환위기 이후 정부의 고용정책은 차라리 실업대책이라 불러야 할 정도로 실업대책의 틀 안에서 온갖 사업들이 실시되었다. 실업대책은 전체 실업규모를 줄여 나가기 위한 범정부적 노력과 함께 실업자 유형에 적합한 대책을 마련하여 추진함으로써 실업의 고통을 최소화하고, 근로의욕과 능력을 유지·향상시켜 재취업을 촉진시키려 했다. 실업 발생을 최소화하기 위한 기업의 고용유지 지원과 새로운 일자리 창출이 제공되고, 실직자들의 취업 및 보호를 위해 취업알선과 직업훈련 및 실업자에 대한 생활안정지원이 마련되었다. 1998년 이후 정부가 마련한 실업대책의 기본 골격은 2002년까지 유지되면서 직업훈련, 새로운 일자리 창출, 취업알선 등을 강조하는 적극적 노동시장정책에 점차 비중을 두었다. 수많은 실업자가 양산되면서 고통을 겪게 되었지만 실업내각이라 자칭하면서 갖은 노력을 기울인 결과 짧은 기간 동안에 실업난은 극복되었고 사회안전망이 갖추어졌으며 여러 가지 실업대책도 개발되었다.

범정부 차원의 종합실업대책을 수립하여 추진하는 과정에서 단순한 실업자 보호 차원의 대책만으로는 실업 문제의 근본적인 해결이 불가능하므로 경기회복을 일자리 창출로 연결시키기 위한 대책 마련이 요구되었다. 초기에는 주로 공공근로사업 등 단기적·임시적 일자리 제공 위주로 추진되었으나, 1999년 이후에는 단기적 일자리를 지속적으로 제공하는 한편 지식기반사업, 주요 서비스산업 육성, SOC 사업 확대, 창업지원 등 항구적인 일자리 창출에도 역점을 두었다. 공공근로사업은 논란이 많았으나 주어진 여건 속에서 최대의 고용효과를 가져오며 소득계층 간 소득재분배 효과가 높다는 평가를 받았다. 일자리 창출을 지원하는 프로그램으로 정부지원 인턴제와 청소년 직장체험 프로그램, 실직 여성 가장에게 창업점포 임대를 통한 자영업 창업 지원, 장기실업자 및 신규 청년실업자의 자영업 창업 지원제도 등을 개발하여 시행하였다.

고용보험제도는 외환위기 이후 가장 중요한 실업자 사회안전망으로 인식되기 시작하였다. 실직자의 신속한 재취업을 유도하고, 사업주의 고용유지를 지원하여 경영 부담을 완화하고 근로자의 실업을 예방하였다. 특히 4대 사회보험 중 가장 먼저 1인 이상 고용한 모든 사업체에 적용하였으며, 보험요율도 탄력적으로 적용하여 실업대책 재원 확보를 충실히 하였다.[4] 실업대책 추진 과정에서 고용안정사업에 전직

---

4 외환위기가 발생하자 우리는 무엇보다 고용보험 적용범위의 확대와 적절한 지원제도 신설과 확충이 시급하다고 보았다. 당시 필자는 고용보험심의관이었는데 법률개정안을 국회에 제출하고 심사하는 도중에 새로운 입법 수요가 발견되면 또다시 새로운 법률 개정안을 입법예고하고 국회에 제출할 수밖에 없었다. 워낙 긴박한 위기상황이어서인지 국회에서도 즉시 심의·의결함으로써 고용보험법이 1998년 한 해에 네 번이나 개정되었

지원장려금제도와 재고용장려금제도, 종업원 인수기업 지원제도 등을 신설하는 등 기존 제도를 통폐합하고 지원 수준을 조절해 나가면서 실업대책 수단으로서의 역할을 충실히 수행하였다. 실업급여 지급 대상을 확대하고 지급 수준을 높여 나갔으며 연장급여, 특별급여 제도를 활성화하였다. 종래 생활보호제도를 전면 개편하여 국민기초생활보장법이 시행됨에 따라 취업능력이 있는 빈곤층을 대상으로 자활사업을 추진하는 등 사회안전망 구축에도 노력하였다.

실업난이 극복되어 가면서 응급처방적인 실업대책을 재검토하여 본연의 고용정책으로 전환해야 한다는 반성론이 확산되기 시작하였다. 먼저 '중기 고용정책 기본계획'을 수립하고 중·장기적인 고용정책의 기조하에 연도별 고용·실업대책을 추진하며, 고용 문제에 적극 대응하여 인력수급대책, 기술과 기능 격차에 따른 구조적 실업대책, 취업애로계층에 대한 특성별 실업대책, 임시·일용근로자에 대한 종합고용안정대책 등을 수립하려 하였다. 이때 비정규근로자 개념과 보호방안에 대한 논란이 계속되었으며, '인력수급 전망 인프라 구축 방안'을 수립하여 인적자원장관회의에 상정하는 등 인력수급 상황을 산업별·직업별 세분류까지 통계 조사하는 방안을 추진하였고, 인력수급 불균형 해소 대책을 다각적으로 강구하며, '중소기업 인력확보 지원대책'을 마련하고 '건설근로자 고용개선 종합대책' 등을 수립하였다. 1990년대에 3D 업종에 필요한 인력을 확보하기 위해 산업연수생으로 받아들이던 외국인 근로자들에 대하여 고용허가제를 도입하여 2004년 8월부터 시행함으로써 중소기업의 인력난과 외국인 근로자 인권 보호 문제의 해결이 가능해졌다.

다. 그 결과 1995년 7월 시행 시 30인 이상을 고용한 업체를 대상으로 하던 고용보험이 1998년 10월 1일부터 모든 사업장에 적용되기에 이르렀다.

오랫동안 논란이 되다가 2002년에 입법안이 국회에 제출되어 2004년에 시행된 주40시간근무제(주5일근무제)도 일자리 창출에 기여할 것으로 기대되었다.[5]

이 시기 동안 고용안정 인프라는 획기적으로 발전하였다. 지방노동관서의 고용보험과와 직업안정과를 통합하여 고용안정센터를 만들어 취업알선·고용보험·직업훈련서비스를 한곳에서 제공하도록 원스톱 서비스 체계로 개편·운영하게 되었으며, 고용안정센터 증설에 노력을 기울여 1998년 99개소에서 2002년 12월 말 현재 전국에 156개소의 고용안정센터를 운영하게 되었다. 민간인 신분의 직업상담원을 채용하고 일일취업센터 설치, 인력은행 개편, 고급인력정보센터 활성화 등을 추진하였다. 지방자치단체에서도 민원실에 '취업정보센터'를 설치하여 취업알선을 위해 노력을 기울였다. 취업알선 방법도 개선하여 Work Net의 개통으로 인터넷을 통한 취업알선이 활발하게 이루어졌고, '성취 프로그램'과 '청년층 직업지도 프로그램' 등 집단상담 프로그램 활용, 장기구직자 전담창구, 동행면접 지원 서비스, 청소년 취업후견인제도 등을 개발하여 시행하였다. 한국노동패널조사, 사업체패널조사, 청년패널조사, OECD 방식에 의한 실업통계를 시작하는 등 정책수립을 위한 기초자료 확보에도 노력하였다. 민간 직업소개 기능을 활성화하기 위해 유료 직업소개사업 허가를 재개하였고, 근로자파견제도를 시행하였다.

---

5 당시 주5일근무제와 외국인 고용허가제는 시민단체와 정치권의 의견이 분열되어 오랜 논란을 거듭하였고 정부 내에서도 이견이 많아 정부안 확정에도 엄청난 어려움을 겪었다. 어느 경제부처 장관은 담당 국장인 필자에게 조금이라도 일을 더해야 할 판에 근로시간을 줄이자고 하니 정신나갔다고 질책하기도 했다. 천신만고 끝에 2002년 근로기준법 개정안을 국회에 상정하여 법안심사까지 마쳤으나, 국민의 정부가 끝난 다음 해에서야 법안 내용은 전혀 바뀌지 않은 채 법률안이 통과되었다.

여성에 대하여는 1998년에 '제2차 근로여성복지기본계획'을 시행하고 고용차별 개선을 위한 인프라를 구축하였다. 노동부에 고용평등국을 신설하고 지방노동관서에는 고용평등과를 신설하였다. 2001년에는 근로여성의 모성보호 및 직장과 가정의 양립지원을 통해 여성이 능력껏 일할 수 있는 제도적 기반을 마련하고자 모성보호 관련 3법(근로기준법, 남녀고용평등법, 고용평등법)을 개정하여 시행하였다. 실직 여성가장을 위한 특별지원대책을 마련하여 추진하는 한편 '일하는 여성의 집'[6]을 1997년 17개소에서 2000년 46개소로 확대하였다. '일하는 여성의 집' 관련 업무는 여성부 신설에 따라 2001년 2월 이후에는 여성부로 이관되었다. 청소년 취업지원사업은 정부지원 인턴제사업, 정보통신 분야 전문교육, 취업유망 분야 자격증 취득 지원, 초·중등학교 전산보조원 임용 등이었다. 2001년 12월 17일 '청소년 종합실업대책'을 수립했는데, 정부지원 인턴제와 병행하여 고교·대학 졸업반 학생, 졸업생 등에게 직장체험의 기회를 제공하기 위하여 '청소년 직장체험 프로그램'을 도입하였다.

1997년에는 '장애인 고용촉진 5개년계획(1998-2002)'을 마련하였다. 오랫동안 노동부 소관 법률로 '장애인고용촉진 등에 관한 법률'이 시행되어 왔으나 국회 보건복지위원회 소속 일부 의원들이 '장애인직업재활법' 제정안을 발의하여 논란이 증폭되었다가 부처 협의를 통해 '장애인 고용촉진 및 직업재활법'으로 변경하여 직업재활을 위해 장애인고용촉진기금을 활용할 수 있는 길이 열렸다. 고령자에 대해서는 2001년 6월 '고령자 고용촉진 대책'을 수립하여, 기준고용률을 3%로 상향 조정하고 국가기관 및 지방자치단체에 기준고용률을 적용하며, 정년 연

---

6 2002년에 '여성인력개발센터'로 명칭이 변경되었다.

장 및 재고용을 지도하고, 고령자 고용촉진장려금을 업종별로 차등 지원하기로 했으며, 고령자 '적합직종'을 '우선 채용직종'이라 변경하고 연령에 따른 고용차별을 금지하였다.

직업훈련체계에도 대변화가 일어났다. 1995년 7월 고용보험제도를 도입한 후 1,000인 미만 사업장의 경우 고용보험법상 직업능력개발사업의 적용을 받게 되어 사업내훈련이 이원화되었다. 따라서 1997년 12월 24일 훈련의무제를 폐지하고 민간의 자발적 참여를 골간으로 하는 '근로자직업훈련촉진법'을 제정하여 1999년에 시행하게 되었다. 공공직업훈련, 사업내직업훈련, 인정직업훈련의 구분을 폐지하고, 정부가 정한 교과 내용, 시설, 교사 등의 훈련기준에 따라 실시하는 기준훈련과 그 밖의 기준 외 훈련으로 단순화하고 모든 사업장이 고용보험법상의 직업능력개발사업을 적용받도록 훈련제도를 통합하였다. 훈련 실시 요건, 훈련 프로그램 편성 및 교재 사용, 훈련교사의 자격요건 등을 완화하여 민간 부문의 직업훈련을 활성화하였다. 근로자가 자기 능력을 스스로 개발할 수 있도록 능력개발훈련비 대부제도를 신설하는 등 지원을 확대하고 대상자도 넓히며, 외국어 훈련과정도 포함시키는 등 인정되는 훈련과정도 크게 확대하였으며, 훈련기관도 대학과 학원까지 포함시키는 등 전반적으로 직업훈련에 대한 규제를 철폐하였다. 1998년 1월 1일 '한국산업인력관리공단'의 명칭을 '한국산업인력공단'으로 변경하고, 기능대학을 교육법에 따라 학교법인화하였다.[7] 훈련관리방법을 개선하여 직업훈련카드제, 직업훈련정보망(HRD-Net) 확충, 직업능력개발플래너 제도 등을 도입하였다. 또한 이때는 종래의 기능인력 양성훈련보다 실업자 재취직훈련, 취업훈련, 창업훈련 등

---

7 2006년 3월 24개 기능대학과 21개 직업전문학교를 통합하여 노동부 산하 국책특수대학으로 한국폴리텍대학을 설립하였다.

실업자의 재취업 추진 및 직업능력개발을 위한 직업훈련에 역점을 두었다.

국가기술자격제도에도 큰 변화가 일어났다. 수십 년간 시행해 오던 국가자격검정 이외에 민간자격 국가공인제도를 2000년 3월 말 최초로 시행했던 것이다. 기존의 국가기술자격 체계와 종목도 바꾸어 신산업분야 국가기술자격을 확대시키기 위해 국가기술자격 종목 개발사업을 전개하였다.

중국 취업훈련기술지도센터 건립, 우즈베키스탄 교육훈련시설 개선사업 지원, 남아프리카공화국 국립직업기능검정원 지원사업 등 직업훈련 분야 국제협력사업도 활발하게 진행하였다. 이 시기는 경제개발 수준에 미치지 못했던 고용정책이 외환위기를 맞아 크나큰 위기에 봉착했던 때였지만, '위기가 기회'라는 말처럼 고용정책이 한 단계 발전하는 계기가 되기도 했다.

노무현 정부는 고용지원서비스 선진화를 노사관계 선진화와 함께 노동정책의 핵심과제로 선정하고 총력을 집중하였다. 고용지원서비스를 획기적으로 개선하려면 공공직업안정기관의 기능과 역할을 최대한 확대해야 했다.

첫째, 수요자의 특성별로 맞춤 서비스를 제공하도록 시스템을 개편하였다. 고용지원서비스의 취업지원 프로그램을 다양하게 개발하고, 고용지원센터 직원이 수급자와 심층상담을 한 후 실업급여 수급자의 '개인별 재취업 지원방안(Individual Action Plan, IAP)'을 수립하여 다양한 취업지원 프로그램을 체계적으로 제공하였다.

둘째, 취업취약계층에 대한 서비스를 확충하기 위해 파트너 기관들과 연계하여 채무조정대상자·고령자·장애인·장기실업자 등 특성별로 적합한 서비스와 프로그램을 제공하였다.

셋째, 학생 및 청년층에 대한 직업지도와 취업지원 서비스를 강화하였다. 중·고·대학생에 대한 직업심리검사, 직업 진로 지도 등을 확대하고, 진로탐색·직업체험·기업체탐방 프로그램 등을 실시하였다. 성취프로그램과 CAP 등 4-5일 과정의 집단상담 프로그램도 확대 실시하였다. 대학 졸업생의 취업을 지원하기 위해 예산과 전문인력 및 취업지원 프로그램을 개발하여 시행하였다.

고용서비스를 선진화하려면 고용서비스의 내용 확충뿐 아니라 전달체계의 개편도 긴요했다. 우수한 인력이 접근성이 높은 좋은 시설에서 충분한 서비스를 받을 수 있어야 하기 때문이다. 2005년 12월 고용정책기본법을 개정하여 지방자치단체의 지역고용촉진 시책 강구 노력을 의무화하고, 한국고용정보원의 설립 근거를 마련하였다. 수요자 특성별 고용정보망과 고용정보 통합분석 시스템을 구축하는 등 정보 인프라 확충을 위해 노력하였다. 고용지원센터의 고객인 구직자와 기업에게 맞춤형 고용지원서비스를 안정적으로 제공하기 위해 필요한 인력과 시설, 소프트웨어도 확충하였다. 전국 각지의 교통요지에 대규모의 고용지원센터를 설립하여 민원인들의 접근성을 높이고, 직업상담원을 정규직으로 전환하는 등 인력도 배증(倍增)하여 서비스를 획기적으로 개선할 수 있는 전기를 마련하였다.

실업대책을 마련하는 과정에서 효과가 입증된 사회적 일자리가 지속 가능하려면 자립할 수 있는 사회적기업으로 발전할 수 있도록 하는 것이 필요했다. 노동부는 사회적기업 인증제도 도입, 사회적기업의 초기 시장 진입을 위한 재정 지원, 우선 구매 및 바우처 제공 등 사회서비스 수요 확충, 경영 컨설팅 제공과 사회적기업지원센터 설치 등 사회적기업 육성에 관한 다양한 지원 방안이 포함된 '사회적기업육성법'이 2007년 7월 1일부터 시행되었다.

외환위기를 극복하는 과정에서 실업 문제는 어느 정도 수습되어 갔지만, 노동시장이 급격히 변화하기 시작하였다. 시간제 및 일용 근로자의 증가 추세가 두드러졌으며, 이전에는 볼 수 없었던 재택근무, 일일 호출직, 파견근무, 계약직과 같은 새로운 형태의 고용현상이 급속히 확산되었던 것이다. 외환위기 이후 노동기본권 보장과 함께 노동시장의 유연화는 중요한 화두로 제기되었으며, 노동법제에도 중대한 변화를 초래하여 경영상 이유에 의한 해고 규정이 개정되었고, 1998년 '파견근로자 보호 등에 관한 법률'이 공포되었다.

비정규직 근로자가 급증함에 따라 노동부는 2000년 10월 '비정형직 근로자 보호대책'을 수립하여 추진하는 등 비정규직 보호에 노력을 기울였으며,[8] 2001년 7월 노사정위원회에서는 비정규직대책특위를 구성하여 운영했으나 특위는 핵심 쟁점에 대해 합의를 이루지 못한 채 논의 결과를 정부에 이송하였다. 노동부에서 이를 이어받아 노사 간 논의를 거듭했지만 합의에 이르지 못하자, 부처 협의를 거쳐 2004년 11월 8일에 '기간제 및 단시간 근로자 보호 등에 관한 법률안'과 '파견근로자 보호 등에 관한 법률 중 개정 법률안' 그리고 '노동위원회법 중 개정 법률안'을 국회에 제출했으나 노동계에서 크게 반발하여 국회 심의가 중단되었다. 법안이 국회에 오랫동안 계류되면서 노사정 합의를 다시 추진하게 되었지만, 노동계는 비정규직 근로자가 양산될 것이라면서 입법을 극렬히 반대하였고, 경영계는 노동시장 유연화를 위해서 비정규직을 폭넓게 쓸 수 있도록 입법이 이루어져야 한다고 주장하여 번번이 합의가 결렬되고 말았다.

---

8 당초 '비정규직 근로자'라는 용어 대신에 '비정형 근로자'라 쓰려 했었다. 비정규직이란 표현은 차별하고 천시하는 듯한 느낌이 컸기 때문이다. ILO에서도 a-typical worker 또는 unconventional worker 등으로 부르고 있었다. 필자는 고용총괄심의관을 맡고 있어서 이러한 내용을 2000년 경제장관회의에 상정했으며, 그 회의에서는 파견근로자, 용역 근로자, 재택·가내 근로자, 일용 근로자 및 특수고용형태 종사자 등 새롭고 다양한 형태의 고용임을 감안하여 '비정형 근로자'로 부르기로 결정하였다. 그러나 노동계와 언론에서 계속하여 '비정규직'이라 부르자 결국 '비정규직'이라는 자극적인 용어가 통용되고 말았다.

우여곡절을 거친 끝에 결국 노사정 간에 의견이 모아져서 2006년 11월 30일 여야 합의로 비정규직보호법이 국회를 통과하였다.[9] 이에 대하여 보수언론에서는 노동시장 유연화와 비정규직 근로자 보호가 잘 조화되었다며 높이 평가한 반면, 민주노총 등은 '노동악법'이라 주장하면서 법안 통과에 반발하였다.

그러나 정권이 바뀌자 비정규직보호법에 대한 입장이 뒤바뀌고 말았다. 이명박 정부의 초대 노동부 장관이 2008년부터 비정규직보호법을 비난하기 시작하더니, 같은 해 10월부터는 100만 해고대란설을 들고 나왔다. 급기야 비정규직보호법을 '실업자양산법'이라 부르며, 태어나지 말았어야 할 법이라고까지 주장했다. 그러자 종전에 비정규직보호법 통과를 반대하던 노동계와 진보적인 언론기관의 논조는 오히려 뒤바뀌었다. 비정규직보호법을 옹호하면서 법 개정을 반대하게 된 것이었다.

이명박 정부는 줄기차게 법 개정을 추진하였다. 2009년 2월 임시국회에는 여당 의원입법 형식으로, 4월에는 정부입법으로 기간제 근로자 고용기간을 2년에서 4년으로 늘리는 내용 등의 법 개정안을 국회에 제출하였다. 그러나 2009년 7월 1일이 지나가면서 100만 해고대란

---

9 그때 노동부 차관이었던 필자는 노사 합의 없는 입법은 불가능하다고 판단하였다. 직접 노사 대표자와 여러 차례 협상을 거듭하면서 기존 정부법안을 수정하여 비정규직 관련법 중 최대 쟁점이었던 기간제 근로자 사용기간을 2년으로 하고 차별금지를 명시하며 불법파견 시 고용 의무를 부과하는 등 일괄 타협안을 제시하였다. 기간제 근로자 사용기간을 3년으로 할 경우 비정규직 근로자 수가 늘어날 뿐 아니라, 3년이나 필요한 직위라면 상시적으로 필요한 자리이기 때문에 당연히 상용으로 고용해야 한다고 보았던 것이다. 결국 노동계도 줄기차게 주장해 온 기간제 근로자 사용사유 제한 주장을 철회하였고, 경영계도 사용기간 4년 등의 주장을 수정하여 극적으로 합의가 이루어졌다. 일시적이고 특수한 인력 사용은 가능하게 함으로써 노동시장 유연화를 도모하되, 비정규직 근로자가 양산되는 것을 막기 위해 비정규직 근로자에 대한 차별은 금지하자는 법안 내용은 국회에서도 그대로 받아들여졌다.

설이 허구로 밝혀지고 여야를 막론하고 사퇴 요구가 빗발치자 2009년 9월 노동부 장관이 물러나면서 비정규법 보호법 개정 파동은 한고비를 넘기게 되었다.

이명박 정부에서는 비즈니스 프렌들리 전략으로 7%대 경제성장을 통해 고용을 창출하려 하였다. 고용정책의 중요성을 감안하여 2010년 7월 5일 노동부를 '고용노동부'로 개칭하고, 각 부처의 정책에 대한 일자리 창출실적 평가 등을 통해 고용을 중시하는 국정운영을 표방하였다. 10여 차례에 걸친 국가고용전략회의를 거쳐 2010년에는 2020년까지 고용률 70% 달성을 목표로 설정한 '2020년 국가고용전략'을 수립하였다. 그러나 경제성장이 곧 고용확대로 연결되지 않은 채 오히려 일자리가 줄어들고 청년, 여성, 고령자의 실업 문제가 심각해지는가 하면, 비정규직 근로자의 급속한 확산 등 고용의 질도 악화되는 시기가 도래하여 고용정책은 큰 시련에 봉착하게 되었다.

3. 고용정책의 발전 방향

능력에 따라 적합한 직업을 구하여 열심히 일하고 그에 따른 충분한 보상을 통해 행복한 삶을 영위하는 것은 모든 이들의 꿈이다. 땀 흘려 일하는 사람이 제대로 대우를 받고 존경받을 수 있어야 공평하고 정의로운 사회와 경제발전이 이루어질 수 있기 때문에 이를 위한 몇 가지 요건들을 생각해 보고자 한다.

고용을 최우선시하는 국정운영

앞으로 정부는 명실상부하게 경제·사회 정책의 최우선순위를 고용에 두어야 한다. 많은 사람들이 경제성장률이나 국제수지에 대해서는 민감하고 기업의 성장과 발전에는 신경을 곤추세우면서도 정작 고용 문제에는 둔감하다.

무엇보다도 고용창출형 경제정책이 실현되어야 한다(서승환·박영범, 2001). 경제성장만 이루어지면 실업 문제는 해결되고 실업 문제가 없으면 고용정책은 별로 신경 쓸 것이 없다는 사고방식은 구시대적이다. 산업사회 발전에 따라 경쟁력을 갖춘 인력을 양성하고 관리하는 것은 국가의 흥망을 좌우할 만큼 중요한 문제로 대두되고 있다. 고용효과가 높은 산업의 육성과 발전을 추진하고 고용을 우선시하는 기업 경영을 촉구해야 한다. 구조조정을 인원 감축과 동일시하는 기업들이 많고, 어떤 이들은 경제개혁의 핵심이 인원 감축에 있는 것처럼 생각하여 인원감축률을 엄청난 실적이나 되는 것처럼 떠벌리고 있다.

또한 인건비 절감을 위해 상용근로자를 임시·일용직으로 전환하여 비정규직 논란을 야기하고 있다. 더욱이 상용직에서 밀려나 임시직으로 재고용된 사람들의 사기와 업무능력을 고려하면 과연 인원 감축으로 생산성을 높일 수 있을 것인지 우려된다. 근로자가 안정된 직장에서 보람을 느낄 수 있을 때 생산성은 높아지고 이를 바탕으로 기업도 발전할 수 있음을 되새겨 봐야 한다. 경제개혁이 '저비용-고효율'을 추구하는 데 있다면 노조가 월급을 삭감하겠다는데도 인원 감축을 강요하는 식의 구조조정은 재고되어야 한다. 선택된 소수만이 취업을 하고 다수가 실업을 한다면 그 사회는 취약해질 것이 분명하다. 따라서 이제 경제정책은 어떻게 하면 고용을 더 늘릴 수 있는지, 그 고용효과를 가장 중요한 고려요소로 하여 계획되고 집행되어야 한다.

고용창출 효과가 높은 산업의 육성, 창업지원책 강화, 취약근로자의 임금 보조, 고용에 대한 세제 혜택 등 다양한 고용지원방안을 찾아야 한다. 아울러 통화, 재정, 복지, 산업정책 전반에 걸쳐 고용친화적으로 정책 방향을 선회해야 할 것이다.

종합적이고 적극적인 고용정책 강화

우리나라 국민에게 최대의 복지는 바로 고용일 것이다. 그렇다면 먼저 일자리가 없어 고통 받는 실업자들의 문제를 해결하려는 노력이 중요해진다. 실업 문제는 중대한 경제 문제일 뿐 아니라 엄청난 사회 문제이기도 하다. 특히 청소년, 고령자, 장기실업자, 저소득 실업자 등의 문제는 아주 심각한 상태다. 경제발전과 경기변동, 그리고 산업구조의 변화에 따라 열심히 일하는 근로자들도 언제든지 실직할 수 있고 새로운 직업을 찾지 않으면 안 된다. 이제 실업은 언제나 일어날 수 있는 일이라고 전제하고 그에 대한 대처능력을 갖추어야 한다.

우선 효과적인 실업대책을 더욱 개발해야 한다. 외환위기 이후에 백화점식으로 나열되었던 수많은 대책의 효과를 엄밀히 검증하고 '숲 가꾸기 사업'과 같이 효과가 좋고 우리 실정에 맞는 프로그램을 계속 보완해 나가야 한다. 실업의 악영향을 최소화하고 실업자가 하루 빨리 필요한 직업능력을 갖추어 새로운 일자리를 찾을 수 있는 체제를 갖추도록 노력해야 한다. 그리고 장기실업자에 대한 성취 프로그램과 같이 실업자 특성에 따라 시기별·단계별로 대책 꾸러미(package)를 체계적으로 개발하여 제공할 수 있어야 한다. 특히 실업대책에 소득보전책을 추가하려 하는 것은 재고가 필요하다. 또한 실업대책 부서 신설 등과 함께 고용서비스 인프라의 완벽한 구축을 위한 노력이 긴요하다.

그리고 다양한 고용창출정책을 개발해야 할 것이다. 우리나라 고용 문제 해결을 위한 관건은 서비스업에 있다고 해도 과언이 아니다. 그러나 일터에서 쫓겨난 사람들이 우후죽순처럼 식당 등 자영업 시장으로 몰려가게 하는 것은 해법이 될 수 없다. 건실한 기업의 발전과 함께 서비스업 발전을 촉진해야 한다. 또한 제3섹터라 불리는 사회적 일자리 창출에도 노력을 기울여야 한다. 정부나 기업이 할 수 없는 부분에 대한 접근이 가능한 사회적기업, 협동조합 등의 발전을 지원해야 한다. 근로시간 단축을 통한 워크 셰어링이나 근로시간 유연화, 취업 희망자의 특성에 따른 시간선택제 확대 등도 필요하다.

아울러 고용정책을 질적으로 크게 보완해야 할 것이다. 산업인력 수요를 정확히 예측하고 대상별로 특화된 인력관리대책으로 전환하여 청년층, 여성, 중·고령자, 장기실업자, 저소득 취약계층 근로자, 장애인 등 대상별 특성에 맞는 취업지원대책을 추진해야 할 것이다. 근로빈곤층 문제의 해결과 상시적으로 고용불안에 떨고 있는 취약계층에 대한 대책이 긴요하다. 최저임금을 적용받지 못하고 근로기준법의 보호를 받지 못하는 영세 저임금 근로자들에 대한 대처는 각별히 신경을 써야만 하는 숙제다. 최저임금을 인상하는 것뿐 아니라 사회보험 혜택을 받을 수 있는 방안의 마련이 시급하다. 특히 비정규 근로자 문제에 대한 적절한 대처가 긴요하다고 보인다. 산업이 발전함에 따라 새로운 고용 형태의 확산은 불가피할 것이므로, 능력에 따른 '차이'는 인정하되 불합리한 '차별'은 시정되어야 할 것이다. 소위 '비정규직' 근로자 사용이 신규 입사자의 인건비를 줄이고 노동을 착취하는 데 악용되지 않도록 해야 한다. 종업원들이 애착을 가지고 열심히 일할 수 있어야 생산성도 높아지고 기업의 발전도 가능하므로, 한시적으로 필요한 일자리가 아닌 경우에는 정규직으로 점차 전환하여 값싼 인건비가 아니라 뛰어난 생산성으로 경쟁력을 확보함으로써 장기적으로 고용의 질을 높여야 할 것이다.

사회안전망의 보완

사회안전망은 실업을 당한 사람이 절망의 구렁텅이로 떨어지지 않고 의욕을 되찾아 조기에 재기할 수 있게 하는 기틀이어야 한다. 그러기 위해서는 재취업할 수 있는 능력을 기를 수 있도록 재설계되어야 한다. 여기에 사회복지와 노동의 연계를 강화할 필요성이 있다. 지금껏

부처 할거주의에 따라 제대로 집행되지 못한 국민기초생활보장제도 전반에 대해 재검토해야 한다. 보건복지부에서는 조금이라도 취업능력이 있는 사람을 가려내어 고용노동부에 이관하고, 고용노동부는 이들에 대한 종합적인 재활능력부여 프로그램을 실시해야 한다. 국민기초생활보장제도를 개선하여 소득공제제도를 확대해야 한다. 근로의욕을 북돋우기 위해서 가난하다고 지원할 것이 아니라 오히려 일을 해서 소득을 얻는 만큼 지원하는 방안이 강구되어야 할 것이다.

고용보험은 이제 노동시장의 관리 기능을 활발히 수행해야 한다고 생각된다. 노동시장정책의 핵심적인 정책수단으로 작용하도록 할 뿐 아니라 각종 정책 개발을 지원하고, 아울러 고용서비스 인프라 구축도 지원하여 실직자의 재취직을 촉진하는 것이 바람직하다. 고용보험에 대한 각종 통계를 곧바로 노동통계로 활용할 수 있는 방안도 계속 개발되어야 한다. 우리나라 모든 근로자가 고용보험에 가입하게 되어 있으므로, 피보험자에 대한 정보를 제대로 활용할 경우 살아 있는 노동시장 정보를 손에 쥐게 되는 것이다. 매일같이 실업급여 신청자 수의 증감, 피보험자 이동 상황 등을 산업별·업종별·직종별로 알 수 있다면 노동시장에 대한 정보 파악 능력이 크게 신장될 것이다. 이를 위해서는 피보험자를 개인별로 관리할 수 있는 체제로 전환해야 한다.

아울러 현행 고용유지사업 부분을 혁신하여 고용창출사업도 모색해 볼 필요가 있다. 실업자 발생을 최소화시킬 수 있는 고용유지에 대한 지원뿐 아니라 고용창출사업에 대한 지원도 필요하다고 생각된다. 실직자가 실업급여를 받는 대신에 일을 하고 임금의 형태로 받는 것이 더 바람직할 것이므로, 정말 필요하고 생산적인 일이지만 일반회계로 충당하지 못하는 부분이 있다면 적극적이고 능동적인 투자도 고려해 볼 수 있다.

고용서비스의 지속적 확대

일하고 싶은 사람들이 일할 수 있는 능력을 갖출 수 있는 기회를 보장하고, 원하는 직업을 손쉽게 찾을 수 있게 하며, 보람과 긍지를 가지고 일할 수 있게 하는 고용서비스의 제공은 현대 국가의 가장 중요한 책무다. 이를 노동시장에만 맡겨 둘 경우에는 엄청난 사회적 비용이 수반되기 때문에 정부가 적극적이고 능동적으로 대처해 나가지 않으면 안 된다. 학교 졸업 예정자, 제대 군인 등 청소년과 중년·노년층, 여성과 장애인, 전직 희망자와 실업자 등 구직자를 특성별로 나누어 최선의 고용서비스를 제공해야 한다.

이를 위해서는 인력수급이 최대한 원활히 이루어질 수 있도록 고용서비스 인프라를 지속적으로 확충해야 한다. 고용센터가 실업급여 지급기관으로 국한될 것이 아니라, 유년기부터 청년기에 이르도록 직업생활에 대한 정보를 얻을 수 있고 청소년들이 내일에 대한 청사진을 그려 볼 수 있는 곳이 되어야 한다. 청소년들이 적성에 맞는 직업을 고를 수 있게 하고, 그 일을 수행할 수 있는 능력을 길러 갈 수 있도록 지도하고 조언할 수 있는 종합적인 인력관리센터가 되어야 할 것이다.

우리나라의 고용서비스 기능을 강화하기 위해서는 공공과 민간의 직업안정기관이 각각 그리고 함께 발전해야 한다(김승택·신현구, 2004: 195-200). 이를 위해서는 공공 부문과 민간 부문의 문제점들이 개선되어야 하고, 민간과 공공의 역할 정립과 함께 시너지 효과를 거둘 수 있는 협력관계를 찾아야 할 것이다. 공공직업안정기관은 직업상담과 적성검사 등 직업지도 기능을 강화하고, 민간 부문이 할 수 없는 취업취약계층에 대한 지원을 주로 담당해야 한다. 아울러 민간직업안정기관에 대한 지도·감독과 취업알선 등에 관한 효율적인 기법을 개발하여 전수하는 노력을 강화해야 한다. 세계적인 추세는 공공직업안정기관도 고객을 만족시키는 서비스를 지향하는 경향이 나타나고 있으며, 급격하게 발전하고 있는 민간의 경쟁력을 습득하려고 노력 중이다. 따라서 우리 공공직업안정기관의 역할 강화는 고객지향적인 서비스를 염두에 두고 정보통신기술(인터넷)의 적극적인 활용, 비용 절감, 올바른 평가를 위한 성과지표 개발, 목표 집단에 대한 맞춤식 서비스 개발 등을 고려해야 한다.

또한 노동시장 정보 파악 기능을 확대해야 한다. 우리나라 기업은 어떠한 기능과 기술 수준을 가지고 어떠한 능력을 갖춘 사람을 필요로 하는지 우리 노동시장의 향방을 제대로 파악하기 위한 기초 통계가 너무나 부족한 점이 큰 문제로 나타난다. 고용정책이 노동시장의 흐름을 잘 반영하여 수립되고 시행되지 않는다면 효과가 떨어질 수밖에 없다. 최근 발달하고 있는 빅데이터 확보 및 분석 기법 등을 활용하여 적절한 노동시장 정보를 바탕으로 한 효율적인 고용정책 수립에 노력해야 할 것이다.

참고문헌

경제기획원(1963-1979). 『경제백서』.

경제기획원(1982). 『개발연대의 경제정책: 경제기획원 20년사』.

고용노동부(2010-2014). 『고용노동백서』.

김수곤(1989). 「인력개발과 고용정책」. 『노동경제 40년사』. 한국경영자총협회.

김수곤·이주호(1995). 「노사관계와 인력개발정책」. 『한국경제 반세기: 역사적 평가와 21세기 비전』. 한국개발연구원.

김승택·신현구(2004). 「공공민간 직업안정기관 운영실태 및 개선과제」. 한국노동연구원.

김윤환(1981). 『한일 노동운동사 I: 일제하편』. 청사.

노동부(1963-2009). 『노동백서』.

노동부(2002). 『실업대책백서』.

노동부(2006). 『노동행정사』.

노동부(2007). 『노사관계선진화 입법자료집』.

노동청(1973). 『노동행정 10년사』.

노사관계개혁위원회(1998). 『노사관계 개혁백서』.

노사정위원회(2007). 『경제사회발전 노사정위원회 10년사』.

배무기(1989). 『노동경제학』 2판. 경문사.

서상선(2002). 「한국 직업훈련제도의 발자취」. 대한상공회의소.

서승환·박영범(2001). 「고용창출형 경제정책」. 노동부.

유길상·이규용(2002). 「외국인근로자의 고용실태와 정책과제」. 한국노동연구원.

이주호(1996). 「고용대책과 인적자원개발: 제도적 접근」. 한국개발연구원.

직업훈련연구소(1989). 『한국직업훈련 발전사』.

한국개발연구원(1995). 『한국경제 반세기 정책자료집』.

한국노동경제학회(2000). 「비정형고용의 실태와 정책개선방향」(노동부 연구용역).

한국직업능력개발원(1998). 『한국직업교육훈련 100년사』.

허재준(2003). 「노동수요」. 이원덕 엮음. 『한국의 노동 1987-2002』. 한국노동연구원.

Bai, Moo-Ki (1982). "The Turning Point in the Korean Economy." *Developing Economics*, 20(2): 117-140.

3장 /

시대별로 살펴본 우리나라의 노동정책

김원배

1. 들어가는 말

노사관계 시스템을 구성하는 주체인 노사정의 의사결정과 행동양식은 당시의 정치·경제·사회적 상황에 크게 영향을 받게 되며, 노사관계 당사자들은 상호작용을 통해 노사관계 사건이나 이슈를 생성해 내고, 이에 대응하기 위한 산물로서 노동법규와 노동정책이 형성된다. 해방 이후 우리나라의 노사관계는 정치·경제·사회의 불균형적 성장으로부터 직접적 영향을 받아 기형적인 모습으로 태동하였고, 급속한 산업화 과정을 거치면서 근로자의 권익 신장과 사회적 지위 향상, 그리고 노동법규의 정비와 노동정책의 변화가 이루어져 왔다. 따라서 정부의 노동정책은 노사관계의 변화 내지는 발전과 밀접한 관련 속에서 형성될 수밖에 없으며, 이는 다시 노사 당사자에게 영향을 미치게 된다.

1960년대 초 본격적인 산업화가 시작되기 전에는 산업 기반이 취약하고 빈곤 문제의 해결이 워낙 심각한 상황이었으므로 노사분규다운 노동 문제가 제기될 여건이 아니었으며, 정부도 노동 문제에 신경을 쓸 만한 여력이 없었다. 헌법상의 노동기본권과 노동법규상의 근로조건이 실효성 없이 형해화되었고 정부는 이를 보장하려는 적극적인 노력보다는 방임적 자세를 취하였다.

1960년대는 정부 주도의 적극적인 경제개발정책에 의해 한국 경제가 본격적으로 성장한 시기로, 성장전략의 핵심은 값싼 노동력을 바탕으로 한 대외수출 의존 모델이었다. 이 시기에는 근로자들의 권리와 이익을 배려하기보다 경제성장이라는 국가적 과제가 우선시되었고, 특히 미숙련 노동자가 절대다수를 차지하는 고용구조와 노동의 과잉공급 속에서 대등한 노사관계는 성립되기 어려웠다. 정부는 자생적 노동운동을 제한하고, 기업에 대한 상대적 보호는 합리적인 인사·노무관리를 소홀히 하는 결과를 초래하여 노사관계를 비대등적인 종속관계로 만들었다. 또한 이 시기에 정부는 노사 문제에 깊이 간여할 수 있는 법적·제도적 장치를 마련하여 노동운동을 사실상 규제하였다.

우리 경제의 고도성장기로 기록되고 있는 1970년대에도 이러한 성장우선정책의 큰 틀은 바뀌지 않았고, 1968년 1.21사태 이후 국가안보 우선의 논리에 따른 정치적 상황과 수출·중화학공업 주도의 고도성장 정책에 따른 경제적 상황이 노사관계에 커다란 제약을 가한 시기였다. 1971년 12월 국가비상사태의 선포, '국가보위에 관한 특별조치법' 공포 등으로 노동 3권은 크게 제약을 받게 되었고 조직력은 약화되었다. 1972년 10월 유신 이후에는 경직된 권위주의 체제가 공고하게 확립됨으로써 노동운동은 더욱 어려워졌다. 정부는 합리적인 노동정책을 수립하기보다는 기업의 경쟁력을 확보하기 위한 수단으로 과도한 임금인상 규제, 노사분규 억제 등 통제 위주의 노동행정을 추진한 반면에, 급속한 경제개발에 따른 기능인력 공급에 차질이 없도록 인력양성 체제를 강화하는 데 역점을 두었다. 따라서 규제적·권위주의적 정부와 이에 편승한 사용자들의 부당노동행위 속에서 노사분규나 노사관계의 많은 문제점이 표면화되지 못하고 억압된 형태로 잠복할 수밖에 없었다.

1979년 10.26사태 이후 제5공화국이 출범하는 정치적 격변기 속에서도 권위주의적인 통치와 규제로 노동운동은 활발히 전개되지 못했다. 그러나 1983년부터 집단적인 노사분규가 점차 증가하는 추세를 보였으며, 특히 1985년에는 경인 지역을 중심으로 노학연대 투쟁과 동조 파업이 전개되었다. 이것은 1960-1970년대의 고도성장기에 누적되어 온 불만과 여전히 열악한 근로조건, 저임금으로 인해 제기된 최저임금 문제와 노동정책의 미비 등에 기인한 것이었다. 그러나 정부는 이러한 현장 노동운동의 세력 변화와 조합원의 불만에 합리적으로 대응하기보다는 집단적 노동관계법을 개정하여 노조 활동에 대한 규제와 관리를 강화하면서, 노사협의회 제도를 통해 단체교섭 기능의 약화를 도모하였다. 그러나 이 시기에 일부 대기업을 중심으로 분규가 대형화되기 시작했고 지역적 동조농성으로 연계되는 등 노사분규는 노동 문제 차원을 넘어 정치성을 띠었으며, 이러한 경향은 근로자의 누적된 불만, 재야 노동운동 세력의 성장과 함께 보다 큰 다음 시기의 노사분규 요인으로 복합적으로 작용하는 발판이 되었다.

1963년 이래 정부 주도의 산업화정책과 권위주의적 정치체제를 특징으로 하는 한국형 개발모델은 비약적 경제성장을 가져왔으나 이를 견인하고 뒷받침했던 노동자들에 대한 공정분배나 산업민주화 요구에 대해 정부가 적절하게 대응하지 못하고, 체제 유지 차원에서 그러한 요구를 근본적으로 봉쇄함으로써 그 성장전략이 내재적으로 갖고 있던 누적된 모순은 한계점에 이르게 되었다. 1987년 6월의 민주항쟁과 이후 민주화로의 이행은 성장전략의 모순을 치유하고 이를 지탱해 온 권위주의적인 정치시스템에 일대 변화를 가져왔으며, 노동운동이 민주화운동에서 이탈하여 독자적인 발전의 길로 들어서는 계기가 되었다.

1987년의 6.29 민주화선언은 산업화 과정에서 계속적으로 요구되어 온 민주화운동의 성과였으며, 이후의 노사관계는 정치적 민주화와 함께 노동쟁의의 양과 질, 조직 형태와 규모, 노동운동의 성격 등 모든 면에서 획기적인 변화를 맞게 되었다. 따라서 1987년 이후 정부의 노동정책도 이러한 노사관계의 거대한 변화의 흐름을 수용하면서 한 단계 성숙된 발전을 위해 정책 기조를 바꾸지 않을 수 없게 되었다.

1987년 이전 단계의 정책은 산업화를 거치면서 작은 틀에서의 변화만을 추구해 왔으나, 1987년을 기점으로 이와 같이 커다란 변화를 맞게 되었다. 1987년 이전의 정부정책은 경제성장에 최우선의 방점이 두어졌으며 노동정책은 국정 운용의 큰 틀에서 독자적인 발전을 추구하기보다는 성장정책을 뒷받침하기 위한 종속적 관계를 탈피하지 못하고 성장정책에 의해 좌우되었고, 노사분쟁의 해결책도 치안과 사회안정 차원에서 마련되는 등 노사관계의 균형 발전을 위한 뚜렷한 비전과 정책적인 틀을 마련하지 못하였다.

1987년 노동운동의 대폭발 이후 기존 성장전략의 대체 과정 속에서 노동정책의 기조는 새로운 발전모델을 찾아 정권과 산업화 과정, 사용자와 근로자의 상호작용에 의한 시대의 흐름 속에서 과연 어떻게 변화했을까? 먼저, 1960-1970년대 고도성장 과정에서 노동정책의 주요 특징을 살펴보고, 1980년대 이후 시대별 집권세력에 따라 노동정책이 어떠한 모습으로 발전되어 왔는지 분석해 보기로 한다.

2. 1960년대의 노동정책

1960년대 한국 경제는 제1, 2차 경제개발 5개년계획을 통해 커다란 발전을 이루었다. 경제개발 5개년계획은 목표보다 상회하는 실적을 올림으로써 이후 우리나라 경제의 각 분야에 걸쳐 중요한 주춧돌을 놓게 되었다. 이러한 경제개발 과정의 밑바탕에는 경제성장이 절대로 필요하다는 절박한 국민적 공감대가 형성되어 있었다. 또한 정부 주도로 경제성장을 일사불란하게 추진하며 민족자본이 없었던 당시 형편에서 외자 도입은 불가피하고, 내수시장이 빈약하기 때문에 수출의 증대를 통해 성장을 달성할 수밖에 없으며, 수출경쟁력을 확보하기 위해서 저임금은 당분간 감수할 수밖에 없다는 것을 성장전략의 기본 전제로 설정하고 있었다. 따라서 '한강의 기적'이라고 일컫는 이러한 경제적 성과의 이면에는 열악한 환경 속에서 묵묵히 일해 온 근로자들의 땀과 희생이 있었음을 결코 간과해서는 안 된다.

1960년대 노동행정은 범국가적으로 추진하는 경제성장정책을 뒷받침하는 보조적 내지 보완적인 역할에 치중할 수밖에 없었으며, 노동권 신장이나 근로자 보호 같은 노동행정의 본질적 기능은 위축되거나 왜소한 형태로 추진되었다. 이 시기의 노동행정은 경제개발에 필요한 노동력을 적기에 공급하여 가격경쟁력을 높이는 동시에, 우수한 기능 인력을 양성하여 배출함으로써 수출상품의 품질을 높일 수 있는 인력 형성과 배분에 중점을 둘 수밖에 없는 여건이었다.

경제개발 5개년계획과 노동정책의 위상

제1, 2차 경제개발 5개년계획은 당시 대내외적인 어려운 여건 속에서도 총체적으로 자립 기반을 구축하는 데 결정적으로 기여했으나 과열된 성장일변도의 개발전략은 1960년대 말 개발 인플레이션을 비롯하여 농·공 간, 지역 간 경제격차와 소득분배의 불균형을 가중시키는 문제점을 낳게 되었다. 저축률 저조와 자본 형성 부족으로 투자재원을 외자에 크게 의존할 수밖에 없었던 당시 상황에서 외채가 점차 누적되는 추세를 보였고, 저임금과 낮은 농산물가격을 통한 성장정책을 계속 견지할 수밖에 없었다.

제1차 경제개발 5개년계획 기간(1962-1966)은 산업화의 초기 단계로, 대기업 위주의 개발전략이 채택되었고 계획의 기본 목표는 사회·경제적 악순환의 시정과 자립경제 달성을 위한 기반 구축에 두었다. 이 기간 중에는 1950년대의 수입대체 산업구조와 수출지향적 경제구조라는 이중구조 속에서 경제운용 기조는 '선성장-후분배'의 논리가 지배하였다. 관 주도형 노동집약적 산업화정책이 근간을 이루었고, 성장제일주의 개발전략으로 방대한 투자수요를 낳았으며, 이를 충족시키기 위해 국내에서는 인플레이션을 통한 강제저축을 권장하고 대외적으로는 강력한 수출드라이브 정책과 외자도입정책이 실시되었다.

제2차 경제개발 5개년계획 기간(1967-1971)에는 자립경제체제의 구축을 기본 명제로 삼고, 산업구조의 근대화와 자립경제 확립 촉진을 기본 목표로 설정하였다. 정부는 투자 및 저축 촉진을 비롯하여 사회·경제적 기반 조성을 위한 시책을 강화하면서 한일 국교정상화와 국제 협력관계의 다변화, 차관 도입, 외국인 직접투자 유치를 적극적으로 추진하였다.

1960년대에 두 차례에 걸친 경제개발계획은 수출에 크게 의존하는 개방경제체제를 지향함으로써 놀랄 만한 성장을 이루었다. 이러한 고도성장의 결과는 GNP의 산업별 구성 면에서 1차, 2차, 3차 산업이 차지하는 비율이 1962년 각각 36.6%, 16.2%, 47.1%이던 것이 1969년에는 각각 27.6%, 21.5%, 50.9%를 나타냄으로써 광공업 주도의 경제성장이었음을 입증해 준다(〈표 3-1〉 참조). 특히 제조업 중 중화학공업의 비율(부가가치 기준)은 1962년 28.6%였던 것이 1966년에는 34.1%,

〈표 3-1〉 1960년대 GNP의 산업별 구성 및 중화학공업 비중(단위: %, 경상가격 기준)

구분	GNP의 산업별 구성비				중화학공업 비중			
	농림수산업	광공업		기타	생산액 기준		부가가치 기준	
			제조업		중화학공업	경공업	중화학공업	경공업
1962	36.6	16.2	14.2	47.1	26.8	73.2	28.6	71.4
1963	43.1	16.2	14.6	40.6	28.7	71.3	29.7	70.3
1964	46.5	17.2	15.5	36.3	30.6	69.4	30.4	69.6
1965	37.6	19.9	17.8	42.5	31.4	68.6	31.4	68.6
1966	34.4	20.2	18.4	45.4	32.5	67.5	34.1	65.9
1967	30.1	20.6	18.8	49.3	33.2	66.8	34.7	65.3
1968	28.3	21.3	19.8	50.4	35.9	64.1	38.0	62.0
1969	27.6	21.5	20.1	50.9	36.2	63.8	37.6	62.4

자료: 경제기획원(1970: 33, 123).

1970년에는 37.8%로 그 비중이 점차 높아지는 공업구조의 고도화가 진행되었다. 이로써 광공업 비중, GNP, 해외저축률 등은 상당히 높은 수준을 달성했으나, 경상수지는 여전히 적자를 면치 못했고, 투자재원의 부족으로 외자에 지나치게 의존한 결과 외채의 누적적 증가를 초래했으며, 저임금과 낮은 농산물가격을 통한 성장정책을 계속 견지하지 않을 수 없는 상황이었다.

이러한 경제개발전략은 노동정책에도 큰 영향을 미쳤다. 원래 자원이 빈약한 우리나라가 경제성장을 도모하기 위해서는 인적자원을 효율적으로 활용해야 했기 때문에, 1960년대의 경제개발계획은 저렴한 노동력을 성장의 밑거름으로 삼을 수밖에 없었으며, 근로자들은 경제성장이라는 절체절명의 국가적 과제를 위해 저임금과 장시간 노동, 다발적 산업재해의 악조건을 감수해야 했고, 이후 경제개발의 성공적 추진에도 불구하고 1960년대 말까지 저임금 현상은 지속되었다. 이러한 현상은 무한대에 가까운 노동력의 과잉공급, 노동시장의 전근대적 폐쇄성, 노조의 교섭력 부족에서 오는 일차적 결과이기도 하지만, 한편으로는 기업의 유교적 온정주의, 국내자본 형성을 통해 '조국근대화'라는 지속적 성장을 추구하려는 정부의 기업육성 우선정책에도 그 원인이 있다고 하겠다.

경제발전을 위한 노조활동규제

1960년대 산업사회에는 노동력의 과잉공급으로 인한 사용자 우위의 온정적 노사관계가 주류를 이루었다. 따라서 노사가 임금 및 기타 근로조건으로 상호 대립관계에 놓이면 이로 인한 노사분쟁은 그 주장의 정당성 여부를 떠나 경제발전의 저해요소로 받아들여지는 게 당시 현실이었다.

1966년부터 1970년까지 노동쟁의 발생 건수는 노동청 자료에 따

〈표 3-2〉 노동쟁의 추이

구분	1966	1967	1968	1969	1970	계
노동쟁의 총건수	104	105	112	70	88	479
요구내용 총건수	476	471	548	330	270	2,095
(요구내용 중) 임금 및 수당 관련	168	167	174	108	95	712
노동쟁의 해결	92	107	111	92	83	485
(노동쟁의 해결 중) 노동위원회 조정	26	29	38	34	20	147
실질임금상승률(%)	5.4	11.9	12.5	3.9	9.3	8.6

자료: 노동청(1972).
주: 1970년 실질임금상승률은 3/4분기 기준임.

르면 총 479건으로, 파업에 이른 쟁의는 56건에 불과하였다(〈표 3-2〉 참조). 이 가운데서도 1966년에 임금 및 수당, 임시급여금 등 임금관계 쟁의는 전체 요구 내용 중 70.5%(336건)에 달하여 사용자의 전근대적 경영 자세와 열악한 기업환경 속에서 근로자들이 기본적인 근로조건과 관련하여 어려운 투쟁을 이어가고 있었음을 단적으로 보여 준다. 당시에는 절대빈곤에서 탈피하려는 근로자들의 생존권적인 욕구가 주를 이루었으므로 투쟁의 방식과 정도는 아주 미숙하고 낮은 상태에 머물러 있었다. 당시 정부는 기업의 임금결정 메커니즘에 직접 개입하여 임금을 적정선에서 유지하도록 지도하여 1965년부터 1969년까지 연평균 8.4%의 실질임금 상승을 가져왔으며, 한편으로 노사분규의 예방과 신속한 해결을 위해 노조간부에 대한 교육에 치중하였다.

국가비상사태와 노동관계법 개정

제3공화국이 출범하기 전인 1963년 4월 17일에 경제성장이라는 국가적 목표를 달성하기 위해 국가재건최고회의에서 노동관계 법령이 개정되었고, 1972년 유신헌법이 공포된 뒤 1973년 3월 13일 비상국무회의에서 노동관계법령이 2차로 개정되었다. 1963년 당시에 개정된 노동관계법의 주된 내용을 살펴보면 다음과 같다.

첫째, 노동조합법의 내용에서는 "조직이 기존 노동조합의 정상적인 운영을 방해하는 것을 목적으로 하는 경우"에는 노동조합으로 인정될 수 없다는 규정을 신설했는데(제3조 단서 5호), 이것은 제2노조의 설립을 불법화하고 노동자들에 의한 노동운동단체의 다원적 난립과 경쟁을 막고자 하는 뜻이었다. 노사협의회의 설치에 관한 규정이 신설되었고(제6조, 제14조 제12호, 제33조 제4항, 노동쟁의조정법 제4조, 후에 다시 기술함), 제7조의 제2항에서도 "이 법에 의한 노동조합이 아니면 노동조합이라는 명칭을 사용할 수 없다."라고 규정함으로써 제2노조의 활동을 구체적으로 봉쇄하였다. 제12조에서는 노조의 정치활동금지 규정을 강화하였다. 즉, 노조의 직접적인 정당활동을 금지함은 물론이고 특정 정당 또는 특정인을 지지하거나 정치헌금을 모금할 수 없게 함으로써 정치활동을 크게 규제하였다.

한편, 노조의 자유설립주의를 수정하여 행정관청으로부터 신고증을 교부받을 때 노조가 설립된다는 내용의 준칙주의를 채택하고, 노조의 결의가 법령에 위반하거나 공익을 해할 염려가 있다고 인정되는 경우에는 행정관청이 노동위원회의 결의를 얻어 그 취소 또는 변경을 명할 수 있다고 하였다. 노조 임시총회소집권자의 지명권을 행정관청에 부여하고, 사용자의 부당노동행위에 관한 처벌주의에서 원상회복주의로 전환했으며, 노조의 전국적 단일조직 형태를 지향 내지 전제하는 규정들을 신설하였다. "노동조합이 법령에 위반하거나 공익을 해할 염려가 있다고 인정하는 경우에는 행정관청은 노동위원회의 결의를 얻어 해산을 명하거나 임원의 개선을 명할 수 있다."라고 하여 행정당국의 노조해산권 내지 임원개선권을 크게 확대하였다.

둘째, 노동쟁의조정법의 주요 개정 내용은 1) 공익사업의 범위를 확대하고(제4조), 2) 노동쟁의의 조정을 위해 노동위원회에 특별조정위원회를 둘 수 있도록 했으며(제10조), 3) 산하 노조가 쟁의행위를 하기 전에 전국적 규모의 노조로부터 사전에 승인을 받도록 하고(제12조 제2항), 4) 노조가 쟁의행위를 하기 전에 노동위원회의 적법 여부 심사를 받도록 한 것을 들 수 있다(제16조 제2항 내지 제4항). 또한 알선 절차를 행정관청에서 노동위원회로 이관한 것, 알선서, 조정서, 중재재정의 효력을 종전 확정판결과 동일한 것으로 하였으나 이를 단체협약과 동일한 것으로 한 것(제21조, 제29조, 제39조), 노동쟁의에 대한 긴급조정제도를 신설한 것(제40조 이하) 등은 쟁의행위의 최종적 심판을 행정소송에 귀속시키면서 노동자들의 단체행동권을 사실상 억제한 내용이라고 볼 수 있다.

셋째, 노동위원회법의 개정 내용으로는 3인의 노·사·공익 대표로 구성하는 원칙을 깨고 공익위원의 수만을 3인 내지 5인으로 할 수 있게 했으며 상임위원에 관한 규정을 신설하였다. 이 밖에 공익위원만이 행사하는 중요한 권한 사항으로 노조 해산에 관한 사항, 법령 해석 등이 법률에 포함되었다.

또한, 외국인 투자 기업체의 노사 협조를 증진하며 외자 유치를 촉진하기 위해 '외국인 투자기업의 노동조합 및 노동쟁의 조정에 관한 임시특례법'이 1970년 1월 1일 공포·시행되었다. 노조 설립에 특례가 인정되고(제4조), 노동쟁의에 대해서는 강제중재가 행해지며(제5조와 제6조), 노동쟁의조정법에 의한 쟁의조정절차가 배제된다. 이로써 외국인 투자 기업에 종사하는 근로자들의 노동3권은 실질적으로 많은 제약을 받게 되었다.

1960년대 노동운동의 특징

1960년대 노동운동의 일관된 특징은 첫째, 성장일변도의 노동규제적 환경 속에서 노동자들이 자신들의 요구를 관철하기가 어려웠다는 점이다. 제3공화국하의 개정노동법이 형식상 기업별 노조에서 산업별 노조로 전환되었음은 이미 전술한 바와 같지만, 그럼에도 불구하고 산업별 노조나 한국노동조합총연맹(이하 '한국노총')이 1960년대 초 정치적으로 과도기적 현상을 겪으면서 정부간여형 관계로 변해 감으로써 개별적 노동운동에 적극적 연대 내지 지원 활동을 하기에는 역부족이었다는 사실과, 노동자 의식이 약하고 사명감 있는 노동운동 지도자가 많지 않았으며 조합 민주주의도 이루어지지 않았고 조직력이 미약해진 점이 첫째 특징이라고 볼 수 있다.

둘째로는 기업의 노동통제수단이 점차 성숙하고 과감해졌다는 점이다. 일부 사용자들은 노동운동에 가담하는 노동자들을 회유, 협박, 친사용자 노조 결성 및 노동쟁의 파괴, 사용자 단체에 의한 선전공세와 대정부 건의 등을 통해 노동운동에 대한 대응력을 강화하였다.

셋째로는 정부의 노동규제정책 강화를 들 수 있다. 정부는 산업화 초기 단계부터 경제건설과 국가안보를 내세워 국가의 개입을 강화하고 규제적 노동법 개정, 외국인 투자기업 우대조치 등 산업화 추진 과정 내내 지속적으로 규제를 강화하였다.

넷째로는 이러한 현실적인 여건 속에서도 1960년대 후반 들어 노동저항운동의 성격이 생존권 확보를 위한 극한 투쟁으로 제한적이나마 첨예화되었다는 점이고 이는 1970년대 하층 노동운동세력의 폭발성과 격렬성을 예고하는 사건들이었다.

다섯째로는, 경제투쟁과 더불어 정치투쟁이 간헐적으로 발생했다는 점이다. 노동자들은 어려운 생활조건 속에서 경제투쟁만으로는 노동자의 지위 향상이 어렵다고 느껴 정치투쟁을 일으키게 되었으며,

1962년 쟁의권 부활 투쟁, 1963-1964년 노동법 개악 반대 투쟁, 정부 관리기업의 보수통제법 폐기 투쟁, 한미협정 체결과 KSC 협정 투쟁, 세제개혁 반대 투쟁, '외국인 투자기업의 노동조합 및 노동쟁의 조정에 관한 임시특례법' 반대 투쟁 등이 대표적이다. 그러나 이러한 정치투쟁은 객관적 제약의 강화와 약한 교섭력, 기존 노동자들의 지원 미약, 연대세력이 형성되어 있지 않은 점 등으로 성과를 거두기 어려웠다.

3. 1970년대의 노동정책

우리나라는 1962년부터 시작된 제1, 2차 경제개발계획에 힘입어 고도성장을 이루었으나, 1960년대의 수출지향정책에서 수출주도정책으로 성장전략을 적극화하면서 수출산업과 대기업을 우선적으로 지원함으로써 1970년대 들어 인플레이션의 구조적 악순환, 국제수지 적자 폭 확대 등을 초래하였다. 이와 더불어 세계경제의 전반적인 침체로 투자 감소, 고용 증가 둔화, 부실기업 문제, 고리사채 성행 등 개발 과정에서의 사회·경제적 모순 현상이 계속되자 정부는 1972년 8월 3일 8.3조치라는 긴급재정명령을 발동하게 되었다.

한편으로, 우리 경제와 세계경제 체제의 연계는 점차 강화되었으며, 점증하는 외채는 원리금 상환 압박을 가중시켜 외자 도입 방식에서는 원리금 상환에 부담이 없는 직접투자의 유치에 중점을 두었고, 1970년대 중반부터는 경공업 중심의 수출산업구조에서 중화학공업 중심의 수출산업구조로 급격히 변화되었다.

그러나 무역구조는 1960년대와 흡사하게 미국과 일본에 편중되었고 국제수지 적자 폭은 여전히 증가하여 이를 감소시키기 위해 외자를 도입해야 하는 어려움이 계속되었다. 이렇게 외자 도입을 통한 대외

의존적이고 수출주도에 의한 고도경제성장 달성으로 1960년대와 마찬가지로 노동자 계층의 형성이 급속히 진행될 수밖에 없었다. 그러나 저임금을 토대로 한 노동집약적 수출산업화로 자연히 노동자 계층의 사회참여와 분배 욕구는 억제될 수밖에 없었으며, 이러한 규제적 정책은 임금과 분배 문제를 둘러싸고 사회적 갈등을 확대시켰으며 노사분규는 물론이고 강력한 정치적 반대투쟁을 유발함으로써 정치·경제·사회적 위기로 확산되었다. 더욱이 1968년 1월 21일 북한이 청와대를 습격한 소위 '1.21사태'가 발생하였고 연이어 미국 푸에블로호 납치 사건, 울진·삼척지구 무장공비 침투 사건, KAL 여객기 납북 사건 등이 발생하자 정부는 1971년 12월 6일 '국가비상사태'를 선포하고 12월 27일 '국가보위에 관한 특별조치법'을 공포하였다.

이어서 1972년 10월 17일 전국에 비상계엄이 선포되었고 12월 27일에는 유신헌법이 공포되었으며, 1973년 3월 13일에는 비상국무회의에서 노동관계법령이 개정되었다. 이후 일련의 긴급조치가 발동되는 가운데 1974년 12월 국제유류 파동으로 경제적 혼란과 사회적 불안이 야기되자 노동관계법은 또 한 번 부분개정을 맞게 되어 1970년대 노동운동은 국가안보 논리와 정권수호 및 지속적 경제성장 추진 전략에 밀려 전반적으로 수면 아래로 잠복할 수밖에 없는 상황이었다.

또한 1970년대는 사회 환경 면에서 경제성장에 따른 사회유동성 증가로 인구의 도시집중화 현상이 급속히 진행되었으며, 소득재분배의 불균형으로 여러 가지 사회불안요소가 싹트기 시작했고 물질 만능주의 등 가치관의 혼란이 사회 전반에 만연하기 시작하였다. 예컨대, 일부 사회계층의 소외현상, 소득격차 심화로 인한 상대적 빈곤감뿐만 아니라 임금착취, 위장수출, 외화 해외 도피 등 반사회적 기업인들이 출현하였다. 이러한 정치·사회적 문제를 해결하기 위해 정부는 특별법 제정과 물리적 힘에 의존했고, 이는 결국 유신체제하의 사회통제로 나타났으며 노동 부문에서도 예외일 수는 없었다. 유신헌법 이후 규제적 상황 속에서 정치적 민주화 투쟁과 노동운동은 궤를 같이하게 되었고 점차 세력을 넓혀 가면서 극한 투쟁의 길로 들어섰으며, 이는 결국 1979년 10.26사태로 이어지는 정치적 격변기의 도화선으로 작용하였다.

국가안보 논리에 입각한 노동관련법 개정

• 북한의 도발과 안보 논리 대두

국가안보의 위협 없이 지속적 성장을 추진해야 했던 당시 정부로서는 안보체제의 확립이야말로 국가수호는 물론이고 경제개발을 지속할 수 있느냐를 가늠하는 척도가 되었다. 1961년부터 1972년까지 12년 동안 63건의 대남 도발을 자행한 북한에 대해 정부는 1960년대 말 '싸우면서 건설'로 대응하면서 1970년대 들어 반공 이데올로기를 더욱 강화하였다. 정부는 1971년 12월 6일 '국가비상사태'를 선포하고 1972년 10월 17일에는 비상계엄령을 선포한 가운데 일부 헌법 조항의 효력은 정지되었고 국회가 해산되면서 정당활동과 일체의 정치활동은 금지되었다. 같은 해 12월 27일에는 유신헌법이 공포되면서 유신정치 체제가 본격적으로 막을 올리게 되었다. 그 후 연속적인 긴급조치를 통해 한국 정치는 권위주의 체제로 변모해 갔다. 이러한 정치·안보적인 상황 속에서 노동운동은 경제개발과 더불어 건전한 균형발전을 기할 수 없는 기형적인 태동 단계의 시련을 맞게 되었다.

• 유신체제와 노동관계법 개정

정부는 유신헌법에 의거해 노동관계법 개정 작업을 추진하여 1973년 3월 13일 비상 국무회의의 의결을 거쳐 노동조합법(법률 제2610호), 노동쟁의조정법(법률 제2068호), 노동위원회법(법률 제2609호) 등 집단노동관계법을 개정하였다. 전체적으로 보아 1973년의 노동관계법 개정은 노동자의 복지를 위한 개별적인 노동보호법은 약간 보강되었으나, 집단적인 단체교섭·단체행동권을 크게 제한하는 방향으로 틀을 잡았다. 즉, 단체교섭기능의 약화, 노동쟁의 규제 강화, 국가에 의한 노동행정 강화 등으로 요약할 수 있다. 그 대신에 노사협의회의 기능을 강화함으로써 기업가와 노동자의 관계를 대립과 갈등보다는 노사협조체제로 유도하기 위한 입법 목적이 강화되었다. 이상과 같은 집단적 노동관계법 외에도 산업재해보상보험법이 개정되어 산재보험의 적용 범위를 확대하고 기업가의 부담을 경감시켰으며, 직업훈련법의 개정으로 직업훈련체제가 개선·보완되었다.

1974년 1월 14일의 긴급조치 제3호(1.14 긴급조치)와 같은 해 12월 24일에 이루어진 노동관계법 부분 개정의 주요 내용을 살펴보면 다음과 같다.

긴급조치 제3호를 계기로 근로자의 복지 향상이 당면과제로 등장함에 따라 이를 제도화하기 위해 1974년 12월 이 긴급조치 중 근로조건 개선에 관한 규정들을 해당 노동관계법에 편입시키는 개정작업이 추진되었다. 또한 이를 계기로 근로기준법, 노동조합법, 노동쟁의조정법 등도 일부 개정되었다.

개정 노동조합법에서는 노사협의회 운영에 관하여 필요한 사항을 대통령령으로 정할 수 있도록 하였다. 이에 따라 노동조합법시행령이 개정되어 노사협의회의 설치 및 신고, 조직방법, 정기회의 개최 등이 강행규정으로 되었다. 그리고 노조 규약의 제정, 변경과 임원 해임에 관한 의결 정족수를 늘릴 수 있는 여지를 마련하였다(제19조 제2항 단서). 또한 관계공무원으로 하여금 노사협의회에 출석하여 의견을 진술할 수 있게 함으로써 노사협의회 운영에 대한 행정관청의 개입을 강화하였다.

노동쟁의조정법 개정은 종래 보건사회부 장관에 속하던 노동쟁의조정법상의 제 권한을 노동청장에게 이관하고, 위반자에 대한 벌칙을 강화한 것이 주요 내용이다. 1974년의 개정도 개별 근로자에 대한 보호 확대, 집단 노동관계법에서 행정관청의 개입 강화와 노사협조주의 채택 등을 그 특징으로 한다.

이상에서 살펴본 바와 같이 1970년대에 들어 단체교섭권과 단체행동권의 제약, 노사관계에 대한 정부 개입의 강화, 노사협조주의의 채택 등으로 인하여 노동자들의 정치적 위상은 현저히 약화되었다. 개별 노동관계법에서 노동자 보호 규정이 다소 확대·강화된 것은 노동자들의 정치적 지위 향상의 결과가 아니라 노동자의 지위가 약화된 상태에서 노동 문제가 커다란 사회 문제로 제기되고 사회 안정을 해치는 하나의 요인으로 등장함에 따라 정부의 사회정책적 배려의 일환으로 시행된 것이다.

'국가보위에 관한 특별조치법'상의 단체교섭권과 단체행동권 제약 및 노동관계법의 이 같은 방향으로의 개정은 노동운동에 대한 명목상의 보호규정에도 불구하고 고도성장정책의 사회 내적 기반의 하나인 노사관계 안정 속에 저임금구조를 유지하려는 목적이 바탕을 이루고 있었으므로 기업가들은 이러한 분위기에 편승하여 노무관리를 소홀히 하고 노동운동에 대한 거부감을 1973년 이후 훨씬 노골적으로 드러내게 되었다.

노동관계법 외에도 '집회 및 시위에 관한 법률'에 의해 집회와 시위가 크게 위축되었지만, 무엇보다도 유신체제하의 긴급조치권이 언제 노동운동을 한층 더 억압하는 방향으로 행사될지 모른다는 의구심이 조직 노동운동가들을 심리적으로 위축시키는 결정적 요인이 되었다. 그리하여 그동안에도 기업가 측과 대등한 힘을 갖지 못했던 노동자들은 유신체제하에서 정부와 이에 편승한 기업의 공통된 노동관 속에서 노사 협조만이 경제와 나라를 지탱해 나갈 수 있다는 그 시대를 관통하는 사회적 명분 위에서 노동운동의 불씨를 지필 수밖에 없었던 어려운 시기였다.

민주화투쟁 속의 노동운동 전개

4차에 걸친 경제개발계획으로 양적 성장은 계획대로 달성되었으나 1970년대 중반부터 우리 경제가 질적으로 성장하기 위해 방치해서는 안 될 여러 가지 구조적 불균형의 문제점들이 나타나기 시작하였다. 예컨대, 물질만능주의, 재벌기업의 문어발식 기업 확장, 한탕주의, 만성적 인플레이션, 도농 간의 불균형 심화, 국제수지 불균형, 특혜경제와 부패의 고질화, 중소기업의 상대적 정체, 노사 갈등, 소득불균형 심화 등 한국 경제는 여러 가지 문제점을 노출하게 되었다. 이와 같이 성장의 열매를 골고루 나누어 갖고자 하는 국민의 기대감은 커진 데 비하여 소득분배의 개선이 크게 이루어지지 못하고, 성장에만 치우친 나머지 지역 간 균형 있는 개발과 복지 부문에의 투자는 미흡하였다.

1970년대 중반 이후 유신정권하에서 시행된 연속적인 긴급조치는 정치권력의 확보와 안보논리에 기반을 두고 비판세력에 대해 강력한 규제적 조치를 취했으며, 반면에 정부정책에 대한 비판은 봉쇄하였다. 그러나 1970년대 후반 들어 반정부세력에 대한 정부의 조치가 강화될수록 저항은 더욱 격렬해졌으며, 정부비판이라는 차원에서 벗어나 정치체제 자체에 대한 거부로 그 성격이 점차 변화해 갔다. 이러한 불신과 저항은 민주회복이라는 이름으로 구체화되고 심화되어 갔다.

정치인들의 비타협적인 민주화투쟁이 일어나기 시작했고 학생, 지식인, 종교 세력이 인권운동, 노동운동, 민주화운동을 전개하기 시작하였다. 종교단체가 중심이 되어 노동자·농민·학생 문제에 연합전선을 형성하여 연계투쟁을 조직하였다. 유신 초기에는 유신반대운동이 주류를 이루었으며, 후반기에는 도시산업선교회와 관련된 노동자들의 문제, 즉 민생 문제에 깊은 관심을 두고 이들과 연계하여 민주화운동을 전개하였다. 이들의 의사표현 방법도 농성, 가두시위 등 좀 더 적극적인 방식으로 변모해 갔으며, 지속적이고 격렬한 형태를 띠기 시작하였다. 특히 '카톨릭노동청년회'는 '도시산업선교회'와의 연합활동을 통해 노동자들을 의식화시켜 나갔고, 이러한 과정에서 민주화를 위한 학생운동에서 제적당한 학생들이나 졸업 후 노동운동 대열에 참여하려는 지식인들의 수는 증가했으며, 이들은 노동자의 대표 활동이나 노조 조직 활동을 통해 노동 문제를 사회여론화하는 데 커다란 역할을 담당하였다.

그러나 1970년대 노동운동의 특징적 양상은 오로지 교회단체와 연계한 투쟁에 불과하였고, 연대성은 약했으며, 정부가 투쟁운동에 참여한 종교인, 지식인, 학생, 노동자 등을 구속·투옥함으로써 운동세력이 연대성을 유지하기 어려웠다. 그럼에도 불구하고 이 당시에 뿌리내린 노동운동의 씨앗은 1980년대에 민주화와 노동자 대투쟁으로 이어지는 기반이 되었다.

1970년대 노동운동의 특징

1970년대 노동운동의 주요 특징을 요약하면 다음과 같다. 첫째, 일선 노동자들의 투쟁 양태가 극한적인 형태를 띠고 있었다는 점이다. 가장 대표적인 사건인 1970년 11월 13일 전태일 분신자살 사건을 계기로 일어난 조선호텔 분신자살 기도 사건(1970. 11), 한국회관 프로판가스통 분신자살 기도 사건(1970. 11), 삼화상운 자살 사건(1978. 10), 삼영정밀 자살 사건(1978. 11) 등은 경제개발의 성과배분과 노동자 보호로부터 소외되어 열악한 근로조건과 생활고에 처해 있던 근로자들이 생존과 권리를 지키기 위해 극한적인 저항을 할 수밖에 없었던 당시 상황을 말해 준다.

둘째, 노동운동이 폭발적 내지 폭력적 양상을 나타내고 있다는 점이다. 예컨대, 한진상사 파월 노동자 체불 사건에서 일어난 폭동사태(1971. 9), 한국모방의 노조활동 보장 요구 투쟁(1972), 삼립식품 임금인상 파업 투쟁(1973. 9), 반도상사 임금인상 및 작업환경 개선 투쟁(1974. 2), 울산 현대조선소 도급제 반대 투쟁(1974. 9), YH무역 노동자들의 신민당사 점거 농성(1979. 8) 등 격렬한 투쟁을 벌인 사건들이 연이어 일어났다.

셋째, 기존 노조의 활동에 대한 비판과 어용노조 내지 노조 간부에 대한 시비가 일어나고 있었다는 점이다. 예컨대, 한국모방의 어용노조 축출 사건(1972), 기존 노조를 무시하고 파업을 단행한 삼립식품 사건(1973), 한국노총의 어용성을 비난하는 종교계 결의문 발표(1974. 1), 기존 노조와 별도로 근로조건을 개선한 방림방적 사건(1977), 인선사 유령노조 사건(1977), 기존 노조의 임금인상에 불복하여 재인상을 요구한 남영나이론 농성 사건(1977) 등 기존 노조운동에 대한 선명성 여부가 노·노 갈등으로 비화되면서 유일 노동단체인 한국노총의 노동운동 노선에 대한 비판과 반성을 요구하는 목소리가 커졌으며, 이는 훗날 한국노총과 별개의 노동단체가 탄생하는 배경이 되었다.

넷째, 노동운동에 대한 관심과 기존 운동노선에 대한 비판이 고조되면서 종교계를 중심으로 학생들과 지식인들이 새로운 노동운동노선에 동조하게 되었다는 점이다. 예컨대, 1970년 11월 전태일 분신자살 사건이 일어나자 서울대학교 문리대 및 법대 학생들이 농성과 시위로 노동 문제 해결을 촉구하였고, 1974년 동아일보와 한국일보 기자들을 중심으로 한 언론노조 결성은 노동운동에 대한 지식인들의 참여정신을 보여 주었다. 종교계는 1973년 이래 여러 차례에 걸쳐 한국노총의 노동운동 방향을 비판하는 성명을 발표하고 자신들의 주장을 천명하였다. 종교계와 기존 노조의 대립은 특히 1976년부터 일어난 동일방직 노동자들의 투쟁 과정에서 첨예화되었다. 결국 종교계와 기존 노조의 대립은 1979년 8월 9일에 발생한 YH무역 여성 근로자들의 신민당사 농성 사건을 계기로 정부가 도시산업선교회를 불순세력으로 규정하기에 이르렀다.

아무튼, YH무역 사건은 노동운동이 정치 문제로 비화되는 주요한 사건으로 기록되었다. 이와 같이 종교계, 학생 등에 의해 노동운동에 대한 비판과 관심이 집중되었으나, 정부의 개입과 기존 노조의 반발로 새로운 노동운동의 흐름은 조직을 통해 활성화되지 못하였다. 그러나 이러한 일선 노동자들의 움직임은 독자적인 노동운동 영역을 형성하기 시작했으며 하나의 뚜렷한 흐름으로 자리 잡는 계기가 되었다.

4. 제5공화국의 노동정책(1981-1987)

1979년 10월 26일 10.26사태로 유신체제는 막을 내리게 되었고, 이른바 12.12사태와 비상계엄을 거쳐 신군부는 국보위를 발족하여 정권을 장악했으며, 1981년 3월 전두환 대통령이 취임함으로써 제5공화국이 출범하게 되었다. 제5공화국이 출범한 이후 1982년부터 시작된 제5차 5개년계획은 그동안 네 차례에 걸친 성장우선정책을 지양하고 안정우선정책을 통해 지속적 성장의 기반을 다져 가면서 경제 체질을 개선하는 데 중점을 두었다. 특히 경제발전 못지않게 사회발전의 추진과 국토의 균형발전에도 큰 비중을 둠으로써 5개년계획의 명칭도 과거와 달리 '경제사회발전계획'이라고 개칭하였다.

제5차 5개년계획에서는 기본 이념을 안정, 능률, 균형으로 정하였다. 제4차 계획까지 포함되었던 '성장'대신 '안정'을 내세운 것은 양적 성장보다는 경제 체질 개선에 중점을 두겠다는 뜻이며, '능률'은 경제의 자율화와 개방화를 지향하고 민간 주도에 의한 시장메커니즘을 존중하겠다는 것이고, '균형'은 제4차 계획에서부터 도입한 사회개발 분야의 사업을 더욱 본격적으로 추진하겠다는 것을 의미한다.

1970년대 고도성장 속에서 취약해진 경제구조를 근본적으로 개선하기 위해 제5차 계획에서는 물가안정을 최우선에 두었으며 연평균 물가상승률이 도매물가 0.8%, 소매물가 3.5%를 기록하는 등 획기적인 물가안정을 이룩하였다. 이러한 한 자릿수의 물가상승률은 실질금리를 보장해 줌으로써 계획기간 중 연평균 국내저축률은 32.5%에 달하였다. 또한, 물가안정은 우리 상품의 국제경쟁력을 높여 줌으로써 국제수지 개선에 크게 기여하였다. 1986년 경상수지 흑자는 45억 달러에 달했으며, 이로써 1986년은 사상 처음으로 경상수지 흑자를 기록하는 해가 되었다.

그러나 1980년대는 1960-70년대에 한국 경제가 고도성장하는 과정에서 형성되어 누적되어 온 구조적인 문제점들이 첨예한 형태로 표출된 시기였다. 제2차 석유파동을 거치면서 대외적인 여건 변화로 외채상환의 압박을 받게 되었을 뿐만 아니라, 세계적인 경기침체의 장기화에 따른 중동 경기의 퇴조와 국내경기의 위축으로 실업 증가, 부실기업 문제, 대형 금융사고 등이 발생하였다. 또한, 그동안 구조적인 문제로서 점차 심각해져 온 소득분배의 불균형 문제, 대기업과 중소기업 격차 문제, 임금 및 노사관계 문제, 대외개방 압력으로 인한 경제충격 문제 등이 잇달아 제기되어 이들 문제는 앞으로 해결해야 할 중요한 정책과제가 되었다.

정치변혁과 민주노조운동의 조직화 확산

제5공화국이 출범하면서 국보위에서 내건 4대 기본 목표는 1) 정치안정, 2) 경제안정, 3) 안보태세 강화, 4) 사회악 일소였으며, 9개 추진지침 중 노동 관련 내용은 "건전노사관 확립, 기업인의 비윤리적 행위와 노조의 불법활동 시정"이었다. 10.26사태 이후 정치적 격변기를 거치면서 집권한 신군부는 강력한 통치 기반을 구축하고 권위주의적인 체제를 더욱 강화했으며, 운동권의 전열을 완전히 파괴시켰다. 이에 따라 1980년대 초반 노동운동은 일대 위기를 맞게 되었다. 그러나 이러한 사건은 오히려 운동권 진영이 강한 결집과 연대를 형성하는 명분을 제공했으며, 이를 지원하는 종교계, 지식인, 학생, 재야세력의 끊임없는 지원에 의해 모든 반지배체제 세력들이 연대감을 형성한 시기였다.

1970년대 후반부터 시작된 민주노조운동은 1980년대에 이르러 더욱 강력한 힘을 가지고 진행되었다. 이 시기에 각종 민주화운동 단체들이 조직되면서 그 수는 점차 폭발적으로 증가하였다. 민주화를 열망하는 운동권은 상호 연관관계를 갖고 조직을 결성하여 연대투쟁을 진행하였다. 이 시기에 노동운동의 중심체 역할을 담당하기 위해 1984년 봄 해고 노동자를 중심으로 결성된 '한국노동자복지협의회'는 고립, 분산적 경제투쟁을 지양하고 다른 조직과의 연대투쟁을 통한 집중적이고 효율적인 정치투쟁을 병행하는 데 목표를 두었다. 이 단체는 그동안 JOC나 도시산업선교회 등 일부 종교계의 지원으로부터 탈피하여 스스로의 운동노선을 정립하고 한국노총이나 상급 노동단체의 한계를 넘어 적극적인 노동운동 주체로서의 기능을 담당하고자 하였다. 이후 노동운동단체들은 지역별, 사안별로 조직되었으며, 1984년 이후 결성, 흡수, 통합 등을 거치면서 1985년을 기점으로 연대성을 더욱 공고히 하며 비약적으로 발전하여 1980년대 후반에는 126개 단체로 확대되기에 이르렀다.

그러나 제5공화국은 국군보안사령부, 국가안전기획부, 전투경찰 등 정권유지체제를 중심으로 치안유지적 성격을 강하게 띠면서 정부는 과거보다 더욱 집권화되었으며, 노동 부문에 대해서는 보다 강화된 규제 조치를 취하면서 대응하게 되었다. 노동운동에 대한 이러한 강압적이고 배제적 조치들은 그동안 양적·질적으로 성장해 온 노동자들로 하여금 민주화세력과 연계하여 민중연합을 형성하게 한 직접적 요인이 되었으며, 동시에 이들 세력들은 구속-투옥-석방-투쟁의 과정 속에서 시위, 점거농성, 연대투쟁, 분신자살, 폭력시위 등 보다 극렬한 양상을 보였다. 특히 노동 부문의 운동 성향은 과거 어느 때보다 더욱 폭발적이었고 폭력적 행태를 보이기 시작한 시기였으며, 결국 제5공화국 말기의 정치적 혼란 속에서 6.29 민주화선언을 잉태하는 도화선이 되었다.

노동계에 대한 정화 조치

부마항쟁 이후 유신체제 붕괴의 결정적 요인으로는 무엇보다 노동자들의 대중투쟁을 들 수 있다. 10.26사태 이후 신군부에 의한 5.17사태까지의 정치적 격변기는 노동계를 비롯한 각계각층의 민주화에 대한 열망이 분출되었던 시기로, 이를 가라앉히고 통제하기 위해 국가는 강력한 물리적 수단을 강구할 수밖에 없었으며 이것은 이후의 노동정책에 그대로 투영되었다. 1980년 5월 17일 비상계엄령이 전국에 확대 선포되면서 정부는 강력한 물리적 통제를 가하기 시작했고 폭발적으로 고양되어 가던 노동운동은 극도로 위축되었다.

특히 노조 간부들에게 '정화 조치'라는 이름의 강경 조치가 취해졌는데, 1980년 8월 한국노총에 시달된 '노동조합정화지침' 등 일련의 지침에 의해 노조 임원에 대한 자진사퇴 압력, 지역지부의 해산 조치, 정화 대상자에 대한 사직 강요, 노조 임원에 대한 감원 조치 등이 추진되었다. 1980년 9월 18일자로 노조 간부 191명에 대해 정화 대상자 및 자진사퇴자로 확정 통고함으로써 이후 3년간 노조 임원을 맡을 수 없도록 조치하였고, 상급 노조 간부의 겸직이 금지되었다. 또한, 1980년 9월 19일자로 '노동조합정화지침'에 의거 전국항만노동조합과 전국운수노동조합이 통합대회를 개최하여 전국항운노동조합으로 개편됨으로써 한국노총은 16개 산별노조로 구성되었고, 1980년 8월 21일자로 한국노총 산하 105개의 지역지부가 해체되었으며, 1981년에는 총 206개의 지역지부가 해체되었다.[1]

노동 관련 규제입법 추진

제5공화국의 노동관계법은 국회가 해산된 상황에서 대신 설치된 '국가보위입법회의'라는 비상입법기관에 의해 개정되었다. 당시 6.29 민주화선언 이후 시작된 전국적인 노동운동의 열기는 정식으로 정부가 출범하기 이전인 정치 과도기적인 상황으로서, 신군부가 이에 효과적으로 대응하기에는 역부족일 수밖에 없었다. 이에 따라 신군부는 제5공화국 출범에 앞서 이른바 사회안정을 위한 기초제도를 정비하는 한편, 폐지를 앞둔 국가보위법상의 단체행동권 등에 대한 규제가 일반 노동관계법 속에서 유사한 효과를 발휘할 수 있도록 하기 위해 1980년 12월 31일자로 노동관계법을 개정하게 되었다.

첫째로, 노동조합법의 주요 개정 내용을 살펴보면 다음과 같다. 1) 조합원을 위한 복지후생사업에 사용한 조합비의 비율을 정하고(제24조, 시행령 제10조), 2) 직접 근로관계를 맺고 있지 않은 자의 노동 문

1 이와 같은 노조 간부 정화와 지역지부 해체는 1980년 12월 31일자로 공포·시행된 노동조합법 경과 조치에 "1980년 8월 20일 이후 이 법 시행일까지 해산된 노동조합과 사회 또는 제명된 노동조합 임원은 제23조의 규정에 의한 해산명령 또는 임원개선 명령을 받은 자로 본다."라고 하여 그 법적 근거를 뒷받침하고 있다.

제 개입 활동을 금지했으며(제12조의 2), 3) 기업 단위의 노조체제를 확립하고 근로자의 의사에 반하는 노조 설립을 억제할 수 있도록 했고(제13조), 4) 노조 임원의 결격사유 및 임기를 규정하여 비위 노동자를 배제하는 한편(제23조), 5) 노조의 단체교섭권을 제3자에게 위임하지 못하게 하였고(제33조 제1항), 6) 행정관청이 단체협약 내용 중에서 위법·부당한 사항을 노동위원회의 의결을 거쳐 취소 또는 변경할 수 있도록 했으며(제34조 제2항), 7) 단체협약의 유효기간을 임금에 관한 사항을 제외하고 1년에서 3년으로 연장하고(제35조 제1항, 제2항), 8) 유니온숍[2]과 관련된 규정을 삭제한 것 등이다.

둘째로, 노동쟁의조정법의 주요 개정 내용을 살펴보면 다음과 같다. 1) 공익사업의 정의를 다시 규정하고(제4조), 2) 국가·지방자치단체·국공영기업체 및 방위산업체의 쟁의행위를 금지하고(제14조), 3) 공익사업뿐만 아니라 일반사업도 직권중재가 가능하도록 했다(제30조 제3호).

셋째로, 노동위원회법의 주요 개정 내용을 살펴보면, 1) 노사 간의 분쟁이 대형화·다양화되고 발생 빈도가 증가함에 따라 노동위원회의 행정체제를 일원화하고, 2) 노사 간의 쟁점을 자율적으로 해결할 수 있도록 유도하였다.

이와 같은 법개정 이후에 제5공화국 정부는 그동안 노동계와 유관단체를 중심으로 한 사회여론의 강력한 요구에 의해 다시 노동관계법 개정을 추진하게 된다. 즉, 1986년 12월 8일 노동관계법의 논란이 되

---

2 유니온숍 제도는 노조의 단결력 유지 및 강화를 위해 일단 고용된 노동자는 일정 기간 내에 노조의 조합원이 되어야 하는 노조가입제도를 말한다. 우리나라에서는 통상 단체협약에 노동자는 입사와 동시에 조합원이 된다. 노동자가 노조 가입을 거부하거나 노조를 탈퇴할 시에 즉시 해고한다는 유니온숍 조항을 단체협약에 명시한 경우에는 사용자로 하여금 해고하도록 강제하고 있다(1998. 3. 24, 대법96누16070).

었던 문제 조항의 내용을 일부 완화하고, 1970년대부터 시행되어 온 '외국인 투자기업의 노동조합 및 노동쟁의에 관한 임시특례법'을 폐지하였다.

노동조합법의 주요 개정 내용을 살펴보면, 노사 당사자에 대한 제3자 개념에서 상급단체를 제외하였다. 또한, 노동조합비 중 일정률 이상의 조합비를 조합원 복지후생사업에 사용하도록 하는 의무규정을 삭제하고, 노조에 대한 행정관청의 해산명령은 시정명령 이후가 아니면 행할 수 없도록 하였다. 노동쟁의조정법의 주요 개정 내용을 살펴보면, 공익사업 범위를 조정하여 준공익사업 지정에 대한 위임 규정을 삭제하고 공익사업의 개념과 범위를 명문화하였다. 노동쟁의를 신속히 해결할 수 있도록 쟁의행위의 냉각기간을 단축했으며 이에 따른 알선기간도 단축하였다. 그리고 행정관청이나 노동위원회의 직권중재회부를 공익사업에만 한정하는 것으로 하였다. 이와 같이 노동조합법과 노동쟁의조정법이 개정·보완되기는 했지만, 여전히 노사관계제도는 현장의 노사갈등을 해소하기에는 규제적 성격이 강했으며 노동운동이 저변을 중심으로 더욱 확산되는 결과를 초래하였다.

1987년 노사분규 대폭발과 노동운동의 특징

1987년은 우리 역사상 최대 규모의 노동저항운동이 발생한 해였다. 6.29 선언 이후 10월 5일까지 발생한 노동쟁의 건수만 해도 무려 3,479건에 이른다. 6.29 선언 이후 발생한 노사분규의 요구 내용은 크게 임금인상, 노조설립 및 어용노조 퇴진, 근로조건 개선 등 세 가지로 구분된다. 이 당시 분규의 특징은 합법적 절차나 한계를 뛰어넘어 제기된 것으로, 이것은 합법적 절차에 의한 갈등 해결 통로가 막혀 있었다는 반증이라고 할 수 있다. 또한, 노사분규가 노조 조직의 지도와 통제를 벗어나 제기되었다는 점이다. 즉, 와일드캣 스트라이크(Wildcat Strike,

노조지도부 의사에 반하여 일부 조합원이 벌이는 파업) 형태를 취했는데, 이것은 노조가 조직되어 있지 않거나, 조직되어 있다 하더라도 제 기능을 상실하고 있었음을 말해 준다.

그리고 지역별, 재벌그룹별, 산업별 연대투쟁이 주요한 분규 형태로 나타났다는 점이 특징이다. 지역별 연대투쟁의 형태는 울산, 광주, 부산, 안양 등지에서 운수노동자 동맹파업으로 나타났고, 재벌그룹 연대파업은 대우중공업의 4개 지역사업장 동맹파업, 울산 현대그룹 동맹파업, 특히 현대노동조합협의회를 통한 연대투쟁은 우리나라 노동운동에서 새로운 분규 형태로 자리 잡는 계기가 되었다.

1980년대 노동운동의 특징을 요약해 보면 다음과 같다. 첫째, 본격적인 노동운동의 이념적 기초와 운동노선에 변혁지향적인 성향을 갖추는 계기가 되었다는 점이다. 둘째, 1980년대 후반에 들어서 다소 진전되기는 했으나 전반적으로 조직 형태와 역량 면에서 통일된 체계를 갖추지 못했으며, 조직역량이 공고하거나 광범위하게 결집된 것은 아니었다. 여기에는 기업 단위 노조가 갖고 있는 조직범위와 역량에 한계가 있을 수밖에 없었고, 또한 기존 노조와의 노노갈등도 하나의 원인이 되었다고 볼 수 있다. 셋째, 분규의 양태와 성격 측면에서 종전의 자연발생적이거나 고립분산된 형태에서 조직적·계획적 투쟁으로 점차 전환되는 양상을 보였으며, 더욱이 민주화투쟁과 연계된 정치투쟁적인 성격이 강하게 혼합되기에 이르렀다는 점이다. 이와 같은 노동운동의 성격 변화는 노동운동계층의 의식과 역량이 향상된 결과라고 볼 수 있다. 이와 같이 1980년대 전반기 노동운동은 1980년대 후반기 노동운동의 질적인 전환과 고양을 위한 진통기 또는 준비기였다고 볼 수 있다.

5. 제6공화국의 노동정책(1988-1992)

성장과 안보 우선의 국정 흐름 속에 노동정책의 규제 강화와 경직성이 20년 넘게 계속됨으로써 성장 과실(果實)의 분배에 대한 근로자들의 불평불만이 1980년대에 와서 산발적으로 노출되기 시작했음은 이미 살펴본 바 있다. 특히 제5공화국 후반기에 들어서자 민주화투쟁과 병행하여 이전보다 강도 높고 조직적인 대형 분규가 잇따라 발생하였다. 예컨대, 1985년의 인천 대우자동차 노사분규와 구로동 대우어패럴 노사분규, 1986년의 5.3 인천 사태 등이다. 이들 분규는 발생 초부터 제5공화국 정부에 의해 원천적으로 봉쇄되었으나, 1987년에 서울대학교 박종철 군 고문치사 사건이 폭로되고 학생들이 정부의 4.13 호헌조치 철폐와 민주헌법 제정을 요구하기에 이르자 근로자뿐 아니라 농민과 영세 상인들도 이 운동에 합류했으며, 운수근로자들의 시위와 더불어 이 운동이 전국적으로 확산되자, 제5공화국 집권세력은 부득이하게 대통령 직선제 개헌, 정치범 석방, 학원 자율화, 언론의 자유 및 노동운동 보장 등을 내용으로 하는 민주화선언을 하기에 이르렀다.

이와 같이 6.29 민주화선언은 그동안 산업화 과정에서 계속적으로 요구되어 온 민주화운동의 성과였으며, 성장 과정에서 누적되어 온 정치·경제·사회·문화의 각종 문제가 일시에 분출되어 민주화를 위한 진통을 겪게 됨으로써 한국 사회가 새로운 차원으로 접어드는 계기가 되었다. 특히 그동안 누적되어 온 노사 문제가 폭발하여 전국적인 분규로 번졌음에도, 분규를 수습하기에는 기업 역량이나 경영자의 자세가 전근대적으로 낙후되었을 뿐만 아니라 노사관계의 규칙·관행·제도 등 노동정책이 현실과 동떨어진 상태에서 이에 효과적으로 대응하지 못함으로써 급격히 혼란 상태에 빠져들게 되었다. 또한 기존 노조와 민주노조 간의 노·노 분쟁, 사용주에 대한 불신과 교섭능력 부족, 노조의 대표성 부족과 지도이념 미흡 등 여러 가지 문제가 일시에 노출되었다. 따라서 정부로서는 그동안의 성장모델에 대한 한계를 인식하고 새로운 노사 질서를 모색하지 않을 수 없게 되었다.

그러나 투쟁의 결과로 얻어 낸 작업장 질서의 변화와 노동생산성을 초과하는 급격한 임금상승, 그리고 1989년 법정근로시간 단축과 휴일 확대는 경제적 부담을 초래했고, 단위노동비용의 급상승으로 노동집약적 부문의 가격경쟁력을 급속히 약화시켰다. 1990년부터 시작된 이러한 경제적 위기는 그동안 노동계가 제기해 온 문제들에 대해 정부와 기업주가 장기적인 안목을 가지고 제대로 대응하지 못했기 때문에 발생한 것이다. 당시에 정부는 이러한 경제적 위기를 돌파하기 위해 1987년 이후 급성장한 노동계를 파트너로 인정하고 적극적인 협력 방안을 모색하는 새로운 패러다임을 추구하기보다는 개별 기업의 노사관계에 보다 엄격한 규율을 요구했고, 불법·폭력 행위와 제3자 개입 행위 등에 대한 국가의 개입을 강화했다. 그러나 이러한 정책적 선택은 당시 노사관계와 이미 성장해 버린 노동운동의 현실을 감안할 때 미래지향적이고 근본적인 대책은 되지 못했다.

이 시기 노사관계의 특징을 요약하면, 1) 산업화 과정에서 정보화 시대로 넘어가는 과도기의 진통으로 새로운 성장전략의 모색이 시작되고 권위주의적·타율적인 노사관계를 청산하고 민주적이고 자율적인 노사관계를 형성하는 계기가 되었다는 점, 2) 노동운동의 저변이 확대되고 세력이 점차 조직화·활성화됨으로써 노사가 대등해지는 여건이 구비되었다는 점, 3) 이 시기 초기의 경험 부족에 따른 미숙한 노사협상과 문제 해결 노력들이 우리 노사관계의 수준을 한 단계 성숙하게 하는 밑거름이 되었다는 점이다.

성장전략의 한계와 새로운 노사질서 모색

제6공화국 출범에 맞추어 제9차 헌법개정안이 1987년 10월 27일 국민투표로 확정되었고 개정된 헌법에 따라 제6공화국 정부가 출범하였다. 노태우 정부는 이제까지 노사관계에 직접 개입하고 간섭하던 정책을 지양하고, 노사분규에 대한 자율해결원칙에 따라 개별 분규에 대한 개입을 자제했으며, 1987년 11월 28일에는 노동관계법 개정을 통해 노조의 조직과 활동을 대폭 자유화하고 강화하였다. 이때의 법개정은 그 개정 과정에서 여야의 개정안과 노동계·경제계의 요구 내용 등 각계의 의견을 폭넓게 수용하여 단일안으로 이루어진 것이 특징이다. 노조의 설립 요건과 노조 형태를 근로자의 자율적 의사에 맡겨 자율성을 확보하고 설립 신고 절차를 간소화하였다. 그리고 노조의 자주성 보장, 단체교섭 위임 절차의 간소화, 유니온숍 제도의 인정, 냉각 기간의 축소, 행정관청에서 노동위원회로 알선 기능 이관, 임의조정제도 도입, 공익사업 범위 축소, 쟁의금지 대상의 부분적인 축소 등을 통해 노동운동 활성화의 길이 열리게 되었다.

1987년 하반기 이후 극심했던 노사분규는 1990년에 들어서 점차 줄어들기 시작했으며, 분규 양태도 온건해지는 등 각종 노사관계 지표가 안정 국면으로 전환되기에 이르렀다. 또한, 불법적 노동운동, 과도한 임금인상 등 노사관계의 전환기적 갈등을 더 이상 방치했다가는 우리 경제의 지속적 발전과 사회안정이 이루어질 수 없다는 인식의 확산과 함께, 정부의 노사안정대책 추진과 적극적인 분규 수습 활동이 효과를 나타낸 것으로 보인다. 1987년 하반기부터 1990년 사이의 노사분규 특징을 분석해 보면 우리나라 노동운동의 양적·질적인 급격한 변화 양상을 엿볼 수 있다.

먼저, 1987년 이후 계속된 노조 증가 추세가 1990년에 들어서 현저히 둔화되었다. 1987년 4,086개에서 1988년 6,142개, 1989년 7,538

개, 1990년 7,698개로 조합 수는 다소 증가했으나 그 증가 추세는 크게 둔화되는 양상을 보였다. 노사분규 건수도 1987년 3,749건, 1988년 1,873건, 1989년 1,616건, 1990년 322건으로 대폭 감소하였다. 이와 같이 노사분규 건수가 급감한 이유는 앞에서도 살펴본 바와 같이 불법노동쟁의에 대한 정부의 엄정한 법집행, 1987년 하반기 이후 축적된 협상 경험과 대화로 문제를 풀어 가려는 노사의 노력, 과격한 노동운동에 대한 국민들의 비판여론, 투쟁보다는 실리를 추구하는 경향 확산 등이 복합적으로 작용한 것으로 보인다.

분규 양상도 시위와 농성을 포함한 전면파업보다는 부분파업, 태업, 노조 간부만의 농성 양상이 증가하고 가두시위보다는 사업장 내 농성으로 대체되는 추세를 보였다. 주요 쟁점을 살펴보면 1980년대 후반에는 노조 인정, 부당노동행위 중지, 임금인상 등이 노사 간의 주요 쟁점 사항이었으나, 1990년대에 들어와서는 구속자 석방, 인사·경영권 참여 요구, 해고자 복직, 무노동 무임금, 주거 문제 등이 주요 이슈로 떠올랐다.

사용자 측도 발 빠르게 대응해 경제단체들은 노동 문제에 효율적으로 대처하기 위해 경제단체협의회를 구성하여 한국경영자총협회(이하 '경총')가 간사 역할을 맡고, 업종별·공단별로 노사대책반을 설치하여 대응하는 등 노사 문제에 대해 정부 의존적 자세에서 벗어나 적극적 대응 움직임이 가시화되었다. 즉, 노사분규 예방을 위한 노무관리 방안, 단체교섭기법의 연구·보급, 근로자 해외합동연수 등 노사 문제 해결을 위한 교육, 홍보, 연구사업을 활발히 추진하였다. 정부도 건전한 노사관 확립을 위해 한국노동교육원을 1990년 9월에 발족하여 각종 노사교육과 해외연수교육을 확대하였다.

1987년 말 노동관계법 개정과 전국적 노사분규에서 얻은 경험은 노사정 3주체의 자기반성과 대응자세의 변신을 촉진했으며 이러한 노력들은 우리의 노사관계를 한 차원 높이는 데 기여하였다. 정부는 종래의 직접 개입 일변도의 정책 대신 노사 간의 자주적 해결을 유도하면서 조정자로서의 위치를 찾기 시작하였고, 기업들은 과거에 등한시했던 인사·노무 관리에 많은 노력을 기울이면서 정부 의존적인 노사관계의 틀을 벗어나는 전기를 마련하였다. 근로자들은 권리의식의 신장과 함께 민주 노조로의 조직 개편과 신규 노조 결성을 통해 분명한 권리 주장과 분배의 몫을 요구하는 입장에 서게 되었다.

한국 경제의 위기감 조성과 노동분쟁에 적극 대응

전술한 바와 같이 6.29 민주화선언 이후 2개월 동안 노사분규가 집중적으로 일어나 1987년에만 총 3,749건이 발생하여 분규 사상 전무후무한 기록을 남겼으며, 이후 1988년에 1,873건, 1989년에 1,616건, 1990년에 322건, 1991년에 234건으로 매년 감소했으나, 민주화선언 이전과 비교할 때 분규 건수와 투쟁 강도에 있어 엄청나게 증가하고 대형화된 양상을 나타냈다. 이 당시 노사분규의 특징은 극한적 대립상태가 주를 이루었으며, 특히 1987년의 노동쟁의는 대부분이 실정법을 무시한 선농성-후협의의 불법적 집단행동이었다. 그리고 대규모 사업장일수록 분규 발생률이 높았고 분규 발생 업종도 전 업종으로 확산되었다. 또한 과거 경공업에서 중공업 중심으로, 여성 근로자 중심에서 남성 근로자 중심으로 그 축이 바뀌면서 과격한 양태를 띠게 되었다.

이러한 노동운동의 진전은 노사관계의 기본 질서를 바꿀 뿐 아니라 고율의 임금 상승에 따른 노동분배율 증가를 가져왔다. 1989년을 전후하여 제조업의 경상이익률은 급격히 하락한 반면, 노동소득분배율은 빠르게 상승하고 있었으며, 1989년의 제조업 분야 대기업의 부가가치 증가율과 인건비 증가율의 격차는 점차 큰 폭으로 벌어지고 있어, 생산성 증가가 노동비용 상승을 흡수하지 못하는 상황이 되었다.

또한 3저 호황으로 인한 경상수지 흑자는 원화 절상을 가져왔으며 이는 노동비용의 상승과 함께 한국 상품의 가격경쟁력을 급속히 하락시키는 요인이 되었다.

1986년 이후 3년간 지속된 호황세가 급격히 퇴조하고 경상수지가 다시 적자로 돌아서자 한국 경제에 대한 국민적 위기감이 조성되기 시작하였다. 그동안 경제성장을 지탱해 온 전략 요소들에 대한 재평가가 이루어지고 새로운 성장요인을 발굴하려는 노력이 진행되었으나, 파트너십에 기초한 노사관계의 새로운 패러다임을 추구하기보다는 임금안정에 기초한 가격경쟁력 확보라는 기존의 성장전략에서 크게 벗어나지 못하였다.

정부는 6.29 민주화선언 이후 노사분규에 대한 자율해결원칙을 세우고 노동관계법을 개정하는 등 새로운 노사관계 질서를 구축하려고 노력했으나, 1989년 하반기 이후 3저 호황의 종료에 따른 경제위기 의식과 1990년 1월 전국노동조합협의회 발족 등 노동계의 연대 강화에 대응하여 불법 분규에 대한 엄정 대응, 무노동 무임금 원칙 확립, 노조업무 조사권 발동 등 종전에 자율·방임하던 자세에서 벗어나 노사분쟁에 적극적으로 대응하는 정책 기조로 전환하였다.

1980년대 후반 들어 발생한 폭발적인 노사분규에서 주목해야 할 점은 노·노 간의 조직분규로 인한 쟁의가 빈발했다는 것이다. 이는 기존 노조에 대해 어용 시비가 일어나고 소위 '민주노조'를 표방하는 신생 노조 세력과의 갈등에서 비롯되었다. 1987년에 조직분규는 엄청난 증가를 보여 총 464건으로 집계되었다. 그동안 표면화되지 못했던 기존 노조에 대한 불만이 6.29 민주화선언과 함께 폭발한 것이다. 1987년 이전의 조직분규는 총회, 대의원대회의 개최 기피나 선거 결과에 대한 불복 등 노조집행부에 대한 불신과 알력으로 발생한 것이 대부분이었으나, 1987년에 발생한 조직분규는 단체교섭 결과에 대한 노조집행부의 불신이 가장 큰 비율을 차지하였다. 즉, 1987년 이전과 이후의 조직분규는 그 원인과 발생 빈도에서 많은 차이가 있다.

조직분규는 자율적 조직인 노조에 대한 사회적 인식을 흐리게 할 뿐 아니라 선명성을 경쟁하는 과정에서 과격한 노사분규로 비화되는 문제점을 야기하였다. 이에 따라 정부는 이를 근원적으로 예방하기 위해 선거의 공정성과 민주성을 보장하고 단체교섭의 대표성 확보와 단체협약을 철저히 준수하도록 지도하고, 노조의 공개적 운영과 더불어 적법한 절차에 따라 분규 해소에 적극적으로 대처하게 되었다.

임금안정화 정책과 총액임금제 추진

당시 노태우 정부는 소수 정권으로서의 정치적 한계를 느끼고 있었고, 고율의 임금 상승과 자본수익 감소, 환율 급등과 시장개방 압력 등으로 인한 경제적 위기를 타개해야 하는 부담을 안고 있었다. 1987년 이후 임금교섭 타결 결과를 보면 노사 자율교섭원칙하에서 기업의 임금인상 재원과 생산 성과에 따른 임금결정구조가 아니라 비교 임금에 의한 임금결정 경향과 대기업의 고율 임금인상의 영향으로 임금인상률이 계속 높아지는 추세를 보였다. 그러나 1989년에 들어 우리 경제는 구조적인 불황 국면이라는 평가를 받고 있었고, 이는 환율인하 등 외부적 요인과 함께 노동생산성을 초과하는 급격한 임금인상도 일부 원인으로 분석되었다. 즉, 1987년 이후 고율의 임금인상은 기업의 대내외 경쟁력 약화와 경제의 성장잠재력을 잠식하는 등 원화가치 절상, 선진국의 보호무역 강화, 기술투자 미흡 등의 요인과 함께 경제적 어려움을 초래하였다.

이에 따라 한국 경제를 위협하는 고율의 임금상승을 막기 위해 1989년에 정부 일각에서 검토하기 시작한 것은 싱가포르에서 채택하고 있는 '국가임금위원회' 방식이었다. 이 방식은 정부와 노사단체가 파트너로 참여하는 사회적 협의기구를 구성하여 적정임금 수준에 대한 논의를 통해 사회적 공감대를 형성해 나가는 것이었으나, 한국노총의 입장에서는 당시 상황에서 정부 주도의 소득정책 추진에 조직 논리상 참여하기가 곤란하였다. 따라서 성사되지는 못했으나 최초로 사회적 합의 형성을 위한 노력이었다는 점에서는 의의가 있다고 할 수 있다. 다만, 한국노총의 제안으로 정부를 제외하고 노사와 공익으로 구성된 '국민경제사회협의회'를 1990년 4월 발족하여 노사 간 경제 현안과 경제·사회정책에 대한 현실적 공감대 형성에 노력하였다. 그러나 이 기구는 정부가 제외되고 임금에 대한 논의도 배제되었기 때문에 임금에 관한 실질적인 사회적 합의기구로서 역할을 하기에는 미흡하였다.

이와 같이 임금안정을 위한 사회적 합의 노력이 성과를 거두지 못하자 정부는 임금가이드라인 정책을 추진하게 되었다. 공공 부문을 중심으로 임금인상률을 설정하고 대기업들에게 이를 확산시켜 나가는 방식의 임금교섭지도를 강화하였다. 이러한 정부의 강력한 임금안정정책으로 임금 상승 추세는 1990년 18.8%, 1991년 17.5%, 1992년 15.2%로 꺾였으나 정책의 강도에 비해서 그 하락 추세는 완만하였다.

특히 1992년에는 대기업과 중소기업의 임금 격차 확대, 기본급과 각종 수당의 불균형으로 인한 임금구조 악화 등 임금체계를 근본적으로 개선하기 위해 '총액기준임금관리제도'를 도입하였다. 이 제도는 공공 부문과 일정 규모 이상의 대기업 및 시장지배기업 등을 선정하여 인건비 총액을 기준으로 인상 한도를 설정한 후 그 범위 안에서 기본급 위주로 임금인상률을 책정하는 것이다. 이는 당시로서는 획기적인 정책이었으나 노동계의 심한 반발에 부딪쳤으며 총액임금제 철폐가 노동운동의 주요 쟁점으로 비화되면서 결국 1993년 문민정부 출범 후

〈표 3-3〉 총액기준임금관리제도하의 임금교섭지도 기준(1992)

<table>
<tr><th>구성 항목</th><th colspan="2">비고</th></tr>
<tr><td>• 기본급</td><td rowspan="2">예년
임금
교섭
지도
기준</td><td rowspan="4">새로운
임금교섭
지도기준</td></tr>
<tr><td>• 통상적 수당
– 직무수당, 직책수당, 물가수당, 조정수당, 생산장려수당, 기술수당, 벽지수당(僻地手當), 면허수당, 위험작업수당 등
• 일률적 · 정기적 또는 관례적 상여금</td></tr>
<tr><td>• 기타 수당
– 통근수당, 출퇴근 보조금, 자택수당, 월동수당, 김장수당, 급식비, 가족수당, 교육수당, 가계보조비, 효도휴가비, 체력단련비 등</td><td rowspan="2"></td></tr>
<tr><td>• 지급기준 변경 등에 따라 인상효과가 나타나는 임금
– 연 · 월차 수당 및 법정수당 지급기준 확대변경</td></tr>
</table>

이를 중단하기에 이르렀다.

6. 문민정부의 노동정책(1993-1997)

1993년 문민정부 출범을 전후하여 세계경제는 10여 년 동안 산업화의 기존 틀을 깨고 새로운 성장동력을 찾는 구조 개편 과정을 겪고 있었으며, 정보통신 분야의 기술혁신은 기업으로 하여금 해외활동을 보다 자유롭고 효과적으로 전개할 수 있도록 기반을 마련해 줌으로써 국제적인 사업영역 개척이 매우 중요해졌다. 이와 같은 기업의 세계화는 국제경쟁을 경제블록별 제한적 경쟁에서 무한경쟁으로 격화시키는 한편, 기업과 국가의 관계에 대해 근본적으로 새로운 질서를 요구하게 되었다. 1994년 4월 모로코에서 개최된 통상장관회의에서 우루과이 라운드의 타결과 WTO 출범이 공식적으로 선언됨으로써 GATT 체제는 막을 내리게 되었으며, 우루과이 라운드에 기초한 새로운 세계

무역질서가 확립되기에 이르렀다. 새로운 WTO 체제는 기업들의 사업영역을 국제적으로 확대하고 국경 없는 경쟁을 지향하고 있다. 이를 간단히 요약하면 '세계화(Globalization)'이다.

문민정부 출범 당시, 1980년대 이후 지속되어 오던 고도성장 기조가 급격히 퇴조하는 추세를 보였고, 이미 성장동력이 떨어져 버린 가격경쟁력 중심의 산업구조를 미처 개편할 여유도 없이 세계화 시대를 맞게 되었다. 따라서 과도한 임금인상이 국가경제의 경쟁력 약화를 더 이상 초래해서는 안 된다는 문제의식이 커지기 시작하였다. 세계화·개방화·민주화라는 거대한 물결 속에서 국가경쟁력 강화만이 국가의 생존을 지킬 수 있다는 국민적 공감대 위에서 과거 어느 때보다도 임금안정과 노사관계의 합리화가 요구되었고, 이러한 시대적 상황과 국민의식은 전반적인 노사관계의 발전과 노동운동의 방향에 커다란 영향을 미쳤다. 이와 같이 문민정부는 출범 이래 노사 문제의 근원적 해결 없이는 경제의 지속적 발전과 사회안정을 이룰 수 없다는 인식을 갖게 되었으며, 사회적 합의를 통한 임금교섭, 노사관계 제도의 전반적 개혁, 산업평화 정착을 통한 노사안정 등 보다 진일보한 노사정책을 추진하게 되었다.

노사관계는 현대자동차를 비롯한 현대계열사의 분규가 있었으나 1987년 이후 해마다 악성 분규가 되풀이되었던 마산·창원 지역의 주요 분규 다발업체에서 단 하루의 분규도 없이 임금과 단체교섭이 마무리되었다. 이는 신정부 출범에 따라 노동운동의 기조가 투쟁적·이념적 노선에서 합리적·실리적 방향으로 전환되고 있으며 고통 분담을 통해 경제를 회복시켜야 한다는 국민적 공감대 형성이 노사관계 안정에 커다란 영향을 미친 것으로 보인다.

이와 같은 여건 속에서 문민정부는 국정 전반에 대하여 세계화·개방화·민주화로 전환하기 위한 개혁작업을 추진했으며, 기존 노동정책의 방향도 문민정부의 이념에 부응하는 방향으로 전환되어, 노사정이 고통을 분담하는 가운데 노사화합과 임금안정을 통해 고용불안을 극복해 나가는 방향으로 모습을 갖추기에 이르렀다.

세계화 흐름 속에 노사관계 개혁의 추진

1996년 당시 우리 경제규모는 세계 11위, 교역규모는 세계 12위권에 진입했으며 OECD 가입도 추진하고 있었다. 그러나 노사관계의 현실은 이러한 경제·사회 발전에 걸맞지 않게 경직된 노동법제, 대립과 투쟁 일변도의 노사관계, 단기적 집단 이기주의에 의한 노동운동, 권위주의적·폐쇄적 경영문화 등으로 많은 문제점을 가지고 있었다.

1987년 이후 값비싼 경험을 치르고 나서 노사 공동체 의식이 점차 싹트고는 있었으나 노사 간의 대립구도는 여전하였다. 비록 분규 건수는 줄어들었으나 매년 반복되는 대형 사업장의 분규 장기화로 막대한 생산 차질이 초래되고 있었다.

그동안의 파행적 노사관계 속에서 형성되어 온 노사 간의 상호 불신이 대립과 투쟁의 노사관계를 지속시키는 요인이었으며, 이와 같은 대립적 노사관계로는 날로 치열해지는 국제경쟁의 파고를 헤쳐 나갈 수 없다는 점에는 모두가 공감하면서도 변화의 물꼬를 노사 어느 쪽도 먼저 트지 못하는 현실이었다. 그동안 몇 차례의 노동관계법 개정을 거쳤으나 정치적으로 일시 보완적인 성격의 것이었으므로 ILO 등 국제노동단체의 비판과 개선 권고가 잇따랐다. 특히 1996년 OECD 가입을 앞둔 정부로서는 커다란 부담이 아닐 수 없었다. 물론 이러한 문제점을 개선하기 위해 노동관계법 개정에 관한 논의가 있어 왔으나 주요 쟁점사항에 대하여 노사단체의 이해가 첨예하게 대립되어 법개정 작업은 번번이 좌절되고 말았다.

정부는 노사개혁을 더 이상 미룰 수 없다고 판단하고 1996년 김영삼 대통령의 '신노사관계 구상 발표'를 계기로 본격적인 개혁작업을 추진하게 되었다. 문민정부의 노사개혁은 세계화·정보화 시대를 맞아 우리 기업의 경쟁력과 근로자의 삶의 질을 향상시키고, 이를 바탕으로 21세기 선진국으로 도약하기 위한 핵심적인 국가발전전략으로서의 의미를 가진다 하겠다.

• 대통령의 신노사관계 구상 발표

1990년 4월 24일 김영삼 대통령은 '신노사관계로 21세기 세계일류국가 건설'이라는 신노사관계 구상을 발표하고 21세기 노사관계가 지향해야 할 다섯 가지 원칙을 제시하였다. 첫째, 생산의 극대화를 꾀하고 기업 발전과 근로자의 복지 향상이 함께 보장되는 생산과 복지의 공동체를 만들자는 '공동선 극대화의 원칙'이다. 둘째, 기업은 열린 경영을 하고, 근로자는 기업 발전에 필수적인 품질 개선과 기술 향상을 위해 노력하자는 '참여와 협력의 원칙'이다. 셋째, 노사 모두 상대방을 책임 있는 파트너로 이해하고 존중하며 대화와 타협을 통해 문제를 자율적으로 해결하자는 '노사 자율과 책임의 원칙'이다. 넷째, 사람에 대한 투자를 중시하고 근로자의 삶의 질도 향상시키자는 '교육 중시와 인간 존중의 원칙'이다. 다섯째, 노동 관련 법과 제도, 그리고 의식과 관행을 세계 수준으로 개선시켜 나가자는 '제도와 의식의 세계화 원칙'이다. 이와 같은 대통령의 구상과 다섯 가지 원칙은 앞으로 전개될 노사관계 개혁의 이념적 기초를 제공했으며, 이 개혁은 의식·관행 등 노사문화, 법과 제도, 생산조직과 작업방법, 노동행정 등 노사관계 전 부문에 대한 총체적 변화를 지향하고 있었다.

• 노사관계개혁위원회의 활동

대통령의 '신노사관계 구상'을 토대로 1996년 5월 9일 대통령 직속의 '노사관계개혁위원회'(이하 '노개위')가 출범하게 되었다. 노개위는 노사 대표 각 5명, 학계 대표 10명, 공익 대표 10명 등 총 30명으로 구성되었다. 특히 노동계 대표로는 한국노총 계열 3명과 전국민주노동조합총연맹(이하 '민주노총') 계열 2명이 위촉됨으로써 법외단체로서 실질적인 전국 조직을 거느리게 된 민주노총의 실체를 인정한 첫 번째 사례로서 그 의미가 크다고 할 수 있으며, 노개위의 명실상부한 대표성과 위상을 확보하게 된 요인이 되었다.

노개위는 법·제도 개혁 활동을 '개혁기반 구축 – 제도개혁 – 정착'의 3단계로 나누어 추진하였다. 1단계(1996. 5-6)는 노사관계 개혁기반 구축기로서, 개혁 작업에 대한 국민적 공감대를 형성하고 노사관계의 문제점과 개혁과제를 검토·도출하는 데 주력하였다. 2단계(1996. 7-12)는 노사관계제도 개혁기로서, 각계계층과의 광범위한 토론와 공청회 등을 통해 종합적인 노동관계 법·제도의 개선안 마련에 중점을 두었다. 특히 이 시기에 노개위는 7월 9일 참여와 협력의 시대에 노사 당사자의 행동지침이 될 '노사의 자기혁신 과제 및 정부의 역할'에 대해 합의를 도출하였고, 이어서 7월 11일에는 향후 노동관계 법·제도 개혁 작업에 준거가 될 '노동관계 법·제도 개선의 기본 방향'과 '노사관계 제도개혁의 부문별 추진 방향'에 대해서도 합의를 도출하는 성과를 올렸다. 3단계(1997. 1-1998. 2)는 신노사문화의 정착기로서, 국민의식 개혁운동의 전개와 잘못된 노사관행 및 노동행정의 쇄신을 이루고자 하였다. 노개위는 2단계 활동 결과 노동법 쟁점 사항 148개 중 107개 항에 합의하고 나머지 핵심 쟁점 41개 항에 대해서는 합의 도출에 끝내 실패하자 그간의 논의 결과를 정리하여 노개위안으로 공식 채택하고 후속 입법 조치를 위해 정부로 그 결과를 이송하였다.

비록 복수노조, 정리해고제, 교원의 단결권, 쟁의기간 중 대체근로 등 핵심 쟁점 사항에 대해서는 합의를 이루지 못했으나 짧은 기간에

값진 성과를 거두었다. 특히 일방적으로 추진하던 전례를 밟지 않고 공개적이고 민주적인 공론화 과정을 거침으로써 학습효과를 통해 법 규범의 실효성과 공정성을 높인, 노사합의에 의한 법개정이라는 역사적 전기를 마련한 것으로 평가할 수 있다.

• 새로운 노사관계제도 확정

앞에서 살펴본 바와 같이 김영삼 정부는 1996년 4월 24일 대통령의 신노사관계 구상 발표 이후 대립과 갈등의 노사관계를 청산하고 참여와 협력의 노사관계를 구축하기 위한 노사관계 개혁에 총력을 기울여 왔다. 1996년 5월 9일 노개위가 발족되어 6개월여의 기간 동안 국민여론 수렴과 노사의 이해 조정 과정을 거치면서 노사관계법 개정 방안을 논의하였다. 이러한 논의 과정을 통해 기업의 경쟁력 강화와 근로자의 삶의 질 향상을 위해 노사관계법 개정이 필요하다는 공감대를 형성하고 상당 부분 합의를 도출했으나 노사 간 이해관계의 대립이 큰 핵심 쟁점에 대해서는 합의가 이루어지지 못하였다.

당시 이수성 국무총리를 위원장으로 각 부처 장관급으로 구성된 '노사관계개혁추진위원회'는 노개위의 논의 내용을 참고하여 국가 발전과 국민 전체의 이익을 도모하는 방향으로 정부안을 마련하고 입법예고를 거쳐 1996년 12월 10일 노사관계법 개정안을 국회에 제출하였다. 12월 26일 신한국당 단독으로 법 개정안을 의결하여 12월 31일 공표했으나 개정 노동법에 대해 노동계 등이 반대함에 따라 1997년 1월 21일 청와대 영수회담에서 개정 노동법에 대해 국회에서 재논의가 이루어질 수 있도록 하였다. 이에 따라 1997년 2월 18일 국회 환경노동위 여야 간사회의에서 노동관계법 공청회 개최에 합의하고 2월 19-20일에 걸쳐 두 차례의 공청회를 개최하였다. 재개정안에 대한 완전합의가 3당 정책위 의장 공동발표에서 도출되어 1997년 3월 10일

새 노동법이 국회 본회의를 통과하여 3월 13일 공포됨으로써 새 노동관계법(근로기준법, 노동조합 및 노동관계조정법, 근로자참여 및 협력증진에 관한 법률, 노동위원회법)이 탄생하게 되었다.

민주화 진전과 노사협력 분위기 확산

1990년대의 노동운동은 사회 전반의 민주화가 진전됨에 따라 기존의 투쟁적·이념적 노선에 대한 반성으로 목적이 정당하지 않거나 적법한 절차를 거치지 않은 불법분규는 현저히 감소했으며, 노동운동도 소련과 동구권의 붕괴 후 점차 탈이념화 경향을 보여 합리적인 노사 관행이 확산되는 추세였다. 문민정부는 노사관계의 합리적 기틀을 다지면서 노동권과 경영권이 상호 존중되는 분위기를 조성했으며, 노사가 대립과 갈등보다는 대화와 타협으로 문제를 해결하도록 하되, 불법·과격분규에 대해서는 법에 따라 엄정히 대처함으로써 노사분규에 대한 조합원들의 참여와 호응은 현저히 줄어들었다.

문민정부는 노사관계가 안정적 조정 국면으로 진입함에 따라 사회적 합의 형성 기반을 조성하는 등 합리적 노사관계를 정착시키기 위한 종합대책을 수립·추진하였다. 정부는 노사 문제에 대한 직접적인 개입을 자제하고 노사가 공동 책임의식을 가지고 자율적으로 해결하도록 하는 '자율과 책임', '참여와 협력'에 기초한 새로운 노사문화를 확산시키기 위해 노력을 경주하였다.

정부는 이 과정에서 공정하고 중립적인 조정자로서의 역할을 다하는 데 노력하였다. 또 언론사와 공동으로 민간 주도의 노사협력 캠페인을 추진하고 협력 분위기를 조성하기 위해 다양한 행사를 개최하였다. 이러한 정부의 노력으로 1994년 2월 15일 국내 최초로 동국제강이 무교섭 임금타결을 이루어냈으며, 이를 필두로 하여 1995년 3월 30일에는 중앙 차원에서 노총과 경총 간에 '산업평화공동선언'이 도출되었

〈표 3-4〉 노사협력 선언 및 노사화합 행사 추이

구분	1995	1996	1997
노사협력 선언	2,811회 460,943명	2,023회 702,324명	289회 272,094명
노사화합 행사	121회 136,000명	39회 37,164명	23회 8,086명

자료: 노동부.

다. 이러한 분위기는 전국적으로 확산되어 지역·업종·기업별로 노사협력 선언과 결의대회가 개최되었으며, 각종 노사화합 행사도 열리게 되었다(〈표 3-4〉 참조).

또한, 이러한 노사협력 분위기가 산업사회에 실질적으로 정착될 수 있도록 다양한 노사협력 프로그램을 개발·보급하였다. 1993년부터 우수기업에 대해서 '노사화합대상'을 시상하고, 1996년부터는 노사협력 우량기업을 선정하여 세제·금융상의 우대 등 혜택을 제공하는 조치도 강구하였다. 또한 사업장 내에서 노사 공동의 이익을 증진하기 위한 창구로서 노사협의회를 활성화하기 위해 1997년 3월 법을 개정하여 설치 대상 기업을 근로자 수 50인 이상에서 30인 이상으로 확대하고 노사협의회에 의결사항을 도입하였다.

1990년대 중반의 이러한 새로운 양상은 무파업 선언, 임금교섭 조기 타결, 노사 준수사항 이행 등 새로운 노사관행과 노사협력 분위기를 전국적으로 확산시켰으며 쟁의행위 양상도 온건하고 합법적으로 변화되었고, 협조적 노사관계를 위한 구체적 실천 프로그램이 가시적으로 추진되었다. 그러나 이러한 노사협력 행사들은 주로 한국노총 계열 사업장을 중심으로 이루어졌으며, 민주노조 진영에서는 선명성을 내세워 이를 외면함으로써 전반적인 협력 분위기 속에서도 근본적인 노사관계의 질적 개선으로 이어지지는 못하였다.

민주노총 출범과 노사분규의 변화

1990년 이후 문민정부 기간 동안 전반적으로 노사관계는 안정된 추세를 이어갔으나, 1990년대 후반 들어 민주노조 진영 노동단체들의 법외 노조단체인 민주노총이 결성되고, 공공 부문에서 공공부문노동조합대표자회의(이하 '공노대')의 결속력이 강화됨으로써, 기존 강성노조가 주도해 온 민간 부문은 물론이고 공공 부문에도 임·단협 교섭에 많은 갈등이 야기되었다. 1995년 11월 11일 민주노총이 공식 결성된 후에는 산하 주요 민간 대기업과 공기업 노조의 임·단협 교섭을 주도함으로써, 분규 양상이 다양화되고 업종별 조직, 특히 전국민주금속노조연맹(이하 '금속연맹'), 전국자동차노조연맹(이하 '자동차연맹') 등이 근로조건과 보다 밀접한 사항을 공동요구사항으로 제시하고 연대를 시도하는 등 분규가 대형화되었다.

공공 부문 노조도 1994년 11월 결성된 공노대를 중심으로 연대를 시도하였다. 특히 한국통신, 서울지하철, 부산교통공단, 조폐공사 등은 당시 김영삼 정부가 의욕적으로 추진한 노사개혁 분위기를 이용하여 해고자 복직 문제를 쟁점화하면서 연대 강화를 도모하였다.

민주노총 결성 후 산하노조 간의 투쟁연대 움직임은 강화되었으나, 노사관계 개혁 추진에 따른 여론에 밀려 임·단협 교섭전략은 다소 유연화되었다. 민주노총 지도부는 개별 기업 분규에 대한 개입보다는 민주노총이 노개위 위원으로 참여하고 있다는 책임감에서 노개위 활동에 더 큰 비중을 두었으며, 금속연맹도 산하조직의 투쟁 일변도 방식에서 탈피해 분규의 조기 해결을 위해 노력하는 모습을 보였다. 그러나 민주노총의 이런 유연한 모습은 1996년 12월 26일 여당 단독으로 노동법 개정안을 기습처리함에 따라 강경노선으로 돌변하여 한국노총과 민주노총이 사상 처음으로 연대하여 총파업을 벌임으로써 산업사회에 커다란 갈등을 초래했음은 물론이고, 김영삼 정권의 권력누

수를 재촉하고 외환위기를 촉발하는 주요한 요인이 되고 말았다.

1990년대 후반 노사관계의 주요 특징을 정리하면 다음과 같다. 첫째, 당시 문민정부가 의욕적으로 추진한 노사관계 개혁에 대한 국민적 공감대가 형성되었다는 점이다. 노사개혁의 추진은 노사는 물론이고 일반 국민에게 학습효과를 통해 노사관계 개선의 필요성을 일깨우는 계기가 되었으며, 그동안 민주노총 등 법외노조에 대해 비판을 자제하던 언론과 학계도 비합리적인 부분에 대해서는 본격적으로 문제를 제기하였다.

둘째, 노사개혁에 따른 노동법 개정으로 상급 노동단체의 복수노조가 허용된 이후 과거 법외노조로 분류되었던 자동차연맹, 금속연맹, 현대그룹 노동조합총연맹 등이 합법화되어 제도권 내에 진입하는 등 노동계의 조직 분화와 재편이 활발해졌다는 점이다. 새 법 시행 이후 13개의 복수연맹노조가 신설되었고 법 제정 과정에서 논란이 된 무노동 무임금 원칙, 사내 대체근로, 노조 전임자 규정 등이 큰 파장 없이 산업현장에 적용되었으며 조정전치주의[3] 도입에 따라 노사 양측이 노동위원회 조정 과정에 성실히 참여하여 평화적으로 해결하려는 노력이 확산되었다.

셋째, 노사 간에 새로운 질서가 형성되는 과정에서 분규 발생이 증가했다는 점이다. 사용자 측면에서 그간 무분규를 위해 노조 우위의 다소 편향된 관계를 유지해 온 일부 기업이 외부 경제 여건에 따른 경쟁력 제고의 필요성에 따라 급속히 이를 개선하고자 하는 과정에서 분규가 발생하는 사례가 있고, 노조 측면에서는 노사협조주의 노선을 유

3 현행법상 우리나라의 노동쟁의 조정제도는 조정전치주의를 채택하고 있어 노조가 쟁의행위에 돌입하기 위해서는 쟁의행위 이전에 반드시 중앙노동위원회 또는 지방노동위원회를 통해 노사 조정 과정을 거치도록 하고 있다. 일반사업장은 조정위원회에서, 공익사업장은 특별조정위원회에서 조정을 하게 된다.

지해 온 노조가 '민주노총' 등 법외 노조 계열로 전환되면서 급격히 노사관계의 재정립을 시도하는 과정에서 분규가 발생하는 사례가 증가하였다. 이런 유형의 분규는 노사관계 경험이 일천한 신흥 공업단지 지역이나 기업의 합병 또는 분할 과정에서 주로 발생하였고, 노사관이 다른 경영진으로 교체되거나 노조 집행부의 변경으로 노동운동 노선과 상급단체가 변경된 경우에 자주 발생하였다.

넷째, 노조의 쟁의행위에 대한 사용자의 적극적 대처 사례가 증가했다는 점이다. 이는 노조의 불법쟁의에 대한 수세적 입장에서 보다 공세적으로 대처하기 시작했다는 반증이며 그 결과 노조의 쟁의행위에 대한 사용자의 직장폐쇄 대응 비율도 점차 증가하는 추세를 보였다. 또한 노조의 불법 쟁의행위를 사전에 예방하기 위한 쟁의행위 금지 가처분 신청이 증가하였다.

그러나 아직도 산업사회 노사관계에서는 공동 요구사항에 대한 무리한 요구 관철을 시도한다든지, 노사 대표 간 잠정합의안을 부결시켜 노조 대표의 협약체결권을 제약한다든지, 파업기간 중 임금손실분에 대해 변칙적인 보전을 해준다든지 하는 등 전근대적인 관행이 남아 있는 것이 사실이며 이러한 현상은 2000년대에도 뿌리 깊게 잔존하고 있었다.

네오코포라티즘에 의한 임금협정 추진

문민정부는 출범과 동시에 경기침체에서 벗어나기 위해 '신경제 100일 계획' 등 비상경제대책을 추진하고, 노동정책에서는 과거의 개입주의 전략을 지양하고 해고자 복직을 약속하는 등 노동운동과의 새로운 관계 설정을 시도했다. 특히 3년간의 임금가이드라인 정책에도 불구하고 고율의 임금 상승이 지속되었고, 1992년에는 총액임금제 폐지가 쟁점으로 부각되자 문민정부로서는 임금가이드라인 정책을 더 이상 유지할 수 없게 되었다. 1993년 1월 정부는 임금가이드라인 정책 포기를 선언하고 경제 5단체도 이에 적극 호응하였다. 정부는 표면적으로는 임금협상 불개입 방침을 표방했지만 한국노총과 경총 간 중앙 차원의 임금협의를 성사시키기 위해 많은 막후 노력을 기울였다. 민주노조 진영이 아직 '공동대책위원회' 형태로 전국적 조직 역량을 갖추지 못했기 때문에 정부는 한국노총을 임금협정에 참여시키고자 적극적으로 노력하였다. 정부의 이러한 조정 역할이 결실을 맺게 된 것은 1993년 4월 1일의 한국노총과 경총 간의 임금협정이었다. 임금인상률이 4.7%에서 8.9% 사이에서 결정되도록 하는 내용으로 당시로서는 파격적인 합의안이 도출되었다. 1994년 3월 말에도 이와 유사한 형식의 임금합의가 도출되었다. 물론 이와 같은 한국노총과 경총 간의 임금협정이 기업별 교섭체제하에서 조직적 구속력을 갖는 것은 아니지만, 노사 간 임금협상에서 눈에 보이지 않는 준거가 되었으며, 정부도 이를 기준으로 하여 구체적 교섭 테이블에서 묵시적인 지도를 병행함으로써 그 실효성을 높이고자 하였다.

그러나 이러한 임금협정은 이에 참여한 노사 단체가 조직적인 리더십이 약한 상태에서 이루어진 것이기 때문에 오히려 산하노조의 반발이 거세게 일었다. 더구나 1993년의 임금협정은 한국노총 내에서조차 민주적인 의견수렴 과정을 생략한 채로 합의했기 때문에 산하조직의 비판을 자초하는 결과를 초래하였다. 두 차례에 걸친 임금협정으로 인해 한국노총은 민주노조 진영으로부터 공격을 받게 되었으며, 조직적인 이탈이 가속화되고 재야 노동운동 세력의 결집을 유도하는 계기가 된 것이다. 그러나 이와 같은 한계와 그로부터 야기된 결과에도 불구하고 정부의 임금안정화 정책이 일방적인 가이드라인 정책에서 노사 간 합의 형식으로 전환했다는 점에서 노동정책적으로 중대한 의미를 가진다고 볼 수 있다. 종전 임금가이드라인 정책은 정부가 노동시장에

〈표 3-5〉 임금정책과 임금인상률 추이 (단위: %)

구분	임금가이드라인			노 · 경총 중앙합의		임금연구회	
	1990	1991	1992	1993	1994	1995	1996
권고인상률	-	-	5.0	4.7-8.9	5.0-8.7	5.6-8.6	5.1-8.1
타결인상률	9.0	10.5	6.5	5.2	7.2	7.7	7.8
명목인상률	18.8	17.5	15.2	12.2	12.7	11.2	11.9

주: 1) 권고인상률: 1990-1992년은 정부의 임금가이드라인, 1993-1994년은 노 · 경총 간의 임금협상 인상률, 1995-1996년은 임금연구회 인상률임.
2) 1992년은 총액임금 기준, 그 밖의 연도는 통상임금 기준임.
자료: 노동부, 『매월 노동통계 조사보고서』, 『임금타결 결과보고서』(1990-1996).

직접 개입하여 임금의 가격 기능을 통제하고자 하는 것으로서, 임금안정화에 어느 정도 기여한 것은 사실이나 자율적 시장 기능을 왜곡시켰다는 비판을 감수해야 했다. 반면에 1993-1994년의 임금협정은 네오코포라티즘 모델에 근거하여 노사 합의에 의한 자율규제 방식을 시도한 것으로서 노사정 간 새로운 합의 체제를 구축했다는 점에서 의의가 있다고 하겠다.

그러나 노사협정에 의한 자율규제 방식이 갖고 있는 긍정적 의미에도 불구하고 두 차례에 걸친 임금협정은 내재적인 한계를 갖고 있었다. 즉, 그 협정에 급성장한 민주노조 진영의 참여가 배제되었다는 점이다. 이와 같은 약점은 임금협정의 실효성을 낮추었으며, 협정 당사자인 한국노총이 안팎으로 곤경에 처하는 결과를 가져왔다. 결국 이 협정 방식은 1995년에 한국노총의 참여 거부로 더 이상 추진되지 못하게 되었다. 이에 따라 1995년부터 노동 관련 전문학자들로 구성된 '임금연구회'가 국민경제 노동생산성 모델에 의해 산출한 적정임금인상률을 제시하기에 이르렀는데, 정부가 이를 수용하여 임금교섭 준거로 활용하도록 권고하고 개별 기업이 임금교섭 단계에서 이를 준수하도록 하였다.

1997년 들어 정부는 임금교섭 시 임금인상준거율 제시를 통한 임금안정 유도정책이 임금안정에 일부 기여하는 면도 있으나, 경제·사회 환경과 노사관계의 변화에 따라 그 실효성이 떨어지고, 임금격차 완화와 임금체계 개선 등에도 효과가 미흡하다고 판단하여 임금인상준거율을 제시하지 않게 되었다. 즉, 임금은 노사가 국민경제와 기업 실정 등을 감안하여 자율적으로 결정하도록 하는 대신, 고임금 업종과 대기업이 임금안정과 임금격차 완화에 선도적 역할을 하도록 권장했으며, 아울러 노사가 불합리한 임금제도를 개선하도록 권고하였다.

이와 같이 1997년에 정부는 임금인상준거율 제시를 통한 임금안정정책의 실효성에 대한 근본적인 검토를 통해 임금교섭에 있어서 노사자율교섭으로 정책기조를 바꾸게 되었다. 이는 1997년 노동법 개정에 따라 노사관계에서 자율성의 원리가 더욱 확대되고, 경제환경 변화에 따른 고용조정 및 임금안정화 추세로 임금교섭에 있어서 노사 당사자의 자율적인 결정을 최대한 보장하는 것이 국민경제의 장기적 발전에 부응하는 것이라는 판단에 따른 것이다.

문민정부의 노사관계 특징

문민정부 기간 중 노사관계의 특징 가운데 첫 번째로, 산업현장의 자발적인 노사협력 선언이 개별 기업뿐만 아니라 지역 노사단체 그리고 공단별로 폭넓게 확산되었고, 행사 내용도 '노사불이', '무교섭 임금 타결', '항구적 무파업선언' 등으로 다양하게 전개되었다는 점을 들 수 있다. 이는 해당 기업의 파업예방, 노동 문제의 평화적 해결에 그치지 않고 그 지역 내지 동종 업종 기업의 임금교섭 조기타결, 노사관계 안정에도 기여함으로써 협력적 노사관계를 확산시키는 계기를 제공했다고 평가할 수 있다.

두 번째 특징은 투쟁적 노동운동에 대한 반성과 실리주의적·경제주의적 노동운동의 흐름이 나타나기 시작했다는 점이다. 노사협력 분위기가 확산되는 가운데에도 법외 노동단체들의 활동 강화, 근로조건 개선과 관계없는 분규 발생 등 노사관계 전망이 불투명한 시기에 기아자동차의 사회개혁요구 삭제 결의, 5천여 명이 참여한 현대중공업의 무분규 서명운동 및 무분규 임금타결, 대우조선의 쟁의 발생결의 부결 등이 이어지면서 주요 투쟁 선도기업의 급진 노동운동에 대한 근로자들의 반발심리가 노동운동 흐름을 투쟁적 측면에서 실리주의적인 방향으로 전환시키는 계기가 되었다.

세 번째 특징은 노·경총 간 사회적 합의가 무산되었음에도 불구하고 임금교섭이 순조롭게 진행되었다는 점이다. 1994년 11월 민노총준비위원회(이하 '민노준')가 탄생하면서 상급단체 간의 조직 보호, 확대 경쟁과 선명성 경쟁이 치열해지는 가운데, 1993년과 1994년에 이루어졌던 노·경총 간 임금협약에 대한 사회적 합의가 한국노총에 의해 거부됨으로써 임금교섭에 악재가 되지 않을까 우려가 되었으나 오히려 임금교섭은 예년보다 순조롭게 진행되었다. 이후 임금교섭은 개별 기업 노사가 자율적으로 협의·결정하는 관행이 정착되는 계기가 되었다고 볼 수 있다.

네 번째 특징으로는 노동계의 분열 및 일부 법외노동단체의 법테두리를 벗어난 활동 전개, 공공 부문 노조활동의 활성화를 들 수 있다. 민노준이 조직 확대를 위해 꾸준히 노력하는 가운데 한국노총에 반발하는 세력들이 민노준에 가입하거나 중간노조로 남는 등 노동계의 이합집산 결과, 비록 법외 노동단체이긴 하지만 제2의 최상급 노동단체로서 민주노총이 1995년 11월 11일 발족되기에 이르렀다. 아울러 민노준, 공노대 등 법외 노동단체들은 연대투쟁을 시도하고 사회개혁 요구, 해고자 복직 등 비교섭 대상을 요구조건으로 내걸고 임·단협 투쟁활동을 전개하였다. 한국통신과 현대자동차는 순수 노동 문제가 아닌 형사적 차원의 문제로 분규를 겪기도 했다. 또한, 공공 부문 노조들은 공노대를 앞세워 임금가이드라인 철폐 등 대정부투쟁을 전개하는 등 예년과 달리 공공 부문이 노사관계에서 차지하는 비중이 훨씬 높아지고 있었다. 이와 같은 특징은 이후에도 지속적으로 이어져 민간 부문 노사관계를 공공 부문 노조들이 선도하는 위상을 갖추게 되었다.

7. 국민의 정부의 노동정책(1998-2002)

1997년 외환위기 속에서 출범한 국민의 정부는 경제위기 극복을 위해 급격한 구조조정을 추진하는 한편, 사상 초유의 대량실업으로 인한 고통이 사회 공동체의 분열에 이르지 않도록 해야 하는 벅찬 과제를 안고 있었다. 또한 경제위기 극복을 위한 개혁 프로그램을 제시하고 이행 여부를 평가하는 IMF의 출현은 정부의 초기 정책 기조 형성에 주요한 제약 요소가 되었다. 이러한 상황변수들이 국민의 정부가 미래지향적 노동정책 기조를 가지고 출발하기보다는 위기극복과 구조조정으로 야기된 단기적 노동 문제 해결에 치중하게 만든 커다란 요인이 되었다.

1997년 1월 노동법 파동의 와중에서 터져 나온 한보그룹 부도 사태는 한계에 다다른 한국 경제의 문제점을 적나라하게 보여 주었으며, 이는 다시 기아 사태에 이어 외환위기로 급속하게 비화되기에 이르렀다. 국민의 정부가 출범 초부터 해야 할 정책과제는 외환위기를 극복하고 IMF가 제시한 개혁 프로그램을 조기 실천하는 일이었다. 과거 압축성장을 가능하게 했던 성장전략의 문제점을 수정하고 새로운 시장 주도의 경제질서를 창출할 수 있도록 과감한 구조조정을 단행하는 것이 개혁의 기본 목표였다. 물론 1987년 이후에도 자주적인 개혁의 기회가 없었던 것은 아니었으나, 과거의 성장전략에 안주하여 새로운 발전 모델을 창출할 수 있는 정치 역량과 추진 세력이 형성되지 못하면서 타율적 개혁을 받아들일 수밖에 없었던 것이다.

국민의 정부는 출범과 동시에 '노사정위원회'를 출범시킴으로써 사회적 합의에 기초한 새로운 발전전략 모색을 시도하였다. 1998년 2월 '경제위기 극복을 위한 사회협약'을 노사정 간에 체결함으로써 개혁의 청사진을 제시하고 통치 기반을 마련할 수 있게 되었다. 이러한 사회적 협약의 형식과 노사정위원회의 제도화는 국민의 정부의 노동정책의 특징이자 가장 중요한 축이라고 할 수 있다. 개방적인 시장경제 모델을 지향하여 시장에 의한 효율성을 극대화하되, 노사정 간의 협의체제를 구축하여 시장에 대한 견제와 사회통합을 이룰 수 있는 제도적 장치를 동시에 강구하겠다는 취지다. 요약하면 '민주주의와 시장경제의 병행 발전'이다.

그러나 1998년 하반기부터 본격화된 구조조정은 근로자들의 많은 희생을 필수적으로 수반하였다. 대량 실직 사태와 노동비용 절감을 위한 경영혁신이 뒤따랐으며, 이는 개별 사업장에서 노사갈등을 피할 수 없게 만들었다. 노동계는 대표적 사업장을 중심으로 구조조정 저지 투쟁에 돌입했고, 노사정위원회 불참과 탈퇴 등을 반복하면서 노동정책의 기조를 흔들고 위기 극복 노력에도 상당한 부담을 갖게 했다.

국민의 정부 기간 중에는 외환위기로 인한 실업대책이 노동행정의 중심축으로 부각되었다. 외환위기 이후 범정부적인 실업대책 추진과 빠른 경기회복으로 실업률이 1999년 2월 이후 감소하다가 2000년 11월부터 본격적인 구조조정, 경기침체 등 경기적 영향과 기업의 신규채용 축소 등에 따라 실업 상황은 다시 악화되었으나, 구조조정이 순조롭게 추진되고 실업대책의 효과가 가시화되면서 2002년 5월 이래 실업률은 2-3%대에서 안정되었다.

국민의 정부하의 노사관계는 외환위기 이후 지속적 구조조정에 따른 고용조정을 중심으로 노사갈등이 전개되었으며, 특히 공기업의 구조조정 추진 과정에서 발생한 노정 간의 갈등이 노사관계 전반의 흐름에 지대한 영향을 미쳤다. 국민의 정부 전반기에는 외환위기 극복을 위한 공기업 민영화, 구조조정이 노사 문제의 주된 이슈였다면, 후반기에는 외환위기의 신속한 극복으로 인해 그동안 자제해 온 임금인상 요구, 주 5일근무제 도입 관련 갈등, 공무원 노조 설립 등 제도 개선 문제가 월드컵, 아시안게임, 대선과 지방자치단체 선거 등과 맞물려 난항을 겪게 되었다.

그러나 한전 구조조정의 합의타결, 법과 원칙에 입각한 발전노조 파업 해결, 항공·지하철 등 국민생활과 직결되는 대기업 사업장의 무분규 타결, 지속적인 신노사 문화사업 추진 등에 힘입어 노사관계는 안정기조의 틀을 크게 벗어나지 않았으며, 산업현장에서는 노사 화합과 협력의 가능성을 보여 주는 사례들이 나타나기 시작하였다. 이는 근로조건과 직접 관련이 없는 상급노동단체의 정치, 연대파업에 불참하는 실리 위주의 노동운동이 개별 사업장에 점차 확산되고 있음을 보여 주는 것이라 하겠다.

또한, 노동계의 산별교섭 요구가 증가한 반면, 사용자는 무노동 무임금 적용, 징계, 민사상 손해배상·가압류 등으로 노동계의 불법파업에 적극 대응하려는 경향이 확산되었다. 특히 산별교섭 문제는 노사 간의 첨예한 대립을 유발하여 노사갈등의 주요 원인으로 작용하였다. 노동계는 기업별 노조의 한계를 극복하기 위해 산별체제로의 전환을 적극 추진했으나, 사용자는 각 기업의 특성과 여건을 감안하여 기업별 교섭체제를 고수하면서 현격한 입장 차이를 드러냈다.

사회적 합의 형성을 통한 경제위기 극복

외환위기로 비롯된 경제·사회 전반에 걸친 총체적 위기를 극복하기 위해 1997년 12월 26일 김대중 대통령 당선자는 노사단체와의 간담회에서 경제난국 타개를 위해 노사정협의체를 구성하여 국난 극복 방안에 대해서 논의해 줄 것을 당부하였다. 이에 따라 노·사·정·당의 참여 속에 노사정위원회가 1998년 1월 15일 정식 발족되었고, 본회의·기초위원회·전문위원회를 구성하고 기업의 구조조정, 실업대책, 노동기본권 보장, 노동시장 유연성 등 10대 의제에 대한 구체적 실천방안을 논의하였다. 2월 6일에는 총 90개 항에 이르는 노사정 대타협을 도출함으로써 노동시장뿐만 아니라 우리 경제 전 분야의 구조개혁과 새로운 노사관계 형성의 토대를 구축하는 역사적 전기를 마련하였다.

1998년 2월 노사정 간에 체결된 '경제위기 극복을 위한 사회협약'의 주요 내용은 1) 노동시장 유연성 제고를 위한 고용조정제도 도입과 근로자파견법 제정, 2) 공무원·교원의 단결권 보장, 실업자에 대한 초기업 단위 노조 가입자격 인정 등 노동기본권 보장, 3) 고용안정과 실업대책을 위한 기금 조성, 의료보험 일원화 추진과 적용범위 확대, 국민연금제 개선 등 사회보장제도 확충, 4) 기업 재무구조 개선, 지배 주주의 책임 규정과 경영진의 책임경영 강화 등 경영의 투명성 확보 및 구조조정 촉진, 5) 정부조직의 개편 및 정치권의 고통 분담 등 각 분야에 대한 개혁 방향 제시 등이다.

이러한 노사정 간의 타협으로 새로운 발전의 길을 찾아 나선 것은 매우 의미 있는 변화였으나, 추진 과정에서 노동계는 새로운 정부의 노동정책에 대해 기대와 불신의 양면성을 보임으로써 초기부터 어려움에 봉착하게 되었다. 1998년 2월 6일 정리해고제와 근로자파견제의 법제화를 포함한 사회협약에 민주노총 지도부가 잠정 합의했음에도 불구하고 2월 9일 제8차 민주노총 임시 대의원대회에서 사회협약안이 부결되었고 논의에 참여한 집행부는 불신임을 받게 되었다. 이와 같은 상황은 기업별 노조체제가 기능하고 있는 상태에서 민주노총 지도부가 영향력을 발휘하는 데 한계를 가질 수밖에 없었으며, 사회적 합의주의의 입지가 원천적으로 협소할 수밖에 없었다는 점이 근본적인 원인이었다.

정부는 1998년 6월 3일 제2기 노사정위원회를 대통령 소속 상설 자문기구로 출범시키고 1) 고용안정과 노사관계 발전을 위한 노사정 협력 방안, 2) 경제위기 극복을 위한 현안문제 해결 방안, 3) 위원회에서 합의한 사항의 이행 방안, 4) 기타 대통령의 자문사항 협의 등을 그 주요 기능으로 설정하였다. 합의사항에 대한 이행 점검장치를 마련함으로써 사회적 합의주의 모델을 더욱 강화하려는 정부의 의지를 밝히고 있다. 또한 노사정위원회는 1) 경영 참여와 우리사주제 활성화를 통한 기업의 경영투명성 확보 및 실업대책 강구, 2) 퇴직금제도 개선 및 사회보장제도 확충, 3) 공공 부문 구조조정을 위한 노사협력 방안, 4) 노동기본권 보장을 통한 민주적 노사관계 확립 등을 주요 논의 과제로 설정하였다. 그러나 제2기 노사정위원회의 합의사항 중 하나인 실직자의 초기업 단위 노조가입 허용 문제는 이후 관련법 개정 절차를 밟았으나, 정부 부처 내 이견으로 결국 법 개정이 어렵게 되었으며, 민주노총이 그 불이행을 문제 삼아 위원회 탈퇴와 복귀 거부의 명분으로 삼는 계기를 만들어 주었다.

1998년 하반기 이후 본격적으로 추진된 구조조정은 수많은 근로자들의 고통을 수반하였고, 사상 초유의 실업자 양산, 임금·복지 등 노동비용 절감 조치들이 이어졌다. 개별 사업장에서의 노사갈등은 피할 수 없었으며, 이에 따라 노사정위원회의 입지와 위상은 흔들리기 시작하였다. 6월 29일 5개 은행 퇴출 확정, 7월 3일 공기업 민영화 방침 발표 등 구조조정이 본격적으로 추진되자 1998년 하반기부터 현대자동차, 만도기계, 조폐공사 등 주요 기업들이 구조조정 저지 투쟁에 나섬으로써 민주노총은 10월 24일 노사정위원회가 정부의 일방적 구조조정을 추진하기 위한 들러리 기구로 전락했으며 합의사항조차 이행하지 않고 있다면서 노사정위원회 탈퇴를 선언하였다. 민주노총뿐만 아니라 한국노총도 노사정위원회에 불참과 참여를 반복했는데, 노동계의 이러한 이중적 태도는 노동권 신장을 위한 법·제도 정비가 현실적으로 필요하다는 사실을 알면서도 신자유주의적 구조조정에 대해서는 원칙적으로 반대 입장에 설 수밖에 없는 노동단체의 고충에서 나온 결과였다고 볼 수 있다.

정부는 노사정위원회의 위상을 제고하고 운영체계를 개선해야 한다는 노동계의 의견을 수렴하여 1999년 5월 24일 '노사정위원회 설치 및 운영에 관한 법률'을 제정하고, 관련 소위원회와 특별위원회의 구성과 운영을 합리적인 방향으로 개선함으로써 제3기 노사정위원회가 출범하였다. 그러나 민주노총이 노사정위원회 참여를 계속 거부함에 따라 급기야는 노사정위원회의 대표성에 문제가 제기되었고, 또한 지나치게 합의만을 강조하여 논의가 지연되는 결과가 초래되었으며, 세부 쟁점까지 합의하려고 함으로써 갈등을 유발하는 등 정상적인 운영에 한계를 드러내었다.

제3기 노사정위원회는 노조의 정치자금 기부 허용을 위한 '정치자금에 관한 법률 개정 촉구결의문'을 채택하고 전력산업 구조개편 문제, 공공부문 예산 편성지침 관련 사항에 대하여 관계 정부 부처, 정투노련, 전력노조 등 당사자의 의견을 청취하고 논의를 하였다. 또한, 노조 전임자 급여 문제, 복수노조의 창구단일화 문제, 단체협약 이행 방안에 대하여 정책토론회를 개최하고, 기타 특위 및 소위원회에서 의제로 채택한 과제들에 대해서도 논의하였다. 또한, 근로시간 단축을 둘러싼 제도 개선 문제, 비정형 근로자 보호 문제, 정부의 4대 부문 개혁 추진

과정에서 파생되는 공공·금융 부문 구조조정 문제 등을 집중 논의한 결과 많은 합의점을 도출하게 되었다. 특히 공공특위 논의의 연장선상에서 지속적으로 노력을 기울인 결과 전력·체신·철도 부문 구조조정에 대해 노정 간 합의를 도출함으로써 노사가 협조하여 원만한 구조조정을 추진하게 되었다.

노사 자율의 생산적 임금교섭 추진

기존 정부 주도의 임금안정화 정책이 어느 정도 임금인상을 억제하는 효과는 있었으나, 노동시장에서 임금의 가격기능을 위축시키고 노사 간 자율교섭을 제한한다는 비판도 적지 않았으므로, 국민의 정부는 출범과 함께 정부 주도의 임금정책을 지양하고 임금 문제를 노사 자율 합의에 바탕을 두고 해결해 나가는 것이 바람직하다고 판단하였다. 이에 따라 노사 자율 임금교섭정책을 바탕으로 하면서 노사가 임금과 고용을 연계하여 임금안정과 고용안정을 동시에 실현하고 근로자 능력개발, 근로시간 단축, 작업장 혁신 등을 통해 기업과 근로자가 장기적으로 경쟁력을 제고할 수 있는 생산적 교섭을 적극 권장하였다. 이를 위해 사용자에 대해서는 근로시간 단축, 직무공유 등 해고 회피를 위한 가시적 노력을 전개하고, 경영정보 공개 등 투명 경영으로 노사의 신뢰 기반을 넓히며, 사후 성과배분, 근로자 능력개발에 대한 지원 등을 약속하도록 권장하였다.

또한 정부는 생산적 교섭 요령에 관한 책자를 발간하여 배포하고 임금교섭 관련 주요 통계자료집을 제공하는 등 임금교섭이 원만히 진행되도록 지원하였다. 이는 외환위기 이후 급격히 악화되는 고용 사정으로 인해 임금인상을 둘러싼 노사갈등의 소지는 적은 반면, 고용조정과 관련된 노사 간의 대립이 원만하게 해결되지 못할 경우 구조조정기의 노사관계 안정을 저해할 수 있을 것이라는 판단을 그 배경으로 하고 있다고 볼 수 있다.

정부는 유연한 임금제도 도입을 적극 권장했는데, 즉 각종 수당의 통폐합, 기본급 비중 확대를 통해 임금 구성 체계를 단순화하도록 했으며, 특히 임금 동결 및 삭감이 불가피한 기업에 대해서는 성과배분제를 통해 경영성과 호전 시 연말 성과급을 지급하여 근로자의 사기진작과 임금의 유연성 제고를 동시에 추구하도록 했다. 그리고 기업규모 간 임금격차 확대가 저임금 업종의 임금인상 압박과 사회적 갈등을 야기하는 요인이라고 보고 고임금 업종과 대기업의 임금인상 자제를 적극 설득하는 한편, 고용안정과 근로자의 능력개발, 복지 향상에 보다 주력할 수 있도록 권장하였다. 이러한 기업의 구체적인 임금제도 개선을 지원하기 위해 제도 개선의 기본적인 내용과 사례를 모아 『임금제도개선 사례집』을 발간하여 지원하였다.

정부의 정책과 경제위기 극복을 위한 분위기 속에서 임금교섭은 고용안정을 위한 양보교섭(concessionary bargaining) 형태로 나타났는데, 1998년 임금동결 업체가 65.5%, 하향조정 업체가 19.0%로서 전 산업 명목임금상승률은 -2.5%로 사상 최저의 마이너스 임금상승률을 기록하였다. 한국은행 자료에 따르면 제조업의 매출액 대비 인건비 비중은 1997년 상반기 12.0%에서 1998년 상반기 9.4%로 하락했으며, 제조업 시간당 임금도 1997년 6.7달러에서 1998년 4.3달러로 하락하여 대만보다 낮아졌다. 그러나 1999년 하반기부터 경기가 급속히 회복되기 시작하였고, 기업도 그동안 근로자들의 고통 분담에 대한 보상 차원에서 추가 임금인상과 성과급 지원 등을 실시한 결과 명목임금상승률은 다시 크게 상승하였다. 또한 이 시기에 경직된 연공서열 위주의 임금체계를 연봉제, 성과배분제 등 능력·성과 위주의 임금체계로 개편하려는 움직임이 나타나기 시작하였다. 물론 이러한 추세는 치열한 무한경쟁체제에서 살아남기 위한 기업경영 혁신전략의 일환이었으나, 노동계는 노동 강도가 높아진다는 점을 들어 반발하였다.

노동기본권의 지속적 신장

• 산업별 연대 강화

지난 수십년간 우리의 노조조직체계는 기본적으로 기업별 노조체제를 유지해 왔으며, 1987년 법 개정 이전에는 근로조건의 결정권이 있는 사업 또는 사업장 단위로 노조를 설립하도록 하여 노조의 조직 형태를 기업별 노조로 규정하고, 단체교섭의 위임은 행정관청의 승인을 얻은 경우에 연합단체만 할 수 있도록 하여 단체교섭이 기업별 교섭으로 제한되기도 했었다. 그러나 노동계는 1996년 말에서 1997년 초 노동법 개정을 둘러싼 총파업을 계기로 산별노조 건설의 필요성을 느끼고 산업별 연대를 통한 노조의 조직률 제고와 교섭력 증대를 위해 산별연맹으로의 전환을 적극 추진하였다.[4] 그리고 산별노조의 전 단계로 연맹간 통합 움직임도 활발히 전개되어 1999년 3월에 사무금융연맹(사무노련, 민주금융), 공공운수사회서비스연맹(공익노련, 공공연맹, 민철노련)이 1999년 12월에는 건설산업연맹(건설노련, 건설일용노련)이 출범하였다.

• 교원의 단결권 보장

그동안 교원에 대한 단결권이 인정되지 못하여 국내외적으로 교원의 노조 활동을 둘러싸고 많은 갈등을 빚어 왔으며 정부는 ILO로부터 일곱 차례 권고를 받았고, OECD 가입 시에도 국제노동기준에 따라 교

---

4 1998년 2월 상급 노동단체로서는 처음으로 기업별 노조의 연맹체인 병원노련이 산별노조인 보건의료산업노조로 출범한 이래 금융노련, 택시노련, 금속연맹, 언론노련 등이 산별노조 건설을 추진함으로써 이러한 추세를 반영하고 있다.

원노조 허용을 포함한 노동법 개정을 약속한 바 있으며 이후 OECD로부터도 문제제기가 있었다. 이러한 상황에서 1998년 10월 31일 제2기 노사정위원회는 교원노조 설립을 허용하기로 합의했으며, 이에 따라 정부는 교원노조 설립을 허용하되 국민의 학습권과 조화를 이룰 수 있도록 쟁의행위 및 정치활동 금지, 단체교섭 과정에서 국민여론과 학부모 의견 수렴, 학교 단위의 노조 설립 및 교섭 불인정 등 필요한 범위 내에서 교원의 노동기본권을 보장하는 것을 내용으로 하는 '교원의 노동조합 설립 및 운영 등에 관한 법률'을 1999년 1월 29일 제정·공포하였다. 이 법은 1999년 7월 1일부터 시행되었고 전국교직원노동조합(이하 '전교조')과 한국교원노동조합(이하 '한교조')이 설립됨으로써 교원노조의 합법화를 둘러싸고 10여 년 동안 겪어 온 사회적 갈등이 해결되고 사회통합을 이루는 계기가 마련되었다. 그리고 교원의 노조결성권이 보장됨에 따라 교육현장에서 교육당국과의 공식적인 의사전달체계가 마련되어 교육현장의 각종 문제가 단체교섭의 틀 속에서 논의될 수 있게 되었다.

• 민주노총의 합법화

민주노총은 1995년 11월 11일 발족한 이래 오랫동안 법외단체로 활동해 오면서 실질적인 전국적 조직으로 성장하였다. 그러나 그동안 네 차례에 걸친 설립신고서 제출에도 불구하고 임원 자격의 결격 사항과 비합법단체의 포함 등으로 번번이 반려되고 말았다. 그러나 정부는 민주노총의 조직과 실질적 위상을 감안할 때 더 이상 합법화를 미룰 수 없다고 판단하고 다섯 번째 설립신고에 대해 1999년 11월 12일 설립신고증을 교부함으로써 합법적 단체로서의 책임 있는 역할을 기대할 수 있게 되었다. 이에 따라 전교조 합법화에 이어 노동계 최대 숙제 중의 하나였던 민주노총의 합법화가 이루어짐으로써 민주노총이 한국노총과 선의의 경쟁을 통해 노동운동의 건전한 발전과 근로자 권익 신장에 기여할 수 있는 기틀이 마련되었다. 아울러 민주노총 합법화를 둘러싼 ILO, OECD 등 국제기구의 권고사항이 해소되어 노동 문제에 대한 대외신인도 제고에도 기여하게 되었다.

신노사문화의 창출

정부는 그동안 21세기 세계화·정보화 시대에 걸맞은 새로운 노사질서를 만들기 위해 노개위, 노사정위원회 등을 통해 사회적 합의에 기초한 노사관계제도 선진화 작업을 추진해 왔다. 특히 1997년 3월 노동법 개정이 마무리된 후 출범한 제2기 노개위는 대립주의적 갈등과 분배위주의 교섭관행, 권위주의적 통제의식을 산업현장에서 뿌리 뽑기 위한 개혁과제를 발굴하여 추진하고자 했으나, 정권 말기적 여건 속에서 추진력의 약화로 제대로 뜻을 이루지 못했다. 국민의 정부는 노사관계제도의 선진화 작업과 병행하여 아직도 대립주의적인 틀을 벗어나지 못하고 있는 노사의 의식과 관행의 개혁 없이는 궁극적으로 새로운 노사 질서를 형성해 갈 수 없다고 판단하여 1998년 8월 15일 경축사를 통해 신노사문화 정착을 주요 정책과제로 제시하고 신노사문화사업을 적극 추진하게 되었다.

신노사문화사업의 목표는 21세기 지식기반 정보화사회를 맞아 낡은 인식·관행·제도를 선진화함으로써 미래 가치를 창출하는 노사 공동체를 형성하고자 하는 것으로서 다음과 같은 3대 원칙을 제시하고 있다.[5] 첫째, 노사 간에 상호 불신과 반목을 버리고 노사가 한 가족처럼 믿고 의지하며 서로 위하는 풍토를 만들자는 '신뢰(trust)와 존중

---

5 신노사문화의 약칭인 CREATE 21은 3대 원칙의 영문 이니셜을 따서 재배열한 것이다.

(esteem)의 원칙'이다. 둘째, 분배를 둘러싼 대립과 갈등을 버리고 노사가 함께 노력하며 미래의 공동 이익을 키워 가자는 '참여(engagement)와 협력(cooperation)의 원칙'이다. 셋째, 과거의 타율적 규제와 낡은 의식·관행에서 벗어나 노사가 책임 있는 주체로서 선진화된 노사 질서를 자율적으로 구축해 나가자는 '자율(autonomy)과 책임(responsibility)의 원칙'이다.

정부는 신노사문화의 효율적인 추진체제 구축을 위해 1999년 8월 17일 신노사문화추진기획단을 구성했으며, 8월 24일에는 관계부처 합동으로 신노사문화추진본부를 발족하여 범정부적인 추진체제를 갖추고, 이어서 8월 25일에는 노사, 공익, 언론계 등 각계 인사로 구성된 신노사문화자문단을 구성하였다. 신노사문화사업은 1999년 6월부터 3단계(기반 정비－점화 · 확산－정착 · 발전)로 추진되었는데, 1단계에서는 교육·홍보사업을 집중적으로 전개해 신노사문화에 대한 인식과 공감대 형성에 주력하고, 2단계에서는 산업 현장의 노사에게 실질적인 도움을 줄 수 있는 실천 프로그램을 개발·제공하여 자발적·적극적 참여를 유도하였다. 이를 위해 1999년 12월에 1) 열린 경영 확대, 2) 지식근로자 육성, 3) 작업장 혁신 지원, 4) 성과보상 확대, 5) 노사협력 인프라 구축, 6) 지속적인 제도 개선 추진 등 신노사문화 6대 정책과제를 마련하고 본격적으로 추진하게 되었다. 이와 같은 신노사문화정책은 시기적으로나 목적에 있어서 시의적절하고 타당한 정책이었으나, 노동계에서 과거 다양한 형태의 노사협력 캠페인의 일환으로 치부하고 적극 호응하지 않음으로써 노사관계를 근본적으로 변화시키지는 못했다.

국민의 정부의 노사분규 특징

국민의 정부가 출범하기 전부터 1기 노사정위원회가 발족하여 김대중 대통령 당선자 시절인 1998년 2월 6일 외환위기 극복을 위한 사회적 합의가 도출되었으며, 정권 출범과 동시에 합의사항에 대한 가시적 실천을 위해 노력하였다. 그러나 IMF는 구제금융을 제공하는 대신 전술한 바와 같이 타율적 개혁을 강요하였고 이에 따라 정부는 구조조정을 강력히 추진하게 되었다. LG반도체와 현대전자 합병, 현대중공업·삼성중공업·한국중공업의 발전설비와 선박엔진 분야 통합, 2000년 11월 동아건설 등 퇴출 기업 52개사 발표, 12월에는 한국통신, 한국전력 등 공공 부문과 국민은행·주택은행 합병 관련 금융 부문 파업으로 그 정점을 이루었다. 2001년에는 대우차 구조조정 관련 분규를 시작으로 생명·손해보험 3사, 울산 화학섬유 3사 등 민간 부문 구조조정과 관련한 분규가 지속적으로 발생하였다. 특히 2001년 하반기에는 철도, 발전, 가스 등 공공 부문 6개 사업장이 공동투쟁본부를 결성하여 투쟁 수위를 높여 감에 따라 공공 부문 구조조정과 관련한 노사관계 불안정이 심화되었다.

2002년에 들어서서 가장 큰 특징 중 하나는 공공 부문이 노사관계의 중심으로 부각되었다는 점이다. 철도, 가스공사, 발전산업, 지역난방공사, 전력기술, 고속철도공단 등 6개 노조는 공기업 민영화 반대를 표명하며 2002년 2월 25일 초유의 공기업 연대파업을 전개하였다. 또한, 공무원 노조 입법 추진 과정에서 공공부문노동조합연맹과 전국공무원노동조합 등 공무원 노조가 공식적으로 결성되어 활동에 들어가면서 법 위반을 둘러싸고 논란이 야기되기도 했다.

둘째로, 산별교섭과 관련된 노사갈등이 지속되었다는 점이다. 노동계는 기업별 교섭의 한계를 극복하기 위해 산별교섭체제 구축을 적극 추진하면서 이를 둘러싼 노사갈등이 지속되어 이와 관련된 분규가 증가하였다. 임단협 투쟁이 산별노조 내지 연맹 중심으로 주도되는 가운데 금속, 보건의료 등 산별노조는 산별 기본협약 체결과 산별교섭 제도화를 주요 요구사항으로 제시하며 2002년 5월 중순부터 시기집중

파업을 전개한 것이 대표적인 예다.

셋째로, 파업의 장기화와 새로운 파업 형태의 등장을 들 수 있다. 발전소 분할매각을 반대하며 파업에 돌입했던 발전노조의 파업이 당초 예상과 달리 38일간이나 지속되면서 장기화되었고, 결국 국민적 비판에 직면하게 됨으로써 노정 합의를 통해 파업이 마무리되었다. 사학연금 부담금 문제로 야기된 경희의료원과 성모병원의 파업은 파업 과정에서 나타난 무노동 무임금 적용을 둘러싸고 노사 간에 첨예하게 대립함에 따라 장기화의 길로 들어서게 되었다. 특히 발전노조의 파업은 조합원 5-10명 단위로 조가 편성되어 전국을 순회하는 '산개투쟁'이라는 새로운 파업 형태를 탄생시켰다. 이러한 발전노조의 산개투쟁은 경찰력 투입을 막고 시설점거농성에 대한 비판을 최소화하기 위해 실시되었던 것으로 보인다.

넷째로, 비정규직과 관련한 노사갈등이 계속되었다는 점이다. 노동계는 2000년에 이어 2001년에도 비정규직의 정규직화와 차별철폐 등을 주장하며 파업에 돌입하여 사회쟁점화하는 등 다양한 형태로 투쟁을 전개하였다. 2000년에는 유성CC 등 골프장, 호텔, 병원 부문에서 비정규직 관련 분규가 있었고, 2001년에는 한국통신 계약직노조, 캐리어 사내하청노조, 전국건설운송노조 등이 비정규직의 정규직화와 근로조건 보호 등을 주요 쟁점으로 파업에 돌입하였다.

다섯째로, 법과 원칙에 따른 노사분규 대응과 연대파업 참여규모가 저조했다는 점이다. 정부는 분규의 조기타결을 위한 미봉책보다는 분규 재발로 인한 악성화와 장기화를 방지하고자 법과 원칙의 테두리 내에서 노사분규가 해결되도록 지도하였다. 특히 무노동 무임금 원칙 등을 준수하여 법과 원칙에 의한 분규 해결 관행을 정착시키는 데 노력하였다. 그 결과 민주노총은 2001년에 연대파업과 총파업을 전개했으나 단위 사업장의 무관심, 정부의 원칙적 대응, 국민적 비판여론 등으로 인해 사업장과 조합원의 실제 참여는 저조하였다.

여섯째로, 노조의 정치활동 참여가 활발해졌다는 점이다. 권영길, 단병호, 양연수를 공동대표로 하는 민주노동당 창당준비위원회가 발족되었으며, 민주노총은 민주노동당과 '독립적 협력관계' 유지 방침을 표명하였고, 노동단체의 정치자금기부 금지 규정(정치자금에 관한 법률 제12조 5호)에 대한 위헌 결정으로 노조의 기존 정당과 연합 또는 진보정당 창당 등 정치활동 활성화의 계기가 마련되었다.[6]

그러나 노동계의 구조조정 및 신자유주의 저지 투쟁은 국민의 지지를 받기에는 명분이 없었으며, 오히려 국가의 새로운 발전전략에 역행하고 집단이기주의에 집착하는 모습을 보임으로써 노동운동의 도덕성에 부정적 인식을 심어 주었다. 국민의 정부는 노사정위원회를 중심축으로 하여 사회적 갈등을 치유하면서 경제위기 극복, 노동기본권 신장, 신노사문화 확산, 사회안전망 확충 등 새로운 발전전략을 추진해 나갔다.

8. 참여정부의 노동정책(2003-2007)

우리나라의 노사관계는 그동안 급속한 산업화와 정치적 민주화 과정을 거치면서 과도한 노사갈등과 대립으로 많은 사회적 비용을 지불했고, 특히 외환위기 이후 노동시장은 고용불안과 근로계층 간의 격차가 심화되어 노사관계 전반에 걸쳐 대대적인 변화가 요구되었다. 2003년

---

6 당시 국민의 정부하에 여당의 신당 창당에 권용목, 배석범(전 민주노총 위원장 대행), 김영주(전 금융노련 부위원장), 정학균(전 한국노총 부산지역본부장), 정영기(관광노련 위원장) 등 노동계 인사의 참여가 활발하였다.

2월 출범한 참여정부는 1) 노사 간 상호 인정, 2) 자발적 참여와 협력, 3) 국민경제와 사회적 약자에 대한 배려 등을 기본이념으로 하는 '사회통합적 노사관계'를 제시하고 9월 4일 이를 구체화한 '노사관계개혁방안'을 발표하였다. 그동안 국제기준에 맞지 않다고 지적되어 온 '노동조합 및 노동관계조정법', '근로자 참여 및 협력증진에 관한 법률', '노동위원회법', '근로기준법' 등 4개 법령의 핵심 쟁점 34개에 대한 법·제도 개선방안을 노사정위원회 논의에 회부하여 노사정 간 논의를 본격화하였고, 공무원의 노동기본권 보장, 필수공익사업제도 도입과 직권중재제도 폐지, 손배·가압류 남용 방지를 위한 제도·관행 개선 노력 등이 추진되었다.

그러나 비교적 친노동적 성향의 참여정부가 기울인 노력에도 불구하고 노동계는 정치적으로 열린 공간을 적절히 활용하지 못하고 무리한 요구를 관철시키기 위해 정부에 정면 대응하면서 두산중공업, 철도, 지하철, 현대차, 화물연대 파업 등 대규모 분규를 통해 정부를 압박하자 여론이 급속하게 악화되었으며, 참여정부의 친노동적 정책기조에 대한 비난이 거세졌다. 이에 따라 참여정부는 산업현장의 노사갈등에 대하여 '대화와 타협', '법과 원칙'이라는 대응 기조를 수립하고 노사 자율 해결을 지원하되 불법행위에 대해서는 엄정 대처한다는 방침을 수립하였다.

한편, 외환위기 이후 우리 사회에 만연해 있는 양극화 문제를 해소하기 위한 가장 중요한 정책목표는 더 많은 일자리, 더 나은 일자리의 창출이었다. 참여정부는 일자리 창출을 정책의 최우선 과제로 삼고, 2004년 2월 일자리 창출 사회협약을 체결한 것을 비롯해 기업 환경 개선 등 민간기업의 일자리 창출 활성화를 지원하였다. 또한, 노동시장의 수급불균형을 해소하기 위해 고용서비스 선진화를 지속적으로 추진하고, 평생직업능력개발 지원 강화와 취약계층을 위한 사회적 일자리 창출 지원, 여성·장애인·고령자 등 특성별 고용촉진정책을 추진하였다. 2006년 12월 8일 '사회적기업육성법'이 국회를 통과함에 따라 사회적기업이 부족한 사회서비스의 공급을 확대하고, 취약계층에 대한 안정적인 일자리 창출에 기여할 수 있도록 사회적기업에 대한 재정·경영 지원, 조세감면 등 지원체계를 마련하였다.

또한, 우리나라의 합계출산율이 OECD 국가 중 가장 낮고, 평균수명 연장으로 65세 이상 노인인구가 전체 인구의 9.5%를 차지하는 등 저출산·고령화가 급속히 진행됨에 따라 참여정부는 출범과 더불어 차별 해소와 양성평등을 주요 국정과제에 포함시키고 고용상의 기회균등 및 차별 개선, 모성보호, 직장과 가정의 양립 지원 강화 등을 통해 여성고용 활성화를 위한 제도적 기반을 마련하는 데 역점을 두었다.

2006년에는 '여성고용촉진법', '제1차 저출산·고령사회기본계획', '제1차 고령자고용촉진기본계획'을 수립·발표하고, 2007년 2월에는 고령화사회에 적극적으로 대처하기 위해 '인적자원활용 2+5전략'을 수립·발표하였다. 그리고 '제4차 남녀고용평등과 일·가정 양립 기본계획'과 '제3차 장애인 고용촉진 5개년 종합계획'도 수립·추진하였다.

참여정부는 1997년 외환위기 이후 비정규직 근로자가 크게 늘어나면서 고용상의 차별 문제가 심각해지는 등 사회적 쟁점으로 대두됨에 따라, 비정규직에 대한 불합리한 차별 해소와 남용 규제를 위해 비정규직 보호 입법 추진, 공공 부문 비정규직 대책 수립, 비정규직 근로자에 대한 현장 지도점검 강화 등 다양한 유형의 보호 대책을 추진하였다.

아울러 특수형태 근로종사자 보호를 위한 노력도 지속적으로 추진했는데, 2006년 10월 경제법적 보호 중심의 1차 대책을 수립한 이후, 2007년 6월에는 정부 차원의 '특수형태 근로종사자 보호 등에 관한 법률안'을 마련하여 국회에 넘겼으나 구체적인 논의는 이루어지지 못하고 법안 처리는 다음 정부로 이관되었다.

노사관계 선진화 입법 추진

2006년은 참여정부 노사개혁 프로그램으로 추진된 노사관계 선진화 입법이 마무리된 의미 있는 해였다. 1997년 3월 노동관계법의 대폭적인 정비 이후 교원노조 허용 등 지속적인 노동관계 법·제도 개선에도 불구하고 ILO 등 국제기구와 노동단체의 직권중재제도 폐지, 공무원의 노동기본권 보장 등 미결 과제 개선 등에 대한 요구가 지속적으로 제기되는 가운데 정부가 노사관계 선진화를 위해 노사관계 전문가 15인으로 구성된 '노사관계제도 선진화연구위원회'를 발족(2003. 5. 10)하여 글로벌 차원의 중립적인 법·제도 방안을 마련하도록 하였다.

이렇게 마련된 방안을 2003년 9월 4일 노사정위원회 논의에 회부했으나, 노사 당사자의 소극적 태도와 노사관계 상황 등으로 실질적인 논의가 이루어지지는 못했다. 이에 따라 정부는 2004년 5월 14일 '노사정 대표자회의'를 구성하여 '노사관계 법·제도 선진화 방안'에 대하여 논의를 진행했으나 노사정 대표자회의도 노사관계 상황에 따라 회의의 중단과 재개를 반복하는 등 대화 분위기가 지속되지 못하였다. 이러한 가운데 2005년 9월 3일 노사정위원회는 2년간의 논의 시한이 종료되어 그동안의 논의 결과를 정부에 이송하기에 이르렀다. 이러한 상황에서 정부는 노사정 대화를 통한 합의만을 마냥 기다릴 수 없어 정부 주도로 입법을 추진하기도 했으나, 2006년 1월 23일 고위당정간담회에서 노사관계 상황을 감안하여 비정규 입법 처리 후 선진화 입법을 추진하기로 결정함에 따라 선진화 입법 추진은 상당 기간 보류되었다.

이후 정부는 대화와 타협을 통해 선진화 입법을 추진한다는 강한 의지로 노사정 대화 복원을 위한 다각적인 노력을 경주한 결과 2006

년 3월 15일 노사정 대표자회의가 재개되었고, 4월 27일에는 노동위원회와 노사정위원회 개편 방안에 대해 노사정 합의를 이룸으로써 노사정 간에 대화와 타협을 통한 해결의 기초를 다지게 되었다.

이와 같은 성과를 바탕으로 2006년 4월 27일 이후 노사관계 법·제도 선진화 방안에 대한 본격적인 논의를 시작하였다. 특히 6월 21일부터는 한국노총은 물론이고 민주노총까지 참여함으로써 노사정 대표자회의는 명실상부한 노사정 간의 선진화 방안에 대한 실질적인 논의체로 자리매김하고, 장·차관 및 실무급 회의 등 총 45회의 집중적인 논의를 거쳐 복수노조, 노조 전임자 문제 등 핵심 과제를 제외한 대부분의 개혁과제에 대해 의견 일치를 보았다.

그러나 핵심 과제에 대해서는 노사가 원론적 입장을 고수하여 논의가 진전되지 않았는데, 이 과정에서 민주노총의 참여와 탈퇴, 한국노총의 ILO 총회 철수와 노사정 대화 중단 등의 우여곡절을 겪으면서 노사정 합의를 통한 입법 처리에 회의적 시각이 대두되기도 했다. 이러한 상황에서 한국노총, 경총, 대한상공회의소는 복수노조, 노조 전임자 문제에 대해 그 시행을 5년간 유예하기로 합의하고 이를 정부에 제안하였다. 그러나 민주노총은 기존 입장을 고수하면서 합의에 참여하지 않았다.

노동부는 당초 사업장 단위 복수노조 허용을 5년간 추가 유예하는 방안에 반대하는 입장을 취하였으나, 이 문제가 노사관계 선진화 입법 추진에 걸림돌이 되어서는 곤란하다는 판단 아래 노사 간 합의를 존중하면서 입법을 추진하는 방안을 모색하였다. 이에 따라 노사정 간에 논의를 통해 복수노조와 노조 전임자 관련 규정의 유예시기를 3년으로 단축하는 안을 마련했으나, 민주노총이 이에 대해 최종 합의를 거부함에 따라 결국 2006년 9월 11일 민주노총을 제외한 노사정 대표자들(한국노총, 경총, 대한상공회의소, 정부, 노사정위원회)이 사회통합과 지속

가능한 경제발전을 위해서 노사관계 안정이 절실하다는 판단 아래 노사관계 선진화 입법에 대해 최종 합의하였다.

합의의 주요 내용은 직권중재제도 및 제3자 지원신고제도 폐지, 필수 공익사업 대체근로 허용, 근로조건의 서면 명시, 부당해고 형사처벌 폐지와 이행강제금 도입 등으로 노사관계 법·제도 선진화의 획을 긋는 중요한 진전을 이루었다. 다만, 기업 단위 복수노조, 노조 전임자 급여지원 금지규정의 시행은 준비기간을 두어 3년간 유예하였다. 유예기간 중 노사정은 기업단위 복수노조 허용 시 혼란을 최소화하는 방안과 노조 스스로 전임자 급여를 부담할 수 있는 재정자립 방안에 대해 노사정위에서 집중 논의하기로 하여 산업현장은 물론이고 경제·사회에 미치는 충격을 최소화하도록 하였다.

이와 같은 노사관계 선진화 입법에 대한 노사정 대타협은 노사 간의 대화와 타협을 통한 자율적 합의정신을 존중하고 보편적 국제노동기준과 우리의 노사관계 현실을 함께 고려했다는 데 큰 의의가 있다. 또한, 노동기본권을 신장하고 취약근로자를 보호하면서 노동시장의 유연성도 제고하는 새로운 노사관계 정착 기반이 조성될 수 있는 획기적인 계기를 마련하였다.

일자리 만들기 사회협약 체결

우리나라는 지속적인 경쟁성장으로 1988년 이후 10년간 2%대의 낮은 실업률을 유지했으나, 1997년 말 외환위기로 인한 급격한 경기위축과 그에 따른 기업 구조조정의 여파로 실업자 수가 급증하는 등 고용상황이 크게 악화되었다. 대량 실업 사태에 직면한 참여정부는 경제 회복에 총력을 기울이는 한편, 고용보험 적용 확대, 공공 취업알선 기능 강화, 사회안전망 확충 등 범정부적인 실업대책 추진이 필요하게 되었다. 이에 따라 노사정위원회 주관으로 2004년 1월 일자리 만들기 사회협약 기초위원회를 구성하고 전문가 의견 청취, 공개토론회 등을 거쳐 2월 10일 노사정위원회 본회의에서 전문과 7장 40개 과제에 이르는 역사적인 '일자리 만들기 사회협약'을 체결하였다. 그 주요 내용은 다음과 같다.

첫째, 기업은 투자 확대를 통해 일자리를 지속적으로 창출하고 인위적인 고용조정을 최대한 자제할 뿐 아니라 경영정보 공개 등 윤리경영·투명경영을 실천함으로써 고용안정 노력과 함께 사회적 책임과 역할에 충실하기로 하였다.

둘째, 노조는 일자리 만들기의 핵심이 기업의 경쟁력 강화에 있음을 인식하고 생산성 향상에 적극 협력하는 한편, 일자리 만들기 및 비정규직·중소기업 근로자와의 임금격차를 완화하기 위해 상대적으로 임금수준이 높은 부문에 대해서는 향후 2년간 임금안정에 협력하며, 비정규직 등 취약계층을 배려하는 노동운동을 전개하기로 했다.

셋째, 정부는 일자리 만들기를 정부정책의 최우선과제로 설정하고, 기업의 투자 확대에 장애가 되는 모든 경제규제를 제로베이스에서 재검토하여 정비하는 등 '기업하기 좋은 환경 조성', '고용친화적 인프라 구축 및 사회안전망 확충', '사회적 일자리 확대' 등을 통해 일자리 만들기를 위한 노사의 자율적인 노력을 적극 지원·보완하며, 비정규직 등 취약계층에 대한 고용의 질 제고를 위한 정책적 개선 노력도 함께 추진하기로 했다.

이후 정부는 일자리 만들기를 정부정책의 최우선과제로 설정하고 범정부적으로 협약 정신의 보완·발전과 그 이행을 위해 지속적으로 노력하고 이행점검단을 구성하여 추진 상황을 점검하였다. 정부는 2004년 2월 19일에 관계부처 합동으로 '일자리 창출 종합대책'을 수립하여 범정부적으로 추진하고, 아울러 고용서비스 확충을 통해 노동시장의 미스매치를 해소하는 데 주력하면서 청년실업대책 등 특성별 고용대책도 집중 추진하였다. '일자리 만들기 사회협약'은 고용안정과 사회복지의 기반을 닦기 위한 노사정의 공감대 위에서 탄생한 역사적 산물로서, 협약의 정신은 이후 실업대책 수립과 추진에 많은 영향을 미쳤다.

공무원, 교원 등 공공 부문 노사관계의 합리화 지원

• 공무원 노조 허용과 활동 지원

많은 논란과 찬반 여론 속에 2006년 1월 28일 드디어 '공무원의 노동조합 설립 및 운영 등에 관한 법률'이 시행됨에 따라 공무원들도 합법적으로 노조를 설립하고 활동할 수 있는 길이 열리게 되었다. 이에 따라 기존에 인정되었던 교원 및 공기업 부문과 함께 소위 공공 부문이 우리나라 노사관계의 중심축으로 부상하는 계기가 되었다. 지금까지의 노사관계가 민간 부문을 중심으로 전개되고 발전되어 왔다면, 이후로는 민간 부문과 공공 부문이 공존하는 가운데, 일면은 경쟁하고 일면은 협조하면서 노사관계를 이끌어가게 되었다. 오히려 민간 부문의 모범이 되어 노사관계를 선도해 나가면서 노사관계의 경쟁력을 한 차원 높은 단계로 향상시켜야 하는 책무가 공공 부문에 부여되었다고 볼 수 있다.

초기 단계임에도 불구하고 공무원이라는 직종이 가지는 특수성, 높은 조직률(74%)과 결속력 등으로 인하여 향후 공무원 노사관계를 어떻게 합리적으로 정착시켜 가느냐 하는 문제는 공직사회의 경쟁력 강화는 물론이고 공직에 대한 국민의 신뢰 확보, 전체 노사관계의 경쟁력과도 직결되는 중요한 과제였다. 참여정부는 이러한 점을 충분히 인식하고 어렵사리 인정된 공무원의 노동기본권이 초기 단계에서부터 합리적으로 행사되고 조기에 바람직한 방향으로 정착될 수 있도록 범정부적 차원에서 다음과 같은 다각적인 노력을 경주하였다.

첫째, 정부는 공무원 단체의 합법적인 노조활동은 최대한 보장하되, 불법활동에 대해서는 법과 원칙에 따라 엄정 대응하는 정책기조를 유지하였다. 법 시행 직후부터 주요 공무원 단체가 노동기본권 보장범위와 관련하여 합법노조 전환을 거부하는 등 공무원 노사관계의 불안정한 상황이 지속됨에 따라 노동부와 행정안전부뿐만 아니라 범정부 차원에서 공무원 노사관계 안정화를 위한 다양한 대책을 마련하여 시행하였다. 관계부처 합동담화문 발표와 함께 공무원 단체의 불법행위에 대해 엄정하게 대처하고, 법 시행에 따른 각종 업무 매뉴얼, 관련지침 등을 제작·보급하여 일반공무원들이 합법적인 틀 안에서 자유롭게 노조를 설립하고 활동할 수 있도록 지원하며, 공무원 단체에 대해서는 다양한 채널을 통해 노동기본권을 적극 보장하겠다는 메시지를 전달하였다.

둘째, 법 시행을 전후하여 공무원 노사관계에 효율적이고 체계적으로 대응하기 위한 정부 내 조직 인프라를 구축하였다. 노동부에는 공공노사관계팀을 설치하여 공무원 노사관계 전반을 총괄하였고, 중앙노동위원회(이하 '중노위')에는 공무원 노동관계조정위원회가 구성되어 분쟁 조정 업무를 담당하게 했으며, 지방조직으로는 각 노동지청에 전담 근로감독관을 지정하여 교육청, 지방자치단체 등 현장의 노사관계를 지원하도록 했다. 행정자치부도 공무원노사협력관을 두어 본격적인 단체교섭에 대응하도록 했다.

셋째, 공무원 노사 당사자에 대한 노사관계 인식 제고를 위해 교육과 홍보, 컨설팅 등을 적극 추진하였다. '공무원의 노동조합 설립 및 운영 등에 관한 법률'(공무원노조법) 시행과 함께 업무편람 및 공무원 노조법 쟁점해설 등 교육자료, 홍보 팸플릿 등을 제작하여 관련 정부부처에 배포했으며, 2007년 3월에는 『단체교섭 매뉴얼』과 『공무원 노동조합 업무편람』, 『공무원 ·교원 노동조합 질의회시집』을 제작·배포하였고, 2008년에는 기존의 편람을 보완한 『공무원 노사관계 업무매뉴얼』을 제작·배포하여 공무원 노사관계가 합리적으로 정착되도록 지원하였다.

이와 같은 공무원 노사관계 합리화를 위한 범정부적 노력의 결과로 합법노조 전환과 단체교섭도 지속적으로 증가하는 등 전반적으로 공무원 노사관계는 빠르게 정착되어 가고 있었다. '전국민주공무원노동조합'이 2007년 7월 17일 합법노조로 전환함으로써 사실상 모든 공무원 단체가 합법적인 틀 안에서 노조활동을 하기에 이르렀다. 숫자상으로는 2008년 12월 말 현재 총 95개 노조가 합법노조 설립신고를 하고 21만 5천 명의 공무원이 노조에 가입하였다.

그러나 공무원 노조 설립 및 단체교섭의 지속적인 증가 등 외형상으로는 노사관계가 빠르게 정착되었음에도 불구하고 단체교섭과 관련한 노사 양측의 전문성과 경험 부족 등으로 교섭 과정에서 갈등이 발생하고, 위법·부당한 사항이 단체협약에 다수 포함되는 등 불합리한 관행이 형성되어 노사관계 합리화의 애로요인으로 작용하는 문제가 노출되었다. 이에 따라 정부는 초기 단계부터 합리적인 노사관계 질서를 형성하기 위해 공무원 노조에 대해 위법한 규약에 대해 시정명령을 하는 등 적극적인 노조운영 지도를 하는 한편, 불합리한 단체협약에 대해서는 시정조치하는 등 노사관계 대응을 강화하였다.

• 교원노조 활동 지원

초·중등 교원은 1999년 7월 시행된 '교원의 노동조합 설립 및 운영 등에 관한 법률'에 따라 노조를 설립할 수 있고 단체교섭을 통해 단체협약을 체결할 수 있음은 이미 살펴보았다. 법 시행 이후 전교조와 한교조는 교육부와 3차례의 단체협약을 체결한 바 있으나, 2003년 이후에는 단체협약이 한 번도 체결되지 못했으며 2006년 5월 이후에는 단체교섭 자체가 중단되었다. 이러한 상황에 처하게 된 이유로는 1) 교섭 안건에 관한 노사 간 이견, 2) 교원평가 등 교육정책을 둘러싼 갈등, 3) 2006년 5월 설립된 제2의 노조(자유교원노조)의 교섭 참여 요구로 인한 교섭창구 단일화 문제 등 노노갈등이 복합적으로 작용한 것으로 판단된다. 정부는 노사 당사자 간의 원활한 단체교섭 등을 지원하기 위해 단체교섭 요구 절차의 합리적 개선, 비교섭 사항 규정 등을 위한 교원노조법 개정안을 2006년 11월 20일 국회에 제출했으나, 본회의를 통과하지 못하고 17대 국회가 종료됨에 따라 자동폐기되었고 그 숙제는 다음 정부로 이관되기에 이르렀다.

비정규직 보호를 위한 제도적 기반 마련

비정규직에 대한 차별과 남용의 문제는 우리 사회의 대표적인 양극화 현상 중 하나다. 비정규직의 규모는 외환위기 이후 지속적으로 증가하여 2006년 8월에는 545만 명으로 전체 임금근로자(1,535만 명)의 3분의 1을 넘어섰다. 비정규직에 대한 차별대우도 개선되지 않아서 2006년 비정규직의 월평균 임금은 정규직의 62.8%로서 상당한 격차가 존재하고 사회보험에서의 차별은 거의 해소되고 있었으나 실제 적용률은 훨씬 낮고, 상여금과 복지 측면에서도 소외 현상이 나타나고 있었다. 이에 따라 노동계를 중심으로 비정규직 대책을 마련해야 한다는 요구가 강하게 제기되었으며 언론, 시민사회단체 등을 통해 사회적 공감대가 확산되었다. 이러한 사회적 분위기를 반영하여 정부는 2001년 7월부터 노사정위원회에 '비정규직 근로자 대책 특별위원회'를 설치하고 2년에 걸쳐 보호입법 방안을 논의하였다. 그 결과, 2002년 7월 비정규직 근로자의 규모와 사회보험 적용 확대에 대한 합의안을 도출하는 성과를 거두었다.

그러나 세부 쟁점에 대해서는 의견차가 커서 합의를 도출하지 못하고 특위 공익위원안을 정부에 제출하는 것으로 논의를 마무리하였다. 참여정부는 비정규직 근로자에 대해 광범위하게 행해지고 있는 오·남용을 가능하면 빨리 개선하는 것이 필요하다고 판단하여 2003년 7월 정부로 이송된 공익위원안을 기초로 비정규직 보호 관련 3개 법안(기간제 및 단시간근로자 보호 등에 관한 법률, 파견근로자 보호 등에 관한 법률, 노동위원회법)을 마련하여 국회에 제출하였다. 이후 조속한 입법을 위해 노사정 대화, 공청회 등을 개최했으나 노사 간 이견으로 합의에 이르지 못했고, 2005년 2월에는 법안심사소위 회의 도중 민주노동당의 저지로 법안 심사가 유보되기도 했다.

한편, 한국노총은 2005년 11월 30일 1) 동등·유사 기술·작업수행 능력에 대한 동등 처우, 2) 기간제 사용기간 2년(초과 시 무기계약 간주), 3) 파견업종 현행 유지, 4) 파견기간 2년, 5) 불법파견 시 즉시 고용의무, 6) 휴직기간 삭제 등을 내용으로 하는 수정안을 발표하였고, 이에 따라 국회는 논의를 재개하여 몇 가지 핵심 쟁점을 제외하고는 여야가 대부분 쟁점에 합의하는 성과를 거두었다.

2006년 2월 17일 환경노동위원회(이하 '환노위') 법안심사소위가 소집되었으나 민주노동당의 의사진행 방해로 회의가 개최되지 못했고, 결국 환노위 전체회의에서 법안을 처리하기로 하고 정부제출법안을 수정의결한 후 법사위로 회부하였다. 그러나 법사위에서도 민주노동당의 회의장 점거로 회의가 개최되지 못하고 4월, 6월, 8월 임시국회에서도 처리하지 못하다가 마침내 2006년 11월 30일 국회의장이 직권으로 국회 본회의에 상정하여 의결되었고, 같은 해 12월 21일 공포되었다. 노동부는 법률 공포와 동시에 시행령, 시행규칙 등 하위 규정 마련에 착수했으며 공개토론회 등을 거쳐 2007년 5월 17일에 국정현안정책조정회의를 열고 정부의 최종안을 확정·발표했으며, 6월

18일에는 시행령이, 6월 29일에는 시행규칙이 각각 공포되어 7월 1일부터 시행되기에 이르렀다.

이렇게 우여곡절 끝에 공포된 비정규직보호법의 주요 내용을 살펴보면 다음과 같다.[7]

첫째, 비정규직 근로자(기간제 · 단시간 · 파견 근로자)에 대한 불합리한 차별처우를 명시적으로 금지하고, 노동위원회에 차별 시정 절차를 마련했으며, 확정된 시정 명령 불이행 시 1억 원 이하의 과태료에 처하도록 하면서 차별에 대한 입증 책임은 사용자에게 지우고 있다.

둘째, 기간제근로의 총사용기간을 2년으로 제한하고 2년을 초과하면 원칙적으로 정규직(무기근로계약)으로 간주하도록 하였다.

셋째, 파견 대상 업무는 현행 포지티브 방식[8]을 유지하되, 현실에 맞게 확대·조정하도록 파견법상의 요건을 일부 수정·보완하였다. 그리고 현행 파견기간 2년 초과 시 고용의제[9] 규정을 법리상의 문제와 주요 국가의 입법례를 참조하여 직접고용 의무로 변경하면서 불법파견에 대해서도 고용의무 규정을 명문화하였다. 아울러 불법파견 시 사

---

7 고용노동백서 등 노동부 및 관련 기관 자료 참조.

8 포지티브 방식은 원칙적으로 금지하되 예외되는 사항을 하나하나 열거하여 허용하는 방식으로, 원칙적으로 허용하되 일부 예외적인 사항에 대해 금지하는 네거티브 방식과 대비된다. 현재, 파견대상 업무는 제조업의 직접생산공정 업무를 제외하고 전문지식, 기술 또는 경험 등을 필요로 하는 업무로서 대통령령이 정한 32개 업무만 허용되고 있다.

9 고용의제란 직접적으로 고용하지 않았다고 하더라도 고용된 것과 동일하게 보는 것으로, 노동자 파견관계에서 사용사업자가 파견 노동자를 2년을 초과하여 계속 사용한 경우에는 2년 기간이 만료되는 날의 다음날부터 '파견근로자 보호 등에 관한 법률'의 고용의제 조항에 근거하여 2년을 초과한 시점부터는 사용사업주와 파견노동자 간에 별도의 근로계약 체결이 없어도 자동적으로 근로관계가 형성되었으므로 사용사업주는 근로기준법 제30조에 따라 정당한 사유 없이 파견노동자를 해고할 수 없게 된다. 정부가 고용의제 조항을 고용의무 조항, 즉 '직접고용한 것으로 본다'에서 '직접 고용하여야 한다'로 개정했는데, 고용의제의 경우는 근로자의 지위를 이미 인정받게 되어 회사와의 갈등은 사용자로서 위반한 사항(예컨대, 근로기준법상 각종 수당 미지급 등)이 핵심 쟁점이 되나, 고용의무의 경우는 주로 법이 정한 바에 따라 고용의무이행을 청구하는 다툼이 중심이 된다.

용사업주에 대한 벌칙을 강화하였다. 당시 법은 2년을 초과한 파견에 대해 고용의제 규정을 두고 있었으나, 불법파견에 대해서도 동 규정이 적용되는지 여부에 대해 논란이 있어 왔다. 개정법은 합법파견뿐만 아니라 불법파견의 경우에도 기업으로 하여금 2년 이상 사용한 파견근로자를 직접 고용하도록 함으로써 이 문제를 입법적으로 해결하였다.

넷째, 파견 대상 업무를 종전 26개에서 32개로 확대했으며, 사용사업주가 파견근로자를 직접 고용하지 않아도 되는 예외로서 법원의 파산선고·회생절차 개시 결정, 노동부 장관의 도산 등 사실 인정, 기타 천재·사변으로 사업의 계속이 불가능한 경우로 규정하였다.

한편 정부는 비정규직 문제의 상당 부분이 불공정한 원·하청 시장구조 등 구조적 요인에 기인하므로 보호 입법만으로는 비정규직 문제 해결에 한계가 있음을 인식하고, 비정규직의 발생원인에 대한 종합적인 진단을 거쳐 2006년 9월 비정규직의 차별 해소 및 남용 방지, 비정규직의 정규직 전환, 사회안전망 강화 등을 내용으로 하는 범정부 차원의 '비정규직 고용개선 종합계획'을 수립하였다. 이는 근본적이고 구조적인 노동시장 개혁 작업을 통해 비정규직 문제 해결에 대한 정부의 의지를 밝히는 계기가 되었다.

공공 부문 비정규직 대책

노무현 대통령은 비정규직 문제의 조속한 해결을 위해 "비정규직은 장기적으로 안정된 제도로 정착되어야 하므로 공공 부문에서 먼저 모범을 만들어 나가야 한다."라고 지시했고, 정부는 실태조사를 거쳐 2004년 5월 '공공기관 비정규직 대책'을 마련하였다. 이 대책에 따라 행정자치부 환경미화원, 도로보수원, 정보통신부 상시위탁집배원, 노동부 직업상담원, 근로복지공단 계약직 등 주요 직종 비정규직은 공무원 또는 무기계약근로자로 전환되었고, 정규직제에 반영되는 등 고용안정이 이루어졌다.

2004년 대책은 공공기관의 비정규직이 다수 존재하는 직종별 처우개선과 고용안정 등의 성과가 있었으나, 이러한 대책에도 불구하고 2006년에 공공 부문의 비정규직 사용 실태를 조사한 결과 여전히 상시적인 업무에 종사하는 비정규직이 적지 않았으며, 처우도 일부 직종에 한해 제한적으로 개선된 것으로 나타났다. 이와 같이 한계를 보인 것은 개선방안에 대해 구조적으로 접근하기보다는 주요 직종별 대책을 중심으로 접근함으로써 전체 공공 부문 비정규직에 대한 사용 기준, 외주화 기준 등에 대한 원칙이 정립되지 않았기 때문이다. 이에 따라 2004년 대책의 한계를 보완하고 공공기관이 모범적인 고용주로서 올바른 비정규직 사용 관행을 정립하기 위해 2006년 8월 '공공기관 비정규직 종합대책'을 수립하여 시행하게 되었다. 대책 수립 후 정부는 2006년 10월 '공공기관의 비정규직 근로자 관리 등에 관한 규정'(총리훈령 제486호)을 제정하고, '공공 부문 비정규직 대책 추진위원회'(위원장: 노동부 장관)와 상설조직인 '실무추진단'을 설치하여 대책을 적극적으로 추진하였다.

이와 같이 정부는 공공 부문 비정규직 종합대책을 수립하여 추진함으로써 공공 부문에서부터 올바른 비정규직 사용 관행을 선도적으로 정착시키기 위해 노력했으며, 이는 2007년 7월 1일 시행된 비정규직보호법과 함께 사회 전반의 비정규직 문제를 해결하기 위한 기반이 되었다.

손배 · 가압류 제도 개선 추진

불법쟁의행위에 대해서는 민·형사상 책임이 면제되지 않으며 형사상 책임을 주로 묻던 것이 관행이었으나, 근로자의 인신구속에 대한 비판이 고조되고 노사갈등의 새로운 요인으로 작용함에 따라 2000년 이후부터는 손배·가압류를 통한 민사 책임을 추궁하는 사례가 증가하는 경향이 있었다. 그러던 중 2003년 1월 9일 두산중공업 근로자 자살 사건이 발생한 이후 노동계는 손배·가압류가 근로자 개인급여 및 신원보증인에게 행사되어 근로자의 생계와 가족관계를 파괴하는 신종 노동탄압이라고 주장하는 반면, 경영계는 불법파업에 대한 민사상 책임을 묻는 손배·가압류는 법률에 보장된 정당한 권한 행사이며 유일한 자구 조치라고 주장함에 따라 노사갈등이 사회문제로 대두되었다.

정부는 정당한 쟁의행위는 민·형사상 면책이 되지만 불법 쟁의행위에 대해서는 책임이 면제되지 않는다는 기본원칙을 유지하면서도 손배·가압류의 남용을 방지하기 위해 제도 및 운영 개선이 필요하다는 입장에서 법원 등과 제도 및 운영개선 방안을 협의하였다. 주요 내용으로는 가압류 결정이 청구인의 소명만으로 결정되는 현실을 개선하여 가압류 남용을 방지하기 위해 가압류 결정 시 피청구인의 변론기회를 부여하는 방안, 압류·가압류 시 근로자의 생계 및 노조의 기본적인 활동을 보장할 수 있도록 급여 및 조합비의 압류 금지 범위를 조정하는 방안, 노사관계에서 발생한 책임 문제가 부당하게 그 가족에게까지 확산되지 않도록 신원보증법상 신원보증인의 책임범위를 제한하는 방안 등을 포함하였다.

이와 같은 손배·가압류 관련 제도 및 운영 개선 논의와 함께 노사의 관행 개선 및 현안 문제의 해결을 위해 노사정위원회는 노사정 합의문을 채택하여 2003년 12월 17일 발표하게 되었다. 합의문 발표 이후 노동부는 지방관서를 통해 손배·가압류가 문제 되는 사업장에서 노사정 합의 정신에 따라 노사 간 대화로 문제를 해결하도록 지도하였고 일부 사업장에서는 원만한 합의에 이른 경우도 있다.

9. 이명박 정부의 노동정책(2008-2012)

이명박 정부가 출범한 2008년은 사회·경제적으로 어려운 시기였다. 상반기에는 국제 유가 상승에 따른 소비와 투자의 부진, 하반기에는 미국발 금융위기로 촉발된 세계경제의 동반불황으로 인한 수출부진으로 갈수록 고용위기가 심화되고 있었고 대부분의 고용지표가 악화된 모습을 보여 주고 있었다. 정치적으로는 10년 만의 정권교체가 이루어져 소위 진보세력으로서는 보수정권의 출범에 대해 인정하기를 원치 않았으며, 이에 편승한 야권 정치세력은 진보·시민·사회단체 및 노동단체와 연대하여 정권 출범 초기부터 강력한 저항을 보였고, 1기 내각 구성 과정에서의 인사파동, 특히 미국과의 쇠고기 협상을 계기로 대정부 투쟁이 절정에 달하여 이명박 정부는 출범 초기부터 집권 수행능력에 의문을 가질 정도로 심각한 타격을 받게 되었다.

이명박 정부는 이와 같이 경기부진과 정국불안에 따른 고용악화 속에서 노동시장의 유연성과 안정성을 높이고 일자리 지원대책을 통해 좋은 일자리를 제공하는 것을 목표로 경제·산업·복지·교육정책 등과의 조화를 통한 고용정책 추진에 최우선 역점을 두고자 하였다. 정부는 2008년 상반기부터 일자리 창출대책 수립, 사회적기업 육성, 취약계층 일자리 창출 등 크게 3개 분야 작업반을 구성하고 외부 전문가와 관계부처 등이 참여하는 각종 회의체를 활용하여 대책 마련에 들어갔다. 그러나 국제 유가 및 원자재가 상승, 미국발 금융위기 등 잇따른 악재로 경제 및 고용 상황이 급속히 악화되자 시나리오별 컨틴전시 플랜(Contingency Plan, 긴급사태대책)을 마련하고 '경제난국 극복 종합대책'을 통해 공공지출·세제지원 확대 방안을 내놓았다. 또한 일자리 창출 촉진, 기업의 고용안정조치 지원, 실업자에 대한 생계유지 및 직업훈련 지원 등에 대한 재정 투입을 확대하는 등 일자리 창출 대책에 심혈을 기울였다.

특히 2008년 말 전 세계적으로 불어닥친 글로벌 금융위기에 따른 경제위기를 극복하기 위한 방안으로 2009년 2월 3일 노사정위원회에 '경제위기극복을 위한 노사민정 비상대책회의'를 구성하여 실무위원회, 워크숍, 토론회 등을 거쳐 같은 해 2월 23일 '경제위기 극복을 위한 노사민정 합의문'을 채택하게 되었다. 이로써 이명박 정부는 정권 출범 초기의 어려움을 딛고 본격적으로 경제위기를 극복하고 집권능력을 발휘할 수 있는 토대를 마련하였다.

이명박 정부는 정권 출범과 함께 정치·사회·경제적 어려움이 가중되는 가운데, 필수유지업무 협정 체결, 공기업 선진화 추진, 복수노조 및 노조 전임자 급여지급제도 개선 추진 등 당면하고도 해묵은 주요 노사갈등 이슈들이 산업현장의 임·단협 교섭과 맞물리면서 노사관계 불안이 크게 우려되었으나, 정부의 법치주의 확립과 노사의 자율 해결 노력 강조, 노사협력 확산 등을 통해 집권 초기 이후에는 안정 기조를 유지하였다. 이와 더불어 복수노조 허용, 노조 전임자 근로시간면제 제도(Time-Off) 도입 등 지난 13년간 해결하지 못했던 노사관계제도 개혁에 마침표를 찍는 역사적인 역할을 해냄으로써 집단적 노사관계제도를 글로벌 수준으로 끌어올리는 계기를 마련하였다.

한편 취약계층 일자리 창출을 위해 여성·고령자·장애인의 일자리 창출계획을 수립하였다. 출산여성의 경력단절을 방지하고 비경제활동 상태에 있는 30-40대 여성의 적극적인 노동시장 복귀를 지원하기 위한 정책도 마련하였다. 또한, 능력 있는 고령자가 마음껏 일할 수 있도록 기업에 대한 인센티브를 확대하고 조기퇴직자에게 다양한 취업기회를 제공하였다. 장애인의 경우에는 장애 유형과 정도에 따라 고용 및 능력개발 서비스를 제공하여 장애인 고용 확대를 추진하였다. 이 밖에도 외국인력 공급을 통한 중소기업의 원활한 인력 지원, 지역고용촉진 등을 위해 노력하였다.

청년실업 문제 해소를 위해서는 '글로벌 청년리더 양성계획'(2012년까지 10만 명 육성), '청년고용촉진대책', '청년 내일 만들기' 1, 2차 프로젝트 등 범정부적 대책을 수립하고, 이를 원활히 추진하기 위해 산학관협의회(의장: 노동부 장관)와 실무 T/F팀을 구성하였다. 아울러 청년실업 문제가 지속됨에 따라 청년실업대책이 차질 없이 추진될 수 있도록 '청년실업해소특별법'을 개정하고 유효기간을 2008년에서 2013년까지 연장하였다.

일자리 중심의 국정운영

이명박 정권 출범 초기에는 외환위기 이후 경제성장이 둔화되고 분배도 개선되지 못하여 그대로 가면 일자리 창출이 구조적으로 어려워질 수 있다는 불안감이 지배적이었다. 산업이 고도화되고 지식정보화됨에 따라 노동시장의 수요 측면에서 볼 때 기술 발전과 생산성 향상에 비해 일자리는 늘지 않았고, 우리 경제를 이끌어 온 제조업과 수출의 고용창출능력은 과거에 비해 훨씬 둔화되고 있었다. 한편 공급 측면에서는 교육 과정에서의 과다한 투자에 비해 노동시장 진입 후의 직업능력개발투자 부족과 고학력화에 따른 미스매치(청년 분야), 경력단절(여성 분야), 조기퇴직(고령자 분야) 등으로 인적자원이 낭비되는 양상을 보이고 있었다. 또한, 제도와 관행 측면에서 볼 때 대기업과 중소기업 간의 불공정거래 관행 등으로 중소기업의 고용여건이 악화되고 이중구조화가 초래될 뿐 아니라 고용과 복지의 연계도 미흡한 실정이었다.

이러한 여건과 상황 속에서 고용 문제의 근본적인 해결을 위해서는 기존의 고용정책적 접근만으로는 한계가 있을 수밖에 없었으며, 위기극복을 위한 대책에서 벗어나 성장과 고용이 병행할 수 있는 새로운 발전적 전략이 요구되었다. 이를 위해서는 노동부 차원에서 벗어나 범정부적·국가적 차원의 고용전략을 수립하고 체계적이고 일관되게 추진할 필요가 있었다. 이에 따라 2010년 1월 21일 대통령 주재하에 '국가고용전략회의'를 설치하여 일자리 중심의 국정운영체제를 구축하고, 성장과 고용의 선순환 구조를 가져올 수 있는 국가고용전략 수립을 추진하게 되었다.

• 성장 · 고용 · 복지 선순환을 위한 2020 국가고용전략 수립

국가고용전략 수립은 일자리를 경제성장에 따르는 당연한 과실(果實)로 생각하는 인식을 근본적으로 전환해야 하는 과제로, 수많은 논의와 지혜를 모으는 어려운 과정이 수반되는 사안이다. 정부는 국가고용전략 수립을 당면한 주요 국정과제로 설정하고, 조직개편을 통해 전담부서를 신설하는 등 체계적인 전략 수립을 위한 인프라를 구축했으며, 노사 당사자와 일반국민 등을 대상으로 폭넓은 의견 수렴과 중소기업 현실에 대한 심층분석 등을 토대로 국가고용전략안을 마련하여 2010년 10월 12일 국무회의에 보고한 후 확정하기에 이르렀다.

• 국가고용전략회의 운영

일자리 창출력을 높이고 성장과 고용의 선순환 구조를 가져올 수 있는 새로운 패러다임의 고용전략이 요구됨에 따라 정부는 일자리 창출에 범정부적 역량을 집중하기 위해 대통령 주재하에 국가고용전략회의를 설치하고 일자리 중심의 정부체제를 구축하였다. 또한 일자리 창출을 국정의 최우선 과제로 삼아 단기적인 일자리 보완대책과 근본적인 고용창출대책을 병행 추진하였다. 국가고용전략회의는 국민경제대책회의와 겸하여 개최하기로 하고, 안건별로 관련 분야 연구기관장 및 민간전문가 등이 광범위하게 참여하였고, 3개 분야(고용 및 사회안전망, 실물경제, 교육 및 인력양성)별로 T/F팀을 구성하여 국가고용전략회의를

뒷받침하였다.

집단적 노사관계 제도의 선진화 추진

이명박 정부는 출범 초기부터 경기회복 지연, 진보 진영과 노동계의 반발, 정치적 불안정 등으로 노사관계 불안 요인이 상존했으나, 법과 원칙의 준수라는 기조하에 노사갈등의 자율해결 지원, 공공 부문을 중심으로 위법·불합리한 노사 관행 개선, 공기업 선진화 추진, 노사 간 상생협력의 확산, 그리고 그동안 13년간 유예되어 오던 복수노조 및 노조 전임자 관련 노사관계 법·제도 개선 논란에 종지부를 찍음으로써 노사관계 선진화의 기틀을 마련하였다.

이명박 정부는 2008년에 '근로자 참여 및 협력 증진에 관한 법률'의 개정을 추진하고, 복수노조, 노조 전임자 관련 제도 개선 논의를 위해 노사정위원회에 '노사관계선진화위원회'를 발족하여 본격적인 제도 개선 논의를 시작하였다. 노사관계선진화위원회는 2008년 11월 13일 1차 전체회의를 개최한 이후 2009년 7월 20일까지 13차례 전체회의를 개최하여 주요 쟁점에 대한 노사의 입장을 확인하고 그 쟁점에 대한 해결방안을 논의하였다. 그러나 노사가 당초의 원칙적 입장을 고수함에 따라 합의에 이르지 못한 상태에서 7월 20일 제13차 전체회의를 개최하여 그간의 활동보고서를 채택하고 복수노조와 노조 전임자 문제에 대한 공익위원 합의문을 발표하였다. 아울러, 2009년은 글로벌 금융위기 여파로 경제상황과 고용여건이 어려운 한 해였으나, '경제위기 극복을 위한 노사민정 합의'를 통해 노사의 양보와 협력으로 경영위기를 극복하고 일자리를 지키려는 노력이 산업사회에 확산되기에 이르렀다.

이러한 합의정신과 사회적 위기의식을 바탕으로 2009년에는 그동안 13년간 유예되어 오던 노조 전임자·복수노조 제도 개선을 적극 추진하였다. 그간의 노사정위원회의 논의를 바탕으로 2009년 10월 29일부터 11월 25일까지 노사정 6차 회의(대표자회의 4회, 실무협의 2회) 개최에 이어 11월 27일부터 12월 4일까지 한국노총, 경총 및 노동부 간 실무회의와 대표자회의 등 집중 논의를 거쳐 '12.4 노사정 합의'를 도출하기에 이르렀다. '12.4 노사정 합의'로 13년간 해묵은 숙제인 전임자·복수노조 문제의 해결이 가능해짐에 따라 노사관계 선진화의 새로운 토대가 마련되었을 뿐만 아니라 합의를 통한 제도 개선이라는 점에서 정책의 수용 가능성도 높일 수 있게 되어 새로운 제도가 연착륙될 수 있도록 하였다. 아울러, 두 제도의 시행시기를 달리하여 순차적으로 시행하도록 함으로써 산업현장의 혼란을 최소화할 수 있도록 했다.

'12.4 노사정 합의'를 기초로 하여 2009년 12월 8일 여야 입법안에 대한 추미애 환노위 위원장의 중재안을 중심으로 여야 간 집중 논의를 거쳐 2009년 12월 30일 제285회 국회(임시회) 환노위 전체회의에서 김상희 의원, 홍희덕 의원, 안상수 의원, 안홍준 의원이 각각 발의한 '노동조합 및 노동관계조정법 일부개정법률안'을 본회의에 부의하지 아니하고 '노동조합 및 노동관계조정법 일부개정법률안'에 대한 환노위 위원장 대안을 의결하였다. 김형오 국회의장은 2010년 1월 1일 오전 1시에 본회의를 개최하여 '노동조합 및 노동관계조정법 일부개정법률안'을 상정하고, 차명진 의원 외 34명은 환노위 위원장 대안에 대한 수정안을 발의했으며, 투표 결과 재석 175명, 찬성 173명, 기권 1명, 반대 1명으로 수정안이 가결되었다. 이로써 노조 전임자·복수노조에 대한 제도 개선을 내용으로 하는 노동조합 및 노동관계조정법이 개정되기에 이르렀다.

이와 같이 우여곡절 끝에 '노동조합 및 노동관계조정법'을 개정함으로써 '12.4 노사정 합의'를 기반으로 13년간 미루어 온 노동 현안을 해결하였으며, 노사관계의 기본원칙을 유지하면서 노사자율을 최대한 보장하도록 하였다. 근로시간면제제도 도입 및 근로시간면제심의위원회 운영을 통해 객관적·합리적 수준의 노조활동이 보장되고, 교섭창구 단일화 제도 및 공정대표의무제도를 통해 교섭상 혼란을 예방하며 소수노조에 대한 차별을 방지하는 한편, 근로시간면제제도와 복수노조 제도의 순차적 시행에 따라 산업현장의 혼란을 최소화하고 제도의 연착륙을 도모하였다. 아울러 '노동조합 및 노동관계조정법' 개정으로 '경쟁과 책임'의 성숙된 노사관계로 진일보하고 기업 경영의 투명성과 효율성을 제고할 계기를 마련하였다.

2010년에는 '노동조합 및 노동관계조정법'이 개정됨에 따라 같은 법 시행령 및 시행규칙 개정을 추진하고, 근로시간면제심의위원회를 구성하여 근로시간면제 한도를 결정하는 등 제도개선 후속 조치를 마무리 지었다.

노조 전임자 근로시간면제 제도 정착 지도

2010년 2월 12일 노조 전임자에 대한 급여지급을 금지하고 복수노조 교섭창구 단일화를 주요 내용으로 하는 노동조합 및 노동쟁의 조정법 시행령 개정안이 공포·시행됨에 따라 이날 고용노동부는 근로시간면제심의위원회를 구성하기 위해 한국노총, 민주노총, 경총, 대한상공회의소, 한국무역협회, 중소기업중앙회, 전경련 등 전국적 규모의 노동단체 및 경영자단체에 근로시간면제심의위원회 위원 추천을 의뢰하는 공문을 발송하고, 각 단체에 소속된 전·현직 임원 외에 객관적인 입장에서 논의를 진행할 수 있는 노동 문제 전문가의 추천도 함께 요청하였다.

이에 2월 26일 정부 추천 공익위원으로 김태기 단국대학교 교수 등 5명을, 노동계 추천 위원으로 백헌기 한국노총 사무총장 등 5명을, 경영계 추천 위원으로 이동웅 한국경총 전무이사 등 5명을 근로시간면제심의위원회 초대위원으로 위촉하였고(임기: 2010. 2. 26-2012. 2. 25),[10] 민주노총은 추천기한이 지난 후에 위원 2명을 추천했으나, 노동계 내부의 협의를 거쳐 3월 23일 한국노총 추천 위원 2명이 사퇴하고 민주노총 추천 위원 2명으로 교체 위촉하였다.

근로시간면제심의위원회는 현장 실태조사 등을 토대로 노사의 입장을 제시하면서 전체 회의 16회, 소위원 회의 7회, 실태조사단 회의 7회 등 총 34차례의 회의를 개최하였고, 4월 30일부터 시작된 제16차 전체 회의는 노·사·공익위원 간의 격렬한 논의로 5월 1일까지 계속되었으며, 5월 1일에 무기명·비밀 투표를 통해 근로시간면제 한도를 의결하였다.

면제 한도 심의·의결 이후 경총, 대한상공회의소, 전경련, 한국무역협회 등 경제단체가 이에 대한 유감을 표명하고 한국노총과 민주노총은 면제 한도 의결을 규탄하는 내용의 성명서를 발표하는 등 불만의 목소리가 없지 않았으나 5월 11일 노사정은 근로시간면제심의위원회가 심의·의결한 대로 근로시간면제 한도를 시행하기로 합의했으며, 고용노동부는 5월 14일 근로시간면제심의위원회가 의결한 내용대로 고시하였다.

비정규직 보호대책 추진

외환위기 이후 우리 사회의 대표적인 양극화 원인 중 하나인 비정규직에 대한 차별과 남용 문제를 해결하기 위한 최초의 법적 보호 틀인 비정규직법[11]이 2006년 11월 30일 국회를 통과하여 12월 21일 공포되

---

10 노동계 및 경영계 위원 각 5명 중 2명은 해당 단체의 현직 임원이 아닌, 노동 문제 전문가로 위촉되었다.

11 비정규직법이란 '기간제 및 단시간 근로자 보호 등에 관한 법률', '파견근로자 보호 등에 관한 법률', '노동위원회법' 등 비정규직 보호 관련 법률을 통틀어 이르는 말이다.

었다. 비정규직법이 오랜 진통 끝에 어렵게 마련된 만큼 이명박 정부는 2007년 이후 동 법의 차질 없는 시행과 정착을 위해 역량을 집중하였다.

종래 기업에선 기간제 근로자를 고용기간 제한 없이 사용해 왔으나, 비정규직법(기간제법)이 도입되면서 기간제 근로자의 고용기간이 2년 이내로 제한되었다. 비정규직을 고용할 경우 2년 이내로 한시적으로만 고용하도록 하고 2년을 초과하여 상시 고용할 경우에는 정규직으로 간주함으로써 비정규직의 고용안정을 도모하겠다는 취지였다. 그러나 기간제 근로자의 평균 근속기간이 2년 5개월임에도 불구하고 법으로 2년을 넘지 못하도록 하는 것은 기업의 고용 현실과 맞지 않고, 때마침 비정규직법의 시행과 경기침체가 맞물리면서 비정규직이 기업 인력조정의 주된 대상이 될 가능성이 높았다. 따라서 법 시행 후 2년이 되는 2009년 7월 1일 이후 비정규직 근로자의 대규모 실직이 가속화될 우려가 제기되었다. 이에 따라 정부는 법 시행 평가 및 보완 방향에 대한 노사정 의견을 수렴하여 법 개정을 공론화하기 시작했다.

2008년 4월 노사정위원회에 '비정규직대책위원회'를 구성하여 8월부터 총 36차례의 회의를 통해 비정규직법 시행 평가 및 보완 방향을 논의하기 시작하였다. 그러나 이에 대하여 노사정 의견이 엇갈려 실무차원에선 의견 접근이 어렵다고 보고 상무위원회에 논의 결과를 보고하는 선에서 논의를 마무리하였다(2009. 3. 5).

2009년 3월 12일 정부는 비정규직 고용안정을 위해 고용제한기간을 현행 2년에서 4년으로 연장하되, 정규직 전환을 촉진하기 위해서 중소기업에서 비정규직을 정규직으로 전환하는 경우 4대 사회보험료의 사업주 부담을 2년간 50% 감면하는 한편, 차별 시정 신청기간을 3개월에서 6개월로 연장하고, 사회안전망 확대 등 더 나은 일자리로 이동하거나 일자리 자체의 질적 개선을 위한 정책적 노력 강화 등을 주요 내용으로 하는 종합적인 비정규직 고용안정대책을 발표하였다. 이러한 종합대책 발표에 맞추어 비정규직법 개정안을 마련하여 같은 해 4월 1일 국회에 제출했으나, 여야 간 이견으로 법 개정을 마무리하지 못했고 국회 회기가 종료됨으로써 자동폐기되었다.

2011년에 들어서 소득 양극화, 대기업과 중소기업 간 격차 등 우리 사회의 핵심 쟁점이 사내하도급과 비정규직 문제로 집약되면서 이들의 근로여건 개선을 위한 종합적인 대책 마련에 대한 요구가 증가하였다. 이러한 요구를 반영하여 노사정위원회에 '노동시장선진화위원회'를 구성하고(2011. 1), 노사정 및 전문가들이 심도 있는 논의를 거쳐 '사내하도급 가이드라인'을 제정하게 되었다(2011. 7).

또한, 2011년 7월 21일 '고위 당정협의회'에서 당정은 조속한 시일 내에 '비정규직 종합대책'을 마련하기로 합의하였고, 이를 위해 토론회와 간담회 등을 통해 당, 노·사, 전문가 등과 비정규직 문제 해결 방안에 대해 논의했으며, 이와 같은 논의를 토대로 2011년 9월 9일에 '비정규직 종합대책'을 마련하여 발표하였다. 총 7대 분야 30대 시책으로 구성된 '비정규직 종합대책'은 동종 또는 유사한 업무를 수행하면서도 차별받는 문제를 해소하고 저임금 근로자에 대한 사회안전망 확충에 중점을 두었다. 아울러, 사내하도급 근로자의 근로조건 개선방안도 포함하였다. 이에 따라 기간제법, 파견법 등 8개 관련 법률이 개정되었으며, 공공 부문이 솔선하여 민간 부문을 선도하기 위한 '공공 부문 비정규직 고용개선대책'이 수립·시행되었다.

이와 같은 조치들은 비정규직 보호를 위한 진일보한 대책이었으나, 기존 프레임 안에서의 차별 시정을 도모함으로써 근본적인 문제 해결책은 되지 못했다.

10. 맺음말: 향후 과제

우리나라 노동 관련 제도는 1987년을 계기로 활발해진 노동운동에 대한 정치·경제·사회 정책적 대응 차원에서 앞에서 시대별로 살펴본 바와 같이 정책기조에서 큰 틀의 변화를 맞게 되었다. 노동 관련 제도는 노동 3권과 관련된 집단적 관련 제도인 '노사관계시스템'과 임금·근로시간, 고용평등 등 개별적 노동 관련 제도인 '고용관계시스템'으로 구분할 수 있는데, 1987년 이후 대부분의 노동 관련 제도 변화는 주로 노사관계시스템에 집중되었다. 1987년 민주화 선언 이후 노동운동이 봇물을 이루고 정치·경제·사회 등 각 분야에 영향을 미치게 되자 집단적 노동 관련 제도의 급속한 변화가 필요하게 되었고, 이에 대한 대응능력 또한 신속히 배양하지 않으면 안 되었다. 이에 따라 그동안 산업화 시대에 존치되어 노사관계를 규율해 온 각종 집단적 노사관계의 규제적 조항들이 점차 글로벌 수준으로 발전하게 되었다.

제3자 개입금지 규정 폐지, 직권중재제도 폐지, 필수유지업무제도 도입, 공무원·교원 노동 3권 보장 등이 정권에 따라 시대별로 개선되었고, 이명박 정부 들어 복수노조 인정, 노조 전임자 근로시간면제제도가 13년 만에 제도화됨으로써 대부분의 노사관계시스템은 국제적으로 손색이 없을 정도로 그 골간을 완성하게 되었다. 그러나 노동 관련 제도의 또 다른 한축인 고용관계시스템은 그동안 주 40시간 근무제 도입, 고용보험법 제정, 기간제·파견법 제정 이외에는 특별한 변화 없이 산업화 모델에 기반한 기존 고용시스템을 유지함으로써 우리의 경제·사회 체제의 발전 속도 및 양태와는 걸맞지 않은 한계와 문제점을 노출하게 되었다.

임금시스템은 낮은 기본급, 다양한 수당체계, 실적·능력과 연관성이 적은 연공체계 등으로 시장임금 형성원칙을 반영하지 못하는 낙후된 임금체계를 40년 넘게 유지하고 있다. 시대에 뒤떨어지는 교대제, 주 68시간 근로 허용 등 장시간 근로체계로 인해 OECD 국가 연평균 근로시간보다 약 400시간이나 많은 최대노동시간을 기록하고 있으며, 이는 근로자의 건강 보호는 물론이고 기업의 생산성에도 좋지 않은 영향을 미치고 있다. 선진국에서 활용되고 있는 다양한 고용 형태를 수용하지 못하고 산업화시대의 경직된 전일제 근무가 남성 중심의 외벌이 형태로 고착됨으로써 여성의 취업기회를 제한하고, 경력단절 여성의 재취업을 위한 제도적 보호장치가 미흡하여 맞벌이 모델의 정착을 어렵게 하고 있다. 또한 급속한 고령사회 진입과 751만 명에 달하는 베이비붐 세대의 은퇴가 시작되어 이들에 대한 노후생활 보장과 활동공간 확보가 무엇보다 중요한 사회적 과제로 대두되기에 이르렀다. 외환위기를 겪으면서 기업들은 고용위험 부담을 줄이기 위해 정규직 확대보다는 비정규직, 사내하도급, 특수고용형태 등을 선호함으로써 노동시장의 불공정성을 심화시켜 다수의 근로자들이 법적 보호망 밖에 아웃사이더로 남겨지는 이중구조가 자리 잡게 되었다.

정책 목표의 설정

새로 들어설 정부는 기존 정부의 노동정책 과제들과는 질적으로 차원이 다른 시대적 요청에 부응해야 할 입장에 처해 있다. 과거 산업화 모델에 기초한 기존의 낡은 고용시스템을 질적 변화를 통해 선진사회로 진입하기 위한 지속가능한 새로운 고용시스템으로 탈바꿈시켜야 할 것이다. 산업구조의 변화에 따른 새로운 사회적 요구에 부응할 수 있도록 그동안 누적되어 온 경직된 기존 시스템의 문제점을 개선하고, 인구학적으로 고령사회 진입, 여성인력의 사회진출 확대 등 노동력 공급 측면의 변화에 적극적으로 대처하며, 노동시장의 이중구조를 타파하고 공정성을 높여 양극화 현상을 완화해 나가야 한다.

통상임금 관련 임금체계 개편

2013년 12월 18일 갑을오토텍 사건에 대한 통상임금 관련 대법원 전원합의체 판결은 우리나라 임금체계를 합리적으로 바꿀 수 있는 기폭제가 되었다. 이로써 산업화 시대에 누적되어 온 연공 중심, 복잡 다양한 수당체계 등 낡은 임금제도를 직무·직능급 위주로 개편할 수 있는 좋은 계기가 마련되었다. 정부는 외환위기 이후 1990년대 들어 생산성과와 연동된 임금체계 개편을 위해 많은 노력을 기울여 왔으나 노사당사자들은 이를 현실적인 이유로 받아들이지 못했으며, 이는 낙후된 임금체계를 갖게 된 커다란 원인이 되었다. 노사도 이제 통상임금 관련한 임금체계를 성과와 연동시킨 선진화된 제도로 탈바꿈하여 장시간 노동에 의존해 온 생산시스템을 획기적으로 개편함으로써 생산의 효율화를 도모해 나가야 궁극적인 기업 발전과 근로복지 증대에 기여할 수 있는 선순환 구조를 갖추게 될 것이다.

장시간 근로체계 개선

현재 우리의 근로시간제도는 주 40시간 법정근로시간에 연장근로 12시간, 휴일근로 16시간(토 8시간 + 일 8시간) 등 주당 총 68시간까지 근로가 가능하도록 되어 있다. 사측도 추가고용 없이 현재 근로자를 보다 적은 비용으로 활용할 수 있는 장점이 있고, 근로자 측에서는 할증률이 적용되는 주말근무를 함으로써 기본급을 보충할 수 있는 이점이 있어서 노사 모두 이를 암묵적으로 선호해 온 경향이 있었다. 그러나 앞에서도 보았듯이 임금체계를 근본적으로 바꾸어 기본급을 튼튼히 함과 동시에 실적과 성과에 연동하는 급여체계로 바꾸면 근로자의 생활안정을 도모할 수 있으며, 장시간 근로로 인한 삶의 질 저하를 방지하고 생산성 향상을 통해 기업 발전에도 기여할 수 있을 것이다.

경직된 전일제 고용체제 개선

우리의 노동시장에서는 아직도 가장이 혼자 벌어 가족을 부양하는 남성 외벌이 모델이 지배적이다. 따라서 근로자는 임금상승에 민감할 수밖에 없으며 노사협상은 파이를 키우기보다 분배 중심의 교섭구조를 형성하면서 치열한 힘의 대결로 귀착되는 양상을 보여 왔다. 이러한 문제를 근본적으로 해결하기 위해서는 부부 맞벌이 모델로 고용구조를 바꿀 필요가 있다. 육아기 노동시간 단축, 시간제근무 활성화 등 여성의 사회진출과 경력단절을 막을 수 있는 제도적 장치를 마련하여 부부 맞벌이를 통해 가족부양의 책임을 분담하고 여성인력을 적극 활용해야 한다.

고령사회 진입에 대비한 정년연장

고령화된 베이비붐 세대의 조기퇴직 등 고령사회 진입에 대비한 대책의 일환으로 관련 법을 2013년 개정하여 2016년부터 정년이 60세로 연장되기에 이르렀다. 늦게나마 다행스러운 조치이지만 이를 성공적으로 시행하기 위해서는 노사 상생의 협력이 필요하다. 단순히 정년연령만 연장하는 것보다는 임금피크제를 함께 도입함으로써 합리적인 임금체계를 갖출 필요가 있다.

간접고용의 불공정성 시정

1998년 외환위기 이후 사내하청, 계약직, 파견직 등 비정규직 근로자와 특수형태 종사자(보험설계사, 캐디, 학습지 교사, 레미콘 기사, 택배 기사, 대리 기사) 비중이 확대되어 왔다. 이러한 직종들은 산업사회가 다양화됨에 따라 고용의 유연성을 높여 준다는 측면에서 긍정적인 효과가 있다고 보겠으나, 이 분야에 종사하는 근로자들이 기존의 노동법 보호체계에서 벗어나 회색지대(gray zone)에 존재함으로써 사회보험 혜택을 받지 못하게 되어 노동시장에서 소외됨으로써 이들이 받게 되는 불합리한 격차 문제들이 중요한 사회문제로 제기되고 있다. 최근 들어 제조업뿐만 아니라 유통업체, 전자통신서비스업, 케이블통신업체 등으로 노사분쟁이 확산되고 있으며 불법파견 논란, 하청업체 근로자의 처우개선, 노조 설립에 따른 단체교섭체계 구축 논란 등 많은 문제들이 표면화되고 있다. 향후 우리 노사관계의 주요 정책과제는 사내하청, 협력업체와 원청 근로자의 형평성 문제, 영세·소기업과 대기업 간의 격차 완화 등 공정한 임금과 사회적 대우를 받을 수 있는 시스템을 사회적 합의와 공감대를 형성하면서 얼마나 신속히 구축하느냐에 달려 있다고 하겠다. 이 과제는 우리나라가 선진국으로 진입하기 위해 반드시 풀어야만 할 국가전략적 핵심과제가 될 것이다.

참고문헌

경제기획원(1962-1970). 「주요경제지표」.

경제사회발전노사정위원회(2008-2013). 「노사정위원회 활동보고서」.

고영선(2008). 『한국경제의 성장과 정부의 역할: 과거, 현재, 미래』. 한국개발연구원.

고용노동부(2010-2013). 『고용노동백서』.

김광석(1984). 『한국경제의 고도성장요인』. 한국개발연구원.

김금수(1986). 『한국노동문제의 상황과 인식』. 풀빛.

김대근 외(2005). 『새로운 한국경제발전사: 조선후기에서 20세기 고도성장까지』. 나남.

김수곤(1983). 『노사관계 정책과제와 방향』. 한국개발연구원.

김원경(1984). 『노사관계론』. 형설출판사.

김윤환(1982). 『한국노동운동사(I, II)』. 청사.

김윤환·김낙중(1979). 『한국노동운동사』. 일조각.

김창남·와따나베(1997). 『현대 한국경제 발전론』. 유풍출판사.

김형기·박현채 외(1985). 『한국자본주의와 노동문제』. 돌베개.

김형배(1985). 『노동법』. 박영사.

남덕우(2009). 『경제개발의 길목에서』. 삼성경제연구원.

노동부(1990-1996). 『매월 노동통계 조사 보고서』; 『임금타결 결과보고서』.

노동부(1996-2009). 『노동백서』.

노동청(1971). 『알기쉬운 노동백서』.

노동청(1972). 『한국노동통계연감』.

노사정위원회(1998-2001). 『노사정위원회 활동현황』.

노사정위원회(2003-2006). 『연차보고서』.

노사정위원회(2008a). 『노사정위원회 5년백서』.

노사정위원회(2008b). 『경제사회발전노사정위원회 10년사』.

노사정위원회(2010). 『역대합의문 및 건의문 모음집』.

노사정위원회(2013). 『정책자료집(2008. 2-2013. 2)』.

박세일 외(1983). 『노사협의제 연구』. 한국개발연구원.

박영기 외(1983). 『한국의 노동문제: 그 현황과 과제』. 서강대학교 산업문제연구소.

배무기(1984). 『노동경제학』. 경문사.

배무기(1997). 「노사관계개혁위원회 노동법 개정작업의 협상적 국면」. 『노동경제논집』 20(2): 1-31.
서울대 사회과학대학 경제과학연구회(1986). 『한국자본주의의 전개와 그 성격』. 한울.
신인령(1987). 『노동법과 노동운동』. 일월서각.
이규성(2007). 『한국의 외환위기』. 박영사.
이만열 편(1985). 『한국노동운동의 역사와 전망』. 문학예술사.
이원덕 외(2000). 『21세기 노동정책』. 한국노동연구원.
이종훈(2003). 「임금, 무엇이 문제인가」. 『한국노동경제학회 정책토론회 논문집』.
이태호(1986). 『최근 노동운동 기록』. 청사.
임양택(1985). 『외채위기의 극복과 자립경제로의 도전』. 한발출판사.
임채정 외(1984). 『노동현실과 노동운동』. 돌베개.
전신욱(1989). 「한국산업과정에서의 노동통제와 노동저항」. 고려대학교 박사학위논문.
조승혁(1983). 『한국공업화와 노동운동』. 풀빛.
차동세 · 김광석 편(1995). 『한국경제 반세기: 역사적 평가와 21세기 비전』. 한국개발연구원.
최장집(1988). 『한국의 노동운동과 국가』. 열음사.
최종태(2010). 『현대노사관계론』. 정문사.
한국개발연구원(2010). 『시장경제적 관점에서 보는 한국경제의 발전경험 평가와 정책 제언』.
한국기독교사회문제연구원(1984). 『한국사회변동연구(I, II)』. 민중사.
한국기독교사회문제연구원(1988). 『7-8월의 노동자 대투쟁』. 민중사.

2부

정책 분야별 회고와 전망

4장 노사관계법의 역사적 변화와 전망 _이철수

5장 임금정책의 변화와 정책결정 과정 _김헌수

6장 직업능력개발정책의 역사적 변화와 전망 _정병석

7장 고용보험제도의 도입과 발전 _유길상

8장 산업안전보건정책의 흐름과 전망 _송지태

4장 /

노사관계법의 역사적 변화와 전망*

이철수

1. 들어가는 말

노동법제의 발전

1953년에 노동법의 골격이 갖추어진 이후 짧은 기간 동안 그 변천사는 우리의 정치사만큼이나 변화무쌍하였다. 노동사회학에서 한국의 노동체제(labor regime)에 관해 논란이 되고 있지만,[1] 필자는 한국 노동법제의 전개를 명목적 생성의 시기(미군정기와 1953년 3월 8일 노동법 제정 이후), 경제적 효율성 강조의 시기(1961-1987), 사회적 형평성 모색의 시기(1987-1997), 사회적 형평성과 경제적 효율성 조화의 시기(1998년 노동법 대개정 이후)로 나누어 살펴보고자 한다.

• 명목적 생성의 시기

한국에서는 이승만 정권하에서 6.25전쟁 중이던 1953년에야 비로소 근로기준법, 노동조합법, 노동쟁의조정법, 노동위원회법 등 소위 '노동4법'이 제정되어 노동법제의 기본 골격을 갖추게 되었다. 그 이전에는 사안에 따라 임시방편적으로 단행법령이 제정·운영되었는바, 미군정이 제정·시행한 몇몇 법령이 중요한 지침으로 작용하였다. 다만 1953년의 노동4법은 한국 노사관계의 현실을 반영하거나 외국 법제에 관한 면밀한 조사와 연구를 통해 제정된 것이 아니고, 미군정기의 노동정책하에서 형성된 법적 관행의 일정 부분을 수용하면서 기본적으로

---

* 이 글은 졸고, 「IMF 구제금융 이후의 한국의 노동법제 발전」(『서울대학교 법학』 제55권 제1호, 2014, 205-252쪽)을 요약·정리한 것이다.

1 대표적으로 1998년 이전의 단계를 정책의사결정과정에서 노동자를 포섭하는가의 여부(수용 - 배제), 노동시장의 작동방식(시장적 - 제도적), 국가와 노동운동과의 관계(자율 - 억압)의 세 가지 기준에 따라 노동체제를 분류한 장홍근 교수의 연구를 들 수 있다(장홍근, 1999: 30-35). 이 외에도 87 레짐의 성격과 한계를 분석한 최근의 연구로 노용진(2014) 참조.

는 일본의 노동관계법을 계수한 것이었다.[2] 특히 이 당시의 집단적 노동관계법은 노조의 자유설립주의를 보장하고 협약자치를 최대한 존중하는 등 집단적 자치의 원칙에 비교적 충실한 입법이었지만, 근대적 의미의 노사관계가 형성되어 있지 않은 상황이라 법의 실효성을 기대하기가 힘들었다.

• 경제적 효율성 강조의 시기

산업화에 박차를 가한 박정희의 제3공화국(1961-1970)에서부터 정치적 정당성의 결여로 정권유지에 급급했던 유신체제(1971-1979)와 전두환의 제5공화국(1981-1987)의 권위주의 정부하에서 노동관계법은 경제적 효율성 내지 기능적 효율성을 극대화하기 위한 도구의 성격이 강하였다. 노사협의회를 매개로 한 협조적 노사관계의 진작이라는 구호도 그 실상은 근로3권의 위축을 도모한 것이었다. 노동정책 역시 그 특수성이 무시된 채 경제정책에 종속되었다. 그 결과 노동자의 단결활동은 철저히 제약받았다. 노동시장에서 노사의 집단자치가 작동되지 않고 국가가 주도권을 행사하는 가부장적 노사관계가 형성되었다.

이 당시의 법 개정 경향을 형식적으로 보면, 집단적 노동관계법 영역에 있어 규제와 억압을 강화하고 개별적 노동관계법 영역에 있어 노동자 보호를 강화한 것으로 정리할 수 있다. 그러나 실질적으로 보면, 근로기준법의 수규자인 사용자가 법을 준수하지 않은 것은 물론이고 국가가 이를 수수방관하는 경우가 많았기 때문에 보호법으로서 기능은 한계가 있을 수밖에 없었다.

---

2 최근 제정 노동법과 일본 노동법을 비교하여 그 차별성에 드러낸 논문으로는 강성태(2013: 160 이하) 참조.

• 사회적 형평성 모색의 시기

1987년의 이른바 6월 항쟁에서 시작된 한국 민주화의 진전은 노동관계법의 개정과 직접적인 관련이 있다. 1987년에서 1997년에 이르는 노동관계법 개정 과정은 이전 시기의 법 개정 과정과는 뚜렷한 차이를 보인다. 우선 절차적인 측면에서 보면 1987년에 이루어진 노동관계법 개정은 노동관계법 제정 이후 최초로 정상적인 입법기관에 의해 정치권의 토론 과정을 거쳐 여야 합의로 이루어졌다. 법 내용의 측면에서 볼 때 집단적 자치는 부분적으로 후퇴하기도 했지만 전체적으로는 꾸준하게 확대되어 왔다. 집단적 자치의 확대는 노동운동 발전에 조응하는 것이었다.

1990년에 들어와 WTO 체제로 세계경제질서가 재편되고 한국이 ILO에 가입함에 따라 국제화·세계화의 시각에서 노동법을 재검토할 필요성이 제기되었다. 아울러 계속되는 노동계의 법 개정 요구와 함께 노동의 유연성 제고와 기업경쟁력 강화를 기치로 사용자 측에서 근로기준법 개정을 강력하게 주장하였다. 이것이 김영삼 정부에서 노사관계개혁위원회(이하 '노개위')가 발족된 계기다. 노개위는 이전의 양대 노총을 포함하는 노동계 대표의 참여가 보장되었을 뿐 아니라 노사관계 개혁과 관련된 주요 현안을 둘러싼 중앙 차원의 실질적인 협의가 이루어졌다는 점에서 사회적 협조주의의 효시를 이룬다고 평가할 수 있다. 노개위에서의 심도 있는 논의와 노동법 개정 반대 총파업으로 인한 개정법 폐지 및 재제정의 우여곡절을 거친 끝에 현행법이 마련되었는바, 집단적 노동관계법 영역에서 위헌 논란이 있는 문제 조항이 상당히 개선되었고 개별적 노동관계법 영역에서는 노동의 유연성을 제고하는 규정이 도입되었다. 아울러 합리적으로 제도를 개선한 부분도 많이 발견된다.

• 사회적 형평성과 경제적 효율성 조화의 시기

1997년 하반기의 외환·금융위기는 한국이 1960년대 이후 40여 년의 경제성장 과정에서 경험하지 못했던 초유의 위기상황이었다. 외환·금융위기에 따른 경제위기로 대량실업 사태와 임금저하 현상이 속출했고, 노동법체계에 대한 재검토가 불가피하게 되었다. 노사관계에서 이러한 움직임은 노사정위원회 발족의 요인으로 작용하였다. 노사정위원회에서의 합의 등을 기초로 하여 새로운 제도가 도입되기도 하고 기존 제도가 일부 수정됨으로써 1998년 이후 노동관계법제는 상당 부분 변모하게 된다. 개별적 노동관계법 영역에서는 정리해고 법제가 근로기준법 개정을 통해 일부 수정되었고, 근로자파견제도가 새로 도입되었으며, 사용자 도산 시 임금채권 등의 보호를 내용으로 하는 근로기준법 개정과 임금채권보장법 제정 등의 변화가 있었다. 집단적 노동관계법 영역에서는 교원의 노조 설립이 가능하게 되었으며, 공무원의 직장 내 단결활동이 공무원직장협의회를 통해 일부 가능해졌고, 노조의 정치활동 범위가 노조법상 관련 조문 삭제 및 정비, 정치관계법 개정을 통해 확대되는 등의 변화가 있었다.

IMF 구제금융과 사회적 대타협의 성공

1997년 하반기의 외환·금융위기를 계기로 노사정위원회가 발족하면서 대대적인 노동법제 개선안이 채택되고 이는 이후 2000년대의 법제 형성에 지대한 영향을 미치게 되었다. 1997년 12월 정부와 IMF가 구제금융 협상을 시작하자, 재벌을 필두로 한 많은 기업들이 자체 구조조정계획을 속속 발표하였다. 이런 급박한 사태 전개 속에서 전국민주노동조합총연맹(이하 '민주노총')은 12월 3일 '경제위기 극복과 고용안정을 위한 노사정 3자 기구' 구성을 공식적으로 제안하였다. 1997년 12월 19일 대통령선거에서 승리한 김대중 대통령 당선자는 12월 24일

경제계 인사와 한국노동조합총연맹(이하 '한국노총')과 민주노총 측을 연이어 만나 3자 회의기구의 구성을 제의하였다. 이틀 뒤인 12월 26일 김대중 대통령 당선자는 'IMF 극복을 위한 노사정협의회'의 구성을 공식적으로 제안하였다. 선거 직후 3자 기구 구성 문제가 가장 시급한 현안으로 다루어진 것은 각 경제주체 간의 사회적 합의 도출을 조건으로 100억 달러를 조기에 지원받기로 IMF와 약속했기 때문이었다.

노동계는 처음에 노사정협의체가 정리해고를 합법화하기 위한 수순이라는 의구심에서 반발하였다. 왜냐하면 금융·외환위기 해소를 위해 당선자 측과 경제정책 담당자를 구성원으로 하여 1997년 12월 22일 구성된 비상경제대책위원회에서 정리해고제도와 파견제도의 도입을 강구하고 있었던바, 노사정협의체가 이 목적에 이용되는 것이라고 판단했기 때문이다. 그러나 김대중 당선자 측에서 정리해고 문제뿐만 아니라 재벌개혁 등 경영계 개혁추진 방침, 교원·공무원의 노동기본권, 노조의 정치활동 보장 등 노동계의 요구사항을 논의하기로 수용함으로써 노사정위원회의 출범이 가능하게 되었다. 1998년 1월 15일 공식 발족한 제1기 노사정위원회(위원장: 한광옥)는 재정경제원 장관과 노동부 장관, 양 노총 위원장, 전국경제인연합회(전경련)와 한국경영자총협회(이하 '경총') 회장, 각 정당 4명 등 총 10명으로 구성되었다. 그 산하에 실무(기초)위원회와 전문위원회를 두고 필요에 따라서 분과위원회를 설치할 수 있도록 했다.

제1차 회의에서 김대중 대통령 당선자는 정부의 우선적 고통 분담, 노사 공정대우, 국가경쟁력 우선이라는 세 가지 원칙을 제시하고, 1998년 1월 19일 의제로서 10개의 논의과제를 선정하였다. 논의과제 중 노동법제도와 직접 관련된 것은 '노동기본권 보장 등 민주적 노사관계 확립'과 '노동시장의 유연성 제고 방안'이었다. 전자와 관련해서는 공무원·교원의 노동기본권 보장 문제, 노조의 정치활동 허용범위 확대 등 국제기준에 따른 노동기본권 보장 문제, 노사정 정책협의기구의 제도화 문제, 노사 교섭구조 개선방안 등이 구체적 의제로 포함되어 있었다. 후자와 관련해서는 고용조정에 관한 법제 정비, 파견근로자 등 비정규고용 관련 제도 정비 등이 설정되어 있었다. 다음 날인 1월 20일 노사정위원회는 '경제위기 극복을 위한 노사정 간의 공정한 고통 분담에 관한 합의문'을 발표하였다. 역시 정리해고에 대한 직접적인 언급은 없었으나 관련 내용으로, "노동조합은 기업의 급박한 경영상의 사유가 있을 경우 실업 발생을 최소화하기 위해 임금, 노동시간 조정에 적극 노력"하겠다는 내용을 담고 있었다. 노사정위원회는 논의 대상으로 110개 의제를 확정한 후 전문위원회를 중심으로 쟁점 사항에 대한 논의를 계속하였다. 노동계의 탈퇴 선언 등 우여곡절이 있었으나, 110개 의제 중 90개 의제에 관하여 합의를 이루었다.

1998년 2월 6일 노사정위원회는 총 90개 항목에 걸친 '경제위기 극복을 위한 사회협약'을 체결하였는데 그중 노동법제와 직접 관련된 것은 다음과 같다. 먼저 정리해고제도와 관련하여, 조문명을 바꾸고 요건을 정비하였다. 다음으로 근로자파견제도와 관련해서는 1998년 2월 임시국회에 '파견근로자 보호 등에 관한 법률(안)'을 제출할 것을 합의하였다. 그리고 사업주의 도산 시 근로자의 임금채권을 보장하는 법안을 1998년 2월 임시국회에 제출하도록 합의하였다. 그 밖에 영세사업장의 노동자 보호를 위해 5인 미만 사업장에 근로기준법의 일부 조항을 적용할 수 있도록 관련 법령 개정에 합의하였다.

노동기본권 보장과 관련하여, 공무원에 대하여 정부는 1999년 1월부터 직장협의회 설치를 위한 관련 법안을 1998년 2월 임시국회에 제출하고, 노조결성방안은 국민여론을 수렴하여 2단계로 추진한다고 합의하였다. 교원에 대해서는 1999년 7월부터 교원의 노조결성권이 보장되도록 1998년 정기국회에서 관련 법률의 개정을 추진한다는 데 합의하였다. 그 밖에 1998년 상반기 중 선거법과 정치자금법 개정을 통해 노조의 정치활동을 보장하며, 노동기본권 확충을 위해 실업자에게 초기업단위노조의 가입자격을 인정하고, 단체협약 일방해지 통보기간을 기존 3개월에서 6개월로 연장하는 개정안을 1998년 2월 임시국회에 제출할 것을 합의하였다.

노사정위원회 구성 이후의 법 개정 내용을 살펴보면, 노동유연성 제고와 노동기본권 보장을 양축으로 하여 노사 간의 이해를 절충하기 위한 과정으로 평가할 수 있다. 어느 요인이 우세했는가에 관해서는 각 주체 간에 평가가 상이하지만, 과거와 같이 노동기본권을 무시한 채 경제성장이라는 효율성의 관점에서 단선적으로 노동입법을 좌지우지할 수 없게 되었다. 이하에서는 법 개정 내용을 살펴보기로 한다.

2. IMF 구제금융 이후 노동법제의 제·개정 내용

경영상 이유에 의한 해고 규정 개정

노동시장의 유연성 제고 방안에 관한 노사정위원회의 합의로 1998년 2월 20일에 정리해고 관련 규정이 개정되었다. 주요 내용은 현행 시행 유예 조항을 삭제하고, '긴박한 경영상의 필요성' 요건과 관련하여 기업의 양도와 인수·합병의 경우 해고의 정당성 유무에 대한 다툼을 해소하기 위해 '경영악화를 방지하기 위한 사업의 양도·인수·합병'은 '긴박한 경영상의 필요'에 포함된다고 명문화하였다. 해고 회피 노력과 관련하여 남녀차별금지 규정을 신설하였다. 해고 절차와 관련하여, 해고 협의를 위한 통보기간을 종전의 30일에서 60일로 연장하고, 일정 규모 이상의 인원을 해고하고자 할 때에는 노동부 장관에게 신고하도록 개정하였다. 그 밖에 우선 재고용 규정 및 정부의 생계안정 노력에 관한 조항을 신설하였다.

'파견근로자 보호 등에 관한 법률' 제정

외환위기를 맞으며 '노동시장의 유연성 제고'가 경제위기 극복을 위한 필수 과제 중의 하나가 되면서 1998년 2월 9일 노사정위원회의 합의에 기하여 도입이 결정되었고, '파견근로자 보호 등에 관한 법률'(1998. 2. 20, 법률 제5512호)이 공포되었다. 주요 내용으로, 먼저 파견 대상 업무는 전문지식, 기술 또는 경험 등을 필요로 하는 업무(제조업의 직접 생산 공정 업무 제외)로 한정하고 그 밖의 업무에 대해서는 근로자를 파견할 수 없도록 하였다. 파견기간은 1년 이내로 하되 당사자와 합의 시 1년 더 연장할 수 있도록 하였다. 이때 사용자가 파견근로자를 2년을 초과하여 사용한 경우 해당 근로자를 고용한 것으로 간주하였다. 파견근로자 보호 조치로서, 파견근로자와 일반근로자 간의 차별대우 금지, 성별·종교·신분 등을 이유로 한 파견계약 해지 금지, 파견근로자에 대한 파견취업조건 사전고지 등을 규정하였다. 또한 임금, 산재보상 등은 파견사업주가 책임을 지고 근로시간, 휴일, 산업안전보건 등은 사용사업주가 책임을 지도록 하여 파견근로자에 대한 사용자의 책임 소재를 명확히 하였다. 그리고 쟁의 행위 중인 사업장에 쟁의 행위에 영향을 미칠 목적의 파견은 금지하고, 경영상의 이유로 인한 해고 후 일정 기간 동안은 당해 업무에 파견근로자를 사용하지 못하도록 하였다.

임금채권보장법 제정

기업의 도산이 급증하고 체불임금이 대량으로 발생함에 따라 근로기준법상 임금채권 우선변제만으로 근로자의 임금채권 보장의 실효성을 기할 수 없게 되자, 기업의 도산 등으로 인해 사업주의 임금 지급이 곤란해진 경우 사업주를 대신하여 임금채권보장기금에서 일정 범위의 체불 임금을 지불할 수 있도록 한 임금채권보장법(1998. 2. 20, 법률 제5513호)을 제정하게 되었다. 주요 내용으로, 적용범위를 산재보험 적용 5인 이상 사업장으로 하고, 사업주가 파산 등의 사유로 임금을 체불하는 경우 최종 3개월분의 임금과 최종 3년간의 퇴직금을 지급하도록 했다. 그리고 노동부 장관은 임금채권보장기금을 설치하고 그 재원을 조성하기 위해 적용대상 사업장의 사업주로부터 부담금을 징수할 수 있도록 하였다.[3]

'교원의 노동조합 설립 및 운영에 관한 법률' 제정

1998년 2월 6일에 노사정 대타협으로 체결된 '경제위기 극복을 위한 사회협약'의 후속 조치 가운데 하나로, 노사정위원회는 1998년 10월 31일 그동안 입법 형식 및 교섭 구조 등 몇 가지 쟁점을 둘러싸고 논의를 벌여 온 '교원노조' 설립 문제에 대해 최종합의를 이루고 '교원의 노동조합 설립 및 운영 등에 관한 법률'(1999. 1. 29, 법률 제5727호)을 제정하였다. 입법 형식은 노동관계 특별법으로 하였고 주요 내용은 다음과 같다. 첫째, 단결권 및 단체교섭권을 인정하되, 법령·조례 및 예산 등에 의해 규정되는 내용과 법령 또는 조례에 의해 위임을 받아 규정되는 내용에 대해서는 단체협약으로서의 효력을 가질 수 없도록 하였다. 둘째, 교원노조의 가입자격을 초·중등교육법 제19조에서 규정하고 있는 교원으로 한정하였다. 셋째, 교원노조의 정치활동은 일절 금지하였다. 넷째, 교원은 특별시·광역시·도 단위 또는 전국 단위에 한하여 노조를 설립할 수 있도록 하였다. 다섯째, 노조와 조합원의 쟁의 행위는 일절 금지되었다.

---

3 이후 1999년 12월 31일 개정에서 적용대상을 상시근로자 1인 이상 사업장으로 확대하고, 2000년 12월 30일 개정에서는 최종 3개월분의 휴업수당을 지급대상에 포함시켰다.

근로시간 단축

1998년 5월 17일 노사정위원회에 '근로시간단축특별위원회'가 구성되고, 같은 해 10월 23일 노사정 대표들은 근로시간 단축에 관한 기본 틀에 합의하였다. 그 내용은 1) 근로시간을 주 40시간, 연간 2,000시간 이내로 단축할 것, 2) 휴일·휴가를 합리적으로 조정하고 실제 사용하는 휴일·휴가 일수를 확대할 것, 3) 업종별·규모별로 개정된 제도를 단계적으로 시행할 것 등이었다. 이후 20여 차례의 차관급 및 장관급 고위협상 끝에 대부분의 쟁점 사항에 대하여 공감대가 형성되었다.[4] 그러나 임금수준 보전 및 연월차휴가 가산일수 문제에 대해 이견을 좁히지 못해 협상이 난항을 겪다가 결국 국회가 단독으로 '근로기준법' 개정안을 처리하기로 하였고, 이는 2003년 9월 15일 법률 제6974호로 공포되었다(노동부, 2006b: 85).

'공무원의 노동조합 설립 및 운영 등에 관한 법률' 제정

노사정위원회는 1998년 2월 6일 사회협약을 통해 공무원 노조 허용에 대해 1단계로 공무원직장협의회 설치를 허용하고 2단계로 공무원 노조를 허용하는 것에 합의하였다. 그 결과 일차적으로 1998년 2월 24일에 '공무원직장협의회의 설립 및 운영에 관한 법률'을 제정하고 2001년 7월 1일부터 시행하였다. 그러나 공무원 노조와 관련해서는 명칭, 시행시기, 노동권 인정 범위, 노조 전임자 등의 쟁점에 대해 이견이 해소되지 않아 입법이 지연되었다. 2004년 10월 19일에 정부안이 국회에 제출되어 2005년 1월 27일 '공무원의 노동조합 설립 및 운영 등에 관

4 근로시간단축일정, 탄력적 근로시간제, 초과근로상한선, 선택적 보상휴가제, 유급주휴제, 초과근로수당할증률, 휴가사용촉진방안, 생리휴가 및 모성보호, 중소기업지원방안, 근로시간단축지원위원회 설치에 관해 공감대가 형성되었다.

한 법률'(법률 제7380호)이 제정되었다. 주요 내용은 6급 이하 또는 이에 준하는 직급의 공무원에 대하여 단결권과 단체교섭권을 보장하되 쟁의권은 인정하지 않는 것을 골자로 한다. 다만, 단체교섭권과 관련해서는 교원 노조와 마찬가지로 교섭 사항과 교섭 방식(제3자 위임금지), 협약의 효력에 일정한 제한을 두었다.

직권중재제도 폐지

노사관계 선진화 방안의 일환으로 2006년 3월 15일부터 노사정대표자회의(한국노총, 민주노총, 경총, 대한상공회의소, 노사정위원회)를 구성·운영하여 입법을 추진하여 2006년 12월 30월 '노동조합 및 노동관계 조정법' 개정을 통해 필수공익사업에 대한 직권중재제도가 폐지되었다. 개정법은 그에 갈음하여 기존의 필수공익사업에 항공운수사업과 혈액공급사업을 추가하고 필수공익사업에 대체근로를 허용하였다. 그리고 필수공익사업에서 파업 시에도 유지해야 할 필수유지업무에 대한 협정을 노사 간 자율적으로 체결하도록 하는 필수유지업무제도를 도입하였다. '필수유지업무'란 필수공익사업의 업무 중 그 업무가 정지 또는 폐지되는 경우 공중의 생명·보건 또는 신체의 안전이나 공중의 일상생활을 현저히 위태롭게 하는 업무로서, 쟁의행위기간 중에도 업무의 유지 및 운영 의무가 부과된다(노동부, 2009: 50-52).

비정규직 근로자 관련 입법 및 차별금지제도 도입

IMF 경제위기 이후 비정규직 근로자가 급증하면서 이들의 보호 문제가 우리 사회의 주요 이슈로 부각됨에 따라 이 문제에 보다 집중적이고 합리적으로 접근하여 해결책을 모색하기 위한 비정규직근로자대책특위가 2001년 7월 노사정위원회 내에 설치되었다. 비정규직근로자대책특위는 비정규직 근로자의 개념, 근로감독 강화, 사회보험 적용 확대를 골자로 하는 기본 합의를 도출했으나, 구체적 규율 내용에 있어 노사 간 합의에 이르지 못하였다. 주된 쟁점은 비정규직 차별금지 방식, 기간제 근로의 사유 제한 여부 및 기간 제한 방식, 파견대상업무 및 기간 제한 방식 등이었다. 노사정위원회 논의 결과는 정부로 이송되어 정부안으로 2004년 11월 국회에 제출되었으나, 노동계로부터 큰 반발을 불러일으키며 법안 심의가 중단되었다. 이후 수차례에 걸친 노사정 대화에도 합의에 이르지 못하고 갈등을 빚었으나, 2006년 11월 30일 '기간제 및 단시간 근로자 보호 등에 관한 법률'안이, 같은 해 12월 21일 '파견근로자 보호 등에 관한 법률' 개정안이 2년여 만에 국회에서 통과되었다(노동부, 2006b: 96-102).

'기간제 및 단시간 근로자 보호 등에 관한 법률'은 기간제 근로의 남용을 막되 시장 유연성과의 조화를 꾀하는 한편, 기간제 및 단시간 근로자의 근로조건을 보호하는 데 근간을 두고 있다. 이에 따라 기간제 근로는 총 사용기간을 2년으로 제한하고 그 기간을 초과하는 경우 무기계약으로 간주하였다. 단시간 근로자에 대해서는 소정근로시간을 초과하는 근로의 상한을 1주 12시간으로 제한하였다.

파견근로자와 관련해서 파견업무는 종전의 대상업무 열거 방식을 유지하되 전문지식, 기술, 경험 이외에 업무의 성질도 고려하여 대통령령에서 조정할 수 있도록 했다. 파견기간은 2년으로 하되 그 기간을 초과하는 경우 종전의 고용간주 규정에서 고용의무 규정으로 개정하였다. 또한 고용의무는 기간 초과뿐만 아니라 파견대상업무 위반, 무허가 파견 등 모든 불법파견에 적용되도록 명문화하고, 이어 2012년 2월 1월 개정에서는 불법파견이라도 2년 이내로 근로한 경우 직접고용 의무 규정의 적용이 배제되는 종전의 문제점을 해소하고자 불법파견일 경우 사용기간에 관계없이 사용사업주에게 직접고용 의무를 부여하도록 개정함으로써 불법파견 시 고용 의무와 관련한 기존의 다툼을 해결하였다. 또한 기간제·단시간 근로자와 파견근로자에 대한 차별 금지 원칙을 각 법률에서 명문화하고 노동위원회에 차별시정위원회를 설치하는 등 구제 절차를 마련하였다.

부당해고 관련 제도 개선

2003년 11월 노사관계제도선진화연구위원회가 노동부 장관에게 제출한 '노사관계 법·제도 선진화 방안'은 해고보호 관련 규정으로서 '부당해고 구제 기관과 절차, 부당해고 구제 방식, 형사처벌 규정의 존치 여부, 근로계약 체결 및 해고통지, 정리해고자에 대한 재고용, 도산 절차에 있는 기업에 대한 정리해고, 정리해고 시 사전통보기간의 단축, 변경해지제도'에 관한 개선안을 제시하였다. 그러나 노사정 간 합의에 이르지 못한 채 논의만 계속되던 중 2006년 9월에 비로소 노사정 대표자의 대타협이 이루어지면서 2007년 1월 26일 부당해고 관련 권리보상제와 이행강제금 도입 등을 포함한 근로기준법 개정 법률안이 공포되었다(노동부, 2006b: 86-88).

주요 내용으로, 정당한 이유 없는 해고 등에 대한 벌칙 조항을 삭제하되 부당해고에 대한 노동위원회의 구제명령을 이행하지 않는 자에 대해 이행강제금을 부과하고, 형사처벌은 확정된 구제명령을 이행하지 않는 자에 대해서만 가능하도록 했다. 부당해고 시 근로자가 원직 복직을 원하지 않는 경우에는 구제명령으로써 원직 복직을 명하는 대신 근로자가 해고기간 동안 지급받을 수 있었던 임금 상당액 이상의 금품 지급을 명할 수 있도록 하는 금전보상제를 도입하였다. 사용자가 근로자를 해고할 경우 해고사유와 해고시기를 근로자에게 서면으로 통지하도록 하고, 이를 준수하지 않은 경우 해고의 효력을 부정하였다.

노조 전임자와 복수노조 관련 문제

1997년 3월 노조법 개정 시 노조 전임자 급여지급 금지 조항이 신설된 이후 노동계는 노사자율원칙을 근거로 이 규정의 삭제를 주장해 왔고, 경영계는 무노동 무임금 원칙과 잘못된 관행의 시정을 위해 현행 규정이 존치되어야 한다는 입장을 펴서 이 문제를 둘러싸고 노사 간에 첨예하게 대립했고, 이에 1998년 2월 6일 노사정 대타협 시 전임자 급여 문제를 노사정위원회에서 재논의하기로 합의하였다. 이와 함께 1997년 노조법 개정 시 사업 또는 사업장 단위에서의 복수노조를 허용하면서 부칙에서 교섭창구 단일화를 위한 단체교섭 방법과 절차 등을 강구하도록 규정하여, 노조 전임자 규정과 함께 2001년 말까지 그 시행이 유예되었다. 그러나 이에 대한 노사 간 논의가 합의를 이루지 못하고 2001년 3월 28일 개정 시 그 시행이 2006년 12월 31일로 유예되었고, 2006년 12월 30일 그 시행일이 다시 2009년 12월 31일까지 유예되었다. 이 같은 우여곡절 끝에 2010년 1월 1일 노조 전임자 급여지급 금지 및 사업장 내 복수노조 허용이 법률로 규정된 지 13년 만에 비로소 시행되기에 이르렀다. 노조 전임자 급여지급 금지와 함께 근로시간면제제도가 도입되었고, 복수노조의 허용과 함께 교섭창구 단일화 제도가 도입되었으며, 각 제도는 2010년 7월 1일과 2011년 7월 1일부터 적용되었다.

모성보호와 고용평등을 위한 제도 정비

국민의 정부와 참여정부는 특히 모성보호, 차별에 대한 시정 제도의 체계화 및 확대, 저출산·고령화 대책 등을 적극적으로 추진하여 이와 관련한 입법이 많이 이루어졌다. 성차별과 관련하여, 1999년 2월 8일 개정된 '남녀고용평등법'은 차별의 정의 규정에 '간접차별' 개념을 추가하였고, 같은 날 '남녀차별금지 및 구제에 관한 법률'이 제정되어 고용,

교육, 재화·시설·용역의 제공과 이용, 법과 정책의 집행에서 공공기관 종사자의 남녀차별행위와 성희롱을 금지하는 등 실질적인 고용평등이 실현될 수 있도록 하였다.

이어 2005년 12월 30일 개정된 '남녀고용평등법'은 여성고용 촉진을 위해 적극적 고용개선조치를 도입하였다. 한편 모성보호로서, 2001년 8월 14일 개정된 '근로기준법'에서 산전후 휴가기간을 종전의 60일에서 90일로 확대하고, 임신 중인 여성 근로자의 시간외 근로를 절대적으로 금지하였다. 또한 2007년 12월 21일의 개정에 따라 '남녀고용평등법'의 명칭이 '남녀고용평등과 일·가정 양립 지원에 관한 법률'로 변경되고, 배우자의 출산휴가·육아기 근로시간 단축제도 등 근로자 보호 규정이 신설되었다. 2010년 2월 4일 개정으로 육아휴직의 적용대상 확대, 2012년 2월 1일 개정으로 출산전후 휴가 또는 유산·사산 휴가에 대해서도 출산전후 휴가급여가 지급되고 배우자 출산휴가의 연장, 육아기 근로시간 단축제도의 허용 의무, 가족돌봄 휴직제도 신설 등 가정생활과 직장생활의 양립을 지원하기 위한 제도가 확충되었다(김엘림, 2013: 144-151).

한편, 고용평등을 실현하기 위한 고용차별 규제 범위도 넓어졌다. 2001년 5월에 제정된 '국가인권위원회법'으로 19가지의 차별 사유에 의한 차별이 규제되는 한편, 인권침해와 차별행위의 구제기관으로서 국가인권위원회가 설치되었다. 2006년 12월에 국회를 통과한 비정규직법안은 기간제, 계약직, 파견직이라는 이유로 정규직과 합리적 이유 없이 차별대우하는 것을 금지하고, 차별에 대한 시정 처리는 노동위원회에 신설되는 차별시정위원회가 담당하도록 하였다. 아울러 '고용상 연령차별 금지 및 고령자 고용촉진에 관한 법률'과 '장애인차별금지 및 권리구제 등에 관한 법률'은 각각 연령 또는 장애를 이유로 한 고용상 차별을 금지하고 시정명령 등 그 구제를 규정하였다.

3. 2000년대 초·중반의 노동법상 주요 담론

유연안정성(flexicurity) 논의와 노사관계제도선진화 입법안 채택

'노동시장 유연화'[5]는 이 당시 최고의 유행어 중 하나였다. 노동법학계에서도 예외는 아니었다.[6] 많은 선진국에서 노동시장 유연화를 지향하는 정책이 시행되었고, 우리나라도 이 흐름에서 벗어나기 어렵다는 인식의 공감대가 형성되어 있었다. 이러한 신자유주의적인 사조는 전통적인 고용보호법제(Employment Protection Law, EPL)의 존재 의의와 충돌하는 측면이 있기 때문에, 이를 어떻게 해소하느냐가 주요 관심사로 부각되었다. 2004년 OECD 보고서가 적절히 지적한 바와 같이, 지속적으로 변화하는 시장에 적응해야 한다는 기업 측의 필요와 고용보장이라는 근로자 측의 필요를 어떻게 조화시켜야 하는가(how to keep a balance)가 핵심 이슈로 부상하였다(OECD, 2004: 61 이하).

이러한 상황에서 학자들을 중심으로 구성된 '노사관계제도 선진화 연구위원회'의 논의를 거쳐 2003년 9월 4일 '노사관계법·제도 선진화 방안'(이하 '선진화방안')이 마련되었고, 이를 토대로 노사정 타협을 거쳐 2006년 선진화입법안이 채택되었다. 그 주요 내용을 요약하면 다음과

---

5 노동시장 유연화와 관련하여 국제적 수준에서 논의를 주도한 것은 경제학자들이었다. 다수의 경제학자들은 1980년대 중반 이후 유럽 국가들의 실업률이 낮아지지 않은 것은 유럽 노동시장의 구조적 경직성과 비효율성 때문이고, 그것에는 높은 수준의(또는 엄격한) 고용보호법제가 중요한 원인을 제공했다고 보았다. 이러한 논의는 1990년대에 들어오면 OECD 수준에서도 공론화된다. OECD는 '1994년 OECD 고용전략(OECD Jobs Study)'에서 총 10개 항의 정책 권고를 한 바 있는데, 그중 제6항에서 '민간 부문에서 고용확대를 방해하는 고용보장 규정의 개선(Reform employment security provisions that inhibit the expansion of employment in the private sector)'을 명시적으로 채택하였다.

6 노동시장 유연화는 일반적으로 "외부환경 변화에 대응하여 인적자원을 신속하고도 효율적으로 배분·재분배할 수 있는 노동시장의 능력"(어수봉, 1997: 56)으로 이해되고 있는 것 같다.

같다.

- 단결권 관련: 조합원 인정 범위 및 근로자의 개념, 노조 전임자, 유니온숍 협정, 부당노동행위제도
- 단체교섭 관련: 단체교섭 대상 사항, 복수노조 창구단일화 방안, 단체협약의 유효기간, 제3자 지원신고제 등
- 노사협의 관련: 근로자위원 선출 방식, 협의사항 조정, 노사협의회의 기능 확대·조정, 노사협의회의 합의 또는 의결된 사항의 효력, 근로자위원에 대한 편의제공 확대, 파견·사내하청 근로자 등의 의견청취기회 부여, 사전정보제공 및 비밀유지 의무 강화, 정기회의 개최 관련 규제 완화 등
- 쟁의행위 관련: 쟁의행위 찬반투표, 직장폐쇄, 대체근로, 조합활동으로 인한 손해배상책임 관련 압류·가압류 제한
- 분쟁조정절차 관련: 조정대상 재검토, 조정기능 활성화, 필수공익사업 직권중재제도의 재검토, 긴급조정제도, 사적조정 활성화 및 노동위원회제도 활성화 방안 등
- 해고법제 관련: 부당해고 구제기관과 절차, 부당해고 구제방식, 형사처벌 규정의 존치 여부, 근로계약 체결 및 해고통지, 정리해고자에 대한 재고용, 도산 절차에 있는 기업에 대한 정리해고, 정리해고 시 사전통보기간 단축 등
- 기업변동 관련: 사업양도와 고용승계, 승계의무배제에 관한 특칙, 고용승계와 근로관계로 인한 채무의 귀속, 고용승계와 취업규칙의 효력, 고용승계와 단체협약의 효력, 고용승계 원칙 입법화 방안 등
- 임금 관련: 임금체불에 대한 합리적 개선방안, 통상임금·평균임금 개념의 명확화 등

2003년 9월 4월 노동부는 근로기준제도의 유연안정성 제고를 위한 실천방안을 다음과 같이 제시하였다. 1) 해고제도의 경직성을 완화하고 부당해고 구제제도의 실효성을 제고하는 방안을 모색해야 하며, 2) 영업양도와 같은 기업 변동의 필요성과 근로자의 권익 보호를 조화시키고, 3) 주5일근무제 실시와 관련하여 근로시간제도의 탄력성을 제고하며, 4) 성과주의 임금체계나 임금피크제를 도입함으로써 임금제도를 합리화해야 한다는 것이다(노동부, 2003: 12-13).

정부는 선진화방안을 노사정위원회 본회의에 회부하고, 그 논의 결과를 지켜본 후 노사 합의에 이르지 못할 경우 선진화방안을 중심으로 노사관계 법과 제도를 개선해 나가겠다고 밝혔다. 이후 민주노총의 불참, 비정규직 법안의 국회 논의 등의 사정으로 선진화방안에 대한 논의가 지연되기도 했으나 2005년 9월 5일 노사정위원회(위원장: 김금수)는 선진화방안에 대한 노사정위원회의 논의 결과를 노동부에 이송하였다.

2005년 11월 김대환 노동부 장관은 11월 중 선진화방안 관련 법안을 정기국회에 제출한다는 방침을 발표하고 이후 '열린우리당'과의 당정 협의를 진행했으며, 2005년 12월 선진화방안 중 24개 사항에 대해서 입법을 추진하기로 결정하고, 2006년 1월 23일 노동부는 24개 합의사항[7]을 2006년 4월 임시국회에 상정할 예정이라고 발표하였다(노동부,

---

7 24개 합의사항 중에는 선진화방안에 따라 법률개정안을 제출하기로 합의된 18개 합의사항과 법률 개정이 필요하다고 합의되기는 했으나 그 구체적인 내용을 합의하지 못한 이른바 쟁점합의사항 6개가 포함되어 있다. 합의사항은 실업자의 조합원 자격 인정, 유니온숍, 부당노동행위, 단체협약 유효기간, 제3자 지원신고제, 쟁의행위 찬반투표, 직장폐쇄, 쟁의행위 규제 합리화, 긴급조정제도, 사적조정 활성화, 노동위원회 개선, 노사협의회 근로자위원 선출방식, 사전정보제공 · 비밀유지 의무의 신설, 근로자위원에 대한 편의제공 · 합의사항의 조정, 정기회의 개최시기 변경, 기업변동 시 근로관계 등이다. 이 내용들은 '노동조합 및 노동관계조정법', '근로기준법', '근로자 참여 및 협력 증진에 관한 법률', '노동위원회법' 등 4개의 법률과 관련되어 있다. 쟁점합의사항은 노조 전임자 급여지급,

2005: 3). 노동부는 2003년 이래 선진화방안을 일괄하여 입법해야 한다는 입장이었으나, 2006년 2월 이상수 노동부 장관은 그동안 선진화방안에 대하여 충분히 논의되지 않았다는 점, 노사정 간 논의 없이 입법예고하고 국회에 입법안을 상정할 경우 비정규직 법안처럼 그 입법이 지연될 수밖에 없다는 점 등을 고려하여 충분한 논의를 거쳐 단계적으로 선진화방안을 처리할 방침이라고 밝혔다.[8]

노사관계제도선진화연구위원회의 제안 가운데 체불임금과 관련된 반의사불벌죄화와 미지급 임금에 대한 지연이자제도의 도입은 2005년 3월 31일 '근로기준법' 개정에 반영되었고, 해고와 관련된 형사처벌 규정 삭제 및 이행강제금제도와 금전보상제 도입, 해고의 서면통지제도 도입은 2007년 1월 26일 '근로기준법' 개정에 반영되었다.[9] 그리고 2004년 정부는 노사정위원회(위원장: 김금수)에서의 논의를 토대로 마련한 '근로자퇴직급여보장법'(안)을 국회에 제출하였고, 2005년 1월 27일 동법이 제정되면서 퇴직금제도와 함께 퇴직연금제도가 법제화되었다(노동부, 2006b: 93).

근로계약법제 논의

20세기 말부터 선진국에서 노동법의 화두는 노동법의 탄력화와 규제완화로 모아졌다. 유연화의 배경으로 경제의 지구화, 경제의 불안정

교섭창구 단일화, 대체근로, 필수공익사업의 직권중재제도, 부당해고에 대한 형사처벌조항의 존치 여부, 정리해고 시 사전통보기간의 단축 등이다.

8 이상수 장관은 선진화방안 중 노동위원회제도 개선 관련 사항은 그 내용에 비추어 볼 때 2006년 4월 또는 6월 임시국회에서 우선 처리할 수 있고, 노조 전임자 임금 지급 방식과 복수노조의 교섭창구 단일화 방안의 경우 2006년 9월 정기국회에서 입법되어야 하므로 위 두 쟁점은 우선 처리할 필요가 있다고 보고, 나머지 쟁점들은 충분한 논의를 거쳐 처리한다는 입장을 밝혔다(서울경제신문, 2006. 3. 12).

9 2007년 근로기준법 개정에 관한 연구로는 권혁(2007), 김홍영(2007), 박은정(2007), 이철수(2007) 참조.

화, 실업 문제의 심각화, 급속한 기술혁신과 산업구조의 변화, 국가의 규제기능 축소, 고용 형태의 다양화 등이 거론되고 있다(西谷 敏, 1999: 9-14). 아울러 근로자들의 생활환경, 인생관 등이 다양해지고 이에 따른 다양한 근로 방식이 요구된다는 점도 하나의 요인이 되고 있다(西谷 敏, 1999: 13).

유연화는 근로조건 결정 시스템과 내적 연관성을 가진다. 예컨대 파트타임 근로와 재택근무의 보급은 적어도 부분적으로는 그러한 근로형태를 희망하는 근로자의 존재를 원인으로 하는바, 이 경우 법률이나 단체협약에 의한 근로조건의 집단적·획일적 결정의 의의를 후퇴시키고 개별 계약에 의한 근로조건 결정의 비중을 증대시키게 된다. 전통적인 관점하에서 근로조건은 국가의 근로자보호법을 최저기준으로 하여 주로 단체협약과 취업규칙에 의해 결정되는데, 유연화의 추세는 국가법이나 산업별 단체협약의 비중을 낮추고 하위 수준(사업장 또는 개인 수준)에서 결정의 자유를 확대할 것을 요구한다. 요컨대 유연화로 인해 최저기준을 정한 법률적 규제의 완화, 법률규정으로부터 당사자 자치로의 이전, 그리고 단체협약으로부터 사업장 혹은 개인 수준으로의 중심 이동 등이 수반될 수밖에 없다(西谷 敏, 1999: 6-8). 결국 노동법의 유연화 현상은 규제 완화, 즉 크게는 '법률적 규제 완화'와 '근로조건 결정 시스템 변경'이라는 모습으로 나타난다.

규제 완화의 경향과 맞물려 노동법학계의 보수적인 노동법학자들은 이른바 '근로계약법제론'을 주창하기에 이른다. 근로계약법제론의 구체적 내용은 논자마다 차이가 있지만 대체로 노동법의 전제가 되는 종속노동론을 비판하고 개별 근로자의 자유로운 의사를 존중하는 방향으로 법질서가 새로 모색되어야 한다는 것이다. 하경효 교수의 "노동법체계에서 자유와 강제에 대한 새로운 사고가 요구되며 기존의 자유로운 의사결정과 사적 자치에 대한 불신에서 벗어나 자유와 자율 영역을 확대할 필요가 있다"라는 주장이 바로 그러한 예다(하경효, 2000: 247).

근로계약법제론의 효시는 김형배 교수다. 김형배 교수는 1990년대 중반부터 줄곧 현재의 근로자상은 노동보호법제가 마련되기 시작한 19세기 당시의 근로자상과는 사회적·경제적·정치적 위상을 달리하며, 그들이 보유하고 있는 학력·기능·기술의 정도에서도 큰 차이가 있을 뿐만 아니라 기업 내에서의 위치와 영향력도 전혀 비교될 수 없다고 전제한 후, 19세기적 상황에서 이루어졌던 보호 관념을 오늘의 상황에 그대로 적용할 수는 없으며 비현실적 보호 관념은 과감히 수정되어야 하고 형해화된 보호규정은 삭제하는 것이 바람직하다고 주장해 오고 있다(김형배, 1994: 15). 요컨대 근로기준법은 근로자보호법으로서의 성격에서 탈피하여 근로자들에게 참여의 권한과 함께 책임도 부여하는 근로계약기본법으로 재구성되어야 한다는 것이다.

2000년대에 들어와서 하경효 교수는 노동법의 독자성에 의문을 제기하면서 보다 적극적인 입론을 개진하고 있다. 하경효 교수는 노동법도 사법질서의 일부분이고 본질적으로 사법질서에 귀속되어야 하며, 근로자 보호뿐만 아니라 이해관계 조정의 규율체계로 이해되어야 한다고 전제한다. 그에 따르면 예컨대 임대차보호법상의 보호와 노동법상의 보호의 차이는 양적인 차이에 불과하며 공히 당사자의 구조적 불균형을 시정해야 한다는 공통된 과제를 안고 있다는 것이다(하경효, 2000: 245-246). 다만 노동법은 집단자치(Tarifautonomie) 체계를 통해 사적 자율의 기능 흠결을 보완하는 데에 차이가 있을 뿐이라고 진단한다(하경효, 2000: 244). 따라서 노동법은 근로자 보호뿐만 아니라 이해관계 조정의 규율체계로 이해되어야 하고 법의 해석·적용·발견에 있어서 노동법만의 고유한 방법론은 인정되기 어렵다고 전제한 후, 노동법학도 규범학의 범주를 벗어날 수 없고 학문적 논증에 따라야지, 근로자

이익 보호라는 이데올로기적 판단에 영향을 받아서는 안 된다는 점을 강조한다.

'종속노동론'에 기초한 전통적 노동법학 방법론의 한계를 지적하는 선을 넘어, 듣기에 따라서는 노동법의 독자적 존재의의를 부인하는 듯한 뉘앙스를 풍기는 이러한 접근 방식이 2000년대에 학자들의 관심을 끈 사실만으로도 이 당시의 유연화 내지 규제 완화의 패러다임이 어느 정도로 강력했는지를 가늠할 수 있다. 필자는 근로계약법론은 개별 의사를 존중하고 법 운용상의 구체적 타당성을 제고하기 위한 합리화 과정으로 이해하면 족하다고 주장하면서 그 당시 "근로계약법제 또는 노동법의 유연화가 근로기준법의 보호법적 기능을 등한시하거나 노동보호법의 반대 개념으로 논의되는 것은 경계해야 한다."라는 전제하에 "근로계약법론은 무차별적인 노동보호법의 경직성을 완화하기 위한 '방법론상의 회의'일 뿐 결코 시민법으로의 회귀를 지향해서는 안 될 것"이며 "근로계약법의 신설이 우리나라의 노사지형에서 어떠한 '풍토적' 함의를 지닐 것인가에 대해서는 좀 더 비판적 안목이 필요하다."라는 입장을 피력한 바 있다(이철수, 2006: 41).

산별체제 논의

2000년대 들어와서 우리나라 노사관계에서의 가장 큰 변화는 '산별노조'(초기업별 노조)로의 전환을 지향하는 점에 있다. 1990년대 말 IMF 경제위기는 기업별 노조 체제의 한계를 극명하게 보여 주었고, 이에 따라 노동계는 노조의 조직형태를 기존의 기업별 노조 중심에서 산별노조 중심으로 전환하는 운동에 속도를 냈다. 전체적으로는 산별체제로의 전환은 진화 과정에 있다고 총평할 수 있지만, 노조 스스로 자율적이고 의도적으로 진행한 최근의 산별노조 전환은 적어도 외견상으로는 상당한 성과를 거두었다.[10]

그런데 우리나라에서는 오랫동안 기업별 교섭 관행이 주를 이루어 왔기 때문에 산별화가 진행된 이후에도 사업장 차원의 노조(그것이 단위노조이든 산별노조의 지부나 분회이든 상관없이)가 독자적 교섭이나 조합 활동을 하는 경우가 많다. 그만큼 중앙집중화가 덜 진전되어 있고 이는 서구의 산별노조와 대비되는 것이 특징이다. 그리고 산업별로 중앙집중화의 정도, 교섭권한의 분배, 조합 재정 관리 등에서 상당한 편차를 보이고 있기 때문에 통일된 해법을 찾기가 용이하지 않다. 그리고 사용자가 초기업별 교섭을 꺼리고 사용자단체도 제대로 결성되지 않는 등 우리나라 특유의 문제 상황이 많이 발생한다. 산별노조로의 조직형태 전환이 광범위하게 진행되고 있고 산별협약과 지부별 협약의 기능적 분화도 어느 정도 정착되어 가고 있지만, 산별화의 정도와 방식, 산별교섭의 진행 정도, 사용자단체의 결성 여부, 쟁의행위의 결정 단위, 조합비 배분 방식 등에서 산업별로 일정한 편차를 보이고 있다.

산별체제로의 전환 국면은 새로운 유형의 분쟁 발생을 의미한다. 따라서 기존 이론들을 현실에 맞게 재구성하는 작업이 실무적 차원에서나 학문적 차원에서 공히 요구된다. 제도론적인 측면에서 보면 초기업별 노조와 사업장 내 의사결정시스템(예컨대 기업 내 노조, 노사협의회, 근로기준법상의 근로자대표 등) 간의 관계 설정이 검토될 필요가 있다. 해석론적 차원에서는 산별노조 지부·분회의 의사결정능력·협약체결능력(교섭당사자성)·쟁의행위능력, 산별 단체협약과 지부·분회 단체협약 간의 충돌, 조직형태의 변경, 지부 재산에 대한 처분권의 귀속, 산별노조 간부의 사업장 출입권, 쟁의행위에 있어서 산별노조의 책임, 부당노

10 노동부 발표에 따르면 2009년 현재 산별노조 등 초기업별 노조(지역 및 업종 포함)의 조합원 비중은 전체의 52.9%(조합원 수 868,467명)를 차지한다. 상급단체별로는 민주노총 80.5%, 한국노총 40.2%, 미가맹노조 31.1%로, 산별노조로의 전환은 민주노총이 주도하고 있음을 알 수 있다(은수미, 2009: 2).

동행위의 주체 및 구제 신청권자, 산별노조 활동과 업무상 재해의 인정 여부, 산별노조와 창구단일화의 관계 등의 쟁점이 부각된다.

4. 최근의 해석론·입법론상 쟁점

사내하도급

사내하도급은 전형적인 도급계약과는 이질적인 특성을 지니고 있고 파견규제를 회피하기 위해 탈법적으로 이용되는 경우가 많아서 노동법 영역에서 다수의 법률적 쟁점을 제공하고 있다. 첫째, 원청회사의 하도급 결정과 관련한 쟁점이다. 이 경우 하도급 결정이 단체교섭의 대상사항이 되는지가 다투어질 수 있고, 경영상 해고 법리와 고용승계 문제와도 연관된다고 할 수 있다. 둘째, 위장도급의 경우 원청회사의 계약 책임을 묻고자 하는 경우에 발생하는 문제다. 원청회사와의 근로계약관계의 존재를 주장하거나 파견법상의 고용의제 조항(구법) 또는 고용의무 조항의 적용을 주장하는 방식으로 제기된다. 셋째, 근로계약의 성립 여부와 상관없이 원청회사에 단체교섭을 요구하거나 부당노동행위 책임을 묻는 경우에 발생하는 문제다. 이는 이른바 사용자책임의 확대 이론과 연결되어 있다. 넷째, 원청회사와 하청회사의 불공정거래를 둘러싼 다툼이다. 이는 기본적으로 경제법의 영역에서 다루어질 성질의 문제라고 할 수 있다.

법원의 판결을 통해 주로 다투어진 사건은 위장도급이 행해진 경우로 두 번째와 세 번째의 쟁점에 관한 것이다.[11] 도급관계로 위장하

11 주요 사례를 유형적으로 정리하면 다음과 같다.
① 법인격 부인론을 원용하여 묵시적·직접적 근로관계를 인정한 사례

기 위해서는 반드시 수급인의 외형을 띠는 자를 설정하게 되는데, 이 경우 외형상 수급인이 실체를 전혀 가지지 않는 경우와 그렇지 않은 경우로 나누어 볼 수 있다. 실체를 가지지 않은 경우로 현대미포조선 사건처럼 수급인의 법인격이 형해화되어 있는 경우 또는 수급인의 관련 행위가 직업안정법상의 유료직업소개사업을 한 것에 불과한 경우를 상정할 수 있다. 수급인의 실체가 없으면 근로계약관계 성립 여부나 책임 추급 여부를 원청회사에 물을 수밖에 없다(사용자책임의 전환).

수급인의 실체가 인정되면 누구에게 사용자책임을 물을 것인가가 해석론상의 쟁점이 될 것이다. 이 경우에 기존의 파견법제가 어떻게 영향을 미치는지를 두고 입장의 대립이 존재한다. 행정지침 등에서 도급과 파견 또는 위장도급과의 구별기준을 마련하고 있으나 현실적으로 그대로 적용하는 데에는 한계가 있다. 사내하도급의 경우 근로계약적 요소와 도급계약적 요소가 비정형적으로 혼합되어 있을 뿐만 아니라 기업, 업종 및 산업마다 매우 유동적인 형태를 취하고 있기 때문이다. 사내하청은 그 속성상 혼합계약적 성격을 지닐 수밖에 없다(이영면·박지순·권혁, 2007: 302-304). 일의 완성을 목적으로 하는 도급계약을 이행하는 과정에서 하청근로자는 법률적으로는 하청회사의 이행보조

- 경기화학 사건: 대법원 2002. 11. 26. 선고 2002도649 판결
- 현대미포조선 사건(용인기업 사건): 대법원 2008. 7. 10. 선고 2005다75088 판결
- SK 사건(인사이트코리아 사건): 대법원 2003. 9. 23. 선고 2003두3420 판결

② 근로자(불법)파견관계로 보아 파견법상 근로관계(고용간주)를 인정한 사례
- 울산 현대자동차 사건: 대법원 2010. 7. 22. 선고 2008두4367 판결
- 아산 현대자동차 사건: 대법원 2010다106436 판결
- 예스코 사건: 대법원 2008. 9. 18. 선고 2007두22320 전원합의체 판결
- 한국마사회 사건: 대법원 2009. 2. 26. 선고 2007다72823 판결
- SK와이번스 사건: 대법원 2008. 10. 23. 선고 2006두5700 판결

③ 근로관계는 부정하지만 노사관계(부당노동행위)는 인정한 사례
- 현대중공업 사건(사내하청업체의 노조설립에 대한 지배·개입의 부당노동행위 인정): 대법원 2010. 3. 25. 선고 2007두8881 판결

자의 지위에 있지만, 실제적으로는 원청회사의 장소적 공간에서 자신의 노동력을 제공하기 때문이다. 근로장소를 지배하는 원청회사의 지시를 완전히 배제하는 것은 현실적으로 불가능하고 하청근로자들의 근로조건은 원청회사라는 매개변수를 거치지 않을 수 없다고 보는 것이 보다 현실적인 진단이다. 관련 판결문에서 자주 발견되는 '우월적 지위', '어느 정도의 종속성' 같은 표현은 이를 방증해 준다.

그런데 법해석론적 차원에서는 이러한 사실들을 종합적으로 고려하여 도급인지 파견인지 규범적 선택을 해야 하고, 그 선택의 결과에 따라 현실은 사상되고 전혀 다른 경로를 거치게 된다. 즉, '노동법으로 갈 것인가, 경제법과 상법으로 갈 것인가'의 선택을 강요받는다. 현재 노동부의 지침이나 법원의 해석처럼 도급과 파견을 모순 개념으로 이해하는 한, 40%의 지휘·명령 요소가 존재하더라도 보다 우세한 60%의 도급적 요소로 인해, 노동법적 보호의 관념은 해석론의 세계[12]에서는 반영되기 어렵다.

판례에서 보듯이, 위장도급은 수급사업자의 실체성이 부인되는 경우에는 원사업자와 수급사업자의 근로자 간에 묵시적으로 근로계약이 성립한 것으로 해석하고(묵시적 근로계약론 또는 법인격 무시론), 수급사업자의 실체성이 인정되는 경우에는 불법파견으로 보아 파견법상의 사용자책임을 묻고 있다. 후자의 경우 위법한 근로자공급사업으로 보아 고용의제 규정 또는 고용보호 규정을 적용할 필요 없이 원사업자가 수급사업자의 근로자를 사용한 시점부터 직접 근로계약관계가 존재한 것으로 봐야 한다는 유력한 비판론이 제기되고 있다. 또한 집단적 노

---

12 도급과 파견의 이원적 구분법에 대한 비판적 견해를 피력하면서 하도급을 노동법의 프리즘에 편입시키기 위한 고심 어린 연구로는 이병희(2006), 조임영(2007), 오윤식(2008), 전형배(2010), 도재형(2011) 등 참조.

동관계의 경우에는 사용자 개념의 외연을 확대하여 근로계약관계가 존재하지 않는 경우에도 부분적으로 사용자책임을 물을 수 있도록 하고 있다(사용자책임의 확대론). 사용자책임의 확대가 지배·개입의 경우에 국한되는지, 아니면 단체교섭에까지 미치는지에 관해서는 아직 대법원 판결을 통해 본격적으로 다루어지지 않았지만, 다수설은 이를 적극적으로 해석하고 있다.

학설이나 판결을 통해 원사업자에게 계약책임 또는 파견법상의 책임을 묻기 위한 법적 해결 방법에서는 다음과 같은 문제점이 극복되어야 한다.

원사업주와 근로자 간 계약관계의 성립을 전제로 한 법리 구성은, 우선 법률의 규정에 의하지 않은 채 해석으로서 당사자의 의사에 반해 계약관계 당사자가 되도록 강제하여 각종 책임을 부담하도록 하는 것이 해석 재량을 일탈한 것이 아닌지에 관한 방법론상의 고민이 따른다. 아울러 수급사업자와 근로자 간의 근로계약관계의 효력이 어떻게 되는지, 원사업자와 수급사업자의 책임 귀속 내지 배분 문제를 어떻게 해결할 것인지에 관한 이론적 해명이 필요하고, 기존에 수급사업자와 근로자 간에 형성된 각종 법률관계(대표적으로 임금)를 어떻게 재해석해야 하는지가 해석론적 과제로 남게 된다.

파견법제를 통한 규제 방식은 우선 고용간주나 고용의무 규정을 두어 계약을 강제하는 방식을 취하고 있기 때문에 계약자유의 원칙을 침해할 소지가 있어 위헌성 여부가 논란될 여지가 있다. 또한 현행법에서는 고용이 강제된 경우의 구체적 근로조건, 당사자 간에 근로조건에 대해 합의를 이루지 못한 경우에 대비한 해결 방법이 제시되어 있지 않다. 무엇보다도 비판론이 제기하는 바와 같이 위법파견의 경우 사용사업주와의 근로계약관계 성립 시점에 관해서는 전적으로 해석론에 맡겨져 있는바, 일본의 예에서 보듯이 이 문제는 '논란의 늪'에 빠질 수 있는 난제여서, 탈법행위의 유형과 위법성 정도 등을 감안한 입법론적 작업이 필요하다.

입법론의 출발점은 노동법 아니면 상법이라는 양자택일의 이분법을 지양하는 데에서 찾아야 할 것이다. 이는 근로자 개념의 어려움을 타개하기 위한 하나의 방편으로 ILO가 권고하는 이른바 '계약노동(contract labor)'에 관한 해법과 유사하다. 사내하청 문제를 노동시장과 재화시장의 중간 영역에 존재하는 회색지대로 위치 짓고, 이러한 법현상에 대해서는 해석론상의 조작을 지양하고 '있는 사실 그대로(as it is)' 실태에 즉응하는 해법을 찾아야 할 것이다. 일례로 원청회사의 장소적 공간에서 발생하는 근로조건, 예컨대 근로시간, 산업안전, 성희롱 방지 등의 배려의무, 산업재해 등에 대해서는 원청회사에 사용자책임을 지우고 이러한 사항과 관련하여 하청근로자에게 집단적 목소리(collective voice) - 그것이 단체교섭이든 경영참여의 방법이든 - 를 보장하는 방법을 생각해 볼 수 있다.

통상임금

2012년 금아리무진 판결 이후 '통상임금'의 범위를 둘러싸고 소송이 봇물처럼 터지고 있다. 2013년 6월 당시 163개 사업장에서 관련 소송이 진행 중었는데, 업종별로는 운수업(101개 사업장)과 제조업(44개 사업장)이 주를 이루었다. 통상임금에서 제외된 수당을 포함시켜 연장근로수당이나 주휴수당, 연차휴가 수당 등에 있어 미지급된 차액을 추가로 지급할 것을 요구하는 사안들이다. 고정상여금을 비롯하여 하계휴가비, 명절 귀향비, 선물 또는 선물비, 유류티켓, 직무수당, 조정수당, 판매수당, 가계안정비, 대민활동비, 특수업무수당, 급식비와 교통보조비 등 논란이 되는 수당의 목록은 실로 다양하다. 정기상여금이 통상임금에 포함될 수 있다는 2012년의 금아리무진 판결(대법원 2012. 3. 29. 선고

2010다91046 판결)로 통상임금 문제가 세인의 관심을 끌게 되었지만, 법리적 관점에서 보면 그 이전의 사건과 성격을 달리하는 것은 아니다. 그러나 다른 수당과 달리 고정상여금이 통상임금에 포함되면 산업계에 미치는 영향[13]이 워낙 크기 때문에 판결 결과에 대한 관심은 물론이고 법제도적 관점에서 재검토가 필요하다는 지적[14]이 거셌다. 그런데 금아리무진 사건 이후 고정상여금이 통상임금에 포함되는지의 여부와 관련된 사건이 하급심에서 많이 다루어졌으나 법원마다 결론을 달리하거나 상호 모순적인 판결이 나와[15] 혼선이 빚어졌다.

이러한 혼선을 해결하기 위해 대법원은 공개변론과 연구를 거쳐 2013년 12월 18일 전원합의체 판결(대법원 2013. 12. 18. 선고 2012다89399 판결, 대법원 2013. 12. 18. 선고 2012다94643 판결)을 내리게 된다. 하급심에서 의견 대립을 보인 부분이 '고정성'의 요건이었기 때문에 전원합의체 판결에서 이와 관련하여 보다 구체적인 해석기준을 제시하고 있다.

동 판결에 따르면 '고정성'이란 초과근로를 제공할 당시에 그 지급 여부가 업적, 성과 기타 추가적인 조건[16]과 관계없이 사전에 이미 확정되어 있는 것을 의미하고, '고정적인 임금'은 '임의의 날에 소정근로시간을 근무한 근로자가 그 다음 날 퇴직한다 하더라도 그 하루의 근로

---

13 영향효과와 관련하여 경총의 38조 원, 한국노동연구원의 21조 원, 한국노총의 5.7조 원 등 다양한 진단이 나오고 있다. 임금제도개선위원회, 통상임금 관련 자료(2013. 6. 27), 12면 이하 참조.

14 경총은 인건비 상승과 일자리 감소(37만 개)의 문제점을 지적하면서 정기상여금을 통상임금에서 제외하는 내용의 근로기준법 시행령 개정을 요구하고, 노동계는 정기상여금을 통상임금에 포함하도록 '통상임금 산정지침'(노동부 예규)의 변경을 요구하였다. 민주당 홍영표 의원과 진보당 심상정 의원이 법률개정안을 발의하였다. 그리고 정부에서도 임금체계의 합리화와 임금제도의 개선을 위해 임금제도개선위원회를 발족시켜 논의를 하였다. 임금제도개선위원회, 통상임금 관련 자료(2013. 6. 27), 1-2면 참조.

15 이에 관한 최근의 분석자료로는 김성수(2013) 참조.

16 추가적인 조건이란 초과근무를 하는 시점에 그 성취 여부가 불분명한 조건을 의미한다.

에 대한 대가로 당연하고도 확정적으로 지급받게 되는 최소한의 임금'을 의미한다.[17] 고정성 요건과 관련하여 판결문에서는 "이 요건은 통상임금을 다른 일반적인 임금이나 평균임금과 확연히 구분 짓는 요소로서 통상임금이 연장·야간·휴일 근로에 대한 가산임금을 산정하는 기준임금으로 기능하기 위하여서는 그것이 미리 확정되어 있어야 한다는 요청에서 도출되는 본질적인 성질이다."라고 설시하고 있다.[18]

이는 기존의 대법원 판결에서 고정성의 유무를 '실제 근무성적에 따라 지급 여부 및 지급액이 달라지는지의 여부'에 따라 판단한 것[19]에 비하여 진일보한 입장을 취하고 있다. 이러한 해석론에 따라 근무일수나 근무실적에 따라 지급액의 변동이 있도록 제도가 설계되어 있더라도 고정성이 인정될 수 있는 길을 열어 놓았다고 할 수 있다. 전원합의체 판결은 '사전확정성'을 고정성 판단의 핵심 요소로 삼고 있어 지급액의 절대고정성에 함몰되어 있던 기존의 논의를 극복할 수 있는 길을 열어 주었다는 점에서 보다 진일보한 해석론을 개진한 것이라 평가할 수 있다. 지급액의 변동 여부에 따라 기계적으로 고정성 유무를 판단하던 다수의 하급심 판결들은 더 이상 지지될 수 없게 되었다. 이는 대상판결이 발표되기 전 금아리무진 판결을 평석하면서 필자가 지적한 논지와 동일한 맥락이다(이철수, 2013: 893-900).

그런데 전원합의체 판결은 재직자에게만 지급하는 복리후생비의 경우 고정성이 결여된다는 이유를 들어 통상임금에 해당되지 않을 수 있다고 판시하여 기존의 판례법리를 변경하고 있다.[20] 이러한 재직 요

---

17 대법원 2013. 12. 18. 선고 2012다89399 판결, 11면.

18 대법원 2013. 12. 18. 선고 2012다89399 판결, 10면.

19 대법원 1996. 2. 9. 선고 94다19501 판결; 대법원 2012. 3. 15. 선고 2011다106426 판결 등 참조.

20 "복리후생적 명목의 급여가 지급일 당시 재직 중일 것을 지급조건으로 하는지 여부에

건은 특정 시점에 그 성취 여부가 이미 확정되어 있는 근속연수 요건 등과 달리 그 성취 여부가 불분명하기 때문에 소정근로의 대가로 보기 힘들고 비고정적이라는 것이다. 기왕에 근로를 제공했던 사람이라도 특정 시점에 재직하지 않는 사람에게는 지급하지 아니하고, 그 특정 시점에 재직하는 사람에게는 기왕의 근로 제공 내용을 묻지 아니하고 모두 지급하는 것이라면, 이러한 조건은 임금청구권 발생을 위한 일종의 '자격요건'으로 파악해야 하고 자격의 발생이 장래의 불확실한 사실에 의존하기 때문에 비고정적이라는 논리를 펴고 있다.[21] 이렇게 해석하면 향후 복리후생비의 대부분이 통상임금에 포함되지 않을 수 있다. 왜냐하면 1임금지급기를 초과해서 지급되는 복리후생비의 경우 중도에 퇴사하면 그 지급을 청구하지 않는 것이 일반적인 관행이기 때문이다. 그 결과 복리후생비의 일반적 관행을 고려하면 대부분의 복리후생비가 통상임금에 해당되지 않게 되고 이는 임금이분설을 취하고 있던 시절과 유사한 결과를 초래할 가능성이 높다.

또한 전원합의체 판결에서 '일정한 근무일수를 충족해야만 하는 임금'[22]의 개념을 도입한 점이 눈에 띈다. '일정 근무일수를 충족해야만 지급되는 임금'은 소정근로를 제공하는 외에 일정 근무일수의 충족이라는 추가적인 조건을 성취해야 비로소 지급되는 것을 말한다. 나아가 이러한 임금군은 이른바 '소정근로'에 대한 대가의 성질을 가지는 것이라고 보기 어렵다는 것이다. 그러면서도 재직 요건이 부가되어 있다

관하여 심리하지 아니한 채 해당 급여가 단체협약 등에 의하여 일률적·정기적으로 지급되는 것으로 정해져 있다는 사정만으로 통상임금에 해당한다고 판단한 대법원 2007. 6. 15. 선고 2006다13070 판결 등을 비롯한 같은 취지의 판결들은 이 판결의 견해에 배치되는 범위 내에서 이를 모두 변경하기로 한다."(대법원 2013. 12. 18. 선고 2012다89399 판결, 16면)

21 대법원 2013. 12. 18. 선고 2012다94643 판결, 2-3면 참조.

22 대법원 2013. 12. 18. 선고 2012다89399 판결, 12면.

하더라도 재직기간까지의 기간에 비례한 만큼의 임금이 지급되는 경우에는 고정성이 부정되지 않는다고 한다.[23]

필자는 전원합의체 판결이 왜 종전의 견해를 바꾸었는지 이해하기 힘들다. 기존의 대법원 판결 등을 통해 복리후생비 문제는 일단락되었고 이 점과 관련하여 노사 공히 별다른 이의를 제기하지 않아 분쟁의 여지가 사라진 사안에서, 전원합의체 판결과 같이 재직요건의 구체적 내용과 당사자의 명시적·묵시적 합의나 관행의 존재 등을 들어 달리 해석할 여지를 남기는 것은 통상임금의 사전확정성이나 법적 안정성의 견지에서 바람직하지 않기 때문이다. 더구나 이러한 재직요건이 존재하면 정기상여금의 경우에도 통상임금성이 부정된다는 주장이 나와 노사갈등의 새로운 불씨가 되고 있는 사정을 고려하면, 이 점은 비판적으로 검토되어야 할 것이다.

현행의 통상임금제도는 다음과 같은 문제점들을 안고 있다. 첫째, 정부의 임금가이드라인 정책, 사용자의 임금유연화 전략, 노조의 전략적 동조 같은 복합적 요인이 작용하여 임금체계가 지나치게 복잡하다. 둘째, 기본급의 비중이 매우 낮은 기형적인 구조를 취하고 있으며 제수당 종류와 비중, 상여금의 비중이 사업장마다 천차만별이다.[24] 셋째, 통상임금이 노동의 가치를 적정하게 반영하지 않음으로써 실질적으로 초과근무할증률을 낮추는 효과[25]가 있고 이는 장시간 근로를 조장한 측면이 있다. 넷째, 정부는 기존의 통상임금 예규를 고집하였고 노사

23 대법원 2013. 12. 18. 선고 2012다89399 판결, 13면.

24 이에 관한 가장 최근의 통계자료로 임금제도개선위원회의 임금제도개선위원회논의자료 2(2013. 7. 24) 참조.

25 김유선 박사의 분석에 따르면 소정근로에 대한 시간당 임금 평균이 18,000원임에 비해 초과근로에 대한 시간당 임금 평균이 14,000원으로 추정되는 기이한 현상이 발생한다(임금제도개선위원회, 통상임금관련자료, 2013. 6. 27, 17쪽). 이것이 연장근로의 유인으로 작용함은 물론이다.

는 기업별 교섭을 통해 단기적 이익에 급급하는 등 임금체계의 개선을 위한 어떠한 노력도 없었다. 현행 임금체계상의 이러한 난맥상은 정부 정책, 노사관계적 측면에서 그 원인을 찾을 수 있는바, 가장 큰 문제는 통상임금이 소정근로의 가치를 적정하게 반영하지 못함으로써 근로시간 단축을 위한 가산임금제도의 취지를 살리지 못하고 오히려 장시간 근로를 조장하는 요인으로 작용했다는 점이다. 최근의 상여금 소송은 거의 대부분이 초과근로수당의 계산과 관련된 것으로 기본적으로 장시간 근로의 문제다. 필자의 소견으로는 지금까지 법해석상의 혼선으로 인해 문제의 심각성이 배가되었으며, 향후 합목적적인 법해석을 통해 문제해결에 일조해야 한다고 생각한다. 이러한 역할은 종국적으로 법원의 몫이다. 그러나 통상임금을 둘러싼 해석론상의 난맥상은 기본적으로 우리 임금체계의 복잡성과 기형성에서 기인하는 문제이기 때문에, 임금체계의 개선이 선행되어야 할 것이다.

새로운 종업원대표제의 모색

현행법상 종업원의 집단적 목소리(collective voice)를 반영하는 제도로 근로기준법상의 근로자대표, 노조, 노사협의회를 상정하고 있으나, 이들 제도 간의 규범적 위상과 기능이 불분명하고 때로는 착종되어 있어서 법운용상 혼선을 빚고 있다. 더구나 기능적인 측면에서 노조의 대표성에 관해 의문이 제기되는 등 특히 사업장 차원의 노사관계에서 많은 변화가 일어나고 있다. 더구나 복수노조 시대를 맞이하여 소수노조의 발언권 보장도 중요한 이슈로 부각되고 있다.

근로기준법상의 '근로자대표'는 1990년대 후반 이후 새롭게 등장한 개념이다. 근로기준법에 이 개념이 도입되어 현재는 '근로자퇴직급여보장법' 등 여타의 법률에서 이용되고 있다. 그러나 근로자대표는 법제도적 측면에서 보면 과반수노조가 존재하지 않는 경우 대표성의 취약이라는 치명적 약점을 안고 있을 뿐만 아니라 개념의 모호성으로 인해 해석론상 다툼이 많아 법적 안정성을 훼손시키고 있다.

한편, '근로자 참여 및 협력 증진에 관한 법률'에서는 상시근로자 30인 이상 사업장에는 의무적으로 노사협의회제도를 마련할 것을 법적으로 강제하고 있다. 그러나 규모가 작고 노조 설립 가능성이 낮은 사업장에서는 사용자들이 노사협의회 설치를 꺼리거나 그 운영이 다분히 형식에 치우치고 있는 실정이고, 노사협의회가 종업원 전체의 이익을 대변해야 함에도 불구하고 정규직 또는 노조 중심으로 운영되어 사업장 내 취약근로자를 대변하지 못하고 있다. 근로자 위원 선출절차 이행의 주체가 불명확하고 근로자 참여를 위한 절차 규정이 미비하여 무노조 사업장의 경우 직접선거를 행하는 사업장은 절반에도 미치지 못하고 회사가 지명하거나 추천하는 경우(22.8%) 또는 일부선거·일부 추천을 행하는 사업장(17.3%)도 다수이다.

노조를 헌법 제33조의 근로3권을 향유할 수 있는 유일한 단체로 전제하고 있는 현재의 주류적 해석론(노동조합중심주의)에 따르면, 임의단체인 노조와는 조직상 구별되는 종업원대표제도를 법정화하고 여기에 권한을 강화하고자 하는 방안은 자칫 노조의 약체화 또는 단체교섭의 위축 등을 이유로 위헌론의 시비를 불러일으킬 소지가 없지 않다. 그러나 노조의 조직률 하락으로 인한 대표성 약화, 고용형태의 다양화로 인한 다원적 채널의 필요성, 취약근로자의 조직화 미비 등 현실적 요인을 고려하면 노조 외의 대안을 모색하는 일은 필요하다 할 것이다. 노조중심주의에 따라 노조를 제외한 여타의 종업원대표는 보충적 지위에 불과하다는 점을 시인한다 하더라도, 노조가 없거나 소수노조가 존재하는 경우 종업원 전체의 의견을 반영할 수 있는 상시적 메커니즘의 필요성이 존재한다. 그렇다면 현행 근로기준법상의 근로자대표나 노사협의회가 그 대안이 될 수 있을까? 현행 근로자대표나 노사협의회는 문제점을 노정하고 있을 뿐만 아니라 그 대표성이 의심을 받고 있어 집단적 노사자치를 담보하기 어렵다.

이러한 이유로 상설적인 대표시스템 모델을 몇몇 학자들이 제시하고 있다. 눈에 띄는 공통점은 노사 동수로 구성되는 협의체(committee) 모델을 선호하고 있다는 점이다. 필자는 종업원들만으로 구성되는 위원회(work council) 방식을 제안하고자 한다.[26] 새로이 구상하고자 하는 대표시스템은 경영참여의 기제로서뿐만 아니라 사업장 차원의 근로조건 결정주체로서의 역할을 부여하고자 하기 때문에 위원회 방식이 보다 효과적일 것으로 보인다. 요컨대 독일의 종업원위원회 내지 사업장위원회와 같이 종업원들만으로 구성되는 단체로 관념하여 강한 실체성(entity)을 부여하는 것이 필요하다.

외국의 사례에 비추어 종업원대표를 제도화하기 위해서는 입법이 개입하는 것이 보편적인데, 그 정당성을 부여받기 위해서는 종업원대표가 종업원 전체를 대표하는 정통성을 가질 수 있어야 한다. 노조의 경우 이러한 정통성이 조합원의 의사에 기초한 수권(授權)에서 나온다. 반면 종업원대표제의 경우 근로자가 종업원집단의 일원이라는 이유만으로 대표-피대표 관계가 설정되어 버리므로 종업원대표가 대표로서의 정통성을 가지기 위해서는 집단적 수권을 통해서 그 대표성 내지 정통성을 인정받아야 할 것이다. 그리고 그 정통성은 바로 민주적 선거를 통해서 구현될 수밖에 없고 이 점이 입법에 충분히 반영되어야 한다.

종업원위원회가 설치될 경우 그 권한을 어느 정도 허용할 것인지는 입법정책상의 문제이긴 하지만 노조의 근로3권을 침해하지 않는

26 필자는 종래 협의회 방식을 주장했으나 본고를 통해 그 입장을 변경하고자 한다. 사업장 차원의 대표 개념의 재정립 배경과 비교법적 분석에 관해서는 이철수(2011b) 참조.

범위에서 설계되어야 할 것이다. 왜냐하면 헌법의 개정 없이 해석론으로 노조중심론을 부정하기는 어렵기 때문이다. ILO도 다원적인 의사소통 채널을 권장하고 있으면서도, 종업원대표제가 기존 노조를 약화 또는 대체하거나 새로운 노조의 결성을 방해하지 말 것을 줄곧 강조해 오고 있다. 이러한 점을 감안하여, 현행 '근로자 참여 및 협력 증진에 관한 법률' 제5조에서 명시하고 있듯이 종업원위원회가 노조의 단체교섭 기능을 위축시키는 방식으로 설계되어서는 안 될 것이다. 또한 종업원위원회가 법정화될 경우 현행 유니온숍제도나 사업장 차원의 일반적 구속력제도는 재검토가 요구되고 취업규칙제도도 근본적으로 개선이 필요한바, 그에 대한 후속 논의와 대비책이 필요하다.

5. 맺음말

1980년대부터 거세게 전 세계를 강타한 신자유주의적 사조와 우리의 특수한 IMF 구제금융 위기, 2008년 미국발 금융위기를 거치면서 우리 노동법제는 상당한 변화를 겪었고 노사관계법상의 쟁점도 새롭게 등장해 왔다.

1987년 이전 정변이 있을 때마다 비정상적 입법기관에서 개악을 거듭해 오던 우리의 부끄러운 노동법 개정사에 비추어 보면, IMF 이후 우리의 노동법제는 내용상으로는 국제기준에 부합하는 방향으로, 과정상으로는 정상화를 찾아가는 방향으로 발전을 거듭해 왔다고 총평해도 무방하다. 2000년대 초반 노동의 유연화와 탈규제 논의가 대세를 점했지만, 근로시간 단축과 비정규직 보호를 위한 법제가 전문가 집단, 노사정위원회 또는 국회 등의 공론화 과정을 거쳐 국민적 관심 속에서 마련되었다는 사실을 보면 (그 결과에 대한 평가는 각기 상이하지만) 사회적 조합주의가 다각도로 실험되어 왔다고 평가할 수 있다.

특히 노사정위원회를 통한 1998년의 2.6 대타협은 IMF 사태를 돌파할 수 있게 한 원동력이었다. 그 이후 합의에 이르지 못한 사항이라도 사회적 대화를 통해 일차적으로 갈등을 흡수하였고 입법 또는 정책과정에 정제된 논의거리를 제공한 점은 제대로 평가받아야 할 것이다. 특히 경제정책 부서의 의견이 지배적이고 사회정책 부서의 목소리는 뒷전으로 밀릴 수밖에 없는 현 정부조직의 구도하에서, 단기적이고 가시적인 성과만을 강조하는 것은 현실성이 떨어질 뿐만 아니라 모험주의의 오류를 범하는 것이 된다. 사회적 조합주의를 소외된 노동의 목소리를 제도적으로 수렴하고 산업민주주의를 진작시켜 나가기 위한 과정으로 이해한다면 최소한 그 형식과 방법론은 존중되어야 할 것이다. 정부조직 내에서 노동·복지·사회정책 영역의 발언권을 강화하기 위해서라도 징검다리 역할을 하는 사회적 협의기구는 반드시 필요하다.

한편, 본고에서는 자세히 다루지 않았지만 판례법리를 볼 때에도 2000년대 초반과 후반의 경향에는 많은 차이가 발견된다. 2000년대 초반의 노동판례의 흐름에 대해 이흥재 교수는 단호하게 노동법의 위기라고 진단한 바 있다(이흥재, 2002). 그는 시민법적 인식으로의 회귀 및 시민법적 인식 지속이라는 비판적 관점을 제시하면서, 구체적으로 특수형태근로종사자에 대한 근로자성 인정의 인색, 경영해고 요건 충족에 대한 완화된 해석, 단체교섭의 상대방으로서의 사용자 인정의 엄격성, 해고의 절차적 제한에 대한 엄격성 결여, 쟁의행위에 대한 획일적인 업무방해죄 적용, 직권중재제도의 합헌성 인정 등의 문제점을 제시하였다(이흥재, 2002: 205-228). 필자도 이 교수의 입장과 기본적으로 인식을 같이한다.

그러나 이용훈 대법원장이 재직한 2000년대 후반에는 근로권과 근로3권의 보장 측면에서 보다 전향적인 흐름을 띠게 된다. 개별적 근로관계법 분야에서는 대체로 근로자 보호의 관점이 많이 부각되고 과거에 비해 노동법 원리에 보다 충실하게 접근하고 있다. 근로자성 판단에 있어서 완화된 해석 도입, 대기발령의 합리적 제한 법리, 노조 전임자 활동의 업무재해성 인정 확대 등을 그 예로 들 수 있다. 무엇보다도 현대미포조선 사건에서의 묵시적 근로관계의 인정, 예스코 사건에서의 불법파견에 대한 고용의제 조항 적용, 현대중공업 사건에서의 사용자책임 확대 등 일련의 대법원 판결은 구체적 타당성을 기하기 위한 과감한 해석론을 시도하고 그 이후의 노사관계에 많은 영향을 끼쳤다.

집단적 노사관계법 분야에서는 보다 엄격하고 세밀해진 법리를 적용함으로써 과거의 보수적인 입장이 일정 부분 완화되었다. 산별조직에서의 노조 전임자 활동범위 확대, 안전보호시설 위반의 쟁의행위에 대한 책임 제한, 일반 조합원의 민사책임 제한, 단체교섭 거부에 대한 위자료 지급 인정, 쟁의행위 찬반 투표에서의 평조합원 의사 존중 등이 대표적인 사례로 꼽힌다. 특히 위법쟁의행위의 업무방해죄 성부(成否)와 관련된 전원합의체 판결(대법원 2011. 3. 17, 선고 2007도482)은 기존의 법리를 변경하여 보다 엄격하고 신중한 접근을 통해 근로자의 단체행동권 보장을 도모하고자 한 점에서 매우 의미 있는 판결이라 할 수 있다.

이런 점에서 보면 최근의 몇몇 판결들, 예컨대 시민법 논리에 치중한 손배·가압류 판결, 근로권보다 경영권을 우월시하는 판결기조, 신의칙 법리 원용을 통한 근로자에 대한 사실상의 경영책임 부과 등의 사례는 매우 퇴영적인 자세를 취하고 있다고 할 수 있다. 이와 더불어 휴일근로가 연장근로에 포함되지 않는다는 노동부의 해괴한 해석, 코레일 파업의 대처과정에서 보여 준 대화의 부재, 경제부처의 노동행정 간섭 등 일련의 흐름들은 경제민주화라는 시대적 흐름에 역행하는 우려할 만한 사태라 할 수 있다.

참고문헌

강성태(2013). 「제정 노동법의 주요 내용과 특징」. 『노동법학』 48: 131-168.

권혁(2007). 「현행 근로기준법상 우선재고용의무제도의 법이론적 문제점」. 『노동법학』 25: 111-136.

김성수(2013). 「통상임금에 관한 최근 판결례분석」. 『현행임금법제의 문제점과 해결책은 무엇인가?』(법무법인 지평지성 주최 세미나자료집).

김엘림(2013). 「여성노동에 관한 노동법 60년사의 성찰」. 『노동법 60년사 학술토론대회 자료집』. 한국노동법학회.

김형배(1994). 「한국노동법의 개정방향」. 『고려법학』 30: 103-127.

김홍영(2007). 「부당해고 구제절차에서의 금전보상 제도 및 이행강제금 제도」. 『노동법학』 25: 39-83.

노동부(2003). 「노사관계 개혁방안」.

노동부(2005). 「노사관계 법·제도 선진화 방안 설명자료」.

노동부(2006a). 「공무원 노조법령 주요내용 및 쟁점 해설」.

노동부(2006b). 『노동행정사3: 근로자보호정책』.

노동부(2009). 『노동조합 및 노동관계조정법령 제·개정 변천사』.

노사관계개혁위원회(1996). 「'96 노동관계법·제도 개혁안」.

노용진(2014). 「우리나라 노동조합과 노사관계의 변화: 2000년대 중·후반을 중심으로」. 유경준 편. 『노동조합의 경제적 효과와 근로자대표권 연구』. 한국개발연구원.

도재형(2011). 「사내하도급 관계에서 근로자 파견의 인정기준」. 『법조』 60(8): 131-174.

박은정(2007). 「해고의 절차: '해고사유 등 서면통지의무' 제도의 도입을 계기로 살펴본 근로기준법상의 해고절차에 대한 몇 가지 의문」. 『노동법학』 25: 85-110.

어수봉(1997). 「노동시장의 유연성 제고」. 『노동동향분석』 10(3): 55-73.

오윤식(2008). 「위장도급의 준별과 그 법적 효과」. 『민주법학』 37: 245-279.

은수미(2009). 「산별노조와 산별교섭: 보건의료산업과 공공부문을 중심으로」. 대법원 연구용역 세미나 발표문.

이병희(2006). 「파견과 도급의 구별기준 및 파견법상 직접고용간주규정의 적용범위」. 『사법논집』 43: 481-535.

이영면·박지순·권혁(2007).「원하청도급관계에서의 노동법적 쟁점 및 과제」. 노동부 용역보고서.
이철수(2000).「하부조직과 상부연합단체의 단체교섭 당사자성」.『노동법의 쟁점과 과제』(김유성교수 화갑기념논문집). 법문사.
이철수(2002).「근로계약의 입법론적·해석론적 과제」.『노동법학』15: 199-217.
이철수(2006).「근로계약법제와 관련한 방법론적 검토」.『노동법의 존재와 당위』(김유성교수정년기념논문집).
이철수(2007).「개정 해고법제의 주요 내용과 그 평가」.『노동법연구』22: 1-48.
이철수(2011a).「산별체제로의 전환과 법률적 쟁점의 재조명」.『노동법연구』30: 1-98.
이철수(2011b).「통일적인 종업원 대표시스템 정립을 위한 소고」.『산업관계연구』21(1): 1-31.
이철수(2011c).「판례를 통해 본 사내하도급의 법적 쟁점」.『노동법실무연구』(김지형대법관퇴임기념논문집). 노동법실무연구회.
이철수(2013).「통상임금에 관한 최근 판결의 동향과 쟁점: 고정성의 딜레마」.『서울대학교 법학』54(3): 877-907.
이철수(2014).「IMF 구제금융 이후의 한국의 노동법제 발전」.『서울대학교 법학』55(1): 205-252.
이흥재(2002).「대법원의 근로관계 인식에 대한 재조명」.『서울대학교 법학』43(3): 205-228.
임금제도개선위원회(2013. 6. 27).「통상임금관련자료」.
임금제도개선위원회(2013. 7. 24).「임금제도개선위원회논의자료 2」.
장홍근(1999).「한국노동체제의 전환과정에 관한 연구」. 서울대학교 박사학위논문.
전형배(2010).「대법원 판례의 위장도급 유형 판단기준」.『노동법학』36: 507-548.
조임영(2007).「근로자파견관계의 판단방식과 기준」.『노동법연구』22: 151-180.
하경효(2000).「노동법의 기능과 법체계적 귀속」.『社會變動과 私法秩序』(김형배교수정년퇴임기념논문집).
西谷 敏(1999).「労働法における規制緩和と弾力化」.『労働法における規制緩和と弾力化(日本労働法學會誌 93号). 總合労働研究所.
OECD(2004). *OECD Employment Outlook*.

5장 /

임금정책의 변화와 정책결정 과정

김헌수

1. 들어가는 말

임금정책은 시대에 따라 정치·경제적 상황과 노사관계 지형의 영향을 받으면서 변화해 왔다. 임금정책의 주요 내용은 고율의 임금인상에 대한 억제정책과 저임금에 대한 해소정책으로 나눌 수 있다. 이러한 임금정책은 경제성장, 물가안정, 사회불안의 해소, 노사의 세력관계 등 여러 가지 요인에 의해 내용이 결정되고, 그 추진 성과의 달성 여부도 영향을 받게 된다. 여기에서는 먼저 임금의 개념과 종류를 살펴보고 임금정책의 변화 과정을 정치·경제적 상황의 변화와 노사의 역학관계에 비추어 기술하고자 한다.

임금의 개념

근로기준법 제2조 제5호의 정의 규정을 보면, 임금은 "사용자가 근로의 대가로 근로자에게 임금, 봉급, 그 밖에 어떠한 명칭으로든지 지급하는 일체의 금품"이라고 되어 있다. 그러므로 임금이 지급되는 사용자와 근로자 사이에는 고용계약이 있어야 하고, 근로자는 사용자가 지시하는 업무를 수행하는 대가로 임금을 지급받는 것이다.

임금의 구성

임금은 기본급과 수당, 그리고 상여금으로 구성된다. 고용노동부의 「통상임금 산정지침」[1]을 보면, 기본급은 "소정 근로시간 또는 법정 근로시간에 대하여 지급하기로 정해진 기본급 임금"이라고 되어 있다. 그러므로 가장 단순한 임금은 수당이나 상여금 없이 기본급만 있는 경

1 제정 1988. 1. 14, 노동부 예규 제150호; 개정 2012. 9. 25, 고용노동부 예규 제47호.

우다. 1일 8시간, 1주 40시간을 근로하고 총 200만 원을 받기로 하고 다른 수당이나 상여금이 없는 경우에는 기본급이 200만 원이다.

수당은 고용종속관계와 근로의 제공을 전제로 하지만 특별한 요건이 충족되는 경우에 지급되는 금품이다. 수당을 성격에 따라 구분해 보면 1) 법정 근로시간 또는 소정 근로일수를 초과하여 지급하는 연장근로수당이나 휴일근로수당(엄격하게는 수당이 아니라 연장근로나 휴일근로에 대한 가산임금이다), 2) 직무와 관련한 직무수당, 직책수당, 자격수당, 특수작업수당 등이 있고, 3) 생산 장려를 목적으로 하는 업적수당, 판매수당, 정근수당 등이 있다. 그 밖에 4) 생활보조적 수당으로 가족수당, 식사수당, 통근수당, 주택수당 등이 있는데, 생활보조적 수당은 근로 제공의 양이나 업무 실적과는 관련이 없다(노동부, 1988a: 14).

상여금은 일정 기간 근무를 전제로 하여 기본급의 일정한 비율 또는 취업규칙이나 단체협약에서 정한 금액의 일정한 비율을 일정한 기간마다 지급하는 고정적 상여금(통상적으로 '보너스'라고 함)과 사전에 지급 여부나 지급 금액이 결정되지 않고 경영성과가 있을 경우에 사용자의 결정에 따라 지급하는 성과상여금이 있다. 순수한 성과상여금은 근로기준법에 의한 임금으로 보지 않는다.

통상임금과 평균임금

통상임금에 대해서는 '근로기준법 시행령' 제6조에서 근로자에게 정기적이고 일률적으로[2] 소정 근로 또는 총 근로에 대하여 지급하기로 한 시간급 금액, 일급 금액, 주급 금액, 월급 금액 또는 도급 금액을 말한다고 규정하고 있다. 이러한 통상임금은 근로자들이 연장근로, 휴일근

---

2 통상임금이 '정기적·일률적으로' 지급되는 금품이라는 용어는 1982년 8월 13일 근로기준법 시행령 개정 시에 추가되었다.

로, 야간근로를 할 경우에 가산되는 50%의 가산임금(흔히 연장근로수당, 야간근로수당이라고 함), 연차휴가 기간에 대한 임금이나 연차휴가를 사용하지 않고 근무하는 기간에 대한 임금, 휴일에 근무하는 경우에 지급하는 가산임금 50%(흔히 '휴일근로수당'이라고 함)를 계산하는 기준임금으로 사용된다.

평균임금은 근로기준법 제2조 제6호의 정의 규정에 근거를 두고 있다. 평균임금은 평균임금을 산정해야 할 사유가 발생한 날 이전 3개월 동안에 근로자에게 지급된 임금의 총액을 그 기간의 총일수로 나눈 금액을 말한다. 평균임금은 산정 기간 동안의 1일에 대하여 지급된 금액을 말하며, 과거의 근무시간이나 근무실적 등을 토대로 사후적으로 산정되는 근로자의 생활임금이다. 평균임금은 퇴직금, 연차휴가 기간 동안에 대한 임금(취업규칙이나 단체협약에 연차휴가 기간에 대해 평균임금으로 지급하기로 정한 경우), 사용자의 귀책사유로 휴업한 경우에 근로자에게 지급하는 휴업수당의 지급기준이 된다.

2. 임금정책의 변화

1950년대의 임금정책

1950년대 우리나라의 경제는 농촌경제 형태로서 노동력의 70% 정도가 농업을 비롯한 1차 산업에 종사하고 있었다. 산업기반 역시 일제강점기를 거치면서 취약했는데 산업이 발달할 시간적 여유도 없이 6.25전쟁이 발발하여 취약한 산업시설마저도 대부분이 전쟁으로 파괴된 상황이었다.[3] 따라서 노동력의 공급에 비해 수요가 크게 부족했고 이 시기의 임금은 공업 부문을 기준으로 볼 때 겨우 생존을 유지할 수 있는 수준이었다. 1957년 당시 보건사회부[4]가 조사한 101개 사업체 근로자의 월평균 수입은 2만 153환인 데 비해 월평균 생활비는 4만 509환으로 적자생활을 한 것으로 보인다.

1950년대에는 국내의 수요를 충당하기 위한 경공업을 중심으로 공업화정책이 서서히 진행되고 있어서, 경제정책은 장기적인 성장잠재력을 배양한다기보다는 국민들의 소비재 수요를 충당하기 위해 외국에서 소비재를 수입하거나 제품 유통상의 애로사항을 해소하는 데 중점을 두었다. 따라서 임금에 대한 정책이 따로 있을 수 없었다.

1960년대의 임금정책

1961년 5.16 이후에 서울시는 각 사업주들에게 근로조건과 임금을 1961년 5월 15일 현재의 수준을 유지해야 하며 어떠한 이유로도 이를 저하시키지 못한다는 내용을 포함하는 「근로자 권익 보호요강」을 시달하였다. 이것이 정부가 처음으로 내놓은 임금정책의 하나라고 볼 수 있다. 이 조치는 4.19와 5.16을 거치면서 사회가 혼란한 틈을 타서 사업주들이 근로자들의 임금수준을 일방적으로 저하시키는 것을 방지하기 위한 것이었다.

제3공화국의 경제정책은 정부 주도의 공업화와 성장제일주의를 채택하여 우리나라는 급격한 산업화 시대를 맞이하였고, 그 결과 농업 부문의 인구가 공업 부문으로 큰 폭으로 이동하게 된다. 전체 취업자 중에서 농림어업 부문의 취업자가 차지하는 비중은 1963년 63.15%였으나 1971년에는 48.4%로 감소했고, 같은 기간에 공업 부문의 취업자 비중은 8.7%에서 14.2%로 높아졌다. 이 시기는 정부 주도로 외국

---

3 전쟁으로 섬유공업 건물의 56%, 전력시설의 80%, 기간시설의 58%가 파괴되었다(노동부, 2006: 24).

4 1948년에 사회부 노동국으로 출발하여, 1955년에 보건부와 사회부가 통합한 보건사회부의 노동국으로 존재하였다.

〈표 5-1〉 1960년대의 임금인상률 변화 (단위: %)

연도	명목임금인상률	실질임금인상률	소비자물가 상승률
1961	12.9	3.6	8.1
1962	13.5	-5.5	20.7
1963	19.6	-5.8	29.5
1964	23.5	4.4	13.6
1965	27.5	10.2	10.8
1966	16.2	14.1	11.2
1967	28.7	21.9	10.1
1968	24.7	12.6	12.7

자본을 도입하여 노동집약적인 경공업을 바탕으로 수출지향적인 경제정책을 펴 나가는 과정이었으며, 저임금 노동력을 토대로 임가공수출을 주로 하던 시기여서 저임금 문제를 개선하려는 노력을 기울이지 않았다.

1960년대 후반이 되면서 공업화에 따른 기능공이 부족하게 되자 인력을 확보하기 위해 기업에서 임금을 인상하기 시작했고 임금인상률이 노동생산성을 앞지르는 현상이 나타났다. 이러한 고율의 임금인상 현상은 전 산업으로 확산되었다.

임금인상률이 고율에 이르자 사용자단체에서는 임금상승으로 수출경쟁력이 낮아진다고 주장하였고, 경제기획원은 1969년에 임금인상은 생산성을 반영하여 최고 15%를 넘지 않도록 하는 임금인상 억제안을 제시했으나, 당시 여당인 공화당에서 반대하여 시행이 보류되었다. 공화당이 임금억제정책을 반대한 이유로는 당시에 대통령선거가 직선제였고 정당 간 지지도가 크게 차이가 나지 않는 시기여서 숫자가 많은 근로자들의 표를 의식한 결정이라고 보는 견해도 있다(고숙희, 1997: 124).

노동 관련 업무를 담당하던 보건사회부의 노동국이 1963년 8월 31일에 노동청으로 개편되었으며, 이때부터 근로감독관의 근로감독 업무가 어느 정도 시행되었다. 그러나 근로감독관 업무의 대부분은 근로기준법 위반 여부를 다루는 것이었고, 임금정책은 경제정책의 일환으로 경제기획원에서 주도하였다. 1968년에 노동청이 전국노동행정담당관 회의에서 근로기준 중점추진계획으로 내놓은 내용을 보면, 여성과 소년이 많이 종사하는 사업장에 대해 지도·감독을 하고, 법정 근로시간을 준수하도록 하기 위해 2부제 작업 형태의 사업장에 대해서는 3부제로 변경하도록 지도하고 이 과정에서 근로조건이 저하되거나 주휴일 확보가 소홀히 되지 않도록 지도하는 것이 강조되었다. 따라서 노동청을 포함하는 정부의 임금정책은 1960년대까지는 자유방임상태에 있었다고 볼 수 있다(정병석·김헌수, 1988: 35).

1970년대의 임금정책

1960년대에는 국가가 주도하는 경제개발정책을 통해 노동집약적 수출주도의 경제성장을 추구해 왔으나, 1960년대 말부터 수출이 급격하게 감소하고 경제성장률도 1969년의 13.8%에서 1972년에는 5.8%로 하락하였다. 이러한 문제를 극복하기 위해 정부는 수출 드라이브 정책을 계속 추진하면서, 한편으로는 중화학공업을 적극적으로 육성하였다. 그리하여 전 산업 중에서 농림어업의 비중은 1970년 26%에서 1979년 20%로 감소하고, 제조업의 비중은 같은 기간 동안 20.8%에서 26.9%로 증가하였다. 제조업 중에서도 경공업의 비중은 62.2%에서 48.8%로 낮아진 반면에 중화학공업의 비중은 37.8%에서 51.9%로 높아졌다. 1970년대에는 고학력자에 대한 인력수요가 증가하는 대기업·중화학공업의 고임금지대와 노동집약적인 경공업, 섬유산업 등의 저임금지대가 공존하였고, 그 결과 기업규모 간, 직종 간, 학력 간 임금격차가 심화된 시기였다.

• 임금인상억제정책

1971년에 '국가보위에 관한 특별조치법'에 의하여 대통령이 임금·가격·이자에 대한 통제권을 갖게 되었고, '국가보위에 관한 특별조치법' 제9조에서 단체행동권은 미리 주무 관청의 조정을 받고 그 조정 결과에 따르게 하였다. 1973년에는 노동관계법을 개정하여 '전국적 규모를 갖는 노동조합'의 근거를 없애고, 상급 노조가 사업장 단위의 노조의 쟁의행위에 대하여 승인해 주는 규정을 삭제하여 단체행동권을 약화시켰다.[5]

1972년에 경제기획원 장관은 수출 증대와 경제성장률 제고를 위하여, '임금상승 → 물가상승 → 기업의 채산성 악화 → 국제경쟁력 약화'의 악순환 고리를 끊기 위해 생산성에 입각한 임금인상 방안을 발표하였다(8.3조치). 즉, 기업이 생산성 증가율을 초과하여 임금을 인상하는 것을 억제하기 위해 임금인상을 둘러싼 노사분규가 발생하면 정부가 적극 개입하여 임금인상 수준을 지도하고, 기업이 제품가격을 인상하려고 하면 엄격한 원가 분석을 통해 임금인상을 이유로 한 제품가격 인상을 불허한다는 내용이다. 이러한 강력한 임금인상 억제정책인 '생산성 임금제'는 경제기획원의 주도로 1970년대 말까지 실시되었다.

이 외에도 1979년에는 정부가 기업에 협조문서를 보내서 임금인상률을 노동생산성과 물가상승률을 합한 수치인 20% 이내로 억제하라고 지도하였다. 또한 인력난으로 대졸자를 채용한 첫 해의 임금 수준이 인상되고 다른 기업보다 더 높은 임금을 제시하며 기능공을 스카우

---

5 노조의 형태를 기업별 노조로 명문화한 것은 1980년의 노동조합법 개정에서 반영되었다.

〈표 5-2〉 1970년대의 임금인상 추이 (단위: %)

연도	명목임금인상률	실질임금인상률	소비자물가 상승률
1972	13.9	2.0	11.7
1973	18.0	14.3	13.2
1974	35.3	8.8	24.3
1975	27.0	1.4	25.3
1976	34.7	16.8	15.3
1978	34.3	17.4	14.4
1979	28.6	8.7	18.3

〈표 5-3〉 타결임금인상률과 명목임금인상률 비교 (단위: %)

연도	타결임금인상률	명목임금인상률
1975	24.5	29.5
1976	27.0	35.5
1980	21.5	23.4

주: 타결임금 인상률 자료는 근로자 수 100인 이상 업체에 대하여 노동부가 집계한 수치를 토대로 작성한 한국노동연구원(KLI)의 통계로서, 전 산업에 대하여 조사한 경제연감의 자료인 〈표 5-2〉와 수치가 다소 차이가 있으나 경향은 유사하게 나타난다.

트해 가는 현상이 나타나자, 기업들에게 대졸자의 채용 첫 해 임금 수준을 동결함과 동시에 기업이 필요한 인력을 스스로 양성하여 활용하도록 하고 다른 회사의 인력에 대한 스카우트를 자제하라고 권고했으나 크게 효과를 보지는 못했다. 이러한 임금인상 억제정책에도 불구하고 중화학공업 육성에 따른 인력의 초과 수요가 발생하고, 중동 지역에서 일어난 건설 붐에 힘입어 인력의 해외 송출 규모가 확대되어 인력 부족 현상이 나타남에 따라 1976년부터 물가상승률 대비 임금 수준이 큰 폭으로 상승하였다.

한편으로는 정부의 강력한 임금인상 억제정책에 따라 사용자가 노조와 타결한 임금인상률과 실제 명목임금인상률 간에는 차이가 발생하게 되었다. 임금교섭은 기본급이나 정액급여를 중심으로 타결하고 추가로 수당의 인상이나 신설, 상여금 인상 등을 통해 임금인상을 한 결과였다.

• 저임금 근로자 정책

1970년 1월 '전태일 분신 사건'을 계기로 저임금·장시간 근로에 대한 관심이 대두되었고, 저임금 근로자의 열악한 근로조건은 사회불안 요인으로 작용하고 있었다. 정부(노동청)는 1971년에 근로자 보호를 위하여 '적정 임금 보장, 체불임금 해소, 사업장 작업환경 개선'에 대해 근로감독을 강화하고, 전국의 근로감독관 40여 명이 영세사업주가 밀집한 시장에 상주하면서 근로시간과 휴일에 대한 감독을 하였다.

1973년에는 박정희 대통령이 수출공단을 시찰하면서 사업주 스스로 근로자에게 적정임금을 지급하라는 당부가 있었고, 부당하게 낮은 임금을 주는 기업체에 대해서는 정부가 개입하여 적정임금을 주도록 지도하라는 지시가 있었다. 또 1973년의 석유파동이 원자재 가격 폭등을 유발하고 생산·고용·국제수지를 악화시켜 근로자를 비롯한 국민의 생활에 심각한 타격을 줌에 따라 박정희 대통령의 강력한 저임금 해소 지시는 「국민생활 안정을 위한 대통령 긴급조치 제3호」에 포함되었고, 노동청은 임금 수준이 지역별·업종별 임금을 기준으로 평균 이하인 사업장에 대해서는 근로감독관으로 하여금 직접 적정한 임금인상을 지도하게 하였다.

노동청은 1974년 실시한 임금실태조사 결과를 토대로 1975년에는 취업 첫 해 임금의 하한선을 월 1만 원으로 하도록 지도하였다. 1976년에는 저임금 지도선을 2만 원으로 한 결과, 1975년에 근로자 수 10인 이상인 사업장 근로자의 21.8%가 월 2만 원 미만의 임금을 받았으나

1976년 말에는 월 2만 원 미만인 저임금 근로자가 7.9%로 감소하였다. 1977년에는 초임 임금의 하한선을 월 3만 원으로 인상하여 근로자 16인 이상을 고용하는 사업장을 대상으로 지도하였고(정병석·김헌수, 1988: 35-36), 1979년에는 저임금 하한선을 월 45,000원으로 정하여 지도하였다(고숙희, 1997: 127-128).

이러한 저임금 문제를 해결하기 위해 한국노동조합총연맹(이하 '한국노총')은 최저임금제 도입과 임금의 물가연동제 실시를 강력하게 주장하게 되었다(정병석·김헌수, 1988: 36; 고용노동부, 2006: 47).

1980년대의 임금정책

노동청이 1981년 4월 8일에 노동부로 승격되었고, 이때부터 독자적인 임금정책이 시행되었다고 볼 수 있다. 노동청 시절에는 근로기준국 임금과에서 체불임금 청산을 위주로 하는 임금 업무를 담당해 왔으나, 임금 업무에 체불임금 청산만이 아니라 임금교섭이나 임금구조 등의 임금정책 업무를 포함해야 한다는 당시 정택주 임금과장의 주장에 따라 임금정책 업무가 노정국으로 이관되었다. 노정국에 임금복지과를 두고 여기에서 노조의 단체교섭과 관련한 임금교섭 지도를 임금정책의 주요 부분으로 추진하기 시작하였다.

1980년대에 접어들면서 노동생산성 향상과 인력부족 현상은 높은 임금인상을 가져왔으며, 이러한 임금상승은 우리 산업의 국제경쟁력을 약화시키는 중요한 요인으로 생각되었고, 고임금 근로자와 저임금 근로자 간의 임금격차 확대는 노동소득 분배의 왜곡과 저임금 근로자의 양산을 초래하였다. 1980년과 1981년에는 명목임금이 각각 23.4%와 20.7%로 높은 상승률을 보였음에도 불구하고 물가가 상승하여 실질임금상승률은 오히려 1980년에 -4.1%, 1981년에 -0.5%로 하락함으로써 근로자의 생계를 압박하였고, 기업은 세계적인 불황의 여파로 수출에 많은 애로를 겪었다(노동부, 1983: 48-49). 1960년대 이후 경제개발 5개년계획을 추진한 이래 처음으로 마이너스 경제성장을 하고, 물가가 상승하며, 외채 누적으로 국제수지 적자가 확대되는 등 경제 삼중고를 겪게 되었다.

1980년에 제5공화국이 출범하면서 정부는 강력한 경제안정화정책을 시행하였다. 정부는 물가안정을 국정운영의 제1의 목표로 삼았으며 임금안정은 물가안정의 일환으로 추진되었다. 안정된 물가와 임금을 보장함으로써 실질임금 보장과 국제경쟁력 향상을 추구하는 것이 경제정책의 과제였다. 정부는 임금인상을 억제하여 인플레이션 증가율을 감소시키기 위해 노조의 활동을 억제하면서[6] 강력한 임금인상 억제정책을 수행하였다.

예를 들면, 1980년에는 불경기를 감안하여 기업들이 10-15%선에서 임금을 인상하도록 가이드라인을 제시했으나, 1981년부터는 기업들이 자율적으로 임금을 인상하도록 하면서 공무원과 공공 부문의 임금인상률과 정부노임단가의 인상률을 10%로 인상함으로써 민간기업이 여기에 따라오도록 하는 시그널 효과를 기대하였다. 정부의 임금인상 억제정책이 효과를 거두기 위해 1980년 11월 21일에 은행감독원은 '기업경영지도에 관한 협정'을 통해 3년 이상 적자운영을 하면서 임금을 인상하거나 장기간 이익이 예상되지 않는데도 임금을 10% 이상 인상하는 경우, 당해 연도에 이익이 발생했다 하더라도 노동생산성을 초

6 1980년에 사회정화운동을 통하여 산별노조 위원장급 12명을 노조에서 사직 또는 탈퇴시키고, 107개의 산별노조의 지역지부를 해체한 것이 임금억제정책을 수행하기 위한 정지작업인 것으로 보는 견해(고숙희, 1997: 128)도 있으나, 당시의 시각은 합리적인 노동운동 방향의 설정과 기업 내 문제는 기업의 실정을 잘 아는 노사 당사자 간에 해결되어야 한다는 측면도 고려되었다고 본다. 노동조합법 개정의 구체적인 내용은 김헌수(2013: 7-9, 14-15) 참조.

과하는 임금인상을 하는 경우에 대해서는 신규로 대출해 주지 않기로 한 것이다(고숙희, 1997: 130).

「임금교섭지도지침」에 의한 임금정책

임금정책 측면에서는 노동청에서 노동부로 승격되면서 1982년부터 매년 초에 「임금교섭지도지침」을 작성하여 지방노동관서와 사업장에 배포하고 근로감독관으로 하여금 사업장을 지도하도록 하였다.[7] 외면적으로는 노사 간의 자율교섭, 임금구조의 개선, 임금교섭의 조기타결이라는 기조를 유지했으나, 실질적으로는 임금인상 가이드라인을 제시하고 근로자 수가 100인 이상인 사업체에 대해서는 임금 타결 실적을 지방노동관서에 보고하도록 하는 방법으로 간접적인 임금억제정책을 시행하고, 임금을 상반기에 조기에 타결함으로써 기업에서 장기간 동안 임금교섭에 시간과 비용을 소모하지 않도록 하는 데 그 목적이 있었다.

1982년의 「임금교섭지도지침」을 보면, 정부에서 획일적인 임금인상률 가이드라인을 제시하지 않으면서 각 기업이 물가, 기업의 지불능력, 노동생산성 향상률 등을 고려하여 임금인상률을 정하도록 했다. 그리고 근로자 수 100인 이상인 업체(1982년에는 4,471개 업체가 대상)에 대하여 정부의 「임금교섭지도지침」을 배부하면서 이 내용을 해당 사업체에 교육을 실시하고 임금교섭 결과를 보고하도록 했다(노동부, 1983: 50). 한편으로는 임금인상 상한선을 직접적으로 제시하지는 않았으나 공기업이나 공단 등 공공 부문의 임금인상 폭을 한 자릿수로 정

7 임금이 사용자와 노조 간의 단체교섭에 의해서 결정되고 이러한 임금교섭 결과는 노조가 없는 사업장에도 영향을 미친다는 측면에서 사업장의 임금교섭에 대한 가이드라인을 제공하고 임금교섭에 참고할 만한 통계자료 등을 제공해야 한다는 생각은 당시 임금복지과장인 최승부 과장과 정병석 사무관에 의하여 시작되었다.

〈표 5-4〉 1980년대 초반의 임금 관련 지표 상승률 (단위: %)

구분	1980	1981	1982	1983	1984	1985	1986
명목임금	23.4	20.7	15.8	11.0	8.7	9.2	8.2
실질임금	-4.1	-0.5	7.9	7.4	6.3	6.6	5.8
소비자물가	28.7	21.3	7.3	3.4	2.3	2.5	2.3
노동생산성	10.5	16.9	7.2	13.0	10.0	6.9	12.7

해 놓고 사기업체보다 앞서서 연초에 임금인상을 타결하도록 함으로써 공공 부문의 임금인상률이 민간기업의 임금인상에 가이드라인으로 작용하도록 하는 실질적인 가이드라인 정책을 시행하였다.

1982년에는 「임금교섭지도지침」에서 보는 바와 같이 기업들이 자율적으로 임금인상률을 결정하도록 하면서 정부 주도로 물가안정을 위한 임금억제 캠페인을 전개하고 공무원의 봉급인상은 9%, 민간 기업은 10% 이내에서 인상하도록 지도하였다. 1983년에는 공무원 봉급의 인상률을 6%로 정하였고, 1986년에는 민간 부문의 임금인상률을 4%선으로 하는 가이드라인을 제시하였다.

1980년대에 시작된 임금정책은 노동부 단독 정책이라기보다는 경제기획원의 국가경제정책의 틀 안에서 이루어진 범정부적인 정책의 하나라고 볼 수 있다. 당시의 경제기획원의 경제교육기획관(이기호 국장)실에서는 노동부에서 작성한 「임금교섭지도지침」을 검토하고 경제정책과의 균형된 지도를 하기 위해 내용 수정 등을 노동부에 요구하였고 이러한 요구사항은 「임금교섭지도지침」에 거의 다 반영되었다.[8]

8 「임금교섭지도지침」의 시달은 1990년대 이후에도 계속되고 있으며, 현재는 가이드라인이라기보다는 임금교섭에 필요한 관련 통계자료 등을 제공하여 노사 당사자가 임금교섭 자료로 활용하도록 하는 기능을 하고 있다. 현재도 100인 이상 사업장의 임금타결 현황 파악은 행해지고 있으나 가이드라인에 대한 간접적인 강제방법으로 인식되고 있지는 않다.

• 6.29 민주화선언과 자유방임 임금정책

1986년부터는 소위 '3저 호황' 시대를 맞이하여 유가와 금리, 달러화 가치가 하락하여 연초부터 경기가 급격히 상승 분위기를 타게 되어서 수출산업이 활기를 띠었고 이러한 호경기의 효과는 내수시장에도 확산되었다. 또한 1987년 '6.29 민주화선언'을 계기로 정치·사회적 민주화 실현 요구의 분출은 산업현장에도 큰 영향을 미쳤다. 노태우 대통령 후보가 임금교섭에 정부가 개입하지 않고 노사자율에 의해 결정하도록 하고 정부는 공정한 조정자로서의 역할을 하겠다고 발표한 것이 당시의 민주화 분위기와 결합하여 1987년 하반기에 발생한 노사분규가 3,749건이나 되었는데, 이는 과거 1975년부터 1986년까지 발생한 노사분규(1,979건)의 2배에 달하는 수치였다. 3,749건의 노사분규 중에서 6.29 민주화선언 이후 7-8월간 3,421건이 발생했으며, 이미 임금교섭을 마무리한 사업장에서도 임금교섭을 위한 노사분규가 다시 발생하는 등 노사관계에서 무정부상태가 되었다.[9]

노동부나 노동위원회도 노사분규에 대응할 조직과 준비가 미처 갖추어지지 않은 상태에서 대규모 노사분규를 맞게 되어서 제대로 조정하거나 대처하지 못하고 바라만 보고 있었다고 할 수 있다. 더구나 직선제로 치르는 제13대 대통령선거를 1987년 12월에 앞두고 있어서 이러한 노동계의 요구가 무리한 것이고 노사분규가 법의 테두리를 벗어나더라도 정부가 강력히 대처하지 않은 측면도 있었다.

1988년의 「임금조정지도지침」[10]을 보면 노동현장의 민주화 분위기를 반영하여, 물가나 노동생산성, 기업의 지불능력 등을 감안하여 임

9 임금교섭이 타결된 후에 그 유효기간 중에 임금 인상을 요구하는 파업을 하는 경우에는 평화의무를 위반하는 것이 되어 노조에게 파업의 정당성이 없게 된다.

10 1980년대 초에는 '임금교섭지도지침'이라고 하였으나, 정부가 임금교섭에 개입한다는 인상을 줄 수 있다는 생각에서 후에 '임금조정지도지침'으로 명칭을 변경하였다.

〈표 5-5〉 1987년 이후의 임금인상률 추이 (단위: %)

연도	명목임금인상률	실질임금인상률	소비자물가 상승률	노동생산성 상승률
1987	11.6	8.3	3.0	-
1988	19.6	11.7	7.1	14.6
1989	25.1	18.3	5.7	7.2
1990	18.1	9.4	8.6	16.8

금인상을 결정하도록 하던 간접적인 가이드라인마저도 삭제되었다. 즉, 임금인상 수준은 노사 간의 자율적인 교섭과 협의에 따라 결정하도록 하고, 합의된 임금인상 재원을 최저임금 지급과 임금격차 완화[11]에 사용하도록 하고, 임금체계에서도 기본급의 비중을 높이고, 임금결정 방식도 연공급 중심에서 직무급·직능급적 요소를 가미하도록 지도하였다. 또한 상여금도 고정상여금보다는 기업의 경영성과에 따른 인센티브제로 전환하도록 하여 성과배분적 요소를 가미하였다(노동부, 1988a).

노동부의 「임금조정지도지침」과는 달리 경제기획원은 1988년 이후에 높은 수준의 임금인상이 우리 경제의 성장잠재력을 둔화시키고 수출 부진, 물가상승 등에 미치는 부정적인 파급효과를 우려하여 임금인상 자제를 호소하였다. 경제기획원은 과도하게 임금을 인상하는 기업에 대해서는 원자재 공급 중단 및 어음 융통 거부, 세제나 금융상 혜택 정지 등의 방침을 발표하고, 고위 공무원의 봉급인상을 동결하는 등의 노력을 기울였지만 임금인상 억제 효과를 보지는 못하였다.

정부의 임금인상 억제정책이 제대로 효과를 거두지 못한 이유는 6.29 민주화선언 이후 노조가 단체교섭에서 우위를 점하게 되어 고율

11 1986년 중졸자의 초임임금을 100으로 볼 때, 고졸자 초임임금은 116, 대졸자 초임임금은 177이었다.

의 임금인상을 이끌어 낼 수 있었고 그 결과 노동생산성을 상회하는 임금인상이 계속 이루어졌기 때문이다.

• 저임금 근로자 정책

1953년에 '근로기준법'을 제정할 때 제34조에서 사회부 장관은 필요한 경우에 일정한 산업 또는 직업에 종사하는 근로자를 위해 최저임금을 정할 수 있다고 규정하고, 이 경우에는 노동위원회의 동의를 얻어야 한다고 규정하였다. 그러나 이 규정에 의해 강제력을 갖는 최저임금의 결정은 1980년대 중반에 '최저임금법'이 제정될 때까지는 시행한 적이 없었다.

1980년대의 저임금 근로자 대책은 정부가 임금안정화정책을 행하면서 상대적으로 생계에 어려움을 겪는 저임금 근로자를 보호하기 위한 정책을 보완적으로 실시하였다. 1981년부터 1983년까지는 구체적인 금액을 명시하는 저임금 하한선을 제시하지는 않았다. 1981년에는 저임금 근로자가 집중되어 있는 제조업체 중에서 근로기준법의 적용을 받는 근로자 수 16인 이상인 업체와 하청업체·용역업체를 대상으로 하여 기업 단위에서 하후상박의 원칙을 적용하여 생산직 저임금 근로자를 우대하라는 방식으로 지도하였다. 1982년에는 근로자 수 30-99인 규모의 제조업을 대상으로 업종별 평균임금에 미달하는 사업체에 대하여 평균임금 수준까지 개선하도록 지도했으며, 1983년에는 제조업 중에서 대표적인 저임금 업종 10개[12]를 대상으로 하여 근로자 수 30-300인 규모의 사업체에 시·도 단위별로 업종별 저임금개선지도선[13]을 설정하여 지도하도록 하였다. 즉, 지역별 임금 수준을 감안

---

12 섬유, 의복, 신발, 전기기기, 가죽·모피, 나무 코르크, 플라스틱, 도자기 및 도기, 광학계측기기, 기타 제조업.

한 저임금 개선 지도를 시행한 것이다. 이 기준에 따른 지도대상 사업체는 2,176개소이며 개선 대상 근로자 수는 245,775명이었다. 저임금 개선지도를 실시한 결과 저임금 10개 업종의 평균임금이 78,401원에서 90,833원으로 15.9% 인상되었다.

1984년부터는 1983년에 저임금 개선 지도대상이었던 10개 업종을 대상으로 하되, 기업규모를 확대하여 근로자 수 10인 이상인 사업체에 대하여 월 10만 원 이상으로 임금수준을 인상하도록 지도하고, 1986년 이후에도 10만 원 미만의 저임금을 해소하기 위하여 지속적으로 행정력을 집중했으나 1987년까지도 10만 원 미만의 저임금을 완전히 해소하지 못하였다(정병석·김헌수, 1988: 37-39).

• 최저임금제도 도입

최저임금제도는 노동청 당시의 노동청 공무원들이 도입을 검토해 왔으나 최저임금제도를 도입하여 임금이 인상되면 수출경쟁력이 약화되고 물가가 상승할 것이라는 이유로 상공부나 경제기획원 등 관계부처와 경영계에서 반대하여 도입이 지연되어 왔었다. 그러나 1980년대에 접어들면서 경제성장의 과실(果實)이 적정하게 배분되어야 한다는 근로자들의 요구가 커지고, 지나친 저임금을 해소해야 한다는 사회적 요구가 높아졌을 뿐만 아니라, ILO를 포함한 외국에서 한국이 저임금 노동력을 이용하여 수출경쟁력을 강화하는 정책을 추진하고 있다는 비난이 거세지자, 노동부에서 최저임금제도 도입을 구체적으로 검토하기 시작하였다. 노동부는 1982년에 '한국임금의 정책과제와 제도개선 연구'라는 연구용역을 서울대학교 부설 경제연구소(배무기 교수)

---

13 시·도별 지역 내의 재직기간 1년의 고졸 이하인 생산직 근로자의 1982년 10월분 정액급여의 업종별 평균액, 10개 업종의 지역별 평균임금의 평균은 86,000원.

에 맡기고 이 과제의 소제목의 하나로 '최저임금제도의 한국적 모형'을 포함시켰다. 1983년 10월에는 「최저임금제의 도입을 위한 구상」이라는 보고서를 작성하여 최저임금제도 도입을 추진하고자 하였다. 경제단체가 최저임금제도의 도입은 우리 경제 현실에서 시기상조라고 주장하는 와중에, 대한상공회의소에서는 1985년 5월에 제12대 국회 개원에 앞서 국회에 제출한 「자유기업주의의 창달을 위한 제언」에서 최저임금제도의 실시가 사용자에게 반드시 불리한 것이 아님을 지적하고, 최저임금제도 도입에 국회가 전향적인 자세를 가질 것을 촉구하였다(대한상공회의소, 1985: 156-157).

노동부는 대통령 선거 때 대통령 공약사업에 포함시키거나 '경제개발 5개년계획'에 포함시켜야 최저임금제도 도입이 용이하다고 생각하고, 1986년 1월에 '제6차 경제사회발전 5개년계획' 조정위원회에서 최저임금제도의 도입이 논의되도록 추진하였다. 이것이 정부 차원의 최저임금제도 도입에 관한 최초의 논의였다. 당시 노동부의 최저임금제 도입 의견에 대하여 상공부와 청와대 이석채 경제비서관이 강력히 반대했으나, 경제기획원(현오석 과장)은 노동부 입장을 적극적으로 지지하였다. 관련 부처 간에 최저임금제도 도입에 관한 합의가 이루어지지 않자, 당시 여당인 민정당에서 노동부 노정국장, 경제기획원 경제기획국장, 상공부 산업정책국장 등이 참여하는 당정회의를 개최하여, 민정당 간부는 저임금 근로자를 계속하여 방치할 경우에 사회안정에 큰 장애요인이 될 것이라는 판단에서 상공부의 반대 주장에도 불구하고 최저임금제도 도입을 결정하였다.[14]

14 당시의 민정당은 정부에 대하여 상당한 영향력을 행사하던 시기였다. 당시에 이헌기 노동부 장관은 스스로를 '최저임금 장관'이라고 하면서 정병석 사무관과 함께 최저임금법 제정에 적극적인 활동을 보였다.

1986년 9월에 개최된 정부와 민정당의 당정연석회의에서 국민복지증진대책을 발표했는데, 여기에 전국민의료보험제도, 전국민복지연금제도와 함께 최저임금제도를 1988년 1월 1일부터 시행한다는 내용이 포함되었다. 이 외에도 한국국민당이 최저임금법안을 국회에 제출(1986. 3. 11)한 후에, 신한민주당에서도 최저임금법안을 의원입법으로 제출하였고(1986. 10. 23), 한국노총에서도 최저임금법안을 권중동 의원의 소개로 국회에 제출하였다(1986. 10. 23). 노동부는 1986년 9월부터 11월까지 민정당과 협의를 거쳐 최저임금법안을 마련하여 1986년 11월 20일에 민정당 강창희 의원 외 국회의원 36인의 이름으로 국회에 제출하였다. 민정당의 최저임금법안은 노동부에서 기존의 노동부안에다가 두 정당과 각계의 의견을 반영하여 초안을 마련하고 민정당과의 당정 협의를 거쳐 조정된 안이어서, 국회 보건사회위원회에서는 민정당의 최저임금법안을 토대로 종합안을 작성하였다. 최저임금법안은 1986년 12월 17일에 국회 본회의에서 의결되고 1986년 12월 31일에 공포되었으며, 시행일을 1988년 1월 1일로 하였다.

1988년의 최저임금은 제조업에 대해 적용하기로 하고, 제조업을 임금 수준에 따라 2개의 그룹으로 구분하였다. 상대적으로 저임금인 제1그룹의 식료품·섬유·의복 등 12개 업종[15]에 대하여는 시급 462.50원(일급 3,700원), 제2그룹인 석유정제·기계 등 16개 업종[16]에 대해서는 시급 487.50원(일급 3,900원)으로 결정하였다. 그리고 18세 미만인 연소근로자에게는 시급 최저임금의 90%를 지급하도록 하였다.

15 식료품, 섬유, 의복, 가죽, 신발, 나무, 종이, 플라스틱, 고무, 도기·자기, 전기기기, 기타 제조업.

16 음료품, 담배, 가구, 인쇄·출판, 산업화학, 기타 화학, 석유정제, 석유·석탄, 유리, 비금속, 철강, 비철금속, 조립금속, 기계, 운수장비, 정밀기계.

• 소정 근로시간과 통상임금 개념 정립

1987년에 최저임금법 시행령과 시행규칙을 제정하면서 가장 논쟁이 된 부분은 최저임금에 포함시켜야 하는 금품의 범위에 관한 것이었다. 최저임금법 제5조 제4항에서는 근로기준법상 임금에 해당하는 금품 중에서 최저임금에 포함되지 않는 임금의 범위에 대하여 규정하고 있다. 즉, 매월 1회 이상 정기적으로 지급하는 임금으로서 노동부 장관이 정하는 것, 소정의 근로시간 또는 소정의 근로일에 대하여 지급하는 임금 외의 임금으로서 노동부 장관이 정하는 것 등은 최저임금에 포함되지 않도록 한 것이다.

최저임금에 포함되지 않는 임금의 범위를 정하기 위해서는 '소정의 근로시간 또는 소정의 근로일에 지급하는 임금'에서 '소정의 근로시간'이 무엇을 의미하는가를 확정하는 것이 문제가 되었다. 이때까지도 근로기준법이나 근로기준법 시행령에 소정 근로시간에 대한 규정이 없었으므로, 근로기준과에서 내린 통상임금에 대한 유권해석에 의해 근로감독관들이 임금체불 사건을 처리하고 있었다.

당시의 유권해석에 의하면 소정의 근로시간은 당사자 간에 근로하기로 정한 시간으로서, 법정 근로시간을 초과하더라도 1일에 9시간을 근로하고 있으면 9시간이 소정 근로시간이고, 이 9시간에 대하여 지급하는 임금을 통상임금이라고 하였다. 그런데 통상임금을 소정 근로시간에 대한 임금이라고 해석하고, 당사자가 근로하기로 정한 시간이면 법정 근로시간인 8시간을 초과하더라도 소정 근로시간으로 본다면, 연장 근로시간에 대한 가산임금 50%를 지급하는 기준인 통상임금에는 8시간을 초과하는 연장근로에 대한 가산임금도 포함된다는 모순이 발생하는 것이다.

이때 최저임금법을 담당하는 임금복지과의 정병석 사무관과 김헌수 사무관은 근로기준과의 소정 근로시간에 대한 해석이 잘못되었다는 의견을 근로기준과(김상남 과장)에 제시하고, 소정 근로시간은 법정 근로시간 이내에서 당사자가 합의한 근로시간으로 법정 근로시간인 8시간을 초과할 수 없다고 주장하였다.

상당한 기간 동안의 논쟁 끝에 근로기준법을 담당하는 근로기준과에서도 임금복지과의 의견이 타당하다는 결론에 도달하였고, 소정 근로시간은 '법정 근로시간의 범위 내에서 당사자가 정한 근로시간'으로 해석을 변경하고, 통상임금은 '소정 근로시간에 대하여 제공한 근로의 대가로 지급하는 임금'이라고 하였다. 이때의 논의와 1987년에 제정된 최저임금법 시행규칙 별표에서 정한 소정 근로시간에 대한 임금의 범위를 기초로 하여 1988년에 근로기준법에 대한 해석 지침으로서 「통상임금 산정지침」이 노동부 장관 고시로 제정되었다.

1990년대의 임금정책

임금인상률은 1989년에 25.1%까지 상승했다가 1990년에는 18.1%, 1991년에는 17.5%로 점차 하락했지만, 물가상승률 8.6%, 9.3%보다는 크게 높은 수준이었다(〈표 5-6〉 참조). 그리고 1987년 6.29 민주화선언 이후 노조가 강력한 교섭력을 행사하게 되자 정부의 임금인상 가이드

〈표 5-6〉 1990년 전후의 임금인상률 (단위: %)

연도	명목임금인상률	소비자물가 상승률	노동생산성 상승률
1989	25.1	5.7	7.2
1990	18.1	8.6	16.8
1991	17.5	9.3	16.8

주: 1989년의 한국노총의 임금인상 요구율은 29.3%(최저생계비 상승률 12.5% + 노동생산성 상승률 12.3% + 물가 상승률 4.5%)이며, 한국경영자총협회가 제시한 적정 임금인상률 기준은 7.5-8.5%(국민경제생산성 증가율 8.0% + 물가 상승률 2-3% + 취업자 증가율 2.5%)인데 일본의 일경련이 1988년에 제시한 임금인상률은 3.9%(경제성장률 4.9% - 취업자 증가율 1%)였다.

라인 정책이 더 이상 영향력을 발휘할 수 없었다. 한편으로는 1980년대 후반까지도 정부의 임금안정정책과 노조의 압력 사이에서 기본급의 인상은 적게 하고 다른 수당을 인상하거나 신설하는 방법으로 임금을 인상하는 경향이 계속되고 있어서 임금체계가 왜곡되고 복잡해졌다. 1990년대는 고율의 임금인상이 우리 경제의 성장잠재력을 잠식하는 것을 예방하고 왜곡된 임금체계를 합리화하는 데 임금정책의 초점을 두고, 전반적으로 볼 때 간접적인 방법으로 기업의 임금인상을 자제시키는 방안을 강구하는 시기였다.

• 선도부문 파급 정책

1991년에는 임금교섭 선도부문을 선정하여 임금인상을 조기에 합리적인 수준으로 타결하도록 지도함으로써 다른 사업장에도 파급되도록 하는 정책을 시행하였다. 그리하여 정부투자기관과 정부출연기관 61개소, 금융업종 38개소, 30대 그룹 주력기업 93개소, 지역 선도기업 86개소 등 총 270여 개 선도기업에 대한 임금교섭을 지도한 결과, 타결임금인상률이 7.3%로 나타났다. 이 인상률은 근로자 수 100인 이상인 업체의 타결임금인상률(9.0%)에 비하여 낮은 수준이어서 선도부문 임금교섭 지도가 임금안정 분위기 조성에 기여했다고 평가된다(노동부, 1992a: 74).

• 총액임금제도 시행

1992년에 최병렬 노동부 장관[17]이 부임하여 우리나라의 임금체계가

17 당시 최병렬 장관은 청와대와 여당 내에서 실세로 통하고 '최틀러'라는 별명이 있을 정도로 추진력과 힘이 있어서 총액임금제 실행과 관련하여 경제부처의 협조를 이끌어낼 수 있었다.

기본급 외에 여러 가지 수당으로 구성되어 있고 그 수당의 명칭도 회사마다 달라서 정부의 임금교섭 지도가 제대로 이루어지지 않는다고 보고, 이 문제를 해결할 방안이 필요하다는 생각을 하였다. 당시 노동부 장관 정책자문관인 이원덕 박사는 기본급과 모든 수당을 합하여 총액 단위로 인상률을 결정한다면 복잡한 임금체계로부터 오는 혼란을 줄일 수 있고 임금교섭 지도가 효과적으로 이루어질 것이라는 의견을 제시하였고, 최병렬 노동부 장관은 관계부처와 경영계 등의 반발에도 불구하고 총액임금제 시행을 강력하게 추진하였다.

① 대상업체

1992년에는 중점관리대상기업 780개를 선정하여 임금총액 기준으로 5% 이내로 인상하도록 하는데, 중점관리대상기업에는 시장지배적 사업체 전체(최근 1년간 국내 총공급액이 300억 원 이상이며, 1개사의 시장점유율이 50% 이상 또는 상위 3개사 이내의 시장점유율 75% 이상인 기업), 정부 및 지방자치단체의 투자·출연기관 전체(108개소), 상시 사용 근로자 500인 이상인 업체(서비스업[18]은 300인 이상인 업체)가 포함되었다. 노동부가 중점관리대상기업의 명단을 작성하고 발표하는 과정에서 기업에서는 중점관리대상기업에 포함되지 않으려고 많은 노력을 하였고 중점관리대상기업에 포함되는지 여부에 촉각을 곤두세웠는데, 당시의 임금인상률 추이로 보아서 총액 기준 5%로는 사용자가 노조나 근로자들을 설득하기 어렵다고 보았기 때문이다.[19] 이 외에도 근로자 수 300인 이상

---

18 서비스업은 산업분류상 농업, 수렵업 및 임업, 어업, 광업, 제조업, 전기·가스·수도업, 건설업을 제외한 산업을 말한다.

19 노동부가 780개 업체의 명단을 작성하는 과정에서 철통같은 보안을 유지했는데, 노동부 장관이 공식 발표하기로 한 날 조간 경제일간지에 명단이 발표되어 노동부 내에서 총액임금 시행 대상 사업장 명단을 관리하던 사무관이 지방으로 좌천되기도 했다.

500인 미만인 대기업과 공정거래법상 협회, 조합 등 사업체 단체 중에서 중앙회급 이상으로 구성 사업자 수가 100개 이상인 단체도 총액 기준 5% 이내에서 임금을 인상하도록 권장하였다. 기타 근로자 수 100인 이상인 업체에 대하여는 생산성 범위 내에서 임금인상을 하도록 하였다(노동부, 1993: 54).

② 임금교섭 지도 방법

임금총액을 산정하는 기준 시점은 1991년 말 현재 또는 1991년 임금협약 만료 시점의 기업 단위 총액을 산출하여 1인당 평균 임금총액을 계산한 다음 5%의 인상액을 정하는 것이다. 기업 전체의 인상 한도를 5% 이내로 하라는 것이므로, 5%에 해당하는 인상 재원의 범위 내에서 소득계층별로 하후상박의 원칙을 적용하거나 임금항목별로 배분하도록 한 것이다. 과거의 임금교섭지도대상인 임금에는 기본급과 통상적 수당,[20] 그리고 일률적·정기적 또는 관례적 상여금이 포함되었으나, 총액임금제도에서의 임금교섭지도대상에는 여기에 더하여 기타 각종 수당[21]과 연월차휴가수당과 연장근로수당 등도 포함되었다.

그런데 이 경우에도 민간 대기업과 금융기관의 임원 임금을 동결하고, 업종과 직급에 관계없이 1991년 연간 월평균 총액이 200만 원[22] 이상인 근로자의 임금도 동결하도록 하였다. 이 외에도 민간 대기업과 정부투자기업의 대졸 신입사원의 초임임금 수준도 동결하라는 내용이 총액임금제도에 포함되어 있었다.

---

20 직무수당, 직책수당, 물가수당, 조정수당, 생산장려수당, 기술수당, 벽지수당, 면허수당, 위험작업수당 등.

21 통근수당, 출퇴근수당, 사택수당, 월동수당, 김장수당, 급식비, 가족수당, 가계보조비, 효도휴가비, 체력단련비.

22 1991년 말 월평균 임금 총액은 754,673원.

총액임금제도에 대하여 생산성 향상분 범위 내에서 임금이 인상되면 물가나 기업의 경쟁력에 불리한 영향을 주지 않는데도 불구하고 정부가 총액임금제를 실시하여 대기업의 이윤을 늘려준다는 비판이 있자, 총액 기준으로 임금을 인상하고도 생산성 향상으로 지불능력이 있거나 추가로 일정 수준 이상의 이윤이 발생하는 경우에는 사내근로복지기금에 출연하는 등 복지후생에 사용하거나 성과배분 상여금으로 사용하도록 함으로써 근로자들의 불만을 해소하고자 하였다. 이와 같이 총액임금제도는 고율의 임금인상을 억제하는 동시에 편법으로 임금을 인상하기 위해 수당을 신설하는 등 임금체계를 복잡하게 하는 것을 막자는 데 목적이 있었던 것이다.

③ 총액임금제도에 대한 점검

노동부 단독으로는 총액임금제도를 이행하는지에 대한 점검을 감당할 수 없다고 판단하여 재무부, 상공부, 동력자원부, 건설부, 보건사회부, 교통부, 공보처 등의 업종 관련 소관 부처가 점검을 맡도록 하고, 정부투자·출연기관은 경제기획원이, 지방공기업은 내무부가 담당하도록 하였다. 관계부처를 동원한 점검은 정부 내에서 강력한 영향력을 갖고 있는 최병렬 노동부 장관이 있었기에 가능한 일이었다. 그리고 중점관리대상 업체가 아닌 근로자 수 100인 이상인 업체는 노동부가 담당하기로 하였다(노동부, 1992a).

• 중앙노사합의에 의한 임금인상

최병렬 노동부 장관이 퇴임하자 노사단체 모두가 반대하는 총액임금제는 더 이상 시행할 수 없게 되었다. 그리고 1987년 이후로 고율의 임금인상이 1991년까지 이어졌기 때문에 근로자들도 임금 수준이 어느 정도 오를 만큼 올랐다고 생각하게 되었다. 1993년에 김영삼 대통령의 문민정부가 출범하자 노동계에서는 정부가 노동계의 입장을 이해할 것이라는 기대를 갖게 되었고, 정부와 노동단체 간에 우호적인 분위기가 형성되었다. 정부에서도 정부가 주도하는 임금정책을 지양하고 임금 문제는 노사 자율에 의한 합의에 따라 추진하는 것이 바람직하다고 판단하였다.

이에 따라 중앙 노사단체 간에 임금인상 폭에 대해 합의하고, 개별 기업에서는 중앙 노사단체의 합의에 기초하여 임금교섭을 하도록 하는 방안이 추진되었다. 한국노총과 한국경영자총협회(이하 '경총')은 국민경제의 어려움과 새로운 임금교섭 방식의 유용성에 공감하고 책임 있는 경제주체로서 역할을 다하려는 적극적인 자세로 협상에 임한 결과, 1993년 4월 1일에 1993년의 적정 임금인상률 4.7-8.9%에 합의하였다. 노동부는 한국노총과 경총이 합의한 범위 내에서 개별 기업이 임금교섭을 하도록 유도함으로써 노사 자율에 의한 임금교섭의 새 형태를 열게 되었다.

1993년에는 중앙노사합의에 의한 임금교섭을 유도한 결과 임금인상률이 둔화되고 임금 관련 노사분규도 현저히 감소하였다. 1993년의 명목임금인상률은 12.2%로 1992년의 15.2%에 비해 하락하였고, 노사단체의 영향력이 미치는 임금교섭을 하는 업체 중에서 근로자 수 100인 이상인 업체의 타결임금인상률도 1992년의 6.5%에서 5.2%로 낮아져서 노사단체가 합의한 4.7-8.9% 사이에서 결정된 것을 보면 노사 자율에 의한 임금교섭이 훨씬 더 효과가 있음이 입증되었다.

1994년에도 중앙노사합의에 의해 임금인상률을 5.0-8.7%로 결정하였다. 1994년도의 명목임금인상률은 12.7%이고 100인 이상 업체의 타결임금인상률은 7.2%로 1993년에 비해 다소 높아졌지만 중앙노사합의에서 정한 5.0-8.7% 범위 내에 머물렀다.

• 전국민주노동조합총연맹의 등장과 중앙노사합의의 중단

전국민주노동조합총연맹(이하 '민주노총')의 전신인 전국노동조합대표자회의(전노대)가 1993년 6월에 결성되어 사실상 대기업 노조를 중심으로 노동운동을 전개했으며, 한국노총에 대하여는 정부와 사용자 편에서 있다는 비난을 하였다. 한국노총 내에서도 민주노총의 비판과 때를 같이하여 사용자에 대한 협조적인 관계를 청산해야 한다는 주장이 대두되었다. 이러한 분위기 속에서 1995년에는 한국노총이 경총과의 임금인상률에 대한 중앙노사합의를 거부하였다.

노사단체 간의 합의가 불발되자 정부는 어떤 방법으로든지 임금교섭의 준거를 산업현장에 제시하는 것이 필요하다고 판단하고 노동 관련 학자들로 구성된 '임금연구회'로 하여금 국민경제생산성모델에 입각하여 적정임금인상률을 도출하도록 하여, 임금연구회에서는 협약인상률을 5.6-8.6%로 제시하였다.[23] 노동부는 이 결과를 토대로 월평균임금이 110만 원 이상인 사업체에 대하여는 5.6-7.1%, 월평균임금이 110만 원 미만인 사업체에 대하여는 7.1-8.6% 범위 내에서 임금인상을 하도록 지도하였다. 이때 노사단체는 각각 임금인상 준거를 발표하였는데 경총은 4.4-6.4%를 제시하고 한국노총은 12.4%를 제시하였다. 그럼에도 불구하고 1995년의 명목임금인상률은 1994년보다 낮은 11.2%가 되었고, 100인 이상 업체의 임금교섭 타결인상률도 7.7%로 1994년에 비하여 크게 증가하지 않았으며, 노사단체가 제시한 인상률이 상한선과 하한선으로 작용했음을 알 수 있다.

노동부는 노사단체의 참여 없이 교수가 주축이 된 공익위원으로만

23 정부는 임금연구회가 제시한 임금인상률 범위를 수용하여 권고기준을 마련하는 형태를 취하였으나, 사실은 정부가 중앙노사합의를 대신하여 임금인상률 기준을 마련해 달라고 요청한 것이다.

구성된 임금연구회의 임금인상률 제시가 산업현장에 설득력이 없다고 보고, 노사정이 참여하는 기구인 중앙노사협의회에서 임금인상률 권고안에 대한 합의를 도출하려고 하였다.[24] 중앙노사단체의 합의가 어려우므로 중앙노사협의회에서 임금인상 권고 수준이 결정된다면 중앙노사합의와 같은 효과가 있을 것이라는 생각으로 중앙노사협의회를 활용하려고 한 것이다. 그러나 한국노총과 경총 간 합의가 결렬되고 한국노총은 12.2%, 경총은 4.8%를 제시했으며, 결국은 중앙노사협의회의 공익위원[25]들이 1995년에 임금연구회가 했던 것과 동일한 방식으로 국민경제생산성모델에 근거하여 적정임금인상률을 5.1~8.1%로 제시하였고(노동부, 2006: 75), 노동부는 이 인상률을 산업현장에 권고하였다. 1996년의 명목임금인상률은 11.9%이고 임금교섭 타결 인상률은 7.8%로, 공익위원의 권고 수준이 반영된 것이 아니라 경총과 한국노총이 제시한 인상률의 범위 내에서 임금인상이 이루어진 것을 알 수 있다.

• 외환위기와 임금정책

1997년 11월에 외환위기를 맞이하면서 1999년에는 사상 최고의 실업률(8.6%)을 기록하였다. 국민 모두가 경제위기를 극복하기 위해 노력하는 가운데 한국노총과 민주노총이 참여하는 노사정 합의가 이루어지고, 노사가 고통을 분담하는 분위기 속에서 1998년에는 명목임금인상률이 -2.5%가 되었고, 1999년에는 전년도에 양보한 임금 동결이나 임금 삭감에 대한 보상 요구가 대두되어 일시적으로 12.1%까지 상승

24 중앙노사협의회는 당시 노사협의회법(현행 '근로자 참여 및 협력 증진에 관한 법률')에 규정된 것으로 한국노총과 경총이 참여하고 공익위원으로 교수들이 참여하는 기구인데, 이 법이 제정된 이후 한 번도 개최된 적이 없었다.

25 공익위원의 대부분이 교수로 임금연구회의 위원과 유사하였다.

〈표 5-7〉 1997년 이후 임금인상률 추이 (단위: %)

연도	타결임금인상률	명목임금인상률	경총 제시안	한국노총 제시안
1997	4.2	7.0	동결	11.2
1998	0.0	-2.5	삭감, 동결	4.7
1999	2.1	12.1	삭감, 동결	5.5
2000	7.2	8.0	5.4	13.2

하였다(〈표 5-7〉 참조).

2000년 이후의 자율교섭정책

1997년의 외환위기는 노동시장에 장기적이고 구조적인 악영향을 초래하여 높은 실업률이 지속되고 비정규직 일자리가 증가했으며 기업의 구조조정이 상시적으로 이루어지는 등 고용불안을 초래하였다. 한편으로는 근로자들의 의식 수준과 권리의식이 전반적으로 높아져서 정부의 가이드라인 정책이 노사 간의 임금교섭에 영향을 미치지 못하는 상황이 되었다. 대기업에서는 높은 임금을 지급하고서라도 인력을 확보하려 했고, 교섭력이 큰 노조가 있는 사업장에서는 정부의 가이드라인을 지키기보다는 노조의 파업을 막는 것이 더 중요하다고 보고 무노동 무임금 원칙의 적용을 편법적으로 회피하거나 고율의 임금인상을 해 왔으며, 이러한 기업에 대해 정부가 제재할 수 있는 수단이 많지 않았다. 또한 2000년대에 들어서는 일부 저임금 부문이 있기는 했지만 대기업이나 일부 업종의 임금 수준은 선진국 동종 업종의 임금 수준보다 같거나 높은 부문이 있어서 과도한 임금인상 요구에 대해서는 국민들이 좋게 보지 않는 상황이 되었다.

따라서 정부는 임금인상 억제를 위한 가이드라인을 제시하는 정책을 더 이상 지속하지 못하고 노사 당사자가 기업의 실정을 감안하여

〈표 5-8〉 임금체계 (단위: %)

연도	계	기본급	수당	상여금
2008	100	54.1	27.5	18.4
2013	100	57.3	25.1	17.6

주: 수당은 '통상적 수당 + 기타 수당 + 초과급여'.
자료: 2008년은 이승렬(2012), 2013년은 고용노동부 실태조사 자료(2013), 100인 이상 978개 사업장.

〈표 5-9〉 연도별 타결임금인상률 (단위: %)

연도	2001	2003	2004	2005	2006	2008	2009	2010	2012
인상률	6.0	6.4	5.2	4.7	4.8	4.9	1.7	4.8	4.7

자율적으로 합리적인 수준에서 임금인상을 하도록 유도하는 방향으로 전환하였다. 그리하여 대기업이나 고임금 사업장, 그리고 지불 여력이 있는 사업장, 호황 업종에서는 임금인상보다는 근로조건 개선이나 사내근로복지기금에 출연하는 등 노사 공동의 이익을 위해 활용하도록 권장하였다. 그리고 각종 수당을 통합하여 임금체계를 단순화하고 연봉제 등 성과주의 임금제도를 도입하는 방향으로 임금체계를 개편하도록 지도하고, 이를 위해 2005년에 노동연구원에 '임금직무혁신센터'를 설치하여 사업체의 임금체계 개편을 지원하고, 한국노총과 경총이 공동으로 운영하고 정부의 재정지원을 받는 '노사발전재단'을 설립하여 사업장에 무료 컨설팅 등의 서비스를 제공하는 정책을 시작하여 현재까지 이어오고 있다.

정부가 사업장에 대하여 자율적으로 임금교섭을 하도록 했음에도 불구하고 2000년 이후 근로자 수 100인 이상 업체의 타결임금인상률을 보면 거의 5% 전후로 안정되어 임금억제정책을 시행하던 때보다도 더 안정적인 현상을 나타내고 있다(〈표 5-9〉 참조).[26]

3. 대법원의 통상임금 판결과 임금정책 변화

통상임금에 대한 2013년 12월 18일의 판결은 우리 사회의 임금체계를 개편하는 중요한 전환점이 되었다. 이 대법원 판결은 법원의 판결에 의해 정부의 임금정책이 효력을 상실하고 새로운 임금정책 방향으로 설정될 수 있음을 보여 주는 사례다. 정부는 1980년대 이후로 계속하여 임금체계를 단순화하기 위해 지도해 왔으나 오히려 각종 수당이 증가해 왔다. 이러한 수당의 증가는 정부의 임금인상 억제방침을 회피하기 위한 수단으로 이용되기도 했고, 임금을 인상하여 지급하면서도 통상임금의 크기를 줄여서 기업의 부담을 줄이는 방법으로도 활용되어 왔다. 2013년의 대법원 판결은 각종 수당이나 상여금을 통상임금에 포함시키도록 함으로써 기업에서는 임금체계를 단순화해 나갈 것이고, 정부에서도 그동안 시행해 온 「통상임금 산정지침」을 개정하고 임금교섭 지도 방향을 새롭게 설정하는 계기로 작용할 것이다.

통상임금 규정의 변천

1953년에 근로기준법을 제정하면서 평균임금의 정의 규정은 두었으나(제19조), 통상임금에 관한 정의규정은 1954년 4월 7일에 제정된 '근로기준법 시행령' 제24조에서 모법인 근로기준법에 위임 근거 규정이 없는 상태에서 규정하였다. 당시의 규정을 보면, 통상임금이라 함은 시급으로 정해진 임금에 대하여는 그 금액, 일급으로 정해진 경우에는 그 금액을 1일의 소정 근로시간 수로 나눈 금액, 월급으로 정해진 임금에 대하여는 그 금액을 월의 소정 근로시간 수로 나눈 금액이라는 내

26 한국노동연구원, 「KLI노동통계」(2003, 2005, 2007, 2009, 2013). 2013년 12월 31일 현재 타결인상률은 3.5%(100인 이상 업체 9,580개소 중 7,722개소 타결).

용으로 규정하였다. 통상임금에 대한 정의는 1982년 8월 13일 '근로기준법 시행령'이 개정되면서 근로자에게 "정기적·일률적으로 소정근로 또는 총근로에 대하여 지급하기로 정하여진" 시간급 금액, 일급 금액, 주급 금액, 월급 금액 또는 도급 금액을 말한다고 하여 통상임금의 범위에 포함되는 금품의 성격을 한정하였다.

통상임금 논란의 경위

노동부에서는 「통상임금 산정지침」이 근로기준법이나 시행령에 근거를 두지 않고 제정된 것이었지만, 근로자들이 통상임금 산정에 관한 진정이나 고소 등의 민원을 제기하면 이 지침에 어긋나지 않게 연장근로수당이나 휴일근로수당 등을 지급했다면 임금체불로 보지 않았다. 그러나 근로자들이 민사소송을 제기하여 사용자에게 통상임금산정지침에 의한 통상임금에는 포함되지는 않더라도 '정기적·일률적'으로 지급되는 금품을 통상임금에 포함하여 지급해 달라고 요구하는 경우가 발생하였고, 그 결과가 1996년 의료보험조합 사건에서 대법원의 판결로 나타났다.

대법원은 1임금 지급기를 초과하여 지급되는 임금도 정기적으로 지급되면 통상임금에 포함되어야 한다고 하여, 「통상임금 산정지침」에서 제시한 '1임금 산정기간 이외에 지급되는 금품'(예: 정기상여금)은 통상임금이 아니라는 내용을 부인하였다. 대법원은 근로기준법 시행령에서 정하는 '정기적·일률적'이라는 기준 외에 '고정적'이라는 기준을 추가하여 이 세 가지 기준에 해당하는 금품은 통상임금에 포함된다고 보았다. 그러나 정기상여금에 관한 것도 지급 기준과 방법에 따라 통상임금에 포함되는지 여부에 대하여 대법원 판결 간에 차이가 있었고, 각종 수당에 관한 것도 하급심 법원에 따라 판결 내용에 차이가 있어서 갑을오토텍 사건을 계기로 2013년 12월 18일에 대법원이 전원합의체에서 통상임금에 대한 판결을 내리게 되었다.

대법원 전원합의체 판결의 내용

통상임금의 범위에 대한 규정이 근로기준법령에 근거를 두지 않고 고용노동부 장관의 예규에 의해 시행되어 왔는데, 근로자들은 고용노동부의 예규가 '근로기준법 시행령'의 통상임금 정의보다 좁게 규정되어 있다고 주장하면서, 법원에 연장근로나 연차휴가 기간 중에 근로한 수당을 지급할 때 적게 지급한 차액을 소급하여 지급해 달라는 소송을 제기하였다. 대법원은 전원합의체를 개최하여 갑을오토텍의 정기상여금과 각종 수당이 통상임금에 포함되는지 여부에 대하여, 고용노동부의 통상임금 예규보다 통상임금의 범위를 넓게 인정하는 판결을 함으로써 정부의 임금정책을 변경하는 효력이 발생하였다.

• 통상임금 판정 기준

통상임금은 근로계약에서 정한 근로를 제공하면 확정적으로 지급되는 임금이고 초과근로수당 등을 산정하는 기초가 되므로 소정 근로시간에 통상적으로 제공하는 근로의 가치를 금전적으로 평가한 것이어야 하고, 근로자가 실제로 연장근로 등을 제공하기 전에 미리 확정되어 있어야 한다고 했다. 그러므로 소정 근로시간을 초과하여 근로를 제공하거나 근로계약에서 제공하기로 정한 근로 외의 근로를 특별히 제공함으로써 사용자로부터 추가로 지급받은 임금이나 소정 근로시간의 근로와는 관계없이 지급받은 임금은 소정 근로에 대한 대가라고 할 수 없으므로 통상임금에 해당하지 않는다. 그리고 임금의 명칭이나 지급주기 등에 따라 결정할 것이 아니라 정기적·일률적·고정적으로 지급되는지 여부에 따라 통상임금에 포함되는지 여부를 결정해야 한다고 하였다. 이 중에서 고정성 기준은 근로기준법 시행령에 언급되지 않고 대법원에서 추가한 기준인데, 초과근로를 제공할 당시에 임금의 지급 여부가 업적·성과 기타의 추가적인 조건에 관계없이 확정되어 있다면 고정성이 있다고 보는 것이다. 그러나 지급일 당시에 재직 중인 근로자에게만 지급하는 경우에는 고정성이 없다고 보았다(고용노동부, 2014).

• 정기상여금의 통상임금 여부

대법원은 정기상여금이 통상임금에 해당한다고 하였다. 갑을오토텍의 정기상여금[27]은 근속기간에 따라 지급액이 달라지기는 하나 일정 근속기간에 이른 근로자에 대해서는 일정액의 상여금이 확정적으로 지급되는 것이므로 이 사건 상여금은 소정 근로를 제공하기만 하면 그 지급이 확정된 것이라고 볼 수 있어 정기적·일률적으로 지급되는 고정적인 임금인 통상임금에 해당한다고 하였다.

① 신의칙 원칙의 적용

대법원은 통상임금에 속하는 임금을 통상임금에서 제외하여 지급하였더라도 신의칙 원칙이 적용되는 경우에는 소급하여 차액을 지급하도록 요구할 수 없다고 하였다. 신의칙에 해당하려면, 통상임금에 포함시키지 않은 항목이 정기상여금이고, 노사가 정기상여금이 통상임금

---

27 갑을오토텍은 상여금지급규칙에 따라 짝수 월에 상여금을 지급하되 근속기간이 2개월을 초과한 근로자에게는 전액을 지급하고, 근속기간이 2개월을 초과하지 않는 신규 입사자나 2개월 이상 장기 휴직 후 복직한 자나 휴직자에 대하여는 상여금지급대상 기간 중 해당 구간에 따라 미리 정해 놓은 비율을 적용하여 산정한 금액을 지급했으며, 상여금 지급 대상기간 중에 퇴직한 근로자에게는 근무일수에 따라 일할 계산하여 지급하였다. 노사는 2008년 10월 8일 단체협약을 체결하면서 통상임금에 산입될 임금의 범위를 정하면서 상여금이 근로기준법 소정의 통상임금에 해당하지 않는다는 전제하에 이 사건 상여금을 통상임금 산입에서 제외하였다.

에 해당하지 않는다고 신뢰한 상태에서 정기상여금을 통상임금에서 제외하는 합의를 하고 이 합의를 토대로 임금인상률 등 그 밖의 임금 조건을 정하였으며, 근로자가 정기상여금을 포함하여 통상임금을 산정하여 추가로 임금지급을 요구할 경우에 기업에게 예측하지 못한 재정적 부담을 주어 중대한 경영상 어려움을 초래하거나 기업의 존립이 위태롭게 될 수 있다는 사정이 있어야 한다고 하였다.

갑을오토텍의 경우에 기업 경영에 어려움을 초래한다고 본 이유는 400여 명에 달하는 생산직 근로자의 초과근로가 상시적으로 이루어지고 상여금을 통상임금에 산입할 경우에 시간급 통상임금이 임금협상에 따른 금액보다 69.9% 상승하고, 전년도 대비 실질임금인상률은 임금협상에 따른 19.9%에서 40.6%로 2배 넘게 상승하고, 한 해 당기 순이익의 99.8%를 추가로 지급해야 하는 상황에 처하게 되므로, 상여금이 통상임금에 산입됨으로써 추가되는 재정적 부담은 중대한 경영상의 어려움을 초래한다고 보았다.

신의칙 원칙은 정기상여금에만 적용되고, 기타 수당에는 적용되지 않으므로 각종 수당이 정기적·일률적·고정적으로 지급된다면 소급 지급 대상이 된다고 봐야 한다는 것이다(고용노동부, 2014: 16). 또한 신의칙 원칙은 대법원 판결 이전의 합의(단체협약, 취업규칙 또는 묵시적 합의나 임금인상 관행)에만 적용되고 판결 후의 합의에는 적용되지 않는다.

② 각종 수당의 통상임금 여부

각종 수당[28]이 통상임금에 포함되는지 여부에 대해서는 정기적·일률

28 갑을오토텍의 문제가 된 수당은 1) 지급할 액수를 지급 직전에 노사협의를 통하여 정하기로 한 김장보너스, 2) 특정 시점에 재직 중인 근로자에게만 지급하기로 한 설과 추석의 상여금, 하기 휴가비, 선물비, 생일자 지원금, 개인연금지원금, 단체보험료 등이다.

적으로 지급되는 수당 중에서 고정성이 있는 경우에만 통상임금에 포함된다고 보았다. 고정적인 임금은 임의의 날에 소정 근로시간을 근무한 근로자가 그 다음 날 퇴직한다 하더라도 그 하루의 근로에 대한 대가로 당연하고도 확정적으로 지급받게 되는 최소한의 임금을 말한다. 그러므로 매 근무일마다 일정액의 임금을 지급하기로 정함으로써 근무일수에 따라 일할 계산하여 임금이 지급되는 경우에는 실제 근무일수에 따라 그 지급액이 달라지기는 하지만 근로자가 임의의 날에 소정 근로를 제공하기만 하면 그에 대하여 일정액을 지급받을 것이 확정되어 있으므로 고정적인 임금에 해당한다고 보았다.

그러나 임금을 지급하는 날에 재직하고 있는 근로자에게만 지급하는 경우에는 고정성이 없다고 보았다. 또한 일정한 근로일수를 근무해야만 지급되는 임금도 통상임금에 포함되지 않는다. 예를 들면 1개월 중 15일 이상 근무한 근로자에게만 지급되는 임금은 고정성이 없으므로 통상임금이 아니다.

4. 정년 연장법과 임금정책 방향

대법원의 통상임금 범위의 확대 판결과 함께 기업의 임금체계 개편에 영향을 미치게 된 것은 정년을 연장하는 입법이다. 국회는 2013년 5월 22일에 '고용상 연령차별 금지 및 고령자 고용촉진에 관한 법률' 제19조를 개정하여 근로자의 정년을 60세로 하고, 근로자 수 300인 이상인 기업은 2016년 1월 1일부터 시행하고, 근로자 수 300인 미만인 기업은 2017년 1월 1일부터 시행하도록 하였다. 고용노동부는 당초 정년을 연장하면서 우리나라 기업 대부분의 임금체계가 근속연수에 따라 능력이나 생산성과 관계없이 임금이 증가하는 호봉제를 채택하고 있어서, 정년만 연장한다면 연령 증가에 따라 생산성이 저하됨에도 임금은 증가하여 기업에 부담이 된다는 관점에서 정년연장과 현재의 정년 이후의 임금피크제 도입을 연계시키는 입법을 하려는 계획이었다. 그러나 국회에서 이러한 고려 없이 정년만 연장하는 법률을 제정한 결과 정년 연장에 따른 기업의 부담을 경감시키는 임금피크제는 근로자들의 동의 없이는 도입하기 어렵게 되었다.

고용노동부는 2014년 1월 23일 「임금교섭지도지침」을 발표했는데, 수당 항목 등을 축소하여 복잡한 임금구성 항목을 단순화하고 명확히 하도록 했으며, 임금 결정을 연공이나 근속연수 중심에서 근로의 양과 질을 반영하는 직무급·성과급 중심으로 개선해 나갈 것을 지도하고 있다. 이를 위해서는 근로의 대가에 속하는 고정적인 수당은 기본급에 포함시키고, 성과에 따른 인센티브제를 확대하는 임금체계를 권장하고 있다. 기본급 비중을 확대하면 통상임금이 늘어남에 따라 연장근로 등에 대한 재정적 부담이 커져서 연장근로 등의 초과 근로를 줄이고 노동생산성을 향상시키는 방향으로 개선될 것으로 보고 있다. 또한 정년이 60세 이상으로 늘어나면 현행의 근속연수에 따라 임금이 늘어나는 연공급과 호봉제로서는 기업의 부담이 늘어나므로 직무급·성과급 중심으로 개편하고 정년 연장과 함께 임금피크제를 도입할 것을 지도하고 있다. 그러나 직무급의 도입은 각 근로자의 직무 내용과 난이도 등이 객관적으로 규정되고 평가되는 제도가 마련되어 있는 기업이 거의 없고, 직무를 구체화할 수 있는 전문인력도 부족하고 이에 필요한 비용부담 등의 문제가 있어서 기업들이 쉽게 받아들이기는 어려울 것으로 보인다.

5. 맺음말

지금까지 1950년대 이후 현재까지의 우리나라의 임금정책 시행 과정과 내용에 대하여 살펴보았다. 1970년대의 저임금 일소 정책은 박정희 대통령의 강력한 지시에 의하여, 1980년대의 임금인상 억제정책은 수출을 통한 경제성장을 위하여 국가적인 과제로서 경제기획원의 주도로, 「임금교섭지도지침」에 의한 임금지도정책의 실시와 통상임금의 범위 정립은 노동부 임금복지과 실무자의 생각에 의하여, 최저임금제도의 도입은 노동부 실무자의 지속적인 주장이 국제사회의 압력과 사회안정이라는 정치적인 고려에 의하여 여당이 결단함에 따라, 1990년대의 총액임금제는 노동부 장관의 지시로 이루어졌다. 최근에는 정부의 의도와 달리 임금정책이 변경되는 결정이 이루어졌는데, 대법원의 판결에 의한 통상임금의 범위 변경, 그리고 국회의원이 주도하여 정년연장을 법제화한 것이 그것이다.

이렇게 보면 임금정책이 정책결정권자의 결정에 의한 경우에는 즉시 시행되는 반면에, 실무자의 정책수립에 의해 개시되는 경우에는 정책결정권자의 지지와 사회·경제적 여건이 무르익어야 가능하다는 점을 알 수 있다. 그리고 임금정책이 반드시 임금정책을 담당하는 정부부처의 능동적인 계획에 의해 시행되는 것이 아니라 입법부와 사법부의 활동에 의해 정부가 수동적으로 시행하는 경우도 있음을 알 수 있다.

참고문헌

경제기획원(1984).「한국표준산업분류」.

고숙희(1997).「한국의 시대별 임금정책의 추이」.『인문사회과학 연구』 5: 115-138.

고용노동부(2014).「통상임금 노사 지도지침」.

김헌수(2013).『노동조합및노동관계조정법』. 법원사.

노동부(1983).『노동백서』.

노동부(1987).「제조업임금실태조사결과」.

노동부(1988a).「1988년도 임금조정지도지침」.

노동부(1988b).「1988년도 최저임금 고시」.

노동부(1992a).『노동백서』.

노동부(1992b).「1992년도 임금교섭지도지침」.

노동부(1993).『노동백서』.

노동부(2006).『노동행정사』.

대한상공회의소(1985).「자유기업주의의 창달을 위한 제언」.

이승렬(2012).『한국의 임금구조』. 노동연구원.

정병석·김헌수(1988).『최저임금법』. 법원사.

한국노동연구원(2003). KLI노동통계.

한국노동연구원(2005). KLI노동통계.

한국노동연구원(2007). KLI노동통계.

한국노동연구원(2009). KLI노동통계.

한국노동연구원(2013). KLI노동통계.

6장 /

직업능력개발정책의 역사적 변화와 전망

정병석

1. 들어가는 말

우리나라의 경제성장은 독일과 일본에 이어 정부 주도의 성장전략으로 성공을 거둔 모범적인 사례로 꼽힌다. 한국의 급속한 경제성장은 경제성장론 교과서에서도 비중 있게 다루는 성공 사례인데, 그 핵심 요인을 무엇으로 보느냐에 대해서는 학자들 간에도 아직 충분한 합의가 이루어지지는 않았다.[1] 그러나 활용할 수 있는 자원이 국내에 충분하지 않았음에도 불구하고 정부 주도로 성장전략을 잘 운영하여 성공했다는 것은 모두 인정하는 부분이다. 여기에서 정부 주도란 정부가 제도와 정책을 통해 성장을 촉진했다는 의미다.

신제도학파 경제성장이론을 제안하여 노벨 경제학상을 수상한 더글러스 노스(Douglass North)는 장기적으로 경제성장에 제도가 가장 큰 영향을 미친다고 주장한다(North, 1990). 정부가 마련하여 시행하는 제도는 자본과 노동 등 요소의 축적을 촉진하고 기술개발과 경제의 효율성 등 모든 부분에 광범위한 영향을 미친다. 그래서 각 단계마다 경제주체들이 성장을 촉진하는 포용적 성격의 제도를 제대로 마련하여 추진하느냐 그렇지 못하느냐 하는 것이 국가 성장의 성패를 좌우한다. 1960년대부터 본격적인 경제개발을 시작하면서 우리 정부가 추진했던 전략이 바로 이러한 성장이론의 관점에서 평가해 보면 좋은 성공 사례를 보여 준다고 생각한다.

1960년대 초에 본격적인 경제개발을 시작할 무렵 우리나라는 노동력은 풍부하지만 경제성장을 추진하기 위한 자본과 기술, 경험

---

1 한국의 경제성장에 대한 이런 논의가 제시된 대표적인 저술로는 데이비드 와일(David Weil)의 『경제성장론』(시그마프레스, 2013)과 대런 애쓰모글루(Daron Acemoglu)·제임스 로빈슨(James Robinson)의 『국가는 왜 실패하는가』(시공사, 2013)를 참조할 수 있다.

이 모두 부족한 상황이었다. 정부는 초기 단계에서 자본과 기술 등의 축적을 촉진하는 법 제도를 대대적으로 도입하였다. '외자도입촉진법'(1960), '차관에 대한 지불보증에 관한 법률'(1962), '국민저축조합법'(1962) 등 국내외 자본의 도입·축적과 기술 도입을 위한 법 제도를 가장 먼저 마련하였다. 노동력의 도입과 활용에 대해서도 마찬가지의 법 제도가 마련되었다. 풍부한 노동력 자원이 있다고 하여 바로 활용하여 경제성장을 이룰 수 있는 것은 아니다. 이 자원이 노동력으로 전환되어 생산에 투입되어야 비로소 경제성장을 할 수 있다. 인력개발과 직업훈련에 관한 법 제도가 중요해지는 것은 바로 이 단계이며, 여러 논의를 거쳐 직업훈련법은 1967년에 입법화된다.

우리나라 직업훈련의 역사적 변천 과정을 들여다보면 경제성장 단계에 따라 생산의 핵심 요소인 노동력 자원을 어떤 관점에서 동원하고, 관리하기 위해 어떠한 제도와 정책을 활용했는지를 여실히 알 수 있다. 당시 성장이론의 토대는 아더 루이스(Arthur Lewis)가 개발도상국의 성장전략으로 제안한, 무제한 노동공급 상태에서 전통적인 농업 부문과 현대화된 공업 부문으로 구분한 2부문 모델이었다(김종수, 2008: 63-65). 초기 성장 단계에서는 경공업 육성을 위한 단순 인력의 동원이 시급한 과제였다. 따라서 농촌에 광범위하게 반실업상태(반취업상태)로 존재하던 잉여인력을 산업현장으로 이동시켜 생산인력으로 활용하는 인센티브 제도가 중요했다. 다음 단계인 중화학공업화 과정에서는 인력의 질을 높일 뿐만 아니라 양적으로도 원활하게 공급하는 것이 핵심 과제였다. 이 단계에서 '직업훈련에 관한 특별조치법'과 직업훈련체제를 개혁하는 '직업훈련기본법'이 제정된다. 1990년대에 들어서는 노동시장의 유동화가 증가하고 고용이 불안정해지면서 고용보험제도의 도입과 직업능력개발제도로의 개편 등 고용법제의 대대적인 개편이 단행되기에 이른다.

인력개발에서 직업훈련이 차지하는 비중은 제한적이지만 우리나라의 경우에는 급속한 공업화와 기능인력의 양성 공급이 핵심 이슈가 되면서 직업훈련이 중추적인 역할을 수행하였다. 경제성장 과정에서 이러한 직업훈련 관련 법제의 제정, 필요한 행정·재정적 지원, 정책적 결단이 시의적절하게 이루어진 것으로 평가된다. 직업훈련제도의 세부 사항을 상세히 논의하는 것은 다른 기회로 미루고 여기에서는 지난 50년간 경제성장 과정에서 직업훈련의 중요한 제도와 정책들이 어떻게 도입되고 발전되어 왔는가를 살펴본다. 즉, 정책 결정 과정과 배경을 살펴보고, 그 과정에서 어떤 집단이 주도했으며 직업훈련제도가 어떤 역할을 했는지 등에 초점을 맞추어 큰 틀에서 핵심 이슈를 중심으로 논의하고자 한다.

2. 직업훈련제도의 도입과 발전

직업훈련제도의 도입[2]

우리나라에 처음으로 체계적인 직업훈련제도가 도입된 것은 직업훈련법이 제정된 1967년 이후다. 그 이전에는 도제식 기능공 양성 관행이나 사회보호 대상자에 대한 일부 직업훈련시설이 있었으나 시설과 장비가 부족할 뿐만 아니라 교육체계가 미흡하여 명목상의 훈련에 불과한 수준이었다.[3] 해방 후 농고, 공고, 상고 등 실업계 학교가 운영되고 있었으나 능력을 갖춘 교사가 절대적으로 부족하고 실습도구나 장

2 이 부분은 서상선(2002)과 김성중·성제환(2002)을 토대로 정리하였다.

3 직업훈련법 이전의 직업훈련에 대해서는 한국직업능력개발원이 펴낸 『직업교육훈련 100년사』(1998)에 잘 정리되어 있다.

비도 거의 갖추지 못해 실업교육은 사실상 유명무실했다. 사회에서 기계·장비를 조작할 줄 아는 사람은 기술자로 대우받았다. 그러다가 1960년대 말에 직업훈련법이 제정되어 비로소 체계적으로 직업훈련과 기능검정의 기준을 만들고 직업훈련을 활성화하게 되었으며, 원하는 사람은 체계적인 훈련을 받아 기술자로 양성되어 대우받을 수 있는 길이 열린 것이다.

정부가 경제개발계획을 수립하면서 기술개발과 인력양성 방안을 동시에 마련한 것은 경제성장이론의 관점에서도 높게 평가할 만한 매우 적절한 선택이었다. 1962년부터 시작되는 제1차 경제개발 5개년계획을 수립하면서 정부는 기술개발 촉진과 기술인력 양성을 목표로 하는 '제1차 기술진흥 5개년계획'도 함께 마련하였다. 이 내용에 기술계 인적자원 수급계획인 '제1차 인력개발계획(1962-1966)'이 포함된 것이다(김윤태, 2002: 50-52). 공업화에 필요한 기술인력을 기술자, 기술공, 기능공으로 단순화하여 간단한 추계와 공급계획을 제시하는 데 불과했으나 이는 기술인력에 대한 중요성을 처음부터 깊이 인식하고 있었음을 보여 준다.

제1차 경제개발 5개년계획은 혁명정부가 급조한 계획으로 전체적인 체계나 내용, 실현 가능성에 대해서도 많은 비판을 받고 목표를 하향 조정하는 보완계획까지 수립했으나 결과적으로는 당초의 목표를 상회하는 실적을 내면서 경제계획이 강한 탄력을 받게 되었다(임정택, 1981). 전문성이나 경험이 부족한 관료들은 어마 아델만(Irma Adelman)[4] 등 여러 해외 전문가에게 자문을 구하고 선진 사례를 연구하면서 시행착오를 줄이려 노력했다. 제2차 경제개발 5개년계획은 이미 겪은 시행

4 아델만 자신의 한국 경제에 대한 자문의 회고는 www.un.org/ga/second/62/iadelman.pdf를 참조할 수 있다.

착오와 경험을 토대로 훨씬 발전할 수 있었다. 제2차 인력개발계획도 기술진흥 5개년계획의 일부로 만들어졌으나 외국인 자문관들의 적극적인 참여와 그간의 조사·연구 등을 토대로 1차 계획보다 훨씬 체계화되었다. 미국 노동부의 국제인력연구소장 에드거 맥보이(Edgar McVoy) 박사는 1965년 4-5월에 한국에 파견되어 경제성장과 관련된 인력정책의 중요성과 대처 방향 등에 대한 한국 정부의 인식을 제고하는 데 크게 기여하였다. 당시 UN 등에서 파견된 외국인 자문관들은 경제기획원에 상주하면서 경제개발계획에 관하여 자문하고 있었다.[5] 이들은 선진국의 경제개발 경험을 토대로 초기부터 인력개발의 중요성을 강조했던 것이다.

우리나라의 정책결정 과정은 관료 그룹이 주도하는 전통을 갖고 있다. 조선 시대부터 확립된 관료제의 영향으로 관료들은 국가 운영 주체라는 강한 책임감과 자부심을 갖고 정책을 주도해 왔다. 부처별로 업무를 맡은 해당 분야의 관료들은 주어진 정책 목표를 달성하기 위해 필요한 정책 과제와 이를 달성하기 위한 수단을 광범위하게 모색하였다. 관료들은 관련 분야 국내외 전문가들의 자문을 받고 외국의 사례를 조사·연구하며 외국의 제도를 적극적으로 도입하는 등 개방적인 자세를 견지하였다. 일본의 제도는 환경이 유사한 우리나라에 바로 적용할 수 있는 것들이 많아서 가장 주요한 참고 자료가 되었다. 일본의 정책과 제도를 참고하여 어느 단계에서 어떤 정책을 선택했는지를 검토하고 우리나라에 적용이 가능한지를 판단하였다. 관료들의 판단이 서면 부처 내 절차를 밟아 정책 제안 보고서를 올리고 관계 부처와 협의를 거쳐 정책이 확정되었다. 청와대나 대통령에 대한 설득도 마찬가

5 외국인 자문관들의 활용과 역할은 서상선(2002)과 김윤태(2002)에 잘 정리되어 있다.

지로 이루어졌다. 목표지향적인 경향이 강하기 때문에 경제성장 목표를 달성하기 위해 꼭 필요한 조치라는 설득이 되면 큰 장애 없이 채택되어 추진될 수 있었다. 이러한 정책결정과정이 과거 한국 정부의 강점이었다.

• 직업훈련법안의 주요 내용

경제기획원은 경제개발에 시급한 기술개발, 기술인력 확보라는 관점에 착안하여 1962년에 이미 직업훈련제도를 도입한다는 방침을 정해 추진하였다. 새로운 기계의 도입 및 가동과 새로운 산업의 육성도 이들 기계장비를 운용할 기술인력이 없다면 실현 불가능하다. 그런데 기술과 경험은 사람에게 체화되는 특성을 갖기 때문에 기술개발과 직업훈련을 같은 범주로 생각한 것이다(서상선, 2002: 52-53). 그것이 과학기술을 담당했던 경제기획원이 '기술훈련법'이라는 명칭으로 직업훈련제도의 입법을 추진한 배경이다. 각령으로 기술훈련법 제정기초위원회를 설치하고 법안을 성안하여 1963년 1월에 이미 각의(閣議)의 의결을 거쳐 당시 입법기구인 국가재건최고회의에 제출하였다. 그러나 이 입법기구가 1963년 말까지 법안을 처리하지 못하고 해산됨에 따라 법안은 자동 폐기되었다. 그러다가 1963년에 신설되어 인력 업무를 맡은 노동청으로 이관하여 직업훈련법안의 제정을 추진하게 된 것이다.

노동청이 1964년 12월에 마련한 직업훈련법 초안은 경제기획원이 제안한 기술훈련법안과 일본 등 선진국의 직업훈련법을 참조한 것이다.[6] 전문 26개조와 부칙으로 구성된 초안에서는 직업훈련의 목적, 원칙, 직업훈련의 구분, 공공직업훈련소의 설치·운영, 노동청장이 사업주

6 일본은 이미 1958년에 기능인력의 원활한 공급을 위해 직업훈련법을 제정한 바 있으며, 이 법이 우리나라 직업훈련법 초안의 기반이 되었다.

등에 대한 인정직업훈련시설 설치명령의 근거, 직업훈련교사의 자격기준과 면허, 직업훈련의 비용부담 원칙과 정부의 예산지원 근거, 기능검정의 등급과 합격자 우대 등에 관한 사항을 규정하고 있었다.

• 직업훈련법안의 소관 부처 논쟁

이미 지적한 바와 같이 이 법의 초안은 경제기획원에서 마련한 것이었다. 그러나 경제개발의 총괄 기획부서가 인력개발의 집행 업무를 직접 관장하는 것은 적절하지 않다는 지적과 직업훈련 업무는 선진국에서도 대부분 노동 관련 부처가 담당한다는 외국인 전문가들의 조언에 따라 경제기획원은 노동청이 이 업무를 맡는 것이 적절하다고 판단하여 이관한 바 있다(서상선, 2002: 52-56).

초안에 대하여 관계 부처에서는 직업훈련 업무의 소관 부처를 상공부 또는 문교부로 해야 한다는 등의 이의제기가 있었다. 특히 문교부는 1963년 9월에 제정된 '산업교육진흥법'에 따라 기존의 기술계·실업계 학교에서 산업교육을 실시할 수 있으므로 업무가 중복된다면서 별도의 직업훈련법 제정 자체에 강하게 반대하였다. 사실 산업교육진흥법에서 지향하는 산업교육이나 직업훈련법에서 규정하는 직업훈련이 그 내용에서는 차이가 없었다. 산업교육진흥법은 학교에 실험·실습교육에 필요한 시설·설비를 갖추게 하여 학생을 대상으로 산업교육을 실시하는 것을 기본으로 하고 이와 관련된 사항을 규정한 것이었다. 다만 근로자 또는 취업하고자 하는 청소년을 대상으로 실업계 학교에서 단기산업교육을 실시할 수 있는 근거 규정(제17조)을 두고 있어 이 조항이 활성화된다면 직업훈련법안과 중복될 소지가 있었던 것이다.

직업훈련을 산업교육·직업교육과 연계하여 정규학교에서 담당하느냐, 아니면 별도의 체계로 하여 다른 기관에서 담당하느냐 하는 문제는 오랜 논쟁을 거쳐도 해결하기 쉽지 않은 이슈다. 정규교육이 지향하는 목표나 교육방법과 정규교육을 마치고 노동시장에 진출한 이후의 직업훈련이 추구하는 목표와 방법이 꼭 일치하는 것은 아니기 때문에 중복된다거나, 어느 쪽이 더 효과적인 방법이라고 단정적으로 말할 수 있는 것은 아니다. 산업사회에서는 틀에 얽매인 정규 교육기관보다 산업계의 수요를 충족하는 유연한 훈련 방법과 내용을 포용할 수 있는 직업훈련체제를 선호하는 경향이 있다. 그것이 바로 직업훈련제도가 학교교육과 구별하여 따로 만들어진 이유이기도 하다. 상공부도 경제단체의 의견에 따라 기업과 가장 가까운 상공부가 인력수요를 잘 반영할 수 있기 때문에 기능공 양성 업무를 담당하겠다는 입장을 취하기도 했다(서상선, 2002: 71).

많은 협의 끝에 경제기획원은 정책 조정 기능을 발휘하여 인적자원을 총괄하는 업무는 경제기획원이 담당하고, 학교교육의 주관은 문교부, 학교 졸업 후의 인력개발은 노동청이 주관하는 안을 제시하였다. 이에 따라 문교부는 직업훈련이 근로자에 대한 재훈련과 직장훈련 위주로 운용된다면 문교부가 의도하는 산업교육진흥법과는 중복되지 않는다면서 노동청의 법 초안을 수용하였다. 새로운 업무의 관할에 대한 부처 간 투쟁은 지금도 계속되는 것이지만 경제개발 초기 단계에 법 제정의 필요성과 법 초안의 내용에 대해 관계 부처가 열띤 논쟁을 벌였다는 것 자체가 인력 양성에 대한 중요성을 정부의 각 부처가 공유했다는 것을 의미한다고 긍정적으로 평가하고 싶다.

• 기업에 대한 직업훈련 의무화 논쟁

기술인력의 수요처인 기업이 인력 양성에 어느 정도의 역할을 하게 할 것인가에 대한 논의도 이루어졌다. 상공부에서는 사업주에게 노동청장이 직업훈련시설 설치를 명령할 수 있게 하고 위반 시에는 벌칙까지

부과하게 한 것은 과도한 부담이므로 이를 의무화하기보다 정부의 인센티브 지원제도로 바꾸자고 주장하였다. 정부가 조세 감면이나 시설비 융자 지원 등의 지원제도를 마련하지 않은 채 인력 양성이라는 정책목표 달성을 명분으로 아직 지불능력이 취약한 기업에 일방적인 의무를 부과하는 것은 과도하다는 것이다.

경제기획원과 노동청은 정부도 재정이 충분치 않은 상황에서 기업에 직업훈련을 위해 재정 지원을 한다는 것이 어려울뿐더러 기업은 인력의 수요자로서 인력 양성에서도 핵심 주체로 참여하여 '사업내훈련'을 실시해야 할 책임이 있다는 의견이었다. 기업에 훈련 의무를 부과하지 않고 인센티브 제도만 운영한다면 기업의 참여도를 높일 수 없고 인력 양성 목표를 충족할 수 없다는 우려가 컸다. 여러 쟁점에 대하여 오랜 논의 끝에 1965년 9월 국무회의에서 사업주에 대한 직업훈련 의무화 조치의 근거 조항은 삭제하되 정부 재정에서 직업훈련비를 지원할 수 있다는 근거 규정을 포함시켰다(서상선, 2002: 80-99).

• 법 제정과 직업훈련의 발전

국회 보건사회위원회에서는 직업훈련법안에 대하여 각별한 관심을 갖고 1년여의 심의기간 동안 7차에 걸친 심의를 하고 미국, 대만 등의 해외 인력개발제도를 시찰하는 등 논의 끝에 1965년 12월에 본회의에서 의결하게 된다.[7] 1967년 1월 16일 공포·시행된 직업훈련법(법률 제1880호)은 27개 조문과 부칙으로 되어 있고 당초의 초안에서 위에서 논의한 내용이 일부 수정된 것이다. 논란이 되었던 기업의 직업훈련 의무

7 1965년 4-5월에 한국에 파견되어 왔던 미국 노동부의 에드거 맥보이 박사는 이 법 제정과 관련된 주요 인사들을 미국 국무부를 통해 초청하였다. 이 초청으로 국회의원과 정부 관련 공직자가 1966년 3-4월에 직접 미국과 대만에 가서 경제성장 과정에서의 인력개발과 직업훈련 및 직업안정 정책의 역할 등을 살펴볼 기회를 갖게 되었다.

화는 규정하지 않되 정부가 훈련비의 전부 또는 일부를 지원할 수 있다는 근거 규정(제13조)을 두었다. 직업훈련은 공공훈련, 사업내훈련, 인정훈련으로 구분하고, 기능검정은 1급과 2급으로 구분하여 시행하며, 공공직업훈련소를 설치·운영할 직업훈련공단을 설치하도록 하는 규정 등을 두고 있다. 직업훈련법의 공포·시행과 함께 노동청 직업훈련 담당 인력이 대폭 확대되고 기술진흥 5개년계획에 직업훈련계획을 포함하게 된다.

산업현장에 기능인력이 부족하다는 지적이 계속되자 1966년 12월에는 대통령의 특별지시로 활용 가능한 모든 시설을 동원하여 비진학 청소년에게 기능훈련을 실시하는 방안을 마련하였다(서상선, 2002: 112-117). 이 조치에는 철도청, 체신부, 각 군의 기지창, 한국전력 등 정부투자기관, 금성사 등 민간 기업까지 참여하였다. 이들 기관에서 짧게는 3개월, 길게는 3년 동안 105개 직종에 걸쳐 8천여 명의 청소년에게 기능공 양성 훈련을 실시하였다. 이는 기능인력을 양성할 수 있는 시설이 절대적으로 부족한 상황에서 산업인력의 수요를 맞추기 위해서 어떤 시설도 동원한다는 우리 정부의 의지와 추진력을 보여 준 사례였다고 생각한다.

• 차관자금으로 직업훈련 확대

1960년대 말에는 공업화에 필요한 기능인력을 양성하여 공급하려고 해도 직업훈련을 실시할 시설이 없고 이를 건립할 자금도 절대적으로 부족했다. 또 훈련을 담당할 자격을 갖춘 교사도 없었다. 공업화에 필요한 시설과 장비를 사오는 데 필요한 자금도 부족한 상황에서 기술인력 양성에 자금을 배정하는 것은 더 어려운 일이었다. 경제성장을 가속화하기 위해서는 우수한 기능인력의 확보가 대단히 중요하였고 그래서 일차적으로는 UNDP와 ILO, 서독, 일본으로부터 지원을 받고,

1970년대 중반에는 벨기에의 지원을 받아 직업훈련원을 건립하고 장비를 확보하였다.

이 과정에서 적절한 규모의 직업훈련시설을 확충하기 위해서 특단의 재원 마련이 절실하다는 공감대가 관계 부처 실무자들 간에 형성되었다. 이에 따라 생산설비와 마찬가지로 차관자금을 활용하여 추진할 수밖에 없다는 데에 합의하였다. 그만큼 우리의 경우에는 다른 어느 나라보다 직업훈련을 통한 우수 기능인력의 확보에 높은 정책적 우선순위를 부여하고 정책수단의 선택에 있어서도 관료들이 제약 없이 합리적인 방안을 강구하여 추진할 수 있는 유연성과 재량권이 있었다(서상선, 2002: 136-156).

이러한 정책결정이 관계 부처 실무 관료들 간의 논의에서 비롯되었다는 것을 특히 강조하고 싶다. 앞에서 지적했듯이 실무진들이 중요하다는 확신을 갖고 건의하면 정책결정 과정에서 대부분 채택되고 시행되었다. 1970년대의 역동적인 환경에서 경제개발을 위해 중요한 정책은 이런 식으로 성사되는 경우가 일반적이었다. 인력개발의 중요성에 대한 관련 관료들의 판단이 정부의 정책이 되고, 그렇게 축적된 정부의 역량이 후일 한국을 제조업 강국으로 만든 원동력이 된 것이다.

• 서독 등 외국의 기술지원

산업생산보다 직업훈련 같은 소프트웨어 역량은 압축 성장하기가 더욱 어렵다. 단계적으로 관련된 시설과 제도, 교사의 이론·실기 능력, 교수기법, 훈련 매뉴얼 등을 갖추고 경험을 축적하려면 일정한 시간이 소요되기 마련이다. 그런데 우리는 이 모든 것들을 한꺼번에 해결한 셈이었다. 당시 노동청에 파견되어 있던 서독의 기술자문단 대표는 알베르트 쉬니터(Albert Schnitter)라는 전문가였다. 기능사 출신으로 공과대학을 졸업하고 이란에서 기술자문관으로 활약하다 한국에 온 그는 이론과 실무 등 직업훈련 분야의 확고한 전문성을 바탕으로 한국의 고위 관계자들을 설득하여 주요 정책을 입안하게 했다. 이런 노력에 힘입어 우리나라는 단기간에 직업훈련 후진국에서 최첨단 훈련시설과 최고의 훈련과정, 운영능력을 갖춘 직업훈련 모범국가로 변신하였다. 1970년대 후반과 1980년대 초에 걸쳐 ILO는 수많은 개발도상국 대표들을 한국에 보내 개발도상국 중 가장 선진화된 직업훈련 발전 사례를 보고 배우도록 권고한 바 있다.[8]

'직업훈련에 관한 특별조치법'과 직업훈련기본법

• '직업훈련에 관한 특별조치법' 제정[9]

1974년에 제정된 '직업훈련에 관한 특별조치법'은 산업인력의 양적 수요를 충족하기 위해 정부가 어떠한 특단의 조치도 취할 수 있음을 여실히 보여 준 또 하나의 사례다. 1970년대 중반에는 급속한 산업화에 따라 기능인력에 대한 수요가 급증한 반면, 이를 양성하여 공급할 수 있는 시설은 절대적으로 부족한 상황이었다. 직업훈련법이 시행된 1967년 이후에는 민간 기업에 직업훈련을 실시하도록 권고하고 직업훈련 비용의 일부를 보조함으로써 직업훈련에 참여하는 기업이 빠른 속도로 증가하고 있었다. 한편 매년 40-50만 명에 이르는 비진학 청소년에게 취업 기회를 제공하기 위해서도 이들에게 직업훈련을 실시하는 것이 절실한 과제였다. 그런데 국가의 재정 형편으로 한꺼번에 직업훈련시설을 확대할 수 없어 특단의 방안을 강구하지 않을 수 없는

---

8 한국 직업훈련에 대한 ILO 전문가들의 평가는 필자가 당시 직접 그들을 접하며 전해들은 것이다.

9 이 부분은 서상선(2002: 178-186)의 논의를 참조하였다.

상황이었다. 이런 여건에서 실제 인력을 활용하는 기업에 기능인력을 양성하는 책임을 맡기는 것이 가장 손쉬운 해결 방안으로 제안된 것이다. 이렇게 정부에서는 기업의 사업내훈련을 의무화하는 방침을 확정하고 이를 특별법 형식으로 법제화한 것이다.

사실 기업에 훈련 의무를 부여하는 문제는 직업훈련법 제정 과정에서도 가장 뜨거운 이슈였으나 결국 경제계의 반대로 의무화가 아니라 인센티브제로 운영되어 왔던 것이다. 인센티브제로 운영하려면 정부가 막대한 재정 보조금을 지급해야 하는데, 이러한 재정 소요를 충당할 수 없게 되자 결국 기업에 훈련 의무를 부과하기로 한 것이다. 이 특별조치법에 따라 상시 근로자 200인 이상을 사용하는 광업, 제조업, 전기·가스·수도업, 건설업, 운수·창고·통신업, 서비스업 등 6개 업종의 사업체에는 소속 근로자의 15% 이상을 신규로 직업훈련을 실시해야 하는 의무가 발생하고 이를 위반할 경우에는 500만 원 이하의 벌금에 처하도록 한 것이다. 1974년 12월에 국회를 통과하여 1975년부터 시행된 이 제도는 우리나라 직업훈련의 양적 확대에 지대한 역할을 하게 되었다.

특별조치법을 시행한 결과 사업내훈련을 실시하는 기업이 30여 개 수준에서 1976년에는 476개로 급속히 늘어나 이를 통해 9만 6,800명의 인력이 양성되었다. 주요 대기업들이 회사 내에 경쟁적으로 직업훈련원을 설립하여 비진학 청소년을 대상으로 기능인력을 양성하였다. 비진학 청소년들은 무료로 직업훈련을 받아 기능사가 될 수 있을 뿐만 아니라 대기업에 취업까지 할 수 있어서 대기업 소속 직업훈련원의 경우에는 입학 경쟁도 상당했다. 이로써 양성훈련뿐만 아니라 재훈련, 향상훈련 등 재직자에 대한 훈련도 포함하여 활성화되었으며 기능인력 배출 인원이 급격히 늘어나게 되었다.

• 직업훈련기본법의 제정과 직업훈련의 비약적인 발전

1970년대 직업훈련제도는 1976년 말 직업훈련기본법의 제정으로 총정리될 수 있다. 직업훈련기본법 제정은 그동안 직업훈련법과 특별조치법의 운영 과정에서 제기된 제반 문제를 개선하고 법제의 통일을 기하려는 의도가 있었다. 두 법을 통합함으로써 사업내훈련의 의무화 제도가 특별한 제도가 아닌 일반적인 제도로 편입되었다는 것은 중요한 의미를 갖는다. 더 나아가 의무를 부여하면서도 사업주에게 훈련을 실시하거나 그 대신 분담금을 납부하도록 하는 선택권을 행사하게 하였다. 공공직업훈련기관을 별도의 공법인(公法人)으로 하는 근거 조항도 이때에 마련되었다. 또한 직업훈련촉진기금법을 함께 제정하여 분담금 수입을 원천으로 직업훈련촉진기금을 조성하여 이를 위탁훈련비, 공공훈련시설의 시설운영비, 직업훈련의 조사·연구와 교재개발 등에 사용할 수 있게 함으로써 직업훈련사업의 비약적인 발전을 위한 토대가 마련되었다.[10]

직업훈련기본법 제정으로 제도개혁이 일단락되면서 1970년대에 직업훈련은 질적·양적으로 비약적인 발전을 하게 되었다. 직업훈련기관은 1970년의 158개소에서 1980년에는 590개소로 늘어나고 같은 기간 동안 훈련인원도 3만 558명에서 10만 4,502명으로 늘어났다(김성중·성제환, 2002: 306).

---

10 직업훈련기본법 제정에는 1976년에 마련하여 대통령에게 직접 보고된 '직업훈련의 개혁방안'이 기반이 되었다(서상선, 2002: 187-197). 박정희 대통령이 1976년 봄에 중앙직업훈련원을 불시에 방문했을 때 노동청에서 준비하고 있었던 지난 10년간의 직업훈련제도 운영 평가와 훈련체제 개혁방안을 보고받고 이를 수용한 것이다. 이러한 내용들이 대통령에 대한 보고를 통해 확정되고 법안에 반영될 수 있다는 것이 당시의 제도적 특성이었다. 또한 대통령의 방문을 계기로 좋은 실적을 내는 부처를 우선적으로 지원해 줌으로써 직업훈련에 관한 소관 논쟁이 일거에 정리되었다는 것도 지적할 수 있겠다.

1970년대에 대통령은 지방을 순시할 기회에 수시로 지역에 있는 공고나 직업훈련원을 방문하여 훈련생들을 격려하고 애로사항을 청취하며 해결방안을 제시하면서 기능인력의 역할과 중요성을 강조하였다(서상선, 2002). 대통령이 직업훈련을 중시했기 때문에 직업훈련사업은 정부나 청와대의 각별한 관심을 받았고 결과적으로 재원배분에서도 유리했다.[11] 지방에 소재하는 공공 직업훈련원은 별도의 독립적인 공법인으로 조직되어 그 이사장은 시·도지사가 맡고 지역의 상공회의소 회장, 교육감 등 유력 인사를 이사로 참여하게 하여 이들의 적극적인 관심과 협조를 얻었던 것도 직업훈련 발전에 기여하였다.

직업훈련체제의 개편

• 한국산업인력공단의 설립

한국직업훈련관리공단(현재의 한국산업인력공단)은 1982년 한국기술검정공단을 토대로 24개 공법인 직업훈련원과 창원기능대학, 직업훈련연구소 등을 통합하여 출범하였다. 직업훈련과 그에 따른 개인별 능력을 평가하는 기술검정 주관 기관이 이원화되는 문제에 대해서는 1970년대부터 많은 논의가 있었다. 이 문제를 해결하는 데는 결국 담당 기관을 통합하는 것이 가장 효과적이라는 판단 아래 1980년 초(제5공화국 출범 전의 국가보위입법회의)부터 논의가 이루어져 사실상 방침이 확정되어 있다가 마지막 단계에서 보류되는 등 우여곡절을 거쳐서 1982년에야 결실을 맺게 된 것이다.[12]

---

11 직업훈련을 담당하는 노동청 고위 공무원들은 당시 노사 문제나 근로감독을 상대적으로 더 중시했으나 경제 부처나 청와대에서는 직업훈련에 더 비중을 두는 경향이 강했다고 필자는 기억한다.

12 한국산업인력공단 설립 등 조직개편 문제는 부처 간 이해가 엇갈려 매우 복잡한 의사

• 기능대학과 한국기술교육대학의 설립[13]

기능장을 양성하는 기능계 최고 기관인 기능대학은 1977년에 기능대학법이 제정되면서 창원에 맨 처음 설립되었다. 그러다가 1994년부터 공공직업훈련원 중에서 시설과 규모, 훈련역량이 검증된 기관을 기능대학으로 개편하여 기능자 양성 과정뿐만 아니라 다기능기술자 양성 과정도 병행하여 운영하게 하였다. 1997년부터는 기능대학법을 개정하여 기능대학 졸업자에게도 전문대학 졸업자와 동등한 산업학사학위를 수여하였다. 한국기술교육대학은 1992년에 훈련교사 양성을 위한 전문교육기관으로 설립되었다. 종전에는 2년제 중앙직업훈련원에서 훈련교사를 양성하였으나 산업기술의 발전에 따라 기술인력의 수준이 향상되고 훈련대상자의 학력이 중졸에서 고졸 수준으로 향상되면서 이를 양성할 교사도 최소한 4년제 대학 수준의 교육을 마쳐야 한다는 판단에 따른 것이다.

고용보험제도 도입과 직업능력개발제도로의 전환

산업구조가 중화학공업화를 넘어 지식중시 경제로 넘어가면서 기업이 필요로 하는 인력구조가 변화함에 따라 인력을 양성하는 직업훈련제도의 역할도 함께 바뀌게 된다. 우리의 직업훈련제도는 1990년대 초에 전면적인 변화를 겪는다. 1980년대 후반부터 1990년대 초에 이르기까지 우리나라는 경제구조가 바뀌고 노동시장에서도 종전과는 현저하게 다른 변화를 경험하게 된다. 1991년에 제조업 취업자 수가 516만 명으로 정점에 이른 후 지속적으로 감소하는 추세를 보였다. 취업자의 구

결정 과정을 겪었으나 직업훈련제도의 본질을 좌우하는 과제는 아니라고 생각하여 간단히 언급한다. 상세한 논의는 서상선(2002) 참조.

13 이 부분은 한국직업능력개발원(2005: 154-160)을 토대로 정리하였다.

성비에서는 이미 1989년에 제조업 취업자 비율이 27.8%로 가장 높은 비율을 기록한 후 계속 낮아지는 추세였다.

각 부문에서의 급속한 성장과 소득수준의 향상으로 일부 유흥서비스업이 비정상적으로 성장하게 된다. 이와 같이 서비스업에서 인력을 흡수하자 광공업 부문에서는 심각한 인력부족 현상을 경험하게 된다. 그 결과 이 시기 고용정책의 최대 과제는 '인력부족대책'이었다. 정부 부처 간에 여러 차례 회의를 열어 정부가 동원할 수 있는 모든 수단을 가동하여 인력부족에 대처하였다. 통계에서는 비경제활동인구로 분류되는 주부, 고령자, 장애인, 비진학 청소년과 실업자 등 잠재적 인적자원을 240만 명으로 추정하고 이들을 노동시장으로 유도하여 일하게 하는 문제가 주된 관심사로 떠올랐다. 고령자고용촉진법(1991)과 장애인고용촉진법(1990) 제정, 보육시설의 대대적인 확충, 시·군·구청에 취업정보센터 설치 등 고용정책의 중요한 진전이 이 시기에 집중되었다. 정부 차원에서 할 수 있는 조치는 다 논의하고 강구했다고 할 수 있다. 이 시기는 우리나라 고용정책에 있어서 기억할 만한 중요한 시기라고 생각한다.

1990년대 들어 산업구조의 고도화와 함께 성력화·자동화가 광범위하게 진행되고 있어 광공업에서 고용흡수력이 점차 감소할 것으로 전망되고 있었다. 제조업에서도 자동화와 기술개발을 본격적으로 추진하면서 국제경쟁력을 강화하려는 움직임이 활발해졌다. 이미 지방의 산업단지에서는 희망퇴직자 모집, 휴업 등 여러 형태의 구조조정으로 고용을 축소하는 기업이 늘고 있었다. 노동부는 이러한 실태를 조사하여 1993년 3월에 고용불안에 대한 대책이 필요하다고 건의하게 되었다.[14] 1년 만에 고용정책의 과제가 '인력부족대책'에서 '고용불안대책'으로 급격하게 전환되는 상황이었다. 이렇게 인력부족과 고용불안이라는 정반대되는 상황 변화에 효율적으로 대응하는 체제를 갖출 필요성이 제기되었고 그 근본적인 처방으로 제기된 것이 고용보험제도였다.

• 고용보험제도 도입과 노동시장정책 체제의 개편[15]

본격적으로 적극적 노동시장정책이 수립된 것은 1993년에 고용정책기본법과 고용보험법이 제정되면서부터다. 즉, 실업급여제도를 도입하면서 고용안정을 위한 지원 조치, 취업알선 서비스, 직업능력개발사업 등의 적극적 노동시장정책을 하나로 묶는 고용보험제도를 도입하기로 한 것이다. 실업급여를 제외한 다른 부분은 사실상 정부 재정에 의한 고용정책으로 해야 할 것인데, 이를 모두 포괄하여 사회보험으로 운영하는 것은 '고용정책의 보험화'라는 지적이 있었다. 이때 마련된 노동시장제도가 1995년 고용보험제도와 함께 시행되면서 적극적 노동시장정책의 근간을 이루게 된다. 물론 그 이후 여러 차례의 법 개정을 통해 정책 내용이 많이 수정되었으나 초기의 틀은 아직도 유지되고 있다(노동부, 1993).

고용보험제도를 도입하기로 결정한 과정은 우리나라의 전형적인 정책결정 과정의 장점을 잘 보여 준다. 당초 제7차 경제사회발전 5개년 계획의 핵심 이슈 중 하나로 고용보험제도 도입 여부가 관계 부처의 실무 관료들과 정책 연구기관의 전문가들, 학계 전문가들 간에 논의되고 있었다. 초기 논의 단계인 1990-91년에는 고용보험이 갖는 사회보험의 성격 때문에 제7차 계획 사회보장 담당 분과에서 이 과제를 다루고 있었으나 이렇게 되어서는 실업보험 측면이 너무 부각되어 인

---

14 당시 필자가 노동부 고용정책과장으로서 노동부 직원들에게 지방의 주요 공단을 직접 실사하게 하여 작성한 자료가 「고용불안의 실태와 대응방향」(1993)이다.

15 이 부분은 필자가 고용정책기본법과 고용보험법 등의 제정을 총괄하는 고용정책과장으로 근무하면서 겪었던 경험을 토대로 하였다.

력수급의 원활화와 인력의 효율적 관리라는 목표를 달성하기 어렵다고 판단하였다. 그래서 노동부·경제기획원·한국노동연구원의 담당자들은 담당 분과를 사회보장 분과에서 인력개발 분과로 변경하도록 추진하고 이것이 받아들여져 오늘날과 같은 성격의 제도가 탄생할 수 있었다.[16]

정부의 최종 방침은 경제 부총리가 주관했던 정책협의회에서 결정되었으나 그 이전에 관계 부처, 학계, 노동단체뿐만 아니라 경제단체까지도 고용보험제 도입에 동의하도록 실무 수준에서 충분한 협의가 이루어졌던 것이다.[17] 고용보험제와 같이 엄청난 영향력을 갖는 중요한 제도가 대통령의 리더십 등 상의하달식이 아닌 하의상달식 의사결정으로 가능했다는 것은 당시 관료집단의 책임의식과 추진력이 강력했고 이를 정치권이나 민간에서도 인정하고 존중했음을 의미한다.

고용 관련 법안의 부처 간 협의 과정은 당시 전문 관료들의 책임감과 추진력의 실체를 잘 보여 준다. 고용보험제를 도입한다는 정부의 방침에 따라 1993년 김영삼 정부 초기에 노동부가 법안을 마련하여 부처 간 협의를 진행했는데 당시 노동부 장관이 경제부처 장관들과 여러 면에서 대립되어 있어 고위 수준에서의 정책조정을 기대할 수 없는 상황이었다.[18] 몇 달 동안 협의가 진행되지 않고 시간이 흐르자 경제

16 이때 필자가 노동부의 고용정책과장으로 참여했던 사회보장 분과에는 사회보장 전문가들이 많이 포함되어 있었고 인력개발 분과에는 노동경제 전문가들이 많이 포진되어 같은 고용보험을 토론해도 논의의 성격이 많이 달랐다. 이 과정은 노동부(2005) 참조.

17 이 회의에서 유일하게 반대의견을 표명한 사람은 아이러니하게도 당시 안건의 제안 및 담당 부처였던 노동부의 최병렬 장관이었다.

18 당시 이인제 노동부 장관이 대법원 판례에 따라 파업 기간 중에도 일부 임금은 지급해야 한다는 이른바 '무노동 무임금 원칙'을 수정할 수 있다는 발언을 하고, 또한 법원에서 부당해고로 확정된 민간 기업의 해고자는 노동부가 복직시키겠다는 방침을 발표함으로써 경제부처 장관들과 첨예하게 대립하는 상황이었다.

기획원, 상공부 및 노동부의 담당 국장들은 회동을 갖고 이 법안의 협의는 3개 부처 국장들이 장관들로부터 전권을 위임받아 책임지고 단시일 내에 마무리하기로 합의했다. 그 다음부터 매주 3개 부처 국장 이하 과장 등 실무진들이 경제기획원에 모여 전 조문을 축조심의하며 쟁점 하나하나를 조정하여 합의안을 마련했고, 이 합의안이 사실상 정부안이 된 것이다.

• 직업능력개발제도로의 전환

실업 상태에 있다는 것은 대개의 경우 그 개인의 경쟁력이 기업의 요구와 잘 맞지 않는다는 의미다. 적어도 현재 상태에서는 맞지 않는 것이다. 그래서 실업자가 보다 빨리 재취업할 수 있도록 이들의 경쟁력을 강화해 줄 필요가 있다. 실업자에게 보다 근본적인 해결책, 즉 '고기 잡는 기술'을 배우게 하기 위해서는 이들이 자발적으로 고용센터에 와서 등록하고 직업훈련이나 취업알선 제의를 받아들이게 할 인센티브가 필요하다. 그 인센티브가 바로 '실업급여'로 알려진 '구직급여'다. 사람들은 그동안 보험료를 냈으니 실직하면 바로 실업급여를 지급받는 것으로 알고 있다. 그러나 원래 이 제도의 취지상 그렇게 간단히 실업급여를 받을 수 있지는 않았다. 그런데 실업급여제도가 시행되자마자 밀어닥친 외환위기로 대량 실업이 발생하고 취업할 수 있는 일자리가 절대적으로 부족한 상황에 급하게 대처하면서 본래의 취지대로 구직활동 여부를 제대로 확인하며 운용되지는 못하였다.[19]

우리의 고용보험제는 직업능력개발, 고용장려금과 보조금, 직업상

19 현재 제도의 운용실태를 보면 구직급여 본연의 역할을 하지 못하고 마치 좁은 의미의 실업수당처럼 구직활동과 관계없이 지급된다는 지적을 받고 있어 이 부분에서는 제도 보완이 필요하다.

담·취업알선 등의 고용서비스, 실업급여 등의 여러 고용정책 기능이 하나의 제도로 통합되어 있는 매우 포괄적인 제도다. 그래서 일부 학자들은 우리의 제도를 '고용정책의 보험화'라고 평가하기도 한다. 우리가 1990년대 초에 이 제도를 설계할 때에는 각국의 제도를 비교·검토하고 가장 선진화된 모형을 만들었다.

당시 선진국들은 실업보험이 갖는 취업 기피 풍조 등의 부작용을 줄이기 위해 실업급여 혜택을 축소하고 실업자의 구직 노력, 직업훈련 수강, 고용서비스 강화 등의 제도 개선을 추진 중이었다. 우리는 선진국의 새로운 개혁 추세까지 한꺼번에 반영하여 중간 과정 없이 가장 바람직한 제도로 바로 도약하기로 했다. 실업자의 구직활동을 전제로 지급한다는 의미를 강조하기 위해 '실업급여'보다는 '구직급여(job-seeker's allowance)'라는 개념을 도입한 것이다. 그것이 후발 주자의 이점이다. 뒤에서 좇아가는 나라는 앞선 나라의 시행착오나 문제점을 되풀이하지 않고 건너뛸 수 있는 것이다.

종전의 사업내직업훈련 의무제도는 제조업, 건설업, 광업, 전기·가스·수도업, 운수·창고·통신업, 서비스업 등 6대 산업의 300인 이상 대기업에 근로자 일정 비율 이상을 매년 훈련시키라는 의무를 부여하고 이를 이행하지 않는 경우 벌칙으로 분담금을 납부하도록 강제한 것이다. 고용보험제도 도입 시 이 제도를 전향적으로 확대하여 직업능력개발제도로 전환하기로 합의했으며, 다시 말해 노사정의 의견이 합치된 제도라 할 수 있다.

최근 유럽에서 활발하게 논의되고 있는 '이행노동시장이론'에서는 '실업보험'을 '고용보험'으로 전환하여 실업자로 하여금 보다 적극적으로 구직활동에 나서게 하고 교육훈련에 참여하게 하여 취업을 유도하고자 하는 연구가 중심이 되고 있으며, 그런 방향으로 여러 나라가 제도를 개편하고 있는 중이다. 여기에서 성공의 관건은 능력개발사업에 활용할 재원 확보에 달려 있다. 우리가 이미 15년 전에 제도를 설계하며 했던 논의가 현재 진행되고 있는 셈이다. 우리의 제도는 기업이 소속 근로자들의 직업능력개발을 위해서 사용될 능력개발 보험료를 별도로 정부에 납부하게 하여 정부가 이 제도와 자금을 토대로 전 근로자의 생애에 걸친 능력개발 프로그램을 운영하도록 체계화한 것이다. 이런 점이 우리의 제도가 갖는 고유한 특성이라고 생각한다(정병석, 2012: 155-185).

특히 고용정책이나 직업훈련 같은 노동시장정책 이슈는 노사 간 이해가 대립되지 않고 노사가 상생할 수 있는 이해공존형 이슈였다. 따라서 임금, 근로시간 같은 근로조건이나 노사관계제도 등과 같이 정치적으로 민감한 이슈가 아닌 정책 이슈로서 노사단체와도 실무진들 간에 충분한 협의로 의견조정이 이루어질 경우 추진하기에 용이한 장점이 있었다. 1980년대 후반부터 노동계의 목소리가 커지고 정책협의 과정에서 노사단체와의 협의가 필수적으로 요구되는 시기였으나 이런 부문에서는 논리를 갖춰 설득하면 적절한 협력을 받을 수 있었다.

• 신직업교육체제로의 개편

1996년 2월 대통령 자문기구인 교육개혁위원회에서 '신직업교육 개혁방안'을 발표하고 1997년 정부는 그 내용을 구현하는 자격기본법, 직업교육훈련촉진법, 한국직업능력개발원법을 제정하였다. 이 법들은 세계화와 정보화에 대응하여 국가 경쟁력 강화를 위해 인적자원의 질을 높이기 위한 교육과 훈련의 연계 강화, 자격제도의 유연성 강화 등을 목표로 한 것이었다. 그러나 부처 간 협의와 조정이 원활하지 않은 상태에서 교육, 훈련, 자격제도 등 관련 제도를 교육부와 노동부가 공동으로 운영하게 한다는 등의 이상에 치우친 제도 개편으로 아직도 많은 후유증을 낳고 있다.

청와대가 주도했던 교육개혁위원회의 신직업교육 개혁 논의와는 별개로, 같은 시기에 노동부에서는 산업인력개발체제 개편 방안이 논의되고 있었다(김성중·성제환, 2002: 436-438). 1995년 2월에 국무총리 주재로 학계, 연구기관, 인력개발 관련 장관 등으로 구성된 '산업인력개발계획 수립을 위한 민간협의회'를 개최하고 한국노동연구원에 산업인력개발연구단을 설치하여 종합계획을 연구하게 하였다. 그 연구결과를 공청회 등 여러 차례 의견수렴을 거쳐 1995년 12월에 종합적인 산업인력개발체제 구축계획으로 발표했는데, 불과 2개월 만에 교육개혁위원회가 교육부 주도하에 이와는 다른 내용의 정책을 발표하여 서둘러 법제화한 것이다.

이러한 혼선은 거의 같은 시기에 두 부처가 같은 주제를 갖고 서로 다른 채널로 논의를 진행했다는 것, 그런데도 청와대나 총리실에서 적절한 정책조정이 이루어지지 않았다는 데서 그 원인을 찾을 수 있다. 정책을 확정 발표하기 전에 실무협의가 없었고, 발표된 후에는 청와대에서 확정한 것이니 그대로 따라야 한다는 식으로 밀어붙이는 추진 방식은 통상적인 정책 조정 과정과 배치되는 것이었다. 이 정책 결정 과정은 상의하달식 정책 결정으로 혼선을 빚은 사례로, 뒤에서 논의하겠지만 결국 많은 시행착오를 겪게 된다.

직업교육훈련촉진법은 국가가 직업교육훈련에 관한 기본계획 수립, 직업교육훈련비용 지원, 직업교육훈련기관 상호 간에 연계교육훈련 허용, 시설·장비의 공동 활용, 직업교육훈련생에 대한 기업체와의 계약을 통한 현장실습제도 도입, 직업교육훈련정책심의회 설치 등을 규정하고 있다. 한국직업능력개발원법은 직업교육훈련에 관한 정책의 연구·개발 및 지원을 담당하는 기관 설립 근거를 규정하였다. 자격기본법은 국가 자격의 창설·폐지 절차를 정하고 민간자격제도의 도입 근거, 민간자격의 평가·인증 절차를 정하였다.

• 근로자직업훈련촉진법의 제정

고용정책기본법이 노동시장정책의 근간 법으로 제정되고 직업훈련이 직업능력개발사업으로 전환되는 등의 정책 변화에 따라 직업훈련기본법이 폐지되고 직업훈련의 근거 법으로 근로자직업훈련촉진법이 새로 제정된 것이다. 직업훈련 관련 법률의 체계는 1967년의 '직업훈련법'에서 1976년 '직업훈련기본법'으로, 다시 1997년에 '근로자직업훈련촉진법'으로 바뀌었다가 2004년에는 '근로자직업능력개발법'으로 전환된다. 고용정책기본법, 고용보험법과 함께 근로자직업훈련촉진법의 시행으로 우리나라 직업훈련체제는 근본적인 변혁을 하게 되며 지금도 현재 노동시장정책 체제의 근간을 이루고 있다. 이때 이루어진 중요한 변화를 정리하면 다음과 같다.

첫째, 직업훈련 개념이 직업능력개발로 바뀌면서 내용과 대상 등에서 대폭 확대되었다. 그런데 직업능력개발로 확대되면서 신규 구직자와 실업자뿐만 아니라 모든 재직 근로자를 대상으로 하여 그 직무수행을 위하여 평생에 걸쳐 훈련을 하는 것으로 개념이 대폭 확대된 것이다. 사실상 훈련의 중점이 재직 근로자로 이동한 것이다.

둘째, 기업에 대하여 직업훈련을 의무화하고 훈련 의무를 이행하지 않은 경우에는 부과금을 납부하게 하였는데, 이제는 훈련 의무 없이 먼저 능력개발 보험료를 납부하고 훈련을 시행한 기업은 일정한 비용을 지원받게 된 것이다.

셋째, 훈련의 대상이 되는 기업을 종전의 제조업, 건설업 등 몇 개의 제한된 산업에서 모든 산업으로, 근로자 150인 이상의 기업에서 모든 규모의 기업으로 전면 확대하여 기업에서 일하는 모든 근로자를 대상으로 하게 한 것이다.

넷째, 종전에는 훈련을 시행하는 주체에 따라 공공훈련, 사업내훈련, 인정훈련으로 구분했으나 이러한 주체별 구분을 폐지하고 훈련기준 준수 여부에 따라 기준훈련과 기준외훈련으로 구분하였다.

다섯째, 그 밖에 훈련교사 자격기준 완화, 훈련교재의 자율화 등 전반적으로 민간 훈련이 활성화되도록 자율성을 대폭 부여하였다.

실업 극복과 적극적 노동시장정책

• 외환위기 시기의 실업자 재훈련 프로그램

1997년 말에 외환위기로 사상 초유의 대량 실업 사태를 맞이하게 되나 정부로서는 미리 준비된 제도나 대응수단이 거의 없었다. 50만 명 수준이던 실업자 수가 불과 몇 달 사이에 180만 명에까지 이르렀다. 더구나 문제였던 것은 신규 실업자보다 직장에서 해고된 실직자가 더 많다는 것이었다. 당장에 취업할 길이 없으니 정부에서 실업대책으로 공공 부문에 임시 일자리를 만들고 그 기간에 적절한 소득을 보장해야 했다. 여기에 소요되는 자금은 모두 정부예산으로 충당해야 했기 때문에 막대한 규모의 국채발행이 추진되고 있었다(노동부, 2003).

당시 노동부의 실업대책 총괄국장으로서 실업대책을 입안하는 책임을 맡았던 필자는 실업기간이 장기화될 가능성에 대비한 실업대책을 마련해야 했다. 우리는 직업훈련을 근간으로 하는 실업대책을 수립하여 실업자들이 직업훈련을 받게 하고 그 기간에 훈련수당을 지급하여 생계를 지원하자는 구상을 하였다. 즉, 이 기간에 실업자들을 대규모로 재훈련하여 직업능력을 키우고 직업관을 재확립하면 이를 기반으로 우리 기업의 경쟁력이 강화되고 결과적으로 새로운 취업기회가 늘어나지 않겠느냐 하는 것이었다. 장래의 고용 사정을 누구도 예측하기 어려운 상황에서 막대한 실업대책예산을 지출해야 하는데 그나마 인력개발 분야에 재원을 투입하는 것이 가장 효율적인 정책이라는 데에 많은 정책 당국자들이 공감한 것이다.[20]

이때의 실업대책 수립 및 집행과 관련된 정책 조정 과정은 특별히 주목을 받을 만하다. 김대중 대통령은 우리나라 초유의 대규모 실업 사태를 맞이하여 취임 직후 대통령이 주재하는 '경제대책조정회의'의 1-3차 회의 안건을 실업대책으로 하도록 지시하며 실업대책의 수립을 직접 지휘했다. 이 문제의 중요성을 인식하여 당시의 내각을 '실업대책 내각'이라고 규정하며 내각에 무거운 책임감을 부여하고 국무총리에게 실업대책 관련 정책 조정의 책임을 맡겼다. 이에 따라 모든 중요한 실업대책 쟁점들이 국무총리가 위원장이 되고 실업대책 관련 장관들이 참여하는 '실업대책위원회'에서 논의되고 조정·결정되었다.[21] 또 국무조정실장이 위원장, 노동부 차관이 부위원장을 맡고 관련 부처 차관들이 참여하는 '실업대책추진위원회'를 두어 실업대책위원회에 상정되는 안건의 사전 조율을 담당하게 했다. 그 이전 단계에서 부처 간 논의되는 실업대책의 실무적인 의견 조정을 위해 노동부 차관이 위원장이 되고 관련 부처 국장급들로 구성된 '실업대책추진실무위원회'를 두었다. 이렇게 3단계에 걸친 정책조정기구는 거의 매주 회의를 개최하여 실질적인 논의를 하고 정책을 조정하였다. 이 기간 중의 실업대책의 결정 및 추진 과정은 정책결정과 조정의 모범 사례를 보여 준다.[22]

---

20 일부 부처 관료나 학계 전문가들은 실업자를 전면 재교육하여 1987년 노동항쟁 이후 이완된 직업관과 노동규율을 재확립하자는 것을 강조했으나 대체로 많은 관료들이 이를 포함하여 직업능력을 집중적으로 개발·향상하자는 데에 의견이 모아졌다고 기억한다.

21 이 내용은 필자의 경험에 주로 의존한 것이며, 김성중·성제환(2002: 487-490)에 보다 상세하게 정리되어 있다.

22 여기에서도 결정되지 못한 몇 가지 이슈는 국무총리와 대통령의 주례회동에서 결정되었다. 실업대책 총괄 국장으로서 대부분의 회의에 배석했던 필자의 기억으로는 이 기간 중에 결정되지 않고 미뤄지거나 일부러 미룬 과제는 없었다. 적어도 부처 간에 혼선을 빚거나 조정이 미흡하여 상충되는 일은 거의 없었다고 할 수 있다.

• 직업훈련의 양적 팽창과 부실훈련 문제

1998년에 실업자 직업훈련을 대대적으로 시행하면서 우리의 직업훈련 시장규모가 단기간에 몇 배로 급팽창하였다. 특히 실업자 직업훈련 인원이 1997년에는 4만 2,182명에 불과했으나 1998년에는 33만 6,817명, 1999년에는 36만 1,641명으로 급증했다(김성중·성제환, 2002: 669). 이미 훈련을 실시하고 있던 공·사립 훈련시설은 말할 것도 없고 사설학원도 직업훈련에 참여하고 대학도 직업훈련사업을 수행하도록 권장하였다. 또 단기간 내에 많은 훈련기관이 신설되었다. 이때 설립된 훈련기관들은 그 후로도 지속적으로 훈련사업을 수행하였으니 외환위기 실업대책을 전기로 하여 우리의 직업훈련 역량이 급속하게 확대되었음을 알 수 있다.

그러나 단기간의 양적 확대는 결과적으로 많은 부작용도 낳았다. 취업률과 역량이 낮은 훈련기관도 참여하여 사업의 부실 운영이나 훈련비 처리에서의 부조리 등이 지적되었다. 당시로서는 워낙 광범위하게 많은 종류의 실업대책을 시행하고 있어 부실훈련을 감독할 행정력도 부족하였다.

3. 맺음말: 향후 과제와 전망

현 정부 들어 '능력중심 사회 구현'이라는 국정 목표를 세우고 학력 등 외형적인 요건보다 개인의 실질적인 직무수행능력에 따라 대우하는 체제를 지향하고 있다. 국가직무능력표준(National Competency Standards, NCS)을 각급 교육훈련과 기업의 인사관리 등에 폭넓게 반영하여 능력중심의 사회를 만들자는 야심찬 비전을 추진하고 있다. 또한 산업사회의 수요에 맞는 인력 양성을 목표로 지역-산업 맞춤형 인력 양성, 일-

학습 병행제, 훈련기관의 성과관리체제 강화 등 획기적인 제도를 도입하여 시행하고 있다. 지역 인적자원개발위원회는 지역 밀착형 수요자 중심의 사업관리체제로서의 역할이 기대되나 이 시도가 성공하기 위해서는 실효성 있는 사업시행체제와 관리가 뒷받침되어야 할 것이다. 지역-산업 맞춤형 인력 양성은 좋은 프로그램이 개발되지 않거나 기업과 근로자의 참여가 부진하면 주로 실업자, 채용예정자 중심의 양성훈련 위주로 운영될 소지가 있다. 일-학습 병행제가 정착되어 성과를 내려면 도제훈련을 기업의 책무로 인식하여 포용하는 등 산업사회의 인식이 바뀌어야 한다. 오랫동안 논의되어 온 체제 개편이 한꺼번에 시행되고 있는데, 관련 주체들이 인내심을 갖고 시행 과정에서 제기되는 문제를 논의하고 조정하며 협력하여 성공하기를 기대한다.

우리 경제의 가장 큰 현안은 잠재성장률 하락과 고용창출능력 감소 문제라고 할 수 있다. 최근 잠재성장률이 하락한 것은 자본과 노동 등 생산요소 부족의 문제라기보다는 생산성과 효율성의 문제라고 할 수 있다. 생산성에 가장 큰 영향을 미치는 경제제도가 개인과 기업으로 하여금 생산요소를 동원하여 자유로운 경제활동을 하도록 기회를 부여하고 인센티브를 주기보다는 과도한 규제를 남발하여 오히려 활동을 억제하기 때문이다. 1970년대에 우리 사회에 팽배했던 왕성한 활력과 역동성, '할 수 있다, 한번 해보자'라는 도전정신이 많이 약화되어 있다. 기술·기능인력을 우대하고 땀 흘려 일해 성공한 사람을 존중하는 사회적 가치관과 윤리도 많이 퇴색되었다. 구성원 간의 신뢰, 사회적 네트워크 등 사회적 자본도 많이 약화되었다. 이것들은 더글러스 노스가 이른바 '비공식적 제도(informal institutions)'라 하여 경제성장에 대단히 중요하다고 강조했던 것들이다.

경제성장 단계마다 인적자원 개발이 중요하지만 지금 단계에서는 강조하는 초점이 달라진 것이다. 급변하는 지식정보사회에서 가장 중요한 전략은 사람의 역량을 지속적으로 강화하여 변화하는 환경에 대응하는 방법을 스스로 찾도록 하는 것이다. 그래서 모든 근로자를 대상으로 한 지속적인 인적자원 개발이 더 중요해지는 것이다. 경제주체로서의 개인과 기업의 핵심 요소인 인적자원 개발을 강화하여 더 자유롭고 창의적인 역량, 기업가정신과 도전의식을 키워 주고 새로운 지식과 기술을 계속 배울 수 있는 기회를 제공하는 것이다.

우리가 직면한 과제는 인적자원 개발을 통해 '성장과 통합의 엔진' 역할을 지원하는 것이다. 생산가능인구 감소와 급속한 고령화로 잠재성장률이 하락하는 여건에서 인적자원은 더 이상 남아도는 생산요소가 아니다. 상대적으로 귀해지는 인적자원의 생산성 향상, 역량 개발, 효율적 관리가 성장 지속의 최고의 해결책이라는 인식을 확실히 해야 한다. 또한 직업능력개발정책은 성장 촉진과 사회 통합을 위해 근로자의 직업능력을 평생에 걸쳐 개발·향상시킨다는 목표를 구현해야 한다. 지식정보시대에 성장의 핵심요소인 인적자원의 개발을 촉진하는 제도를 만들되 근로자의 자발적인 참여와 동기부여에 역점을 두는 인센티브 기능을 강화해야 한다. 근로자의 능력개발로 기업의 경쟁력 강화와 일자리 창출에 기여해야 한다. 대기업이 주도적으로 중소기업 근로자의 능력개발을 지원하게 하여 경제민주화에 기여하며 중소기업 근로자에게 보다 나은 기회로의 통합을 지원할 필요가 있다.

이러한 정책목표는 당시 관계 부처의 관료들, 학계 전문가, 노사단체 등이 공감하여 수립했던 것이다. 그런데 그동안 정부와 담당자들이 바뀌면서 정책목표와 우선순위 등이 조금씩 변하면서 당초와는 다르게 나타나고 있다. 앞에서 몇 차례 논의했듯이 직업능력개발에 관한 대부분의 정책은 하의상달식으로 실무 관료들 수준에서 결정되어 추진된 것이므로 정권이 바뀐다고 영향을 받을 민감한 정치 이슈도 아니었다. 그런데도 이렇게 중점이 변하게 된 것을 어떻게 설명해야 할까?

원칙적으로는 규제적인 경제제도를 만들어 운용하는 책임은 정치제도(political institutions)가 부담해야 한다. 법 제도를 입안하는 주도권이 행정부가 아닌 국회로 옮겨 갔는데 국회는 의원 한 사람 한 사람이 독립적인 헌법기구라는 인식하에 전체로서 일관된 목표의식을 가지고 입법 활동을 하기보다는 개별적인 판단에 따라 움직이는 경향이 있다. 그렇기 때문에 국회의원을 비롯하여 국민을 설득하고 의견을 조율하는 역할은 대통령과 행정부 관료들이 담당해야 할 몫이며 이 부분에서의 역할이 강화되어야 한다.

참고문헌

김성중·성제환(2002). 『한국의 고용정책』. 한국노동연구원.

김윤태(2002). 『한국 인적자원개발정책의 분석 및 평가, 1962-2002』. 한국직업능력개발원.

김종수(2008). 『한국경제론』. 두남.

노동부(1993). 『고용관계 법률 제·개정안』.

노동부(2003). 『실업대책백서』.

노동부(2005). 『고용보험 10년사』.

대런 애쓰모글루·제임스 로빈슨(2013). 『국가는 왜 실패하는가』. 최완규 옮김. 시공사.

데이비드 와일(2013). 『경제성장론』. 백웅기·김민성 옮김. 시그마프레스.

서상선(2002). 『한국직업훈련의 발자취』. 대한상공회의소.

임정택(1981). 『경제개발5개년계획의 회고』. 한국개발연구원.

정병석(2012). 「한국노동시장정책의 평가와 발전방안: 이행노동시장이론의 활용」. 『노동정책연구』 10(12): 155-185.

한국직업능력개발원(1998). 『직업교육훈련 100년사』.

한국직업능력개발원(2005). 『한국의 인적자원』.

North, D. (1990). *Institutions, Institutional Change and Economic Performance.* Cambridge: Cambridge University Press.

7장 /

고용보험제도의 도입과 발전

유길상

1. 고용보험제도의 도입 과정

1980년대 초 '실업보험'과 구분된 '고용보험' 명칭 사용

정부는 1981년에 제5차 경제사회발전 5개년계획(1982-1986)을 발표했는데, 1979년부터 극심한 침체를 겪었던 국내외 경제 상황이 1982년을 기점으로 회복 국면으로 전환되었다. 이에 정부는 1981년에 발표했던 제5차 경제사회발전 5개년계획을 새로운 경제 환경에 맞춰 수정하게 되었다. 이 과정에서 노동부는 당시 경제정책을 총괄하던 경제기획원에 실업보험제도를 제5차 5개년계획 기간 중에 도입할 것을 제안하였다.

그러나 당시 경제기획원에서 인력정책 및 노동정책 분야의 업무를 담당하고 있던 필자는 실업보험제도 도입은 당시로서는 시기상조이지만 향후 도입하게 된다면 실업 예방, 적극적인 취업알선, 고용구조 개선, 근로자의 직업능력 향상, 실업급여 지급 등이 하나의 제도적 틀 속에서 연계되도록 하는 것이 바람직하며, 제도의 명칭도 소극적 의미를 갖는 '실업보험'보다는 적극적 의미를 갖는 '고용보험'으로 하는 것이 바람직하다고 정부에 건의했고, 이러한 건의 내용은 그대로 받아들여졌다. 이를 계기로 우리나라에서 '고용보험'이라는 용어를 '실업보험'과 구분하여 사용되기 시작하였다(노동부, 2006: 325).

1990년대 초 고용보험제도 도입에 대한 논의와 도입 결정

1987년의 민주화는 그동안 억눌려 왔던 복지 욕구가 분출되는 계기가 되었다. 한국노동조합총연맹(이하 '한국노총')은 1989년 9월에 국회와 노동부에 고용보험제도 도입을 청원하였고, 1990년 5월과 8월에는 각각 당시 집권당과 야당에 고용보험제도 도입을 청원하였다(노동부, 2006: 327). 이러한 노동계의 요구를 감안하여 1990년 가을부터 제7차 경제

사회발전 5개년계획(1992-1996)을 수립하는 과정에서 4대 사회보험제도 중 유일하게 도입되지 않은 고용보험제도의 도입에 대한 검토가 이루어졌다. 그러나 노동계와 학계 일부를 제외하고는 고용보험제도 도입에 대해서 반대 의견이 강하였다. 정부 내에서도 제7차 경제사회발전 5개년계획 입안을 책임지고 있던 경제기획원에서조차도 공감대가 형성되어 있지 않았으며, 당시 산업자원부와 경영계에서는 고용보험제도 도입이 실업률을 증가시키고 근로의욕을 저하시킬 것이라며 강하게 반대하였다.

노동부는 1991년 2월 당시 제7차 경제사회발전 5개년계획 수립을 실무적으로 총괄하고 있던 경제기획원 차관보를 면담하여 고용보험제도 도입을 제7차 5개년계획에 반영해 줄 것을 요청했으나 받아들여지지 않았다. 이에 한국노동연구원에서 고용보험제도에 대해 연구하고 있던 필자는 1991년 3월 27일에 노동부 관계자와 함께 경제기획원을 방문하여 차관보와 주요 국·과장 등이 모인 자리에서 고용보험제도 도입의 필요성과 도입 방향에 대해 발제를 하고 장시간 토론을 벌였다. 이날 토론을 주재하던 당시 경제기획원 차관보는 실업급여 중심의 전통적인 '실업보험'이 아니라 실업급여와 적극적 노동시장정책이 하나의 제도적인 틀 속에서 긴밀하게 연계되어 노동시장정책을 효과적으로 수행하기 위한 제도적인 장치로서의 '고용보험'을 도입한다면 실업급여의 부작용은 최소화하고 노동시장의 활력을 높이는 계기를 만들 수 있을 것이라며 그동안의 반대 입장을 접고 제7차 5개년계획에 고용보험제도의 도입을 반영하자는 입장으로 선회하였다(노동부, 2006: 327).

그런데 노동부 담당 국장으로부터 경제기획원 차관보와 고용보험제도 도입에 대해 합의했다는 보고를 접한 당시 노동부 장관이 강하게 반대하고 나서면서 고용보험제도 도입은 다시 난관에 부딪혔다. 우여곡절 끝에 1991년 8월 23일 경제장관회의에서는 제7차 경제사회발전 5개년계획 기간 후반기 중 고용보험제도를 도입하기로 결정하였다(노동부, 2006: 327).

고용보험연구기획단의 발족과 고용보험 모형 개발

제7차 5개년계획 기간 중에 고용보험제도를 도입하기로 결정한 정부는 1992년 3월 9일에 인력정책심의위원회에서 한국노동연구원이 주도하여 우리나라에 적합한 고용보험제도의 모형을 개발해 줄 것을 요청하였다. 한국노동연구원은 1992년 5월 18일에 한국노동연구원장을 단장으로 하고 학계 인사 29명을 위원으로 위촉하여 30명으로 구성된 고용보험연구기획단을 발족하였다. 고용보험연구기획단은 거의 매주 회의를 개최하여 주요 쟁점에 대하여 의견을 수렴했으며, 노사정 대표는 자문위원 자격으로 고용보험연구기획단 회의에 참석하여 의견을 개진할 수 있도록 하였다.

고용보험연구기획단은 1992년 5월 18일 발족한 이래 1년 동안 40여 회에 걸친 주요 쟁점별 토의를 거쳐 1993년 5월 18일에 공식 견해를 집약한 「우리나라 고용보험제도의 실시방안」을 정부에 제출하였다(유길상 · 어수봉, 1993). 또한 「고용보험제도 실시방안 연구」를 비롯하여 20여 종의 연구보고서를 발간하는 등 고용보험연구기획단은 고용보험제도의 실시에 대비한 기초연구를 수행했으며, 고용보험법이 제정된 이후에도 1995년 11월까지 활동하면서 고용보험법 시행령과 시행규칙의 제정, 각종 예규와 지침의 제정 등도 지원하였다.

김영삼 정부 '신경제 5개년계획'에 고용보험 1995년 시행 명시

1992년의 국회의원 총선거와 대통령선거에서 민정당, 민주당, 국민당 등 당시 주요 3당은 고용보험제도를 1995년에 시행하겠다는 것을 선거공약으로 채택하였다. 한국노총은 1993년 2월 25일 노총대의원대회에서 「고용보험제도를 위한 결의문」을 채택하고, 3월에는 「신경제 5개년계획 수립에 관한 한국노총의 의견」을 제출하여 고용보험제도의 실시를 정부에 건의하였다. 노동부를 비롯하여 한국노동연구원과 한국노총의 노력이 결실을 맺어 김영삼 정부의 '신경제 5개년계획'에 고용보험제도의 1995년 시행이 명시되었다(노동부, 2006: 328).

고용보험법의 제정과 시행

노동부는 고용보험연구기획단의 최종 보고서를 토대로 고용보험법(안)을 마련하여 1993년 7월 30일에 입법예고하였다. 노동부는 여러 차례의 공청회를 통해 각계의 의견을 수렴하여 10월 28일 국회에 고용보험법(안)을 제출하였다. 국회에 제출된 고용보험법(안)은 1993년 12월 1일 국회 본회의에서 만장일치로 통과되어 12월 27일 공포되었고, 1995년 7월 1일부터 시행되기에 이르렀다.

그런데 고용보험법 공포 이후에도 정부 내에서는 고용보험제도 도입에 반대하는 의견이 많았고, 주요 쟁점에 대한 의견 조율이 여의치 않았다. 그 결과 제도 시행을 불과 2개월밖에 남기지 않은 1995년 4월 6일에야 고용보험법 시행령이 공포되었고, 고용보험법 시행규칙도 제도 시행을 1개월도 남기지 않은 1995년 6월 12일에야 공포되었다. 그뿐만 아니라 당시 경제기획원 예산실은 고용보험법이 제정된 이후에도 고용보험제도 도입에 반대하며 제도 시행 준비에 필요한 예산을 지원하지 않아 원활한 제도 시행을 위한 인력과 조직, 전산시스템 개발 등이 매우 미흡하고 불안정한 상태로 1995년 7월 1일부터 고용보험제도가 시행되었다(노동부, 2006: 328).

2. 고용보험제도 도입 과정에서의 핵심 쟁점과 주요 행위자의 역할

'실업보험'으로 할 것인가, '고용보험'으로 할 것인가

앞서 설명한 바와 같이 1980년대 초 노동부의 요청으로 실업보험제도 도입을 논의하는 과정에서 실업보험제도의 도입이 당시로서는 시기상조이나 향후 도입하게 된다면 '실업보험제도'보다는 '고용보험제도'를 도입하자는 데 대해 정부 내에서 합의가 이루어졌다(노동부, 2006: 325). 그러나 이러한 합의는 시간이 지나면서 잊혀졌다가 1991년 3월 27일 경제기획원과 노동부, 그리고 필자와의 토론을 통해 다시 확인되었다. 고용보험제도 도입이 제7차 5개년계획에 반영된 것은 '실업보험'이 아니라 '고용보험'을 도입하는 것이 바람직하다는 것에 대해 모두가 공감하였기 때문에 가능하였다.

이와 같이 고용보험제도의 도입 방향에 대해 경제기획원, 노동부 및 한국노동연구원 연구자 간에 공감대가 형성되었음에도 불구하고 고용보험제도의 모형 개발을 위해 출범한 고용보험연구기획단의 논의에서도 일부 위원과 외부의 일부 학계 인사는 실업급여 중심의 순수한 실업보험제도로 운영하자고 주장하였다. 그러나 대다수의 위원은 '실업보험' 대신 '고용보험'을 도입하는 것이 바람직하다는 데 동의하였다. 특히 고용보험연구기획단의 위원은 아니지만 논의 과정에 초청되어 의견을 개진한 노사정 대표가 모두 이에 동의한 것이 큰 힘이 되었다.

실업보험이 아니라 고용보험제도로 설계된 한국의 고용보험제도는 다른 나라의 실업보험제도와 비교할 때 다음과 같은 특징이 있다.

첫째, 전통적인 실업보험제도가 실업이 발생한 다음 실업자의 생계보장을 위한 실업급여 중심으로 설계되어 있는 반면에 한국의 고용보험제도는 실업 자체를 예방하고, 실업이 발생하면 조기에 재취업할 수 있도록 지원하기 위한 적극적인 노동시장정책과 관련된 핵심적인 프로그램을 포함하고 있다.

둘째, 실업급여의 지급이 실업급여 수급자의 적극적인 구직활동 노력을 약화시켜 노동시장에 미치는 부정적인 효과를 최소화하기 위한 제도적 장치를 강화하고 있다. 실업급여는 근로자가 실직한 경우에 지급되는 급여로서, 실직 후 일정 기간 동안 근로자의 생활안정을 도모하고 구직활동을 용이하게 하여 재취업을 촉진하기 위한 것이지만, 실업급여 지급이 적극적인 구직활동 노력을 약화시키고 실업기간을 장기화시킬 뿐 아니라 의도적 실업자의 발생으로 노동공급량을 감소시키는 부작용도 있다. 즉, 실업급여의 지급은 실업급여 수급자의 도덕적 해이 현상을 어느 정도 초래할 수밖에 없다. 따라서 노동시장에 대한 실업급여의 부정적인 효과를 최소화하기 위한 제도적 장치를 각 나라마다 나름대로 마련하고 있다. 한국의 고용보험제도는 제도 도입 후발 국가로서 다른 선진국의 경험을 교훈삼아 실업급여의 부작용을 최소화하기 위해 다음과 같은 제도적 장치를 두고 있다.

- 이직 전 18개월 중 180일 이상의 피보험 단위기간을 충족해야 수급 자격이 발생하도록 하여, 최소한 180일 이상 피보험 자격을 갖추어야 실업급여를 청구할 수 있도록 함
- 구직급여를 지급받은 사실이 있는 경우 새로 180일의 피보험기간을 충족하도록 함으로써 고의적인 반복적 실업급여 수급 예방
- 실직자는 실직 후 지체 없이 직업안정기관에 출석하여 실업을 신고하고 구직등록을 해야 하며, 1-4주에 1회씩 직업안정기관에 출석하여 실업인정을 받아야 하는 등 일할 수 있는 능력과 상태에 있고 새로운 직업을 찾기 위해 최선의 노력을 할 것이 요구됨
- 자발적 실업자, 본인의 중대한 귀책사유에 의한 실업자에게는 실업급여

수급자격을 부여하지 아니하여 실업급여 수급을 위한 고의적인 자발적 실업 방지

- 실업 신고일부터 7일은 대기기간으로 실업급여를 지급하지 않음으로써 아주 짧은 실업에 대해서는 스스로의 부담으로 생계를 유지하도록 하여 고용보험 재정의 안정화 도모
- 적절한 취업알선이나 직업능력개발훈련지시 등을 거부하는 경우 실업급여 지급을 2-4주 동안 정지하도록 함
- 실업급여는 원칙적으로 이직일 다음 날부터 12개월 이내에 소정급여일수 한도 내에서만 지급하도록 하여 실직 즉시 공공고용서비스기관에 등록하여 취업지원서비스를 통해 조기 재취업 유도
- 소정급여일수가 선진국에 비해 상대적으로 짧은 90-240일로 제한되어 있어 장기간 실업급여의 지급에 따른 부작용을 최소화하고 고용보험 재정의 안정 도모

셋째, 적극적으로 구직활동을 하는 실업급여 수급자에 대해서는 다음과 같은 과감한 지원제도를 통해 조기 재취업을 촉진할 수 있는 제도적 장치를 두고 있다.

- 취업촉진수당제도를 통해 실업급여 수급자격자의 조기 재취업 유도
- 수급자격자가 직업안정기관의 장이 지시한 직업훈련 등을 받는 경우 당해 직업훈련을 수강하는 기간 동안에는 2년까지 구직급여 지급을 연장하여 훈련수강을 지원함으로써 훈련수강 유도

고용보험사업의 내용

실업보험이 아닌 고용보험으로 제도 설계의 방향을 설정했을 경우 구체적으로 어떤 내용을 고용보험사업에 포함할 것인가 하는 점이 쟁점

으로 대두되었다.

첫째, 고용조정 과정에서 실업 발생을 최소화하고 취약계층의 고용을 지원하기 위한 보조금 또는 장려금을 지원하는 고용안정사업을 고용보험사업에 포함할 것인가에 대한 논쟁이 뜨거웠다. 여러 선진국의 경험에 비추어 볼 때 임금보조금을 지급하여 취약계층의 고용을 촉진하거나 사업주의 해고 회피 노력을 유도하는 것은 사중손실(死重損失, dead weight loss)과 대체효과 등이 커서 사업의 순효과가 매우 낮을 우려가 있다는 것이 고용안정사업을 반대하는 주된 논리였다. 반면에 일본과 독일의 사례에 비추어볼 때 고용보험사업 내에 실업 예방과 취약계층의 고용을 촉진하기 위한 고용안정사업을 포함하는 것이 필요하다는 주장도 만만치 않았다. 고용보험연구기획단의 논의에서도 고용안정사업을 고용보험사업에 포함할 것인가에 대해서는 찬반양론이 팽팽하여 결론을 내리지 못하고 노동부의 판단에 맡기기로 하였고, 노동부는 고용안정사업을 고용보험사업에 포함하였다(노동부, 2006: 331).

둘째, 지식기반경제의 도래에 따라 직업훈련을 활성화하여 근로자의 평생학습체계를 구축한다는 차원에서 직업능력개발사업을 고용보험사업에 포함하는 것에 대하여 고용보험연구기획단 위원들은 만장일치로 동의하였고 한국노총도 이에 동의하였다. 또한 고용보험연구기획단은 고용보험제도 시행과 동시에 당시 시행 중이던 사업내직업훈련 의무제도를 기업이 자율적으로 기업 실정에 맞는 훈련을 실시할 경우 고용보험기금에서 훈련비용을 지원하는 직업능력개발사업으로 통합할 것을 제안하였다. 그런데 노동부 직업훈련국은 고용보험제도 도입으로 사업내직업훈련 의무제도를 폐지하여 직업능력개발사업으로 일원화하면 기업의 직업훈련이 크게 위축될 것이라면서 고용보험사업에 직업능력개발사업을 포함하는 것을 반대하였다. 경영계는 1980년대 중반부터 사업내직업훈련 의무제도 폐지를 정부에 건의해 왔으나 고용보험사업의 논의 과정에서 한국경영자총협회(이하 '경총')은 사업내직업훈련 의무제도는 그대로 두고 고용보험의 직업능력개발사업은 비자발적 실직자를 대상으로 한 전직훈련에 한정해야 한다고 주장하였다(한국경영자총협회, 1994: 196). 고용보험연구기획단은 직업능력개발사업을 고용보험사업에 포함할 것을 건의했으나 노동부는 직업훈련국과 경영계의 반대를 고려하여 고용보험제도 시행 당시에는 사업내직업훈련 의무제도의 적용을 받던 상시근로자 150인 이상 사업장 중 상시근로자 1,000인 이상 사업장에 대해서는 종전대로 사업내직업훈련 의무제도를 유지하고 1,000인 미만 사업장에 대해서만 고용보험의 직업능력개발사업을 적용하도록 하는 절충안을 채택하였다.

셋째, 실업급여를 고용보험사업에 포함하는 데 대해서는 어느 누구도 이견이 없었다. 그러나 '실업급여'라는 명칭보다는 실직근로자의 적극적인 구직활동을 촉진하고 이를 지원하는 소득보장이라는 의미에서 '구직급여' 또는 '구직활동수당'이라는 용어가 적합하다는 의견도 제기되었다. 이에 따라 고용보험연구기획단은 '실업급여'를 '실직근로자의 생활안정사업'으로 하고 그 구체적인 내용을 '구직급여' 또는 '구직활동수당'과 '취직촉진수당'으로 구분하고, 취직촉진수당에 직업훈련수당, 조기재취직수당, 훈련연장급여를 포함하도록 건의하였다. 또한 고실업시기에 실업급여를 연장하는 일반연장급여제도가 필요한데, 이는 1990년대 초의 완전고용 상황을 감안하여 고용보험제도가 정착된 다음 2000년대 초에 도입하자는 데 의견이 모아졌다. 정부는 고용보험연구기획단의 건의를 검토한 끝에 사업 명칭은 일반국민이 쉽게 이해할 수 있는 '실업급여'로 하고, 그 내용에 있어서는 기본급여와 취직촉진수당으로 구분하며, 취직촉진수당에 조기재취직수당, 직업능력개발수당, 광역구직활동비, 이주비를 포함하도록 입법화하였다. 이에 따라 우리나라 고용보험사업은 고용안정사업, 직업능력개발사업, 실업급여의 세 가지 사업으로 확정되었다.

넷째, 한국노총은 일본이 중소기업 근로자의 복지 증진을 위한 고용복지사업을 고용보험사업의 하나로 포함하고 있는 점을 예로 들면서 고용복지사업을 고용보험사업에 포함하자고 제안하였다. 그러나 고용보험연구기획단은 당시에 이미 중소기업근로자복지진흥기금이 별도로 운용되고 있었고, 보육시설 설치·운영 지원과 같이 일본 고용복지사업의 일부 내용이 고용안정사업에 반영되어 있다는 점과 일본에서 고용복지사업의 효과가 크지 않다는 점 등을 고려하여 고용복지사업을 고용보험사업에서 제외할 것을 건의하였고, 정부는 이 의견을 채택하였다.

다섯째, 고용보험사업의 일환으로 고용서비스 선진화를 위한 '노동시장 인프라 구축사업'을 고용보험사업에 포함하자는 주장이 고용보험연구기획단 내에서 논의되었다. 그러나 고용서비스 선진화와 공공고용서비스기관은 정부의 일반재정에 의해 설치·운영해야 한다는 고용보험연구기획단의 다수 의견과 노동부 및 노사의 의견이 일치하여 고용보험사업에 포함되지 못하였다(노동부, 2006: 332).

사업규모에 따른 적용범위

고용보험의 적용범위에 대해서 상공자원부와 경총, 중소기업협동조합중앙회는 사업내직업훈련 의무제도의 적용대상과 동일하게 상시 150인 이상 사업장부터 적용할 것을 주장하였다. 반면에 노동계는 현실적인 여건을 감안하여 제도 시행 초기에는 상시근로자 10인 이상 사업장에 적용하되, 1998년부터는 상시근로자 5인 이상 사업장까지 적용대상을 확대할 것을 주장하였다(노동부, 2006: 333). 고용보험연구기획단은 원칙적으로 모든 사업 또는 사업장에 고용보험을 적용해야 하지만 정부 각 부처 및 노사의 의견과 10인 미만 사업장의 경우 근로계약이나 임금대장 등이 아직 제대로 갖추어지지 않은 현실 등을 감안하여 제도 시행 초기에는 상시근로자가 10인 미만인 사업장의 근로자는 적용대상에서 제외하되 가급적 빠른 시일 내에 전면적으로 적용할 수 있는 행정 인프라를 갖추도록 정부에 건의하였다.

이처럼 적용범위에 대한 커다란 이견으로 인해 고용보험법이 제정·공포된 다음에도 고용보험법 시행령 제정이 늦어지자 1994년 3월 한국노총과 경총, 그리고 노동부와 고용보험연구기획단 핵심위원들이 비공식적인 협의를 통해 제도 시행 초기에는 상시근로자 30인 이상 사업에 적용하되, 1998년부터 상시근로자 10인 이상 사업까지 확대하는 방향으로 의견을 모았다. 이러한 내용은 1994년 3월 30일에 발표된 '1994년도 임금교섭에 관한 한국노동조합총연맹과 한국경영자총협회 간의 사회적 합의'에 포함하여 대정부 건의문 형식으로 발표되었다. 한국노총과 경총의 공동 건의에도 불구하고 상공자원부는 상시근로자 150인 이상 사업에 적용해야 한다는 주장을 굽히지 않았다. 이에 대해 경제기획원은 절충안으로 상시근로자 50인 이상 사업장에 적용할 것을 제안하였다. 고용보험 적용범위에 대한 이견이 계속되는 가운데 관계 부처와 노사단체 간에도 협의가 계속 이루어졌다.

결국 고용보험의 적용범위를 고용보험 사업별로 구분하여 1) 실업급여는 중앙노사단체의 공동 건의 내용을 반영하여 상시근로자 30인 이상 사업장부터 적용하되, 1998년 1월 1일부터는 상시근로자 10인 이상 사업장까지 적용을 확대하고, 2) 고용안정사업과 직업능력개발사업은 상시근로자 30인 이상 사업장부터 적용하자는 노동부 및 중앙노사단체의 의견과 상시근로자 150인 이상 사업장부터 적용하자는 상공자원부의 의견을 절충하여 상시근로자 70인 이상 사업장부터 적용하되, 1998년 1월 1일부터는 상시근로자 50인 이상 사업장까지 적용을 확대하기로 합의하여 시행하게 되었다(노동부, 2006: 335).

구직급여의 요건과 수준

구직급여 요건 중 이견이 있었던 부분은 피보험고용기간과 대기기간이었다. 고용보험연구기획단은 12개월 이상 고용보험에 가입해야 구직급여를 신청하게 함으로써 제도 시행 첫해에는 구직급여를 지급하지 않고 적립금을 축적하여 이를 토대로 구직급여 재정의 안정을 도모하고자 실업 발생 전 18개월 중 피보험단위기간이 통산하여 12개월 이상이어야 구직급여 신청자격을 부여할 것을 건의하였다. 그러나 노동계에서는 실업 발생 전 12개월 중 피보험단위기간을 통산하여 6개월 이상으로 할 것을 요구하였다(한국노동조합총연맹, 1993: 143-154). 정부는 고용보험연구기획단의 의견을 따라 입법화하였다. 또한 구직급여 수급을 위한 대기기간에 대해서도 고용보험연구기획단은 초기에는 14일로 한 후 단계적으로 단축할 것을 건의했으나, 노동계는 7일로 할 것을 주장하였다. 노동부는 각 부처와 노사단체 등과의 협의를 거쳐 14일로 확정하여 시행하였다.

구직급여의 수준에 대해서 고용보험연구기획단은 실업 발생 전 12개월간 평균임금의 50%로 할 것을 건의한 반면에, 노동계는 실업 발생 전 3개월간 평균임금의 60% 또는 하후상박 원칙에 입각하여 임금계층별로 60-80%로 차등화할 것을 주장하고, 상공자원부와 경영계는 통상임금의 50%로 할 것을 주장하였다. 그러나 관계 부처 및 이해당사자 간의 협의를 통해 고용보험연구기획단의 의견대로 결정되었다(노동부, 2006: 338).

구직급여의 소정급여일수

고용보험연구기획단은 구직급여의 소정급여일수에 대하여 획일적으로 일정 기간 동안 지급하던 미국(26주), 영국(52주), 캐나다(25주), 이탈리아(180일), 네덜란드(6개월) 등의 사례보다는 이직 당시의 고용보험

〈표 7-1〉 고용보험연구기획단이 건의한 구직급여 소정급여일수

이직일 현재 연령	피보험기간			
	1년 이상 3년 미만	3년 이상 5년 미만	5년 이상 10년 미만	10년 이상
30세 미만	60일	90일	120일	150일
30세 이상 50세 미만	90일	120일	150일	180일
50세 이상 및 장애인	120일	150일	180일	210일

〈표 7-2〉 최종 확정된 구직급여 소정급여일수(1996. 7-1998. 2)

이직일 현재 연령	피보험기간			
	1년 이상 3년 미만	3년 이상 5년 미만	5년 이상 10년 미만	10년 이상
25세 미만	30일	60일	90일	120일
25세 이상 30세 미만	60일	90일	120일	150일
30세 이상 50세 미만	90일	120일	150일	180일
50세 이상 및 장애인	120일	150일	180일	210일

피보험기간과 연령에 따라 구직급여 소정급여일수를 차등화한 독일(4-32개월), 일본(90-300일), 프랑스(3-60개월) 등의 예를 벤치마킹하여 〈표 7-1〉과 같이 60-210일로 하여 장기근속을 유도하고 중장년층과 장애인에 대해 우대할 것을 건의하였다. 정부는 고용보험연구기획단의 건의 내용을 토대로 각계의 의견을 수렴하여 피보험기간과 이직 당시의 연령 등에 따라 30일에서 최장 210일간 지급하도록 고용보험연구기획단의 건의안보다 더 엄격하게 하였다(〈표 7-2〉 참조).

고용보험사업의 비용부담 주체와 고용보험료율

노동계는 관리운영비 전액을 국고에서 부담할 뿐 아니라 보험사업비의 일부도 국고에서 부담해야 한다고 주장한 반면, 경영계는 관리운영

비 전액을 국고에서 부담해야 한다고 주장하였다. 일부 학자들은 관리운영비를 포함한 모든 고용보험사업 비용을 노사정이 1/3씩 부담해야 한다고 주장하였다. 고용보험연구기획단은 고용보험의 비용부담은 노사정 3자 부담 원칙하에서 고용보험사업의 관리·운영에 소요되는 비용은 정부가 일반회계에서 부담하고, 고용안정사업과 직업능력개발사업에 소요되는 비용은 사업주가 부담하며, 실업급여에 소요되는 비용은 고용주와 근로자가 반씩 분담할 것을 건의하였다.

입법 과정에서는 고용보험연구기획단의 의견이 대부분 반영되었으나 예산당국이 관리운영비 전액을 일반회계에서 부담하는 것을 강력하게 반대하여 관리운영비에 대해서는 정부가 전부 또는 일부를 일반회계에서 부담할 수 있다는 임의조항으로 수정되었다.

고용안정사업과 직업능력개발사업의 계정을 통합할 것인가, 분리할 것인가에 대해 고용보험연구기획단은 적극적 노동시장정책의 유연한 집행을 위해서는 고용안정사업과 직업능력개발사업을 하나의 계정으로 통합적으로 관리할 것을 건의하였고, 노동부 직업안정국은 이러한 입장을 지지하였다. 그러나 당시 노동부 직업훈련국이 관장해 오던 직업훈련촉진기금이 고용보험기금으로 통합되는 상황에서 직업능력개발사업의 계정관리를 직업훈련국이 계속 맡아야 한다는 주장을 굽히지 않았다. 결국 직업훈련국의 입장을 고려하여 노동부는 고용안정사업과 직업능력개발사업의 계정을 분리하는 것으로 입법을 하였다.

고용보험의 보험료율과 관련하여 고용보험연구기획단은 균형보험료율 추계를 토대로 임금총액의 30/1,000 범위 내에서 사업규모와 관계없이 단일요율로 하도록 건의하였다. 노동부는 고용보험연구기획단의 의견을 반영하여 1994년 10월 26일에 입법예고된 고용보험법 시행령(안)은 고용안정사업의 보험료율을 3/1,000, 직업능력개발사업의 보험료율을 4/1,000, 실업급여의 보험료율을 6/1,000으로 하였다.

이에 대해 경제기획원과 상공자원부가 고용안정사업과 직업능력개발사업의 보험료율에 이견을 제기하였다. 고용안정사업의 보험료율에 대해 경제기획원은 2/1,000를, 상공자원부는 3/1,000을 주장하였고, 직업능력개발사업의 보험료율에 대해서는 상공자원부가 4/1,000의 단일요율을 주장한 반면, 경제기획원은 150인 미만 사업장은 1/1,000, 150인 이상 300인 미만 사업장은 2/1,000, 300인 이상 사업장은 4/1,000로 할 것을 주장하였다.

결국 관계 부처 간 협의를 거쳐 고용안정사업의 보험료율은 2/1,000, 실업급여의 보험료율은 6/1,000(노 3/1,000, 사 3/1,000)으로 하고, 직업능력개발사업의 보험료율은 기업규모에 따라 차등화하여 150인 미만 사업장은 1/1,000, 150인 이상 중소기업 범위의 사업장은 3/1,000, 중소기업 범위를 초과하는 대기업은 5/1,000로 하였다(노동부, 2006: 335-337).

고용보험 전달체계

고용보험 전달체계에 대해 경영계는 기존의 지방노동사무소 내 직업안정과 중 노동부 소속 직업안정조직, 한국산업인력관리공단, 한국장애인고용촉진공단을 통폐합하여 새로운 공단을 만들어 고용보험 업무까지 담당하도록 하자고 제안하였다. 반면에 노동계는 시·군·구에 직업안정조직을 설치하여 기초지방자치단체가 고용보험을 집행하고 고용서비스를 제공해야 한다고 주장하였다(노동부, 2006: 339). 노사단체는 모두 고용보험 운영에 노사의 참여가 보장되어야 한다고 주장하였다.

고용보험연구기획단은 독일 연방고용청을 모델로 한 '한국고용공단'(가칭) 설치를 건의하였다. 노동부는 지방노동관서를 활용하는 방안을 선호하였다. 경제기획원은 김영삼 정부의 '작은 정부' 원칙에 따라 고용보험제도 시행을 위한 공무원 증원에 반대하면서 산재보험과 고용보험의 전달체계 중 어느 하나는 공단 조직으로 전환하여 공무원 증원 없는 고용보험제도 시행을 요구하였다.

이에 따라 노동부는 근로복지공사를 근로복지공단으로 전환하여 당시 지방노동관서가 담당하던 산재보험 업무를 담당하게 하고, 지방노동관서의 산재보험과를 폐지하는 대신 고용보험과를 신설하여 46개 지방노동관서의 직업안정과(고용안정 및 직업훈련 업무)와 고용보험과(실업급여 업무), 관리과(고용보험 적용·징수 업무)가 고용보험 업무를 집행하도록 하였다(노동부, 2006: 339-341).

3. 고용보험제도 발전 과정에서 주요 행위자의 역할

김영삼 정부(1993-1997)

고용보험제도 시행이 김영삼 대통령의 대선 공약이었고, 국회에서 여야 만장일치로 고용보험법(안)이 의결되어 시행을 앞두고 있었음에도, 당시 경제기획원 예산실은 고용보험 시행에 매우 소극적이었다. 이 때문에 고용보험법 시행령 및 시행규칙의 제정과 고용보험 시행을 위한 전산시스템 개발, 담당 공무원에 대한 업무교육 등이 차질을 빚었다. 고용보험법 시행령이 우여곡절 끝에 제도 시행을 2개월도 남겨놓지 않은 1995년 4월 6일에야 공포되었고, 고용보험법 시행규칙도 제도 시행을 1개월도 남기지 않은 1995년 6월 12일에야 공포되었다. 고용보험법 시행령과 시행규칙이 너무 늦게 확정되어 일선 고용보험 담당 인력에 대한 업무교육을 제대로 실시할 시간적 여유도 없었다. 고용보험 전산망 구축도 예산이 확보되지 않아 고용보험법 시행령과 시행규칙이 확정된 이후에야 외상으로 개발되어 초기 몇 년 동안에는 전산망이 매우 불안정하였다.

결국 1995년 7월 1일의 고용보험제도 시행은 정부 부처 간 이견으로 인한 세부 제도의 확정 지연, 제도 시행 준비를 위한 예산의 미확보, 고용보험 시행을 위한 효율적인 전달체계의 미비, 담당 인력의 절대 부족과 전문성 부족, 불안정한 전산시스템 등 고용보험제도의 원만한 시행과 정착을 위한 준비가 극히 미흡한 상태에서 이루어졌다. 노동부 본부의 정책 담당자 가운데 고용보험제도에 대해 이해하고 있었던 사람은 극소수였고, 일선 지방노동관서의 담당자도 고용보험에 대한 이해가 거의 전무하였다.

불행 중 다행스럽게도 실업급여의 신청이 1996년 7월부터 이루어져 1년간 실업급여 지급을 위한 준비기간을 가질 수 있었으며, 제도 시행 초기에 고용보험에 대한 홍보가 제대로 이루어지지 않아 고용보험사업의 활용도가 극히 낮아서 적은 인력으로 간신히 버틸 수 있었다. 노동부는 고용보험사업 신청자가 많을까봐 각종 지원금의 지원요건과 수준 및 지원기간을 매우 엄격하게 유지하였다.

1995년 7월 1일부터 고용보험제도가 시행되었지만 고용보험연구기획단은 고용보험 재정 안정을 위해 실업급여는 실업 전 18개월 중 12개월 이상 고용보험 적용대상사업에 고용되어 있어야 신청할 수 있도록 설계했으며, 이는 고용보험법령의 제정 과정에도 반영되었다. 이에 따라 최초의 실업급여 신청자는 1996년 7월 1일부터 나왔고, 실업급여 지급은 14일간의 대기기간이 경과한 1996년 7월 15일부터 개시되었다. 즉, 제도 시행 이후 1년 14일 동안 실업급여계정은 보험료 수입은 있으나 실업급여 지출은 전무하여 1년 14일분의 실업급여 보험료 수입액에 해당하는 적립금을 가지고 출발할 수 있었으며, 이는 1997년 말에 발생한 외환위기로 인한 장기간의 높은 실업률 속에서도 고용보험의 재정을 안정적으로 운용하는 기반이 되었다.

고용보험제도 시행과 더불어 고용보험연구기획단은 그 기능을 다하여 자동으로 해체되었으나, 한국노동연구원은 1995년 11월에 고용보험연구센터를 설치하여 고용보험사업 평가, 노동시장 조사·분석, 고용정책 및 고용보험제도 발전 등에 대한 연구를 수행하여 고용보험제도의 발전을 지원하였다.

김영삼 정부에서 고용보험제도 발전을 위한 중요한 제도 변화는 고용보험연구센터의 모니터링과 평가연구 결과를 토대로 제도 시행 과정에서 일선 담당 공무원의 업무처리상 불편을 해소하기 위해 주로 고용노동부의 주도로 다음과 같이 이루어졌다(노동부, 2005).

첫째, 고용안정사업과 직업능력개발사업의 시행에 있어서 우대 대상 기업이 확대되었다. 고용보험법 제정 당시에는 중소기업법에 의한 중소기업을 우대 대상으로 했으나, 중소기업법에 의한 중소기업의 판단 기준이 근로자 수, 자산총액 등을 모두 고려하도록 되어 있어 일선에서 적용하는 데 어려움이 있다는 지적에 따라 1996년 3월 9일의 고용보험법 시행령 개정을 통해 고용안정사업 및 직업능력개발사업에서 우대해 주는 중소기업의 판단 기준을 종전의 '중소기업법에 의한 중소기업'에서 '상시근로자 수만을 기준으로 한 중소기업'으로 변경하고, 1997년 5월 8일의 고용보험법 시행령 개정을 통해 1997년 5월 8일부터 우대기업을 '우선지원대상기업'으로 하고, 그 범위는 산업별로 상시 사용하는 근로자 수를 기준으로 1) 광업은 300인 이하, 2) 제조업은 500인 이하, 3) 건설업은 300인 이하, 4) 운수·창고 및 통신업은 300인 이하, 5) 그 밖의 산업은 100인 이하로 변경하였다.[1]

둘째, 고용안정사업이 확대되었다. 1996년 12월 30일의 고용보험

1 '우선지원대상기업' 이외의 기업을 '대규모기업'으로 하여 우선지원대상기업과 지원금 수준 등을 차등화하였다. 여기서 대규모기업은 일반적인 '대기업'과는 다른 고용보험법상의 개념이다.

법 개정에서는 고용조정으로 실직한 근로자를 고용하는 기업에 장려금을 지급할 수 있는 법적 근거가 마련되었는데, 이를 근거로 고용조정지원에 채용장려금, 적응훈련지원금, 창업교육훈련지원금을 추가로 신설하였다.

'채용장려금'은 기업의 고용조정으로 실직한 근로자를 하나의 분기 동안 10인 이상 또는 당해 사업장에 상시 사용하는 근로자의 5% 이상 고용보험 피보험자로 채용하는 사업주 및 이직 후 6개월 이내의 실직자를 고용보험 피보험자로 채용하는 사업주에게 임금액의 1/4(대규모기업은 1/5)을 6개월간 지급하도록 했다.

'적응훈련지원금'은 고용조정으로 실직한 근로자를 고용보험 피보험자로 채용하여 새로운 직장에 적응하는 데 필요한 훈련을 실시하는 사업주에 대해 임금액의 1/2(대규모기업은 1/3)에 해당하는 금액을 6개월 한도로 지급하도록 하였다.

'창업교육훈련지원금'은 이직 예정인 고용보험 피보험자 또는 피보험자였던 이직자를 대상으로 창업에 필요한 교육훈련을 실시하는 사업주에게 훈련비용의 일부를 6개월간 지원하도록 했다.

1997년 5월 8일부터는 '신규고령자고용촉진장려금'을 신설하여 당해 분기 동안 신규 고용된 고령자에 대한 임금액의 1/4(대규모기업은 1/5)을 6개월간 지급하되 신규 고용된 고령자 수가 100명을 초과할 경우에는 초과 인원의 30/100에 대해서만 지급하도록 하였다. 고령자, 여성 등 취업취약계층의 경제활동 참가를 유도하고 사업주가 이들을 고용하는 것을 촉진하기 위해 1997년 5월 8일부터 당해 사업에서 출산, 육아 등을 이유로 퇴직한 여성을 5년 이내에 재고용하거나, 고용조정으로 퇴직한 고령자를 퇴직 후 2년 이내에 재고용한 사업주에게 재고용장려금을 지급할 수 있도록 하였다.

1996년 12월 30일의 고용보험법 개정 및 1997년 5월 8일의 고용보험법 시행령 개정을 통해 건설근로자퇴직공제부금 지원제도를 고용안정사업의 하나로 신설하여 건설근로자퇴직공제 계약을 체결한 사업주가 새로 피공제자가 된 근로자를 위해 부담해야 할 공제부금의 30일분을 고용보험기금에서 지원할 수 있도록 하였다.

셋째, 1998년 1월 1일부터 사업내직업훈련 의무제도의 완전 폐지와 고용보험 직업능력개발사업으로의 통합이 이루어졌다. 고용보험연구기획단은 고용보험제도 시행과 동시에 사업내직업훈련 의무제도를 폐지하고, 기업이 자율적으로 기업 실정에 맞는 훈련을 실시할 경우 고용보험기금에서 훈련비용을 지원하는 직업능력개발사업으로 통합할 것을 제안하였다. 그러나 당시 노동부 직업훈련국의 반대로 고용보험제도 시행 당시에는 종전에 사업내직업훈련 의무제도의 적용을 받던 상시근로자 150인 이상 사업장 중 상시근로자 1,000인 이상 사업장에 대해서는 종전대로 사업내직업훈련 의무제도를 유지하고, 1,000인 미만 사업장에 대해서만 고용보험의 직업능력개발사업을 적용하도록 하였다. 그런데 1995년 7월부터 1997년까지 고용보험의 직업능력개발사업을 적용받은 사업장에서 직업훈련 실시가 종전보다 크게 확대되었다. 이러한 결과에 만족한 직업훈련국은 1998년 1월 1일부터 사업내직업훈련 의무제도를 폐지하고 고용보험의 직업능력개발사업으로 일원화하여 수요자 중심의 자율적인 직업훈련제도로 전환하였다.

넷째, 1998년 1월 1일부터 고용보험 적용 대상이 확대되었다. 고용보험법 제정 당시의 고용보험법 부칙에서 1998년 1월 1일부터 실업급여는 상시근로자 10인 이상 사업장으로 확대하고, 고용안정사업과 직업능력개발사업은 상시근로자 50인 이상 사업으로 적용을 확대하도록 규정하고 있어 부칙에 따라 1998년 1월 1일부터 고용보험 적용 대상이 확대되었다.

다섯째, 1997년부터 실업급여 중 '기본급여'를 '구직급여'로 명칭을 변경하였다. 고용보험연구기획단은 '실업급여(unemployment benefit)'라는 명칭 대신에 구직자의 적극적인 구직 노력을 유도하기 위해 '구직급여', '구직수당', '구직활동수당' 등 적극적 의미를 가진 명칭을 사용할 것을 제안하였다. 그러나 노동부는 당시 '실업급여'라는 명칭이 일반화되어 있다는 것을 들어 '실업급여'라는 명칭을 사용하는 것으로 입법화하였다. 고용보험법 제정 당시의 실업급여는 기본급여와 취직촉진수당으로 구성되어 있었다. 그러나 노동부가 구직자의 적극적인 재취업을 촉진하는 의미를 강조하기 위해 1997년 1월 1일부터 '기본급여'를 '구직급여'로 명칭을 변경하였다.

김대중 정부(1998-2002)

1997년 말에 발생한 외환위기의 와중에 집권한 김대중 대통령은 당선자 시절부터 외환위기와 고실업 극복을 위한 비상체제에 돌입하여 노동부 장관으로부터 실업대책 추진상황과 보완대책을 매주 보고받으면서 실업대책에 힘을 실어주었다. 이로써 고용보험도 외환위기 이후의 고실업 극복을 위한 가장 중요한 사회안전망으로서 확실하게 자리매김을 하게 되었다.

특히 외환위기를 조기에 극복하기 위해 1998년 1월 15일에 발족한 노사정위원회는 1998년 2월 6일에 '경제위기 극복을 위한 사회협약'에 합의하였다. 노사정위원회는 임시로 한국노동연구원의 회의실을 사무실로 사용했는데, 고용보험제도 개선과 관련한 논의 과정에서 한국노동연구원 고용보험연구센터 연구진이 노사정 대표와 긴밀하게 협의하면서 건의한 내용이 크게 반영되었다. 동 협약에는 고용보험과 관련하여 실업급여 신청요건을 이직 전 6개월 이상 고용보험료를 납입한 실직자에게 지급할 수 있도록 한시적으로 완화하고, 실업급여의 최저지급기간을 60일로 연장하며, 최저지급수준을 최저임금의 70%로 완화하며, 전국적인 고실업시기에 실업급여의 지급기간을 30-60일간 연장하는 특별연장급여제도를 도입하고, 적용범위를 1998년 7월 1일부터 5인 이상 사업장으로 확대하며, 1999년 7월 1일부터 임시·시간제근로자에 대하여 고용보험을 적용할 수 있도록 하고, 1998년 중에 공공고용안정센터를 40개소 이상 확대하고 전문직업상담원을 배치하도록 하며, 4대 사회보험료를 통합 징수하는 방안을 강구하고, 2차 과제로 일용근로자에 대한 고용보험제도 적용 문제를 검토하기로 하는 것 등이 포함되었다.

2008년 2월 6일의 노사정 간의 합의 내용을 토대로 한 김대중 정부 시절의 주요 제도 변화를 살펴보면 다음과 같다(노동부, 2005).

첫째, 고용보험의 적용범위가 매우 빠르게 확대되었다. 1998년 3월 1일부터 실업급여의 적용범위를 5인 이상 사업으로 확대하고, 고용안정사업과 직업능력개발사업의 적용범위를 1998년 7월 1일부터 5인 이상 사업으로 확대하였다. 또한 1998년 10월 1일부터는 1인 이상의 모든 사업장에 고용보험의 모든 사업을 적용하도록 하고, 적용대상에서 제외하던 계절적 근로자 및 임시근로자의 범위를 종전의 3개월 미만의 기간 동안 고용되는 근로자에서 1998년 10월 1일부터 1개월 미만의 기간 동안 고용되는 근로자로 축소하여 계절적 근로자 및 임시근로자의 고용보험 적용범위를 확대하였다. 고용보험 적용대상에서 제외되는 시간제근로자의 범위를 종전의 '통상근로자의 소정근로시간보다 7할 이상 짧은 자'에서 1998년 10월 1일부터 '월간 80시간(주당 18시간) 미만인 자'로 축소하여 시간제근로자에 대한 고용보험 적용을 확대하였다.

둘째, 구직급여의 수급요건이 완화되고 지급기간이 확대되었다. 외환위기 이후 예상되는 고실업의 극복을 위해 1998년 3월 1일부터 2000년 6월 30일까지 한시적으로 구직급여 신청요건인 기준기간과

〈표 7-3〉 구직급여 소정급여일수(1998. 3-1999. 12)

이직일 현재 연령	피보험기간				
	1년 미만	1년 이상 3년 미만	3년 이상 5년 미만	5년 이상 10년 미만	10년 이상
30세 미만	60일	60일	90일	120일	150일
30세 이상 50세 미만	60일	90일	120일	150일	180일
50세 이상 및 장애인	60일	120일	150일	180일	210일

〈표 7-4〉 구직급여 소정급여일수(2000. 1-현재)

이직일 현재 연령	피보험기간				
	1년 미만	1년 이상 3년 미만	3년 이상 5년 미만	5년 이상 10년 미만	10년 이상
30세 미만	90일	90일	120일	150일	180일
30세 이상 50세 미만	90일	120일	150일	180일	210일
50세 이상 및 장애인	90일	150일	180일	210일	240일

피보험단위기간을 각각 12개월과 6개월로 완화하였다. 구직급여의 소정급여일수를 1998년 3월 1일부터 종전의 30-210일에서 60-210일로 확대하였고(〈표 7-3〉 참조), 2000년 1월 1일부터는 90-240일로 확대하였다(〈표 7-4〉 참조). 또한 2000년 3월 1일부터 구직급여 신청을 위한 기준기간과 피보험기간을 각각 18개월과 180일로 완화하였다.

구직급여의 하한액은 1998년 9월 17일 고용보험법 개정을 통해 이직 당시 최저임금일액의 70%로 규정되었다가 1999년 12월 31일에 다시 최저임금일액의 90%로 상향 조정되었다.

구직급여를 다 소진할 때까지 취업하지 못한 경우에 구직급여를 연장할 수 있는 연장급여제도의 도입 당시에는 개별연장급여와 훈련연장급여가 있었으나 외환위기로 인한 고실업에 대응하기 위해 1998

년 2월 20일의 고용보험법 개정을 통해 고실업기간 중에 구직급여를 60일간 연장하는 특별연장급여제도가 도입되어 1998년 7월 1일부터 1999년 12월 31일까지 실시되었다.[2]

셋째, 외환위기의 충격으로 인한 실업률 증가에 대응하기 위해 고용안정사업을 활성화하려는 다양한 시도가 이루어졌다. 장기실직자의 취업을 촉진하기 위해 1997년 12월 31일 고용보험법 시행령을 개정하여 1년 이상 실직상태에 있는 자 또는 55세 이상인 자로서 실직기간이 6개월 이상인 자를 채용하는 사업주에게 새로 채용된 근로자 임금액의 1/3(대규모기업은 1/4)을 6개월간 지급하는 장기실직자채용장려금을 도입하여 1998년 1월 1일부터 시행하였다. 장기실직자채용장려금은 1998년 7월 1일의 고용보험법 시행령 개정을 통해 고용안정사업의 고용조정지원제도의 하나인 '채용장려금'으로 흡수·통합되었다. 1999년 2월 1일의 고용보험법 시행령 개정을 통해 고용유지지원금제도의 지원범위를 확대하고 지원기간을 연장하였다.

1998년 10월 1일의 고용보험법 시행령 개정을 통해 여성가장실업자 고용촉진장려금을 신설하였다. 여성가장실업자 고용촉진장려금은 여성실업자 중 세대주 혹은 가족부양의 책임이 있는 자를 신규 고용한 사업주에게 당해 사업주가 지급한 임금의 1/2(대규모기업은 1/3)에 해당

---

2 개별연장급여는 소정급여일수가 소진될 때까지 3회 이상 직업안정기관의 취업알선을 받았고, 18세 미만이나 65세 이상인 자, 혹은 장애인이나 환자를 부양하고 있으며, 급여기초임금일액과 본인 및 배우자의 재산이 일정 기준 이하이면서 직업능력개발훈련을 받지 않은 자에 대해 60일 이내의 기간 동안 구직급여의 70%가 지급된다. 훈련연장급여는 지방노동관서장이 지시한 직업능력개발훈련을 받는 수급자격자에 대해 최장 2년까지 구직급여가 지급된다. 특별연장급여는 연속되는 3개월간의 실업률이 6%를 계속 초과하거나, 매월의 구직급여 수급자격자 수가 피보험자 수에 대해 차지하는 비중이 연속 3개월간 3%를 초과하는 경우, 혹은 신규수급자격신청자가 피보험자 수에 대해 연속 3개월간 1%를 초과하는 경우에 노동부 장관의 결정에 의해 60일 이내에서 구직급여의 70%가 지급된다.

하는 금액을 6개월간 지급하도록 하였다.

또한 채용장려금의 요건을 완화하고 지원범위를 확대하였다. 1999년 2월 1일부터 1999년 상반기에 한하여 채용장려금의 지원요건을 완화함으로써 고용조정으로 이직한 자를 월 1인 이상 채용한 사업주에게도 채용장려금을 지원해 주고, 채용근로자에게 지급한 임금의 2/3(대규모기업은 1/2), 장기실직자의 경우 3/4(대규모기업은 2/3)을 6개월간 지원해 주도록 하였다. 1999년 상반기에 한하여 채용장려금의 지원요건을 월 1인 이상 피보험자로 고용하는 사업주로 완화했던 것(1999. 2. 1, 고용보험법 시행령 부칙 제4조 제1항)을 1999년 7월 1일의 고용보험법 시행령 개정을 통해 채용장려금의 일반적 지원요건으로 채택함으로써 동 제도의 활성화를 도모하였다. 그러나 채용장려금제도는 전체 실업률의 감소를 가져오기보다는 대체효과로 인하여 신규 실업자 등 일반구직자의 구직난을 야기하는 문제점이 제기되었고 경기회복에 따라 당연히 근로자를 채용할 사업주에게도 보조금을 지원하는 문제점이 발생함에 따라 2000년 12월 30일의 고용보험법 시행령 개정을 통해 2001년 1월 1일부터 채용장려금을 폐지하였다.

1999년 7월 1일 고용보험법 시행령 개정으로 고령자고용촉진장려금제도의 활성화를 위해 지급요건을 완화하고 지원 수준도 상향조정하였다. 고령자신규고용촉진장려금은 지급요건을 하나의 분기 동안 5인 이상 또는 당해 사업의 월평균 근로자 수의 5% 이상 고령자를 신규 고용한 사업주에게 지급하던 것을 1999년 7월 1일부터는 고령자를 월 1인 이상 신규 고용한 사업주에게 지급하는 것으로 완화하였다.

2001년 7월 7일의 고용보험법 시행령 개정을 통해 2001년 7월 7일부터 이직 예정인 피보험자 또는 피보험자였던 자로서 이직한 사람에게 전직지원서비스를 제공하는 경우 그에 소요되는 비용의 1/2(대규모기업은 1/3)을 고용보험기금에서 지급하는 전직지원장려금제도를 신설하였다(노동부, 2005).

2002년 12월 30일의 고용보험법 시행령 개정을 통해 2002년 12월 30일부터 종전의 '장기실업자고용촉진장려금'을 '장기구직자고용촉진장려금'으로 명칭을 변경하고, 종전에는 고용보험 피보험자였던 자와 피보험자가 아니었던 자로 구분하여 지급요건을 달리하던 것을 피보험자 여부를 불문하고 구직신청 후 6개월이 경과하고 실업상태에 있으면 장기구직자고용촉진장려금을 지급받을 수 있도록 하였다.

중소기업의 인력난을 해소하고 취업에 어려움을 겪는 40세 이상 중장년 실업자의 신속한 재취업을 지원하고 실업자 훈련 효과를 제고하기 위해 2002년 12월 30일부터 실업자재취직훈련 등을 수료한 40세 이상 중장년 실업자를 신규 채용하는 사업주에게 장려금을 지원하는 '중장년 훈련수료자 채용장려금'을 신설하였다.[3]

넷째, 직업능력개발사업의 활성화를 통해 실업자 사회안전망으로서의 역할을 강화하고 실업기간 동안 직업훈련을 확대 실시하여 고실업을 극복하고자 하였다. 2000년 12월 30일의 고용보험법 시행령 개정을 통해 근로자수강장려금 지원 대상을 이직 예정인 피보험자 및 50세 이상의 피보험자로 확대하고, 2002년 12월 30일의 고용보험법 시행령 개정을 통해 근로자수강장려금의 지원 대상을 다시 40세 이상의 피보험자로 확대하고, 50인 미만 사업장의 경우는 이직 여부나 연령에 관계없이 피보험자 모두를 지원 대상으로 함으로써 50인 미만 중소기업 근로자의 자율적인 능력개발을 촉진하도록 하였다. 또한 2002년 12월 30일의 고용보험법 시행령 개정을 통해 피보험자인 근로자가 직

3 중장년 훈련수료자 채용장려금은 실업자재취업훈련을 수료한 40세 이상 실업자를 신규 채용하는 사업주에게 1년간 장려금을 지원하되 장려금의 금액은 채용 후 3개월은 60만 원, 그 이후 3개월은 40만 원, 나머지 6개월은 20만 원을 지급하였다.

업능력개발훈련을 수강하는 경우 수강료의 전부 또는 일부를 대부해 주는 직업능력개발훈련비 대부제도를 신설하였다.

다섯째, 2001년 11월 1일부터 산전후휴가급여 및 육아휴직급여제도가 신설되어 고용보험기금을 통해 모성보호사업을 실시할 수 있게 되었다. 근로여성의 산전후휴가는 근로기준법 제정 당시부터 2001년까지 60일로 유지되고 있었고 휴가기간 동안의 임금은 사업주가 전적으로 부담하고 있었다. 그러다가 2001년 11월부터 90일로 확대되었으며, 추가된 30일 분의 임금(상한액 135만 원)은 고용보험에서 지급하게 되었다. 육아휴직자에 대해서도 월 20만 원의 육아휴직급여를 고용보험에서 지급하게 되었다.

여섯째, 고용보험료율이 고용보험 재정 상태에 따라 유연하게 조정되었다. 1995년 제도 시행 당시에는 실업급여 0.6%(근로자 0.3%, 사용자 0.3%), 고용안정사업 0.2%(사업주 부담), 직업능력개발훈련 0.1-0.5%를 부담했으나 실업률이 6-7%를 기록하던 외환위기 시(1999-2002)에는 증가한 지출 규모에 대응하여 실업급여 1.0%(근로자 0.5%, 사용자 0.5%), 고용안정사업 0.3%, 직업능력개발사업 0.1-0.7%로 인상되었다. 2002년 말에는 실업률이 3%대로 안정됨에 따라 2003년부터 적용할 보험료 중 실업급여는 임금의 1.0%(근로자 0.5%, 사용자 0.5%)에서 0.9%(근로자 0.45%, 사용자 0.45%)로 인하하고, 고용안정사업 보험료도 0.3%에서 0.15%로 인하하였다.

일곱째, 외환위기 이후 급증하는 구직급여 신청자에게 구직급여를 지급하고 취업알선을 효과적으로 수행하기 위해 고용보험 업무와 고용서비스 업무를 전담하는 고용센터를 1998년에 99개소를 설치하고, 2002년에는 166개소로 확대였으며, 고용안정센터에는 진문상담원을 민간인 신분으로 대거 채용하여 외환위기를 기회로 삼아 공공고용서비스기관의 외형을 갖출 수 있었다.

노무현 정부(2003-2007)

노무현 정부는 외환위기 이후 심화된 사회양극화를 해소하고 사회안전망의 사각지대 축소와 고용서비스의 선진화, 실업자 사회안전망으로서의 고용보험 기능 강화 등에 역점을 두었다. 노무현 정부에서의 고용보험제도 발전 과정에서는 1998년 2월의 '경제위기 극복을 위한 사회협약'의 미시행 과제 이행과 2004년 2월 10일에 이루어진 노사정위원회의 '일자리 만들기 사회협약'이 상당한 영향을 미쳤다. '일자리 만들기 사회협약'은 실근로시간의 단축과 이를 지원하기 위한 근로시간단축지원금 등 대책 강구, 교대제근무 개선을 확산하기 위한 지원방안 강구, 비정규직 근로자의 고용안정 및 직업능력 향상을 위하여 고용보험에서 지원하는 방안 강구, 사회보험 사각지대 해소 방안 강구, 고령자 고용촉진장려금 활성화, 임금피크제 도입에 대한 지원방안 강구 등 고용보험과 관련된 내용을 다수 포함하고 있었는데, 이러한 사회협약의 내용이 고용보험의 각 사업에 크게 반영되었다.

한국노동연구원의 내부 방침에 따라 2004년 3월 1일에 고용보험연구센터가 문을 닫게 되었으나 그동안의 연구결과는 제도 발전에 밑거름이 되었다. 고용안정사업은 고용안정사업의 활성화를 추진한 노동부의 의견이 크게 반영되었고, 실업급여의 변화는 실업자 사회안전망으로서 실업급여의 기능을 강화하고자 하는 노무현 정부의 정책 방향이 크게 영향을 미쳤다.

노무현 정부 시절 고용보험의 주요 제도 변화 내용은 다음과 같다.

첫째, 일용근로자에게 실업급여를 적용하고, 시간제근로자에 대한 적용을 확대하였다. 2002년 12월 30일의 고용보험법 개정에 의해 2004년 1월 1일부터 일용근로자에게도 실업급여가 적용되었다.[4] 2003년 12월 18일의 고용보험법 시행령 개정으로 2004년 1월 1일부터는 고용보험 적용 대상이 되는 시간제근로자의 범위를 종전의 '월간 근로시간 80시간(주당 18시간) 이상인 자'에서 '월간 근로시간 60시간(주당 15시간) 이상인 자'로 확대하였다. 2004년 2월 25일의 고용보험법 시행령 개정으로 선원도 고용보험 적용대상이 되었다.

둘째, 고용안정사업을 확대하였다. 2004년 2월 25일부터 중소기업근로시간단축지원금이 신설되고, 2004년 10월 1일의 고용보험법 시행령 개정을 통해 교대제전환지원금, 중소기업고용환경개선지원금, 중소기업전문인력채용장려금, 중소기업신규업종진출지원금이 신설되었다. 2004년 7월 1일부터 단계적으로 법정 근로시간이 주 44시간에서 40시간으로 단축됨에 따라 이를 촉진하여 일자리 창출을 도모한다는 취지에서 고용창출지원사업의 하나로 중소기업근로시간단축지원금제도를 신설하였다. 2004년 10월 1일부터 '장기구직자고용촉진장려금'을 '신규고용촉진장려금'으로 명칭을 변경하여 직업안정기관 등에 구직 신청 후 일정한 실업기간을 초과하여 실업상태에 있는 자를 고용한 사업주로서 고용 전 3개월, 고용 후 6개월까지 고용조정으로 근로자를 이직시키지 아니하는 경우에 채용 후 12개월간 1인당 월 15-60만 원을 지급하도록 했다. 여성가장실업자고용촉진장려금, 신규고령자고용촉진장려금, 장기구직자고용촉진장려금을 '신규고용촉진장려금'으로 통합하였다. 2006년 1월 1일부터 임금피크제보전수당, 출산후계속고용지원금, 고용관리진단 등 지원, 고령자 등 고용환경개선 지원, 장기실업자취업지원제도 등을 신설하였다.[5]

---

4 일용근로자에 대한 실업급여 적용에 대해 당시 노동부는 행정상의 어려움을 들어 반대하였으나 노무현 정부의 의지가 강해 현실적인 적용방안 마련을 위해 노사정 및 학계 대표가 합동으로 일본과 독일에 출장을 가서 우리나라에 적용 가능한 방안을 논의하였고, 이를 토대로 한국노동연구원이 시행방안을 제시하여 이루어졌다(허재준·유길상, 2001).

5 이러한 제도 개선에는 2004년 2월 10일의 '일자리 만들기 사회협약'의 내용과 노동부의 의지가 큰 영향을 미쳤다.

셋째, 직업능력개발사업이 확충되었다. 2004년 10월 1일의 고용보험법 시행령 개정을 통해 근로자수강지원금 지원대상이 50세 이상에서 40세 이상으로, 50인 미만 사업장에서 300인 미만 사업장 종사자로 확대되었고, 단시간근로자, 파견근로자, 1년 계약 이하의 근로자 등 비정규직 근로자도 지원 대상에 새로 포함되었다.

넷째, 재정운영의 탄력성 및 정책 추진의 효율성 제고를 위해 2006년 1월 1일부터 고용안정사업과 직업능력개발사업을 고용안정·직업능력개발사업으로 통합하였다(보험료율 0.25-0.85%).

다섯째, 실업급여 대기기간이 종전의 14일에서 2004년 1월부터 7일로 단축되었다.

여섯째, 2005년부터 국정과제로 고용서비스 선진화를 적극 추진하여 고용센터 시설을 현대화하였다.

이명박 정부(2008-2012)

이명박 정부에서의 고용보험제도 발전에 영향을 미친 요인은 크게 다음의 네 가지로 요약할 수 있다. 1) 외환위기 극복 과정과 그 이후 다소 방만하게 운영되어 온 고용보험사업을 정비하고 내실화하고자 한 이명박 정부의 정책 방향, 2) 2007년 5월 18일부터 2008년 5월 7일까지 활동한 노사정위원회 의제별 위원회 중의 하나였던 고용보험제도발전위원회의 「고용보험제도 발전을 위한 합의문」(2008. 5. 7) 내용, 3) 2008년 하반기에 발생한 전 세계적인 금융위기와 유럽 재정위기로 촉발된 경제위기 극복을 위한 노사정위원회에서의 「경제위기 극복을 위한 노·사·민·정 합의문」(2009. 2. 23), 4) 갈수록 심각해지는 양극화를 해소하기 위해 사회보험의 사각지대를 최소화하라는 정치권과 노동계의 요구 등이 큰 영향을 미쳤다.

노사정위원회 고용보험제도발전위원회의 「고용보험제도 발전을 위한 합의문」은 기존의 고용보험전문위원회(위원장: 국장급)를 고용보험위원회(위원장: 노동부 차관)로 격상하고, 2004년 고용보험연구센터를 폐지한 후 고용보험사업에 대한 평가가 체계적으로 이루어지지 못하고 있다는 반성하에서 고용보험사업에 대한 상시적이고 지속적인 평가 및 연구체계를 구축하고, 그동안 건실하게 운영되어 온 고용보험기금의 재정이 실업급여계정의 경우 적자 발생 우려가 커짐에 따라 기금재정의 안정을 위해 고용보험기금 각 계정의 적정적립금 배율을 실업급여계정의 경우 전년도 지출액의 1.5배 이상 2.0배 미만, 고용안정·직업능력개발사업계정의 경우 전년도 지출액의 1.0배 이상 1.5배 미만으로 유지되도록 하는 것 등을 포함하였다.

노사정위원회의 「경제위기 극복을 위한 노·사·민·정 합의문」은 고용보험제도와 관련하여 영세자영업자가 임의로 가입할 수 있는 별도의 실업급여제도 추진, 고용유지지원금 인상 및 지원요건 완화, 고용유지를 위한 휴업근로자 지원방안 마련, 임금피크제 등을 통해 고용을 유지·연장하는 근로자에 대한 보전수당 지급제도 활성화, 직업능력개발계좌제 확대 시행 등의 내용을 포함하고 있었다.

이명박 정부 시절 고용보험의 주요 제도 변화 내용은 다음과 같다(노동부, 2012).

첫째, 외환위기 극복 과정과 그 이후 다소 방만하게 운영되어 온 고용보험사업을 정비하고 내실화하고자 한 이명박 정부의 정책 방향에 따라 2010년 12월 고용안정사업에 대한 대대적인 정비를 통해 2011년 1월 1일부터는 사업 효과가 낮고 추진 실적이 미흡한 사업을 통폐합하였다. 정년보장형 임금피크제 지원제도를 폐지하고, 건설근로자 퇴직공제부금 지원사업과 장기실업자 등 창업촉진지원사업 및 단시간일자리 창출 지원사업을 폐지했으며, 고용창출지원사업을 통폐합하였다.

2011년 9월 22일부터 육아기 근로시간 단축급여제도를 시행하여 여성의 경력단절을 예방하고자 했다. 또한 육아휴직급여 지급 방식을 2010년 12월부터 월 50만 원에서 통상임금의 월 40%(상한액 월 100만 원, 하한액 월 50만 원)로 변경하였다. 2011년 3월 2일부터 인터넷에 의한 실업인정제도를 도입하여 실업인정에 소요되는 인력을 재취업지원 서비스에 더 많이 투입할 수 있도록 했다. 고용보험 재정 안정화를 위해 2011년 1월부터는 고용보험료 부과 기준을 종전의 피보험자 임금 총액에서 보수총액으로 변경해 성과급에 대해서도 고용보험료를 부과하도록 하고, 2011년 4월 1일부터 실업급여 고용보험료를 보수총액의 0.9%에서 1.1%(근로자 0.55%, 사용자 0.55%)로 0.2% 포인트 인상하였다. 사회보험료 부과징수체계를 개편하여 고용보험료는 2011년 1월부터 다른 사회보험료와 함께 국민건강보험공단이 통합 징수하도록 했다.

둘째, 노사정위원회 고용보험제도발전위원회의 「고용보험제도 발전을 위한 합의문」에 따라 2008년 12월 31일 고용보험법 개정을 통해 노동부 차관을 위원장으로 하는 고용보험위원회를 설치하도록 하고, 위원은 노사정 및 공익 대표가 동수로 구성되도록 하였다. 고용보험사업에 대한 상시적이고 지속적인 평가 및 연구체계를 구축하도록 고용보험법 제11조의 2에 명시하였고, 고용보험기금의 재정 안정을 위해 고용보험기금 각 계정의 적정 적립금 배율을 실업급여계정의 경우 전년도 지출액의 1.5배 이상 2.0배 미만, 고용안정·직업능력개발사업계정의 경우 전년도 지출액의 1.0배 이상 1.5배 미만으로 유지되도록 하였다. 이러한 적정적립배율의 준칙에 따라 실업급여계정의 재정 안정을 위해 실업급여 보험료율을 2011년 4월 1일부터 종전의 9/1,000에서 11/1,000로 인상하였다.

셋째, 2008년 하반기에 발생한 전 세계적인 금융위기 이후 노사정위원회에서의 「경제위기 극복을 위한 노·사·민·정 합의문」에 따라

2012년 1월 22일부터 자영업자에 대한 고용보험 임의가입제도를 도입하였다. 당시 자영업자 대표들은 보험료를 규칙적으로 납부하면서 실업급여 등을 받을 수 있을지는 불확실한 고용보험 적용을 바라지는 않았고, 수급이 확실한 실업공제제도를 원했다. 학계 전문가들도 자영업자에 대한 고용보험 적용은 사례가 흔하지 않고, 실업의 비자발성을 입증하기가 매우 어렵다는 이유 등을 들어 신중해야 한다는 입장이었고, 자영업자에 대한 임의가입제도를 도입할 경우 자영업자 중에서도 상대적으로 취약한 사람은 가입을 못하고 상대적으로 형편이 나은 자영업자만 매우 제한적으로 가입할 우려가 있다고 예상하였다. 그러나 정부는 이러한 우려와 자영업자의 의견에 동의하면서도 자영업자에 대한 고용보험의 임의적용은 2009년 2월 23일의 노사정위원회의 합의사항이기 때문에 시행이 불가피하다며 입법을 추진하였다.

2008년 4월부터 고용유지지원금의 지원 수준을 인상하고 지원요건을 완화했으며, 전직지원장려금의 지원 수준을 인상하였다. 2008년 하반기부터 수요자 중심의 직업능력개발훈련을 표방하면서 직업능력개발계좌제를 시범적으로 도입하여 단계적으로 확대하였다.

또한 2013년 4월 22일부터 무급휴업·휴직 고용유지지원금을 신설하여 고용조정이 불가피한 사업주가 노동위원회의 승인을 받아 일정 비율 이상의 피보험자에게 무급 휴업을 30일 이상 실시하여 고용유지조치를 한 경우 근로자에게 평균임금의 50%(1일 4만 원) 범위 내에서 최대 180일간 지원하도록 하였다.

넷째, 사회보험의 사각지대를 최소화하라는 정치권과 노동계의 요구 등을 반영하여 영세사업장 근로자의 고용보험 및 국민연금 가입률을 높이기 위해 2012년 7월 1일부터 상시근로자 10인 미만인 소규모 사업장의 저임금근로자 및 사업주가 부담해 온 고용보험료 및 국민보험료를 국가가 최대 50%까지 지원하는 두루누리사업을 시행하였다.

4. 맺음말

우리나라 고용보험제도의 도입과 발전 과정은 크게 대통령을 중심으로 한 집권세력의 정책 방향, 각계의 의견을 수렴하여 입법 활동을 하는 국회, 법률을 집행하고 시행령과 시행규칙, 세부지침 등을 제정하고 집행하는 정부, 그리고 노동계와 경영계의 의견을 대변하는 상급 노조와 경영단체, 그리고 한국노동연구원을 중심으로 한 연구기관과 학계 등의 상호작용 속에서 이루어졌다. 또한 1997년의 외환위기와 2008년의 세계금융위기로 인한 경제 및 노동시장의 환경 변화도 고용보험제도의 변화와 전달체계에 많은 영향을 미쳤다.

고용보험제도 도입 과정에서 고용보험제도의 도입 필요성과 방향을 설정하고 제도를 설계하는 데에는 한국노동연구원과 고용보험연구기획단 연구자의 역할이 매우 컸다. 1991년 3월 필자의 적극적인 설명을 듣고 그동안의 반대 입장에서 적극적인 지지로 선회한 경제기획원 차관보 등 정책기획부서의 전폭적인 지원이 없었더라면 1995년 고용보험제도 도입이 용이하지 않았을 수도 있다. 또한 1992년의 국회의원 총선거와 대통령선거에서 각 당이 고용보험제도 도입을 공약으로 채택하도록 지원해 준 노동부와 노동계, 한국노동연구원 연구진의 공동 노력이 고용보험제도 도입에 크게 기여하였다. 당시 노동부 장관마저 고용보험제도 도입에 반대한 상황에서 장관을 설득하고 관련 부처와 경영계를 설득한 고용노동부 담당 직원들의 열정이 없었더라면 고용보험제도 도입이 어려웠을 수도 있었다. 다만 당시 노동부 내에서도 직업안정국과 직업훈련국의 입장이 크게 달라 고용보험제도의 내용과 고용보험기금계정의 운영에 큰 영향을 미쳤다.

고용보험제도 도입 과정에서 당시 경제기획원 예산실의 강력한 반대는 고용보험제도의 준비와 제도 내용에 많은 영향을 끼쳤다. 부총리

겸 경제기획원 장관을 위원장으로 하는 정부의 인력정책심의위원회에서 고용보험제도의 모형 개발 및 관련 연구를 위해 3억 3천만 원을 한국노동연구원에 지원하기로 의결하였다(노동부, 2006: 328). 그러나 고용보험제도 도입에 반대한 당시 예산실장은 고용보험제도 도입을 시도하는 연구에 예산을 지원하지 않아 고용보험연구기획단은 매우 어려운 상황에서 활동하였다. 고용보험법이 공포된 후에도 고용보험제도 시행에 필요한 인력과 예산의 원활한 지원이 이루어지지 않아 고용보험제도 시행을 위한 준비가 제대로 진행되지 못했고, 고용보험 전달체계도 원활하게 발전하지 못하였다.

고용보험제도가 시행된 이후 초기에는 제도 시행 과정에서 일선 지방노동관서의 고용보험 업무 담당자들이 느끼는 행정상의 불편사항을 수렴하여 시정하기 위한 제도 조정이 부분적으로 이루어졌다. 1997년 말에 외환위기가 발생하자 한국노동연구원의 고용보험연구센터는 노동부와 함께 외환위기 극복을 위한 대응방안을 마련하였고, 그중 중요한 내용은 1998년 2월 6일의 '경제위기 극복을 위한 사회협약'에 반영되어 외환위기 이후의 고용보험제도 발전으로 이어졌다. 외환위기 이후 대량실업이 발생하자 고용안정센터를 전국적으로 설립하였는데, 결과적으로는 외환위기가 우리나라 공공고용서비스기관이 발전하는 계기를 제공한 셈이 되었다.

외환위기 이후 양극화가 심화되면서 사회통합이 중요한 사회적 쟁점으로 부상한 가운데 사회통합을 강조하며 집권한 노무현 정부는 사회보험 사각지대를 최소화하고, 실업급여의 실업자 사회안전망을 강화하고자 했기 때문에 고용보험 사각지대 해소를 위한 사회적 공론화가 활발하게 이루어졌다. 이러한 공론화는 2004년 2월 10일의 '일자리 만들기 사회협약'에 반영되었고, 이를 토대로 고용안정사업의 확충, 일용근로자에 대한 고용보험 임의적용, 실업자 중 실업급여 수급자 비율의 급격한 상승 등의 결과를 가져왔다.

이명박 정부 기간 중에는 2008년 5월 7일의 노사정위원회 고용보험제도발전위원회의 「고용보험제도 발전을 위한 합의문」과 2008년 하반기에 발생한 세계 금융위기 극복을 위해 노사정위원회에서 발표한 「경제위기 극복을 위한 노·사·민·정 합의문」이 가장 큰 영향을 미쳤다.

이상에서 살펴본 바와 같이 2008년 1월 노사정위원회 출범 이후에는 노사정 간의 합의 내용이 고용보험제도 변화에 큰 영향을 미쳤으며, 이는 사회적 파트너의 의견을 수렴한 제도 개선 방식이 우리나라에서도 어느 정도 정착되어 가고 있음을 보여 준다. 이는 고용보험 등 주요 제도 변화에 사회적 파트너인 노사정 및 공익 대표들의 의견이 과거에 비해 더욱 중요해졌음을 의미한다.

이제 정부나 어느 전문가 개인이 단독으로 고용보험제도의 발전을 추진할 수는 없다. 사회적 파트너 간의 지속적인 대화와 타협, 그리고 이러한 대화와 타협이 과학적인 평가와 분석 결과에 의거하여 합리적으로 이루어질 수 있도록 지원하기 위한 체계적인 평가 시스템 구축이 더욱 중요해지고 있다. 고용보험제도가 향후에도 건전하게 발전해나가기 위해서는 노사정 및 공익 대표들의 전문성 향상과 대화와 타협의 문화를 발전시키기 위한 국민적 노력이 그만큼 중요해진 것이다.

고용보험제도 시행 이후 경제위기가 자주 반복되면서 국민들이 고용보험제도의 중요성을 인식하는 계기가 되었고, 이제는 고용보험제도의 사각지대 해소와 고용보험제도의 역할 강화, 그리고 전달체계의 선진화가 중요한 사회적 과제가 되었다. 고용보험제도가 안고 있는 이러한 과제도 결국은 객관적인 연구결과를 토대로 사회적 파트너 간의 대화와 타협으로 합리적인 방안을 찾을 수밖에 없을 것이다.

참고문헌

노동부(2005). 『고용보험 10년사: 1995-2005』.

노동부(2006). 『노동행정사2: 노동시장정책』.

노동부(2012). 『2012년판 고용보험백서』.

유길상·어수봉(1993). 『고용보험제도 실시방안 연구』. 한국노동연구원 고용보험연구기획단.

한국경영자총협회(1994). 『1993 사업보고서』.

한국노동조합총연맹(1990). 『1989년도 사업보고』.

한국노동조합총연맹(1993). 『1992년도 사업보고』.

허재준·유길상(2001). 『일용근로자 고용보험 적용방안』. 한국노동연구원 고용보험연구기획단.

8장 /

산업안전보건정책의 흐름과 전망

송지태

1. 들어가는 말

우리나라의 공식적인 산업안전보건활동은 1953년 이후부터 시작되었다고 할 수 있다. 즉, 1953년 공포된 근로기준법 제6장의 안전과 보건의 10여 개 조항을 근간으로 근로안전규칙과 근로보건규칙 등 하위 규정을 제정하면서 비롯되었다. 그러나 1960년대 이후 급속한 산업화 과정에서 필연적으로 파생되는 산업재해와 직업병 문제를 다루기에는 역부족이었다. 우리보다 한 세기 이상 앞서 산업화를 시작한 영국은 섬유산업에 증기기관이 도입되고 산업사고로 재해위험이 크게 증가하자 연소자 보호를 위한 공장법을 제정하면서 정부의 산업안전보건활동이 시작되었다. 그 이후 광산근로자 보호를 위한 광산보안관제도, 그리고 제조업에서 공장감독관제도를 1810년에서 1833년 사이에 확립하였다. 독일도 1871년 제국배상책임법(Reichshaftpflichtgesetz)이 제정되고 1884년 재해보험법(Unfallversicherungsgesetz)이 제정되면서 근로자의 안전보건에 관한 기초적 법제화가 시작되었다.

현대적 안전보건정책은 1970년에 산업안전보건법(OSHAct)을 제정·시행한 미국에서 먼저 시작되었다고 할 수 있다. 독일의 재해예방을 위한 새로운 규정(Unfallversicherungs-Neuregelungsgesetz)도 동시대의 재해예방 법규다. 일본의 노동안전위생법은 우리나라 산업안전보건법 제정 시 크게 참고했다는 점에서 주목해야 할 바가 많다.

우리나라의 산업안전보건법(1981)은 산재예방을 위한 기본적인 제도와 사업주, 정부 및 근로자의 의무를 정하고 있다. 본격적인 산업안전보건정책은 1980년대 법 제정 시부터 안전관리자의 선임, 위험기계설비의 안전성 확보를 위해 많은 의무가 사업주에게 주어지고 한국산업안전공단[1]이 설립(1987. 12)되면서부터 시작되었다고 할 수 있다. 1990년대에는 부처마다 안전과 관련된 법과 시행령을 제정하고 이를 시행할 수 있는 준정부 또는 공공기관을 설립하면서 기업들의 안전보건 규제에 대한 원성이 높아졌고, 김영삼 정부 때 민자당 주도로 '기업활동 규제완화에 관한 특별조치법'(1993)이 제정되면서 법정의무고용의 완화와 부처별로 중복규제되는 위험기계설비에 대한 규제를 완화 또는 일원화하려는 정책이 전개되는 등 우여곡절을 겪게 된다. 이 장에서는 대한민국정부 수립 이후 정책의 역사적 변동을 큰 흐름에서 살펴보면서 시대별로 정책 수립 배경과 그 주요 정책 결정 내용을 짚어보려 한다.

2. 산업안전보건정책의 발전 과정

우리나라의 산업안전보건 수준은 1981년 산업안전보건법이 제정됨으로써 획기적으로 향상되었다. 1970년대까지 4%를 웃돌던 산업재해 발생률(재해율)이 1980년대에는 2-3% 수준으로 낮아졌고 1995년부터는 1% 이하로 낮아졌다. 정부 정책 측면에서 보면 1980년 이전까지는 주로 사고 이후의 보상 문제에 치중했고 산업안전보건법이 제정된 이후부터 본격적인 재해예방정책이 수립·추진되기 시작했다고 볼 수 있다. 이를 시기별로 자세히 살펴보면 다음과 같다.

산업안전보건정책의 태동기(1950-1970년대)

사업장 안전보건과 관련된 법령의 효시는 6.25전쟁이 종료되기 직전인 1953년 5월 10일 제정된 근로기준법이라고 할 수 있다. 이 법은 제

1 산재예방을 위한 종합적이고 체계적인 기능을 수행할 수 있는 기구로 설립된 한국산업안전공단은 2009년 '한국산업안전보건공단'으로 그 명칭이 변경되었다.

〈표 8-1〉 연대별 산재예방정책의 변화

시기	산재예방정책 기조	법 제도와 조직의 변화
1950년대	• 사업장 안전보건의 태동 – 초보적 산재예방제도의 법제화	– 근로기준법 제정(1953, 제6장)
1960년대	• 근로자 보상체제 구축 – 산재예방제도 본격 시행 – 산재보상제도 시행	– 근로안전관리규칙(1961) – 근로보건관리규칙(1962) – 산업재해보상보험법(1963) – 노동청 안전보건 전담부서 설치(1966)
1970년대	• 산재에 대한 사회적 관심 증대 – 안전보건 분야 연구체제 구축 – 산업안전강조기간 설정(1979)	– 국립노동과학연구소 설립(1977) – 지방노동관서 안전담당관 배치(1979)
1980년대	• 산재예방정책 집행체제 구축 – 독립된 안전관련 특별법령 제정 – 체계적 정책수립 집행체제 구축	– 산업안전보건법(1981), 진폐법(1984) – 지방노동관서 산업안전과 설치(1987) – 한국산업안전공단 설립(1987) – 노동부 산업안전국 신설(1989)
1990년대	• 중장기정책 수립 시행 – 제도 보완을 위한 법령 정비 – 산재예방 중장기계획 수립 – 산업안전보건 분야 선진화 시도	– 산업안전보건법 개정(1990, 1995, 1996) – 제1차 산업재해예방 6개년계획(1991) – 산업안전선진화 3개년계획(1996)

1공화국 헌법 제17조에 근거를 두고 제정되었으며 제6장(10개 조문: 64-73조)에 안전과 보건에 관한 사항을 포함하고 있다. 이 법은 1955년 2월 정부조직 개편에 따라 사회부와 보건부가 통합된 보건사회부에서 관장하였으며 실무는 노동국 근로기준과에서 담당하였다.

1963년 8월 정부조직법 개정 시 보건사회부 노동국은 보건사회부의 외청인 노동청으로 승격되고 1966년 12월 노동청의 직제개정으로 노동국 근로기준과에서 관장하던 산업안전보건 업무를 신설된 산업안전과에서 담당하게 되었다.

1977년 4월 28일 산업안전보건에 관한 연구와 전문가 양성을 목적으로 ILO와 UNDP의 지원으로 노동청 산하 기관인 '국립노동과학연구소'를 설립했다. 우리나라에서 처음으로 '노동과학(Labour Science)'[2] 이라는 용어가 사용되었는데, 이는 기계나 설비 위주의 노동에서 근로자의 안전을 우선으로 한 기계설계, 근로자를 위한 작업환경 조성을 의미하는, 당시로는 매우 생소한 용어였다. 국립노동과학연구소가 설립·운영되면서 근로자의 안전보건 문제를 공학적으로 접근하는 계기가 되었고, 이때 ILO에서 파견 나온 안전전문가와 보건위생전문가 두 사람이 많은 역할을 하였다.[3] 1970년대 말 산업안전보건 분야에 대한 정부정책에서 중요한 변화는 우리나라에서 최초로 사업장 내에 산재예방을 위해 안전보건조직체제를 갖추도록 한 것이다. 사업주에게 위험방지조치 의무를 부여하고, 상시근로자 150인 미만 및 100마력 이상의 원동기를 사용하는 사업장은 안전보건 업무를 수행하는 안전관리자와 보건관리자를 선임하도록 제도화하였다.

다른 안전 관련 법령으로는 1969년에 제정된 소방법이 있으나 이 법이 화재 진압을 주목적으로 하고 있었으므로 안전관리 업무를 담당하는 부서는 사실상 근로자 업무를 관장하던 사회부뿐이었다고 해도 과언이 아니다.

• 산재보상제도 도입과 민간 예방단체의 출현기(1960년대)

1960년대에 접어들어 정부에서는 수출주도형 공업화 기반 조성과 기

---

2 노동과학은 인간이 노동을 가장 좋은 상태에 있게 하는 여러 요건을 연구하는 학문으로서 노동을 규제하는 신체적 조건, 노동력에 관련되는 노동환경 등의 각 조건을 심리, 생리, 위생 등의 관점에서 연구하는 학문이다. ILO는 위험기계에 접근을 막는 가드 등 안전장치의 격자 모양, 개구부의 크기 등도 노동과학적 바탕에 근거하여 제작하도록 권장하고 있다. 광의에서 인간공학도 노동과학에 포함된다고 할 수 있다.

3 이 당시는 행정 업무를 관장하는 근로감독관들이 근로자의 안전과 건강 문제를 담당하고, 프레스 기계의 안전장치나 소음 측정은 고사하고 프레스 기계가 어떠한 것인지도 모르는 근로감독관이 대다수인 시절이었다.

간산업 및 사회간접시설 확충을 위해 제1차 경제개발 5개년계획을 수립하는 등 본격적인 경제성장정책을 추진함으로써 사업장에서는 산업재해가 다발하였다. 그러나 1961년 당시 우리나라의 1인당 GNP가 82달러에 불과하고 정부의 행정력이 경제개발 분야에 집중됨으로써 산재예방정책 수행에 한계가 있을 수밖에 없었다. 솔직히 말해 관심도 의지도 없었던 시기라고 볼 수 있다.

정책적 측면에서 특기할 만한 사항으로는 사업장에서 노사 동수로 구성된 산업안전보건위원회가 설치·운영되기 시작했고 '건강진단제도'가 본격적으로 시행된 점을 들 수 있다. 1884년 재해보험법을 제정·운영한 독일에 비해 많이 늦기는 했으나 우리나라에서는 독립법으로 '산업재해보상보험법'(1963)을 제정함으로써 산업재해자에 대한 치료와 보상 등 사후관리체제가 마련되었다. 이와 동시에 '전기사업법'(1961), '압축가스 등 단속법'(1962), '광산보안법'(1963) 등 안전 관련 법령이 제정됨으로써 사업장의 안전관리에 관한 국민과 정부의 관심이 높아지고 있었음을 보여 준다. 그러나 이때쯤 사업장 근로자의 안전보건 문제를 통합하여 하나의 부처에서 종합적으로 관리하는 것이 기업이나 재해예방 차원에서 효과적이라고 판단하는 경제부처와 함께 국무총리나 부총리실 같은 컨트롤타워가 있었다면, 부처마다 예방 기능을 하는 전문기관을 설치해 예산과 인력을 낭비하는 우를 범하지는 않았을 텐데 하는 아쉬움이 남는 대목이다.

한편 민간 부문에서는 법률과 제도가 체계화되지 못한 상태에서 1964년 '대한산업안전협회'[4]와 '대한산업보건협회'[5]가 설립되어 사업

---

4 1964년 대한산업안전본부로 설립되어 1973년 대한산업안전협회로 명칭을 변경하였다. 협회의 주요 업무는 회원, 교육, 안전검사, 안전관리대행, 안전진단, 건설재해예방 사업 등이다.

5 1964년 설립된 대한산업보건협회의 주요 업무로는 산업위생, 건강진단, 보건관리대행,

장에 대한 민간 차원의 안전·보건서비스를 제공함으로써 근로자의 안전과 보건 확보에 상당히 기여하였다. 1963년 보건사회부의 후원으로 전국 사업장의 근로자를 대상으로 정기건강진단이 시작되었다.[6] 이후 대한산업보건협회는 근로자 일반건강진단기관에 추가하여 특수건강진단기관으로 지정, 발전하였고 협회 산하 12개 산업보건센터에서 특수건강진단과 일반건강진단을 실시하면서 우리나라 근로자 건강진단 사업의 중심적 역할을 담당하게 되었다.

• 산재예방정책의 출현기(1970년대)

1970년대는 중화학공업 육성 등 산업구조의 고도화와 수출 제일주의를 표방한 정부의 경제정책이 지속됨으로써 수출 100억 달러를 달성하고 1인당 GNP가 1,000달러에 도달하게 되었다. 이와 같은 산업발전과 더불어 산업재해와 직업병이 증가하여 사회문제로 대두됨에 따라 산업안전보건에 대한 사회적 관심이 점차 증대되었다. 1971년 프로판가스 폭발로 국내 최대의 인명피해를 가져온 대연각호텔 화재사고는 안전에 대한 사회적 경각심을 일깨우는 계기가 되었다.

이 같은 배경에서 산업안전보건에 관한 연구개발과 훈련 등을 위

교육, 산업보건연구소 및 복지연구소 운영 등이 있다. 특히 대한산업보건협회는 탄광 근로자의 진폐 판정과 일반사업장의 근로자건강진단 그리고 사업장 보건관리자의 직무교육을 시행하는 전문기관으로 근로자 건강 관련 정책이 전무한 상태에서 어느 정도 뿌리를 내리게 한 사람은 조규상 교수다. 가톨릭대학에서 교수로 재직하며 대한산업보건협회의 초대 부회장과 2대 회장을 역임한 조규상 교수는 1952년 공군 군의관으로 임관하여 공군항공의학연구소 항공위생과를 담당하다가 초대 최영태 박사의 제안으로 장성탄광에서 진폐증광부를 진료하며 대한산업보건협회의 초대 부회장을 맡게 되는데, 이것이 조규상 교수가 평생에 걸쳐 산업의학에 헌신하는 계기가 되었다고 한다.

6 당시 노동청에서 이 업무를 담당한 공무원은 윤석춘 사무관이었는데 이후에도 협회 창립 초기의 산업보건활동을 정책적 측면에서 많이 지원했고 1980년대에 산업안전보건법이 사업장에 정착되는 데 산업안전국장으로 많은 활동을 했다.

해 1977년에 노동청 산하기관으로 국립노동과학연구소를 설립하고 1979년에는 노동청 근로기준국과 지방노동관서에 '산업안전담당관'을 두고 산업재해 통계를 공식적으로 작성·발표하였다. 1979년부터는 매년 7월 한 달을 '산업안전강조기간'[7]으로 설정하여 기술 세미나, 무재해운동 경진대회 같은 전국 규모의 행사를 개최하는 등 근로자의 안전과 보건을 위한 정책들이 출연하였다.

이와 같이 산재예방사업이 하나둘씩 체계화되고 있었으나 다른 한편으로는 '압축가스 등 단속법'이 폐지되고 법의 적용범위가 대폭 확대된 '고압가스안전관리법'(1973)과 '도시가스사업법'(1978)이 제정되면서 안전관리 업무가 에너지원별로 분화되고 부처별로 나뉘는 양상이 심해지기도 했다.

산재예방정책 기반구축기(1980년대)

무역규모가 1,500억 달러에 달하고 1인당 GNP가 6,000달러대로 진입하는 급속한 산업발전에 따라 기계설비의 대형화·고마력화 등으로 중대재해 발생위험은 급속히 증대되어 체계적인 대책 수립의 필요성이 대두되었다. 1989년 10월 (주)럭키에서 발생한 압출기 폭발사고(근로자 23명 사망, 20여 명 부상, 재산손실 246억 원)는 산업발전에 따른 위험이 증가하는 현상을 잘 보여 준다.

이와 같은 배경에서 노사분규와 산재를 예방하기 위해 1981년 4월 8일 정부조직법이 개정되어 노동청이 노동부로 승격되면서 장·차관과

7 1967년부터 노동청이 매년 7월 첫째 주를 '산업안전보건강조주간'으로 설정해 시행해 오다가 1979년부터 기간을 7월 한 달로 바꾸고 명칭도 '산업안전강조기간'으로 변경해 운영하였다. 1987년부터는 매년 7월 1일을 '산업안전보건의 날'로 설정·운영하였고, 2006년부터는 매년 7월 첫째 주 월요일은 '산업안전보건의 날'로 정하고 그 주를 '산업안전보건강조주간'으로 하여 기념식과 세미나, 국제안전보건전시회 등의 행사를 진행하였다.

1실 5국에 정원 1,952명으로 새롭게 출범하게 된다. 1981년에 산업안전보건을 규정한 독립법제인 '산업안전보건법'이 제정되어 산재예방 정책을 본격적으로 추진할 수 있는 토대가 마련되었다. 또한 사업장에 대한 산재예방 지도·감독 업무를 보다 효율적으로 추진하기 위해 1987년에는 지방노동관서에 산업안전보건 업무를 전담하는 '산업안전과'를 설치했으며, 같은 해에 사업장에 대한 기술 지원을 목적으로 '한국산업안전공단'을 설립하고 1989년에는 노동부 본부에 '산업안전국'을 신설함으로써 체계화된 산재예방조직체계를 갖추게 되었다.[8]

1987년 4월 민주정의당 주최로 열린 경제기획원, 상공부 동력자원부, 노동부 등 4개 부처 차관회의에서 정동철 노동부 차관의 주도로 '한국산업안전공단법'을 제정하기로 확정하였다. 이 법안은 임시국회와 국무회의를 거쳐 5월 30일에 법안 제12281호로 공포되어 한국산업안전공단 설립의 근거가 되었다. 그리하여 1987년 12월 인천시 북구 구산동의 국립노동과학연구소가 있던 부지에 한국산업안전공단 본부가 자리를 잡게 되었다. 초대 이사장으로 공단 설립에 크게 기여한 정동철 이사장이 취임하고 산재예방을 위한 지도 및 서비스 기관으로서 활동을 전개하게 되었다.[9]

특히 한국산업안전공단이 설립되면서 산재예방사업을 위한 정부

8 당시 정동철 노동부 차관은 일본의 중앙재해방지협회를 비롯하여 외국의 유사한 관련 기관에 대해 산업안전과에서 조사하게 함은 물론이고 조직과 역할을 직접 챙기는 열의를 보이며 한국산업안전공단의 탄생을 주도하였다.

9 당시 이사장이 제일 걱정했던 것은 공단 직원이 노동부의 감독관처럼 행동해서도 안 되지만 감독관의 보조 역할에 머물지 않도록 하는 일이었다. 부정, 비리와 관련해서는 단호하게 필벌하고 직원을 선발함에 있어 직접 면접하고 노동부의 우수한 사무관과 서기관을 창립멤버화하기 위해 당시의 정동우 노동부 차관을 만나 여러 차례 부탁을 하는 열의를 보일 정도로 인재에 대한 애착이 남달랐다. 이러한 초창기의 노력이 오늘날의 공기업 청렴지수 1위의 한국산업안전공단을 탄생시키는 밑거름이 되었다.

의 예산지원제도에도 많은 변화를 가져왔다. 정부는 1963년 이전까지 일반회계에서 예산을 집행해 왔으나 1963년 12월 6일 '산업재해보상보험 특별회계법'을 제정하여 1964년부터 산재예방비용을 특별회계에서 지원할 수 있도록 했다. 그 결과 1990년까지 산업재해보상보험 특별회계 예산의 2-3%를 산재예방 분야에 지원하게 되었다. 1991년부터 본격적인 산재예방사업을 확대 실시하면서 산업재해보상보험 특별회계로부터 '산업재해예방기금'을 별도로 분기, 운영하도록 했다. 또한 특별회계 세출예산 총액의 5% 이상을 산업재해예방기금에 지원하도록 했다. 2002년 3월 정부는 산업재해보상보험과 산업재해예방기금을 '산업재해 보상보험 및 예방기금'으로 통합하고 그 기금의 지출총액 중 8% 이상을 계상하도록 강제함으로써 매년 산재예방 예산을 안정적으로 확보할 수 있는 법적 근거를 마련하였다.[10]

민간 부문에서도 '한국건설안전기술협회'(1989)와 '한국승강기안전센타'(1986) 등 재해예방전문기관이 설립되어 재해가 다발하는 건설업 등 재해예방에 기술적·전문적으로 기여하였고, 특히 1986년에는 '한국산업안전학회'[11]가 설립되어 산업안전 분야의 학문적 발전을 도모하기 위한 기틀이 마련되었다. 주로 안전협회, 보건협회로 양분되어 백화점식으로 지원되던 재해예방서비스 활동이 이때부터 분야별로 전문성을 가진 단체들이 기술적 안전대책을 지원하는 체제로 전환되었다.

---

10 정동철 노동부 차관을 도와 행정적으로 필요한 조치를 취한 사람은 당시 산업안전국 안전기획과장을 맡고 있던 김원배 서기관으로, 산업안전보건법에 예방기금의 근거 조항을 만드는 등 한국산업안전공단이 목적사업을 할 수 있는 법적·제도적 장치를 마련하였다.

11 한국안전학회의 전신인 한국산업안전학회는 우리나라에서는 처음으로 4년제 대학인 서울산업대학교와 충북대학교에 안전공학과가 생긴 지 얼마 되지 않은 1986년 4월 설립되었다. 2004년 학회의 명칭을 한국안전학회로 바꾸고 산업안전만이 아니라 교통, 보안, 재난안전 등의 분야까지 그 논의의 범위를 확대하였다.

장기적 산재예방정책의 출현기(1990년대)

1980년대 말부터 1990년대 초반 원진레이온 이황화탄소 중독사고를 계기로 직업병 문제가 사회적 관심사로 대두되었다. 제1차 경제개발 5개년계획의 전략산업 집중육성 방침에 따라 설립된 원진레이온은 일본에서 중고기계를 수입하여 인조실크인 인견사를 생산하는 중견기업으로, 생산 과정에서 유기용제인 이황화탄소에 노출되는 작업공정에 500여 명이 투입되고 있었다. 그 결과 이황화탄소 중독으로 신경계가 마비되는 직업병으로 죽음에까지 이르렀으나 산재요양 신청이 거부된 김봉환 씨에 이어 같은 증상으로 요양 중이던 권경용 씨의 자살 소식이 전해지면서 민주당의 노무현 의원과 문익환, 장기표 재야인사 등이 가세하여 대대적 시위로 발전하면서 당시 민자당은 원진레이온을 폐쇄하기로 결정하고 정부에서는 1991년 6월 직업병예방종합대책을 수립하게 된다. 직업병예방종합대책은 보건관리체계와 건강진단제도의 내실화, 작업환경관리의 전문성 제고, 직업병 판정과 치료의 합리화, 사업장 내 근로자 건강관리의 내실화, 의료와 측정장비의 현대화 등 당시로서는 획기적 사항을 담고 있다.[12]

한편 안전 쪽으로도 1995년 한진중공업 화재(사망 19명, 부상 7명), 대구지하철 공사현장 폭발(사망 101명, 부상 146명) 등 많은 대형사고가 발생하였다. 이것은 1960년대 이후 산업화 과정에서 미덕으로 여겨지던 생산제일·수출제일주의의 그늘 아래 잠재되어 있던 안전불감증과 대형사고 위험요인들이 한꺼번에 분출된 것으로 볼 수 있다.

12 종합대책을 주도한 사람은 안영수 산업안전국장과 김성중 산업보건과장이었지만, 현장의 목소리를 전하고 대책 수립에 직접 관여한 재야의사 양길승 원장과 박석운 씨가 있었기에 가능했다고 생각한다.

정부에서는 원진레이온 이황화탄소 중독사고 이후 직업병예방종합대책과 함께 1991년에 제1차 '산업재해예방 6개년계획'을 발표한다. 또한 사회 전반적인 안전의식 제고를 위해 '무재해 1천만 명 서명운동'과 안전문화운동을 전개했으며, 1995년에는 중소 영세사업장의 안전설비 개선 등을 지원하는 '산재예방 특별사업'을 시행하였다. 아울러 선진국 수준으로 산재를 줄이기 위해 1996년에 '산업안전선진화기획단'을 구성하여 '산업안전선진화 3개년계획'(1997-1999)을 수립·시행하였다. 이는 1992년 2월 김영삼 대통령이 근로자의 삶의 질 향상과 노동생산성을 높일 수 있도록 산재를 3년 안에 선진국 수준으로 줄일 수 있는 계획 수립을 지시한 데 따른 것이었다.

이 계획은 2000년까지 재해율 0.5%, 사망만인율 1.0% 달성을 목표로 8대 과제를 수립하여 1996년 하반기부터 사업을 시작하였다. 8대 과제의 주요 내용은 1) 노사 공동 책임으로 사업장 안전관리 정착, 2) 산재다발 생산설비의 근원적 안전성 확보, 3) 밝고 건강한 작업환경 조성, 4) 추락, 낙하, 붕괴 등 재래형 건설재해 근절, 5) 산업안전 취약부분 중점 지원, 6) 재해 예방 전문인력 양성과 민간 역할 제고, 7) 안전제일의 생활화, 8) 산업안전보건제도의 선진화였다. 이 사업의 예산으로 1조 22억 원을 책정하였다. 이러한 계획의 수립과 시행은 한국산업안전공단 설립 후 4-5년이 경과한 시점으로, 공단의 시스템이 어느 정도 안정을 찾고 전문가가 육성되면서 가능했다.[13]

또한 1990년대에 들어 연이은 대형 폭발사고로 안전문화 정착의 필요성에 대한 공감대가 확산됨에 따라 1996년 '안전생활실천시민연

13 이러한 장기계획들은 주로 한국산업안전공단 본부가 있던 용산의 국제빌딩에서 당시의 최송촌 국장과 송지태 공업서기관의 주도로 여러 차례에 걸친 전문가 회의와 학계의 의견을 들어 수립하였다.

〈표 8-2〉 1990년대 산업안전보건법 주요 개정 내용

구분	주요 개정 내용
제1차 개정 (1990. 1)	산업재해예방기금 설치, 안전관리규정 작성 · 신고, 유해작업 도급금지, 유해위험 기계기구 검사제도 완비 등
제2차 개정 (1995. 1)	공정안전관리(PSM), 물질안전보건자료(MSDS), 산업안전위생지도사 제도 도입 등
제3차 개정 (1996. 12)	산업안전보건위원회 의결권 부여, 안전인증제도 도입, 명예산업안전감독관제도 법제화, 법 위반에 대한 벌칙 강화 등

합'[14]이 창설되어 범국민적 안전문화 정착을 위한 시민운동이 시작되었다. 1995년에는 개정된 산업안전보건법에 '산업안전위생지도사' 제도가 도입되는 등 전문적인 기술서비스를 위한 영리업체들이 설립되고 산업안전관리대행협회, 안전장치기술협회, 한국안전기술협회 등 다양한 분야의 순수 민간기관이 설립되어 사업장 안전·보건을 위한 민간 부문의 역할이 점차 확대되었다.

한편, 1990년대 초에 중·장기적인 산재예방정책이 수립·시행되면서 증원된 근로감독관들의 사업장 지도·감독이 강화되자 기업의 불만이 여기저기에서 제기되기 시작하였다. 당시의 상공부 조사에 따르면 우리나라는 산업안전보건법 등 23개 개별 법률에 의해 29종의 각종 유자격자를 기업에서 의무적으로 고용하도록 하고 있었는데, 이러한 의무고용이 기업의 인건비 부담을 가중시키고, 중소기업의 경우에는 유자격자 확보에도 어려움을 초래하여 지방의 많은 중소기업들이 본의 아니게 법을 위반하게 되고, 결과적으로 기업활동을 위축시킨다는

14 1996년 노동부 인가 사단법인으로 송자, 최병렬, 김춘강을 공동대표로 출범하여 그동안 교통사고 및 산업사고 줄이기 전국 캠페인 전개 등 안전문화 확산에 노력하였다. 현재 전국 15개 광역지방자치단체에 지부를 두고 있다.

것이었다. 당시 학계나 노동계 그리고 상공부를 제외한 관련 부처에서조차도 근로자의 안전과 보건은 경제적 관점에서 접근해서는 안 되고 사회적 규제로 완화 대상에서 제외해야 한다는 주장이 많았음에도 불구하고 김영삼 정부 시작 초 여당의 서상목 의원의 대표발의로 '기업활동 규제완화에 관한 특별조치법'(1993)이 제정되기에 이르렀다.

2004년 12월 국무총리 주재 '규제개혁 장관회의'에서 국무조정실 규제개혁기획단이 작성한 '기업 행정조사 개선방안'을 전략과제로 확정하고 '행정조사기본법' 제정을 추진하게 되었다. 이 법은 행정기관의 행정조사에 관한 기본원칙, 조사방법, 조사절차 등에 관한 공통된 사항을 규정하여 공정성·투명성·예측가능성을 확보하기 위한 것이었다. 또한 이들을 통해 기업의 부담을 덜어주고 국민의 권익을 보호하고자 했다. 관련 민간단체들도 더 늘어나 한국건설가설협회(1996, 현 한국가설협회), 한국산업간호협회(1994), 한국산업위생학회(1996), 한국보호구협회(1990, 현 안전보호구협회) 등이 활동하게 되었다.

산재예방사업의 새로운 패러다임 정립기(2000년대)

산업안전보건법이 제정된 이후 8년이 경과하는 동안 시행 과정에서 나타난 문제점을 개선하고 선진제도를 도입하기 위해 세 차례에 걸쳐 법을 개정하였다. 특히 1995년에 산업안전보건법을 개정하면서 공정안전관리(Process Safety Management)와 물질안전보건자료(Material Safety Data Sheet)를 고용노동부에 제출하거나 사업장에 비치하도록 하는 제도를 도입하고 2000년대에 한국산업안전보건공단이 주체가 되어 이를 시행하였다. 이로써 대형사고와 유해위험물질을 취급·사용하는 근로자는 물론이고 대형사고 발생 시 인근 주민에 대한 문제까지 기술적·근본적으로 다루는 큰 틀을 마련하고 사업장에 정착시키게 된다.

공정안전관리(PSM) 제도는 법에서 정하는 특정 화학물질을 규정량 이상으로 취급하는 사업장은 누출, 화재, 폭발 등의 사고를 대비해 근로자는 물론이고 인근 주민의 안전과 대피계획 등을 제출하도록 한 규정이며, 물질안전보건자료(MSDS)는 사업주로 하여금 취급하는 화학물질의 명칭, 물리·화학적 특성, 독성에 관한 정보, 폭발화재 시 대처방법, 응급처치요령 등을 기재한 화학물질 취급설명서를 해당 기업에서 작성하여 게시 및 비치하도록 한 것으로, 반복되는 대형 폭발사고와 더 나아가 인근 주민 등 불특정 다수인의 피해예방을 위한 획기적인 제도다.[15] 노동부와 한국산업안전공단은 2005년 3월 현재 울산, 안산, 여수, 천안 등 4개 지역의 주요 화학공단지역에 '중대산업사고 예방센터'를 설치·운영하고 있다.

안전검사의 신뢰성과 수준도 2000년대에 획기적으로 높아지고 법적 기준은 한층 엄격해졌다. 제작기준·안전기준·검사기준은 국제 규격 및 기준에 맞추어졌다. 크레인은 2001년 10월 개정 시 설계할 때 지진하중을 고려하도록 하고, 무선원격 제어기의 사용이 증가함에 따라 안전기준을 강화하는 한편, 크레인 구조 부분은 벽면좌굴이나 변형 등이 발생하지 않도록 했다. 압력용기는 2001년 10월 개정으로 국내 대부분의 압력용기 사용자 및 제작자가 채택하고 있는 미국의 ASME 기준에 따라 탄소 함유량이 많은 강재는 용접이 이루어지는 압력용기 재료로 사용할 수 없도록 했다.

이렇게 2000년대 들어 각종 기술기준이 엄격하고 구체적으로 공학적 문제까지 언급하게 된 것은 1990년대에 현대정유의 고압배관 폭발사고, 군산 동양화학(주) 공장의 TDA와 타르(Tar) 유출 사고, 해양

15 이 제도를 주도적으로 준비·추진하고, 규제개혁위원회 등 관련 부처를 설득하는 작업을 맡았던 사람들은 당시 한국산업안전공단 기술위원실에 있었던 강순중 실장 등 기업에서 많은 경험을 쌓았던 젊은 전문가들이었다.

도시가스(주)의 LP가스 탱크 화재사고 그리고 2000년대에도 여천 호성 케멕스(주)의 MEK-PO 공장 폭발사고, 여수 및 안산 지역의 독성물질 누출사고 등으로 막대한 피해가 발생하고 사회적 물의가 야기되면서였다. 여러 선진국들에서는 ILO, OECD, EU, UNDP 등이 중대산업사고 예방을 위한 지침을 이미 마련하여 시행하고 있었던 것도 당시 우리나라의 규제완화 정책기조에서도 새로운 기준 도입을 용이하게 해준 이유가 될 수 있겠다. 참고로 OECD에서는 화학사고 예방지침(Environmentmonograph NO. 51, 1992)을 제정하여 회원국은 물론이고 비회원국에 지침의 요구사항 준수를 촉구하고 있다. 또한 ILO에서는 1993년 6월에 중대산업사고 예방에 관한 협약(Convention No. 174, 1993)을 채택한 바 있다. 1990년대에 산업안전보건법의 엄격한 집행으로 기업의 실정은 고려하지 않고 근로자의 안전과 보건만을 염두에 두었다는 지적과 함께 기술기준이 선진국 수준으로 너무 높다는 불만이 표출되면서 2000년대에는 새로운 패러다임이 요구되었다.

언제나 산재예방에서 대두되는 문제점은 근로자 수 50인 미만의 열악한 중소·영세 제조업체들이다. 이들은 산업안전보건법에 의한 안전보건상의 조치를 다하기에는 경제력과 기술력이 많이 부족하다. 결론적으로 정부에서 일정 수준의 지원을 해주지 않으면 사업주 모두를 범법자로 만들게 된다. 물론 1984년 이후 산재 저감과 기업의 자율적인 재해예방사업을 위한 '산재예방시설 융자금 지원 사업'이 있었지만 이들은 일정 기간 후 상환하는 조건이어서 빚을 내서 안전보건시설을 갖추려는 사업주는 많지 않았다. 따라서 2001년 10월부터 1,000-2,000만 원 한도 내에서 안전장치나 작업환경을 개선하고자 하는 중소 영세업체에 무상으로 지원하는 사업을 시작하였다.

초기에는 '클린 3D 사업'으로 특정 업종에 한해 집중 지원했으나 사업이 진행되면서 대상과 지원 품목이 늘어나 2014년 현재 지원액

4천만 원 한도에 지원품목도 160종 이상으로 확대되었다. 클린사업이 산재 저감과 기업경쟁력 강화에 효과가 크다는 사업주 및 관계기관의 긍정적인 평가와 함께 지원 규모도 2002년 500억 원, 2003년 365억 원, 2004년 700억 원으로 점차 확대되다가 2005년부터는 1천억 원을 넘어섰다. 지원 품목도 2003년 57종에서 2004년 75종으로 확대하면서 시설개선 비용이 상대적으로 많이 드는 주물, 도금, 피혁, 염색 등 유해업종에 대해서는 일반업종의 2배인 최대 4천만 원까지 지원하였다. 2005년에는 근골격계 질환 예방설비와 유해인자저감대책설비 등을 추가하여 지원 품목을 90종으로 확대하였다. 클린사업장의 연도별 재해 감소 실적은 2003년 32.1%, 2004년 35.4%, 2005년 25.4%, 2006년 23.6% 감소한 것으로 나타나 재해예방의 효과가 뚜렷했다.[16]

또 다른 패러다임의 변화로는 순수 한국산업안전공단 사업으로 기업의 자율적인 안전보건 기반 조성 사업의 출현을 들 수 있다. 한국산업안전공단은 재해예방을 위해 사업장 대상의 기술지도사업을 최우선적으로 하다 보니 모든 사업이 감독 업무에 종속될 수밖에 없었다. 기업의 안전보건활동 수준뿐만 아니라 공단 전문가들의 전문성도 높아진 상황에서 기업의 자율안전보건관리를 위한 지도의 필요는 필연적이라 할 수 있다. 1998년 IMF가 우리나라의 경제에 먹구름을 드리우고 규제 일변도의 안전보건 감독에 대한 기업들의 불만이 커지면서 기업의 자율적인 안전보건 지도에 대한 관심이 자연스럽게 높아졌다.

이때 미국의 VPP(Voluntary Protection Program) 제도[17] 도입이 시도

16 이 사업은 추진하면서 여러 가지 시행착오를 겪었지만 사업의 기획에서 시행까지 기술직 출신으로 산업안전국장을 역임한 송지태 씨와 공단의 전문가들이 있어서 가능했다.

17 미국에서 1983년부터 도입·시행하고 있는 자율안전관리제도로, 주의 프로그램이 OSHA에 의해 승인되면 OSHA가 프로그램 운영비의 최고 50%까지 지원해 주는 제도다.

되고 KOSHA18001 인증제도가 출현한다. 이는 선진국에서 시행하고 있는 사업장 자율안전관리기법인 영국의 BS8800, ILO의 OSH-MS(Occupationnal Safety & Health Management System), OHSAS(Occupational Health & Safety Accessment Series)18001과 같은 안전보건 경영 시스템 규격 등을 우리나라 실정에 적합하도록 공단에서 자체 개발하여 사업장의 자율안전보건 경영 시스템 구축을 지원하는 제도다. 즉, KOSHA18001 인증제도란 사업장에서 안전보건 경영 시스템을 구축하기 위해 자발적으로 인증을 신청하면 공단에서 사업장에 기술지원을 실시하고 인증 기준을 충족할 경우 공단 이사장이 이를 인증해 주는 제도다.

2006년 한국산업안전공단(현 한국산업안전보건공단)은 노사의 자율적인 산재예방활동을 촉진함으로써 지원사업장의 안전보건 수준을 향상시키고 산재예방에 기여하고자 '자율안전종합지원' 사업을 개발하여 시행하였다. 300인 미만 제조업 사업장을 대상으로 '4M 위험성 평가 기법'(4M: Man, Machine, Media, Management)을 적용한 종합적인 기술지원·교육지원·재정지원사업을 시행한 것이다. 이와 함께 IMF 이후 실시가 지지부진했던 KOSHA18001을 재추진하면서 산재예방사업의 지도 패러다임이 기존의 법령에 의한 명령통제형(command & control) 방식에서 벗어나 사업장 스스로 위험관리체제 실천 여부를 확인하는 자율규제형(self-regulatory approch) 방식으로 전환을 시도하였다.[18]

---

18 이 사업을 뚝심 있게 추진한 사람은 당시의 박길상 이사장이며 이때 실무를 맡았던 한국산업안전공단의 전문가는 강순중 씨다.

3. 산업안전보건 수준의 현주소와 전망(2010년 이후)

산재예방을 위한 제도와 정책의 변화가 산재 발생에 어떠한 영향을 미쳤는지 〈그림 8-1〉을 통해 비교해 볼 수 있다. 1980년대 초에 산업안전보건법이 제정·집행되면서 산업재해율이 급격히 떨어진다. 1970년대의 고도 경제성장기를 거치면서 산업재해는 심각한 사회문제로 대두되어 1978년 재해자 수 13만 9,242명, 재해율 4.48%까지 증가하고 1984년에는 산재자 15만 7,800명, 재해율 3.60%에 달한다. 그 이후 산재율은 산안법 제정, 감독 기능 확충, 한국산업안전공단의 설립으로 감소의 폭을 키워 가다 1995년 드디어 재해율 0.99%를 달성, 재해율 1% 미만의 시대에 진입하게 된다. 2000년대에 정부의 중·장기 산재예방대책이 줄을 잇고 대형사업장은 자율관리, 중소기업에 대해서는 선별적인 경제적·기술적 지원으로 재해율 0.7%대로 진입하였다.

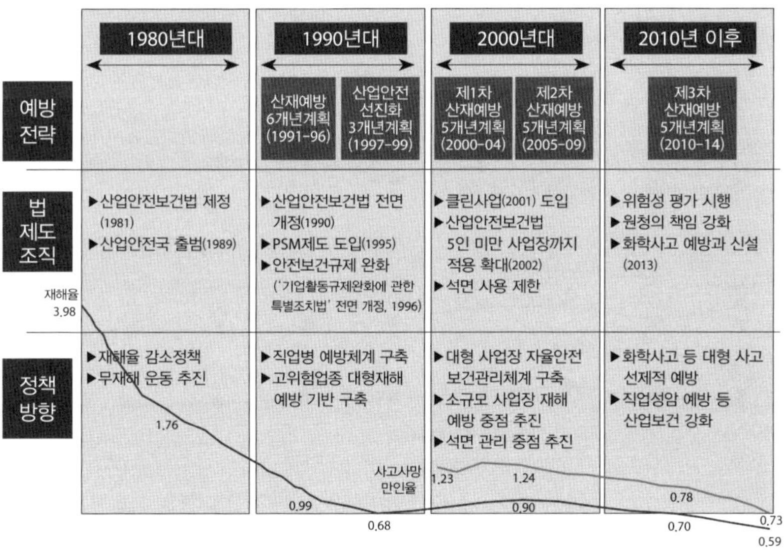

〈그림 8-1〉 연대별 제도와 정책이 산재 발생에 미치는 영향 비교

사망만인율 기준 우리의 수준

정부가 산재예방 중·장기계획을 수립하면서 재해율에 병행하여 강도율(强度率)의 의미를 내포한 사망만인율을 관리하게 된다. 이때의 근로자 1만 명당 사망자 수를 의미하는 사망만인율은 1.2-1.3으로, 1995년(3.37)과 비교할 때 크게 낮아진 수치이며, 이러한 감소 추세는 계속되어 2010년대에 이르러서는 0.7대까지 낮아진다. 이러한 정부의 노력에도 불구하고 재해로 인한 경제적 손실추정액은 눈덩이처럼 불어나 1987년 1조 2천억 원, 1997년 7조 7천억 원, 2006년 15조 8천억 원에 이르렀다. 치료에 필요한 의료비 인상 요인도 있을 수 있으나 동일한 산재라 하더라도 연도별로 입원, 치료기간 등이 현저하게 늘고 있는 데서 그 원인을 찾을 수 있다. 또한 그 규모는 정확히 알 수 없으나 일주일 미만의 산재 사고의 경우 공상처리하고 기업의 산재 처리 건수에서 누락시키는 산재 은폐 시도가 산재 치료 일수는 늘어나고 산재 건수는 줄어드는 통계의 왜곡된 현상을 낳지 않았나 추정해 본다.

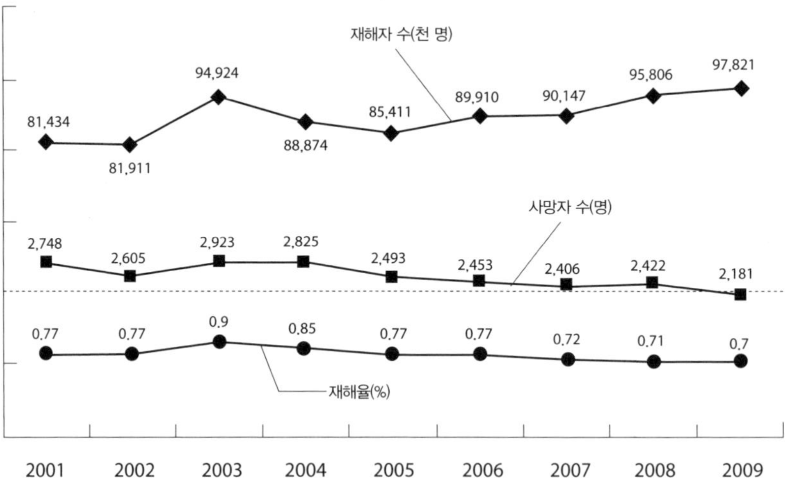

〈그림 8-2〉 산재로 인한 사망자 수와 재해율 변화 추이(2001-2009)

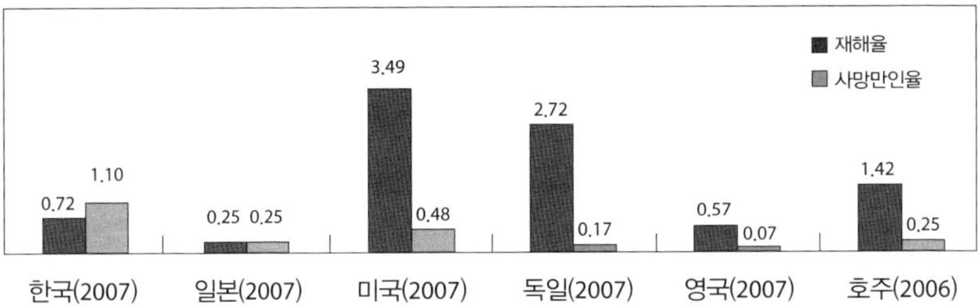

〈그림 8-3〉 주요 국가의 재해율과 사망만인율 비교

우리나라는 1990년대 초까지도 산재왕국이라는 오명에서 벗어날 수가 없었다. 2000년대에 재해율 1% 이하, 사망만인율 0.7까지 떨어뜨리는 성과를 거두었다고는 하지만 〈그림 8-3〉에서와 같이 아직도 주요국에 비해 우리나라의 안전보건 수준은 크게 낮은 실정이다. 여기서 재해율의 국가 간 비교에 큰 의미를 부여할 수 없는 것이 미국의 경우 1일 이상의 모든 산재를, 독일은 3일 이상으로 하는 등 통계 산정 기준이 나라마다 다르기 때문이다. 또 우리나라의 경우 사망사고는 은폐할 수 없겠지만 경미한 사고의 경우 많은 은폐 사례가 발견되고 있으며, 특히 하도급이 성행하고 협력업체 체제가 다반사여서 모기업으로부터의 불이익 등을 우려하여 경미한 재해는 은폐하는 사례가 많음을 감안할 때 재해율로 국가 간 비교를 하는 것은 큰 의미가 없다고 본다.

산재예방정책 수립 시 재해율에 따라 사업장 특별감독이나 불이익을 주는 행정이 계속된다면 이러한 산재 은폐 현상은 근절될 수 없을 것이다. 재해율이 아닌 강도율(强度率)[19]을 중심으로 방향전환이 필요

19 1959년 ILO의 노동통계전문위원회에서는 강도율의 경우 각 나라마다의 산정 기준이 다르기 때문에 국제적 비교가 어렵다는 점을 인정한 바 있다. 강도율의 국제 비교를 곤란하게 하는 요인의 하나는 영구 노동불능에 대해 통일된 산정표가 없다는 것이다. 재해로 인한 손실을 어느 나라에서는 손실 일수로 나타내고 어느 나라에서는 노동불능의

하나 강도율은 치료 및 요양기간 등의 기초자료가 많이 필요하여 활용하기 쉽지 않은 문제가 있다.

업무상 질병 발생 실태와 환경 변화

업무상 질병자는 산업재해율과 같이 1994년까지 지속적으로 감소하는 추세를 보이다가 1995년부터 2004년까지 증가한 후 다시 감소세로 돌아섰다. 전체 근로자 수 변동을 고려한 업무상 질병요양자 만인율은 1987년 한국산업안전공단 창립 시 3.0에서 2006년 7.8로 160% 증가하여 거의 매년 8.4%씩 증가한 셈이다.[20] 산업재해 보상범위가 확대된 1999년 이후 업무상 질병자 발생 추이를 직업병과 작업관련성 질병[21]으로 구분하여 살펴보면 〈표 8-3〉과 같다.

업무상 사망자를 요인별로 구분하여 업무상 질병자(업무상 질병요양자+업무상 질병 사망자)로 집계하기 시작한 것은 1999년부터다. 이 기준으로 업무상 질병자 만인율은 1999년 3.67에서 2006년 8.76으로 최근 8년간 139%나 증가했다. 2006년에 사고성 요통질환자(3,612명)가 업무상 사고에서 업무상 질병으로 재분류되었기 때문에 이 부분을 제외하더라도 2006년 5.67로 같은 기간 동안 54.3%나 증가하였다. 질병별로 살펴보면 같은 기간 동안 직업병은 17.8%, 작업관련성 질병은 81.8% 증가했다. 작업관련성 질병으로는 뇌심혈관 질환이 535.4%, 요통이 250% 증가한 반면 신체부담작업은 15.3% 감소했다. 1998년은 IMF

백분율로 나타내고 또 다른 나라에서는 노동불능의 정도를 개개의 재해별로 결정하고 있으며, 신체의 동일 부분에 대해서도 손가락 2개를 잃었을 때의 계수가 다른 나라에서 3개를 잃은 경우보다도 월등히 높은 나라도 있기 때문이다.

20 '한국산업안전공단 창립 시'로 기준을 잡은 것은 우리나라 기업의 산업보건에 관한 기술지도를 실제로 이때부터 했다고 보기 때문이다.

21 개인 질병 등 업무 외적인 요인과 복합적으로 작용하여 발생하는 질병(신체부담작업, 뇌심혈관 질환, 요통 등)을 말한다.

〈표 8-3〉 업무상 질병자 발생 추이(1999-2006)

연도	총계	직업병							작업관련성 질병				
		소계	진폐	난청	금속 및 중금속 중독	유가용제 중독	특정 화학 물질 중독	기타	소계	뇌심혈관 질환	신체 부담 작업	요통	기타
2006	10,235	2,173	1,620	272	8	15	64	194	8,062	1,607	1,615	4,618	222
2005	7,495	2,524	1,994	302	10	19	44	155	4,971	1,834	1,926	975	236
2004	9,183	2,492	1,943	266	20	21	40	202	6,691	2,285	2,953	1,159	294
2003	9,130	1,905	1,320	314	19	33	58	161	7,225	2,358	2,906	1,626	335
2002	5,147	1,351	915	219	8	48	32	129	4,066	2,056	1,167	660	183
2001	5,653	1,542	947	289	25	45	32	202	4,111	2,231	768	866	246
2000	4,051	892	435	261	16	19	32	129	3,159	487	1,950	522	138
1999	2,732	1,174	736	204	24	57	22	131	1,558	161	1,214	183	-

로 산업활동이 위축되어 질병자 수도 감소했으나 1999년에는 제조업 평균가동시간 증가, 임시·일용직 근로자 증가, 산재보험 적용대상에 금융보험업의 확대 포함, 작업관련성 질병에 대한 산재보상 인정범위 확대 등으로 업무상 질병자가 큰 폭으로 증가하였다.

앞으로도 제조업의 사고성 재해는 감소 추세를 이어갈 것으로 예상되나 서비스업종의 비중 증가로 신종 직업성 질환, 사고성 요통 증가 등의 추세가 계속될 것이다. 또한 노동시장의 유연화, 고령 및 여성 근로자의 증가로 보건사업이 증가할 전망이다. 또한 삶의 질 향상에 대한 근로자들의 욕구 증대에 따라 예전에는 산재가 아닌 근로자 본인의 지병으로 간주했던 근골격계 질환[22]이 산재로 인정되면서 산재 발

22 특정 신체 부위에 부담을 주는 업무로 그 업무와 관련이 있는 근육, 인대, 힘줄, 추간판, 연골, 뼈 또는 이와 관련된 신경 및 혈관에 미세한 손상이 누적되어 통증이나 기능저하

생 건수가 급격히 증가했던 것처럼 앞으로도 이러한 질병들의 출현 및 증가가 예상된다.

4. 맺음말

산업안전보건정책이 산재예방에 미치는 영향은 앞에서 여러 자료를 통해 살펴본 것처럼 명백하고 매우 크다. 산재 사망자 수와 재해율의 감소가 1990년대와 2000년대에서 크게 나타남을 우리는 경험했다. 그러나 강력한 행정지도에 의한 효과는 산재 은폐라는 부작용을 초래하므로 정책의 차별화로 대기업은 확실한 프로그램을 제시하여 자율적으로 관리하게 하고 중소·영세업체는 한국산업안전보건공단이나 재해예방 민간단체 등을 활용하여 경제적·기술적으로 지원하는 정책 전개가 바람직하다.

산재예방정책 수립 시 재해율과 사망자 수를 줄이기 위한 노력에 모든 행정력을 집중하게 되는데, 이러한 노력이 산재 은폐와 산재 통계의 왜곡이라는 부작용을 낳고 있다. 앞으로 전체 산재 건수와 재해율을 줄이는 지금까지의 노력에서 산재의 강도와 강도율을 줄이는 방향으로 정책의 방향을 수정하여 산재 은폐로 왜곡되는 통계를 바로잡으면서 경제적·기술적으로 관리 능력이 되지 않는 협력업체로 책임을 전가하는 것을 차단해야 한다. 그렇게 하지 않으면 대기업은 유해하고 위험한 업무를 협력업체에 도급하게 될 것이고 협력업체라는 이유로 지휘·관리 능력도 없는, 사실상 예방 능력이 없는 영세 소규모 하청업체는 예방에 노력을 기울이기보다는 산재 은폐에 급급할 수밖에 없을

가 초래되는 급성·만성 질환을 말한다.

것이다. 정부가 모기업에 대한 안전보건관리 책임을 강화하려는 움직임을 보이는 것은 참으로 다행한 일이다.

세월호 참사 이후에 정부에서는 국민의 안전 문제를 총괄하는 국가안전처를 설립하였다. 여기서의 '안전'이란 국가적 재난과 같은 것을 의미할 것이나 사업장의 안전보건 문제도 부처마다 전문기관마다 경쟁적으로 지도·감독한다고 나설 것이 아니라 종합적인 시각에서 접근하는 것을 고민할 시점이 되었다고 생각된다. 그러나 무엇보다 중요한 것은 국민의 그리고 근로자의 안전의식이다. 이것은 문화이기도 하기에 정부 차원에서 어려서부터 생활안전에 익숙해지고 학교안전, 사회안전이 생활화될 수 있도록 안전문화 조성을 위한 교육 등 필요한 모든 노력을 기울여 나가는 것이 무엇보다 중요하다.

참고문헌

노동부(2011). 『2010년도 산업재해분석』.

대한산업보건협회(2013). 『산업보건 반세기: 현장의 기록, 대한산업보건협회 50년사』.

박필수(1989). 『산업안전관리론』. 중앙경제사.

산재예방보상정책국(2013). 『산재예방보상정책 뉴프레임 워크숍 발표자료』. 고용노동부.

송지태(2005). 「산업재해와 비산업재해 손상근로자의 요양 특성」. 가톨릭대학교 박사학위논문.

한국산업안전공단(2007). 『한국산업안전공단 20년사』.

한국안전학회(2006). 『한국안전학회 20년사』.

3부

정책 대상별 회고와 전망

9장 고용복지 연계정책의 변화와 전망 _황덕순

10장 외국인력정책의 변화와 전망 _이규용

11장 여성고용정책의 변화와 쟁점 _이주희

12장 4대 사회보험 적용 · 징수 통합 추진과 향후 과제 _장신철

9장 /

고용복지 연계정책의 변화와 전망*

황덕순

1. 들어가는 말

이 글은 우리나라 고용복지 연계정책의 전개 과정을 개관하고, 최근의 정책 변화를 기반으로 하여 앞으로의 발전 방향을 탐색한다. 고용복지 연계정책의 대상이 넓게는 근로능력이 있는 빈곤층이고 좁게는 공공부조를 받는 근로능력자이기 때문에 근로능력이 있는 빈곤층 보호 방안에 초점을 맞출 것이다.

우리나라 고용복지 연계정책의 전개 과정에서 가장 중요한 제도적 변화는 2000년 생활보호제도가 국민기초생활보장제도(이하 '기초생활보장제도')로 전환된 것이다. 이를 통해 근로능력자가 현금급여를 받는 생계보호 대상자에 포함되었다. 이와 함께 조건부 수급제도를 통해 근로능력이 있는 미취업자에게는 자활사업 참여를 의무화하였다. 기초생활보장제도 도입을 전후해서 근로능력자 보호의 필요성 여부, 적절한 근로능력자 보호 방안, 자활사업의 설계 및 전달체계를 둘러싼 논쟁이 있었을 뿐만 아니라 이후에도 이 논쟁의 연장선상에서 제도 개선 방향을 둘러싼 여러 논의가 꾸준히 이어져 왔다. 2015년에는 통합급여체계로 설계된 기초생활보장제도를 개별급여체계로 전환하는 커다란 개편이 이루어졌다.

이 글은 과거의 생활보호제도에서 기초생활보장제도로 이어지는 공공부조제도와 결합된 고용복지 연계정책의 발전 과정을 살펴보고, 고용복지 연계정책의 발전 방향과 관련하여 지속적으로 제기되는 논점들을 비교·평가하는 것을 목적으로 한다. 따라서 근로장려세제나 적극적 노동시장정책 등 넓은 의미의 고용복지 연계정책과 관련된 다양

* 이 글은 본 연구주제와 관련해서 필자가 그동안 발표했던 글들(황덕순, 2002, 2009, 2013)을 재정리하고 통계자료를 최근 시점까지 보완한 것이다.

한 정책들까지는 다루지 않는다. 이 글의 구성은 다음과 같다.

2절에서는 이 글의 주제인 고용복지 연계정책과 관련된 주요 개념을 살펴보고, 3절에서는 생활보호제도 및 기초생활보장제도와 연계되어 실행되어 온 자활지원사업의 추진 실적과 성과를 살펴본다. 이어서 4절에서는 기초생활보장제도와 근로능력 빈곤층 보호 방안의 관계에 대한 논의를 시기별로 검토한다. 기초생활보장제도 도입 이전에는 큰 틀에서의 제도 설계와 관련된 논의로서 근로능력자의 생계보호 필요성 여부, 기초생활보장제도 이외의 대안 등을 둘러싼 논의를 중심으로 한다. 참여정부 출범 이후에는 자활지원사업의 개편 방안을 둘러싼 논의가 부각된다. 근로능력이 있는 대상자에 대한 보호제도를 별도로 분리할 것인지, 통합된 기초생활보장제도의 틀 안에서 보호할 것인지가 주요 쟁점이었다. 이 논의는 이명박 정부와 박근혜 정부로까지 이어져 오다가 박근혜 정부에서 개별급여체계로의 개편과 함께 일단락되었다. 한편 이명박 정부 이후에는 경제위기의 심화와 함께, 실업빈곤층을 위한 새로운 제도 도입에 대한 논의도 재등장한다. 마지막으로 5절에서는 고용복지 연계정책의 성과를 평가하고 앞으로의 발전 전망을 제시한다.

2. 고용복지 연계정책 관련 개념과 한국의 제도적 맥락에서의 함의

고용복지 연계정책과 관련된 개념들이 때때로 혼란스럽게 사용되기 때문에 이에 대해서 먼저 정리할 필요가 있다. 고용과 복지를 연계하는 정책과 관련된 가장 중요한 개념은 근로연계 복지정책(workfare policy)과 활성화 정책(activation policy)이다.

근로연계 복지정책은 일반적으로 1990년대 이후 서구의 복지국가 개혁 과정에서 "근로능력이 있는 공공부조 수급자를 대상으로 근로와 관련한 활동에 대한 참여를 의무화하는 정책"으로 정의된다(뢰드멜, 2002). 나라에 따라서는 workfare policy 대신 welfare-to-work라는 표현이 사용되기도 한다. 한편 2000년대 이후에는 활성화 정책이라는 새로운 패러다임이 여러 나라에서 확대되었다. 활성화 정책에 대해서 국제적으로 합의된 개념이 있는 것은 아니다.

파스쿠알(A. S. Pascual)은 활성화 정책의 이념적 성격에 초점을 맞추어 이 정책이 복지국가의 새로운 개입주의 전략으로서, 개인의 특성에 맞는 정책을 통해 개인의 행태를 변화시킴으로써 문제를 해결하고자 하는 개인주의적 접근, 취업에 대한 강조, 핵심원리로서 사회와 개인의 상호의무(mutual obligation)에 기반한 계약주의라는 특징을 갖는다고 주장한다(Pascual, 2007).

한편, 아이히호르스트(W. Eichhorst) 등은 활성화 정책에 대해서 근로연계 복지정책을 포함해서 공공부조 수급자뿐만 아니라 생산가능인구에 해당되는 모든 급여수급자를 대상으로 취업을 지원하고 더 나은 일자리로의 이동 촉진을 포함하는 것으로 폭넓게 정의한다(Eichhorst et al., 2008). 이에 따르면 활성화 정책의 대상에는 실업보험에 기반한 실업급여 수급자에서부터 '근로능력이 없다고 간주되어 온' 장애급여(incapacity benefit) 및 질병급여(sickness benefit) 수급자들이 포함된다. 또한 나라에 따라서는 근로능력자를 대상으로 한 공공부조보다 장애급여나 질병급여 수급자들이 활성화 정책의 주요 대상으로 부각되기도 한다.

정책수단 측면에서 활성화 정책은 근로연계 복지정책보다 그 범위가 훨씬 넓다. 근로연계 복지정책이 급여의 대가로 참여해야 하는 공공부문이나 비영리부문(혹은 제3섹터)의 직접 일자리 창출 사업이나 직업훈련 등 직접적인 근로 관련 활동을 포괄한다면 활성화 정책에는 취업에 따른 유인 강화 정책 등 더 폭넓은 정책들이 포함되기 때문이다.

이러한 논의에 비추어 본다면 기초생활보장제도의 조건부 수급제도에 기반한 자활지원사업은 전형적인 근로연계 복지정책에 해당된다고 볼 수 있다. 한편, 2015년부터 시행된 개별급여체계로의 전환과 함께 중위소득 50% 미만까지 자활·고용서비스가 확대된다면, 우리나라에서도 근로빈곤층에 대한 지원제도가 기초보장 수급자를 대상으로 한 좁은 의미의 근로연계 복지정책에서 폭넓은 근로빈곤층을 대상으로 하는 활성화 정책으로 확장되는 것으로 이해할 수 있다. 그러나 중위소득 50% 미만의 폭넓은 근로빈곤층에게 자활·고용서비스를 제공할 수 있을 정도로 예산과 관련 정책 프로그램들이 확대될 것인지는 앞으로 더 지켜봐야 할 것이다. 이 글에서는 고용복지 연계정책을 좁게는 근로연계 복지정책에서부터 넓은 의미에서의 활성화 정책을 포괄하는 것으로 사용하지만 근로연계 복지정책에 초점을 맞추어서 살펴볼 것이다.

근로연계 복지정책과 활성화 정책이 전통적인 복지수급자들의 시민권에 갖는 함의에 대해서는 상당한 논란이 제기되어 왔다. 근로연계 복지정책, 나아가 이를 확장한 활성화 정책이 사회적 시민권을 침해하는 것으로 이해하는 견해가 있는가 하면(Esping-Andersen, 1996; Bothfeld and Betzelt, 2011), 제3의 길을 옹호했던 여러 논자들은 근로연계 복지정책이나 활성화 정책이 상호책임성(mutual responsibility)에 기반한 국가와 개인 간의 새로운 계약이라고 주장한다. 더 적극적으로 제이콥스(L. A. Jacobs)는 민주적 시민권의 확장이라는 관점에서 근로연계 복지정책을 정당화할 수 있다고 주장한다(Jacobs, 1995). 능동적 의미의 시민권은 자신의 삶을 스스로 통제할 수 있는 경우에만 보장되고, 일을 한다는 것은 자신의 삶을 스스로 통제할 수 있는 기반이 된다는 것이다.

한국의 맥락에서 근로연계 복지정책으로서의 자활지원사업이 시민권과 관련해서 갖는 함의는 서구와는 다르다. 서구의 근로연계 복지정책이 복지수급자에 대한 새로운 의무로 부과된 것인 반면, 우리의 조건부 수급제도는 기초생활보장제도를 통해 근로능력자에게 과거에 없던 현금급여를 지급하면서 부가된 것이기 때문에 사회적 시민권의 확장이라는 차원에서 이해하는 것이 타당하다.

또한 2015년에 이루어진 개별급여체계로의 전환과 함께 현금급여는 줄어들지 않으면서도 조건부과대상은 감소하고 본인의 희망에 따라 자발적으로 참여할 수 있는 고용서비스 대상자의 범위는 확대될 것으로 전망된다. 따라서 근로연계 복지정책이나 활성화 정책이 시민권에 대해 갖는 함의를 어떤 관점에서 이해하는가에 관계없이 개별급여체계로 개편됨에 따라 사회적 시민권이 확장되는 것으로 기대할 수 있다. 그러나 이러한 논리적 해석의 타당성은 앞으로 자활지원사업이 실제로 어떻게 운용되는가에 비추어서 검증되어야 한다. 현재도 자활지원사업에 자발적으로 참여할 수 있는 차상위계층이 있고, 제도 개선이 이들에게 어떤 영향을 미칠 것인가에 대해 살펴봐야 하기 때문이다.

3. 고용복지 연계정책의 전개 과정

기초생활보장제도 도입 이전의 근로능력자 지원[1]

기초생활보장제도가 시행되기 이전의 공공부조제도는 생활보호제도로서 1961년 12월 30일 '생활보호법'의 제정과 함께 시행되었다. 이 당

1 여기에 제시된 생활보호제도의 발전 과정과 통계수치는 보건복지부의 『보건복지백서』(각 연도)와 『보건복지통계연보』(각 연도)를 정리한 것이다.

시에 생활보호제도는 국가가 제공하는 거의 유일한 사회보장제도였으며, 공공부조의 일반적인 수혜 자격 요건인 자산조사 외에 두 가지 중요한 제한조건을 부가함으로써 수혜범위를 제한하였다. 첫 번째 조건은 부양의무자가 없거나, 있더라도 부양할 능력이 없어야 한다는 '부양의무 규정'이다. 이는 국가에 의한 보호보다 가족에 의한 보호가 우선했음을 의미한다. 두 번째 조건은 '근로능력'과 관련된 것으로, 65세 이상의 노쇠자, 18세 미만의 아동, 각종 질환 및 장애자, 임산부 등에게만 생계급여를 제공하였다. 따라서 근로능력이 있는 빈곤계층은 시장에서의 경제활동을 통해 스스로 생계를 유지하도록 강제되었다. 이 요건은 국가에 의한 보호보다 시장에 의한 보호가 우선시되었음을 의미한다.

최종적인 사회안전망의 성격을 갖는 공공부조에서 국가에 의한 보호보다 가족과 시장을 통한 자립을 우선시하는 것은 한국의 공공부조에서 드러나는 가장 중요한 특징이었다. 이러한 제도적 특징은 기초생활보장제도가 시행되기 전까지 지속적으로 유지되었다. 따라서 생계보호에 초점을 맞출 경우 기초생활보장제도 도입은 한국 공공부조의 발전 과정에서 시행된 가장 커다란 제도적 변화로 평가될 수 있다.

그러나 초점을 바꾸어 근로능력이 있는 수급자들의 자립지원정책을 살펴보면 몇 차례에 걸쳐서 의미 있는 제도적 변화가 있었음을 알 수 있다. 기초생활보장제도 도입 이전에 수급자 자활지원정책에서 나타난 중요한 변화는 1982년 2월 수립된 '영세민종합대책'과 이를 반영한 1982년의 생활보호법 개정을 들 수 있다. 그 이전에도 수급자들의 자활을 지원하기 위한 제도적 근거로서 '자활지도에 관한 임시조치법'(1968)이 있었다. 그러나 근로능력이 있는 수급자들에 대한 자활지원정책이 실질적으로 시작된 것은 1982년의 '영세민종합대책'부터다.

영세민종합대책에 따라 단순생계구호법인 생활보호법을 전면개정(1982. 12. 31)하여 생활보호 대상자에게 생계구호뿐 아니라 적극적인 자활지원까지 제공하게 되었다. 이에 따라 취로사업의 근거 규정인 '자활지도에 관한 임시조치법'을 폐지하고, 이를 생계보호와 구분되는 '자활보호'로 규정하였다. 또한 1979년부터 실시된 '생활보호 대상자 중학 교과정수업료지원규정'을 폐지하고(1983. 12. 30) 이를 '교육보호'로 규정하였다(1983. 12. 30). 따라서 기초생활보장법 제정 이전과 같은 생활보호제도의 기본 골격이 비로소 완성되었다.

영세민종합대책에서 영세민은 생활보호 대상자로 한정함으로써 빈곤계층에 대한 자활지원이 생활보호제도의 일부로 흡수통합되었다. 이 과정에서 생활보호 대상자가 크게 증가하여 1981년에 209만 명이던 생활보호 대상자는 1982년에는 342만 명에 이르렀다. 새로운 제도에서 자활보호는 1) 자활에 필요한 금품의 지급 또는 대여, 2) 자활에 필요한 기능 습득의 지원, 3) 취업알선, 4) 취로사업 실시에 의한 자활지원으로 구성되었다.[2]

이에 따라 자활보호 대상자에 대한 기능훈련 및 생업자금 융자와 같은 자활지원사업이 본격적으로 시행되기에 이르렀다. 자활지원사업이 시행되었다고 해서 국가에 의한 보호보다 시장에 의한 보호가 우선하는 정책의 기본 골격이 변화된 것은 아니었다. 자활보호 대상자에게는 여전히 생계급여가 지원되지 않았고, 기능훈련이나 생업자금융자를 받기 위해서는 일정한 요건을 충족해야만 했다. 따라서 1982년부터 자활지원사업이 본격적으로 실시되었지만 이것이 근로능력이 있는 빈곤계층에 대해서는 가족과 시장에 의한 보호를 우선하는 공공부조 정책의 기본적인 접근 방식의 변화를 수반하는 것은 아니었다. 이 시

2 1981년부터 영세민에 대한 기능훈련사업이 실시되었으나 본격적인 자활지원사업이 시작된 것은 1982년부터다.

〈표 9-1〉 직업훈련 및 생업자금융자 실적(1981-1999)

연도	직업훈련		생업자금융자	
	수혜자 수	지원금액(백만 원)	수혜 세대 수	지원금액(백만 원)
1981	3,466	620	-	-
1982	4,626	1,501	2,664	3,384
1985	5,675	2,484	3,124	4.391
1988	10,413	4,468	9,026[2)]	19,315
1991	14,794	6,571	6,494	19,429
1994[1)]	9,089	-	4,904	25,670
1995	4,871	-	4,989	33,364
1996	3,500	-	4,464	43,829
1997	-	-	2,801	30,487
1998	-	-	2,992	32,399
1999	-	-	2,925	32,155

주: 1) 1993년부터 「행정권한에 관한 위임 및 위탁에 관한 규정」(1992. 12. 31)에 의해 노동부에 위탁해서 직업훈련 실시. 1993년 22,401명을 정점으로 급속히 감소함. 이후의 통계는 제공되지 않음.
2) 1989년 9,322세대가 가장 높은 수혜 실적임.
자료: 『보건복지통계연보』(각 연도) 및 『보건복지백서』(1997).

기의 자활지원사업은 자활가능성이 높은 대상자들에 대한 지원을 통해 수급으로부터 탈출시키고자 하는 일종의 '선별주의'에 근거하고 있었다.

그러나 자활지원사업은 꾸준히 추진되어, 나름대로 수급자들의 자립지원에 기여했다고 평가해야 할 것이다. 1981년 이후 직업훈련 및 생업자금융자의 수혜자 관련 통계에서 이를 확인할 수 있다(〈표 9-1〉 참조).

1982년부터 본격적으로 실시된 자활지원정책은 1980년대 말에서 1990년대 초에 가장 활발히 시행된 것으로 나타난다. 직업훈련은 1993년 2만 2,401명에게 제공되었고, 생업자금융자도 1989년 9,322세대에게 제공되었다. 이러한 추진 실적은 기초생활보장제도가 본격적으로 시행되기 시작한 2001년의 자활지원사업 추진 실적과 비교해 보더라도 크게 뒤떨어지지 않는다.

그러나 1990년대 초반 이후 자활지원사업은 지원 요건의 완화와 지원 수준의 상향조정에도 불구하고 정체되거나 후퇴하였다. 한편 이 시기에는 자활지원정책에 대한 접근 방식에서 중요한 변화가 나타나기 시작한다. 빈민거주지역에서 활동하던 종교단체와 빈민운동단체의 활동 성과를 이어받아서 자활지원센터가 도입된 것이다. 먼저, 1996년 6월부터 저소득층 밀집지역 5개소(서울 3, 인천, 대전)에 사회복지사업기금의 사업비 5억 원을 투자하여 자활지원센터 시범사업을 실시하고, 1997년에는 전국 5개소(서울, 부산, 대구, 광주, 경기), 1998년에는 7개소(부산, 대구, 울산 2, 충남, 전북, 전남), 1999년에 3개소(경기, 강원, 경북)의 자활지원센터가 추가로 설치되었다.

자활지원센터 설치는 기초생활보장제도가 도입된 2000년까지는 시범사업의 성격을 벗어나지 못했지만 자활지원에 대한 접근 방식의 변화라는 점에서 주목할 만하다. 기초생활보장제도 도입 이후 이러한 접근 방식이 자활지원사업 전달체계의 기본틀을 이루었기 때문이다. 이전까지의 자활지원이 훈련을 통한 취업이나 창업을 통해서 시장경제활동에 참여하도록 지원하는 데 목적이 있었다면, 자활지원센터를 통한 지원은 자활공동체 형성을 통한 협동조합형 창업에 초점을 맞추었다. 궁극적으로 시장진입을 통한 자립을 지향하더라도 이윤을 추구하는 것이 아니라, 공동체적 경제활동이라는 대안적인 방식을 통해 자활과 자립을 촉진하고자 한 것이다.

이러한 접근 방식은 빈곤계층이 시장경제활동으로의 진입에서 실패하거나 낙오된 집단이기 때문에 개인적인 노동시장 진입을 중심으로 하는 정책으로는 자활·자립에 성공할 수 없다는 문제의식에 기초한 것이다. 따라서 수급자들에 대한 체계적인 상담과 자활의욕 고취, 훈련 및 자활공동체 참여 등을 통한 종합적인 접근을 통해서만 자립이 가능할 뿐만 아니라, 바람직한 방향으로 자립이 이루어질 수 있다고 본다.

기초생활보장제도 도입 이후의 근로연계 복지정책

• 기초생활보장제도 수급자 구성과 자활지원사업의 성격

자활지원사업은 기초생활보장제도가 도입되기 이전에는 생계급여를 보완하는 조치로 운영되어 왔지만 기초생활보장제도 시행 이후에는 조건부 수급제도와 긴밀하게 연계되어 시행되었다. 따라서 전체 기초생활보장제도 내에서 자활지원사업의 위상과 역할을 먼저 살펴볼 필요가 있다.

〈표 9-2〉는 기초생활보장제도 시행 초기인 2002년 말과 최근 시점인 2012년 말의 기초생활보장제도 수급자의 근로능력 유무와 취업 여부, 조건부 수급 관련 특성을 정리한 것이다. 2002년과 2012년의 수급자 수가 다르기 때문에 절대적인 수치보다는 집단별 분포를 살펴보는 것이 더 의미가 있다. 집단별 분포는 전체 수급자 수 대비 비중과 근로능력자 수 대비 비중(근로능력자 세부구성의 경우)을 같이 제시하였다.

〈표 9-2〉로부터 우선 시행 초기와 최근 시점을 비교해 보면 근로무능력자의 비중이 늘어나고 근로능력자는 줄어들었다는 점을 알 수 있다. 근로무능력자의 비중이 늘어난 것은 고령인구 증가 등 인구구조의 변화가 반영된 것으로 해석된다. 그렇지만 2000년대 이후 근로빈곤층 증가가 중요한 사회현상의 하나로 지적되어 왔음에도 기초생활보장제도를 통해 보호하는 근로능력자의 절대 규모는 줄어들었다(29만 명 → 24만 6천 명)는 점은 기초생활보장제도가 근로빈곤층 보호 확대라

〈표 9-2〉 기초생활보장제도 수급자의 내부 구성비 (단위: 천 명, %)

구분		2002년 12월			2012년 12월		
		수급자 수	비중1[2)]	비중2[2)]	수급자 수	비중1[2)]	비중2[2)]
일반수급자[1)]		1,275	100.0		1,300	100.0	
근로무능력자		992	77.8		1,054	81.1	
근로능력자		290	22.7	100.0	246	18.9	100.0
취업자		180	14.1	62.1	100	7.2	40.9
자활특례		3	0.2	1.0	6	0.4	2.2
조건부과제외 등[3)]		65	5.1	22.4	93	6.7	37.8
조건부 수급자	비취업대상	29	2.3	10.0	34	2.4	13.8
	취업대상[4)]	9	0.7	3.1	13	0.9	5.3
	계	38	3.0	13.1	47	3.4	19.1

주: 1) 시설수급자 등은 제외.
2) 비중 1은 전체 수급자 수 대비 비중, 비중 2는 근로능력자 수 대비 비중.
3) 조건제시유예자와 가구여건 및 환경적응 필요 등에 따른 조건부과제외자 등 포함.
자료: 보건복지부, 『주요업무참고자료』(2003, 2012).

는 사회적 필요에 충분히 대응하지 못해 왔음을 보여 준다.

또 근로능력자 가운데 취업자의 비중이 크게 줄고, 조건부과제외자와 조건부 수급자의 비중이 크게 늘었다. 특히 조건부과제외자의 비중이 크게 증가하였다. 이에 대해서는 여러 가지 해석이 가능하다. 첫 번째는 근로능력자에 대한 보호 기능이 약화되면서 보호를 필요로 하는 근로능력자 가운데 근로능력이 더 떨어지는 계층이나 근로할 수 있는 여건이 되지 않는 경우를 중심으로 기초생활보장제도의 수급자가 결정되었을 가능성이다. 두 번째는 기초생활보장제도가 통합급여체계로 운영되는 동시에 일반노동시장 취업에 대한 금전적 유인이 전혀 제공되지 않기 때문에 일반노동시장 취업보다는 금전적 유인이 제공되는 자활지원사업을 선호할 가능성이다. 이 외에도 취약계층이 취업할 수 있는 일자리 부족, 지역별 일자리 수급 불균형 등을 들 수 있다. 각

요인의 기여도를 뚜렷이 구분할 방법은 없지만 첫 번째와 두 번째 요인이 중요하게 작용했을 가능성이 크고, 이 둘은 모두 기초생활보장제도의 제도적 한계와 관련이 있다.

다음으로 자활지원사업에 대해서 살펴보자. 우선 참여자 규모와 구성의 변화를 살펴보자. 수급자 유형별 참여자 규모를 살펴본 〈표 9-3〉의 2011년까지는 각 연도 말 기준, 〈표 9-3〉의 2012년과 자활지원사업 프로그램별 참여 현황에 대해 구체적으로 살펴본 〈표 9-4〉의 경우 각 연도 누계를 기준으로 통계치가 제시되어 있다.

여기서 발견할 수 있는 첫 번째 특징은 좁은 의미의 고용복지 연계 정책인 근로연계 복지정책의 실제 대상인 자활지원사업의 참여 인원이 매우 적다는 점이다. 전체적인 자활지원사업 참여 인원 추이를 보면 사업 규모가 정점에 이른 2004년에도 11만 2,769명에 불과하다. 이후 자활지원사업 규모는 2008년 4만 9,830명까지 줄어들었다가 이후 다시 조금씩 늘어나서 2012년에는 8만 161명으로 나타난다. 수급자와 차상위계층의 추이도 전체 자활지원사업 참여자 수와 비슷하다. 이는 고용과 복지의 연계가 중요한 정책의제로 부각되어 왔음에도 불구하고 실제 정책 대상자는 매우 적은 가운데 담론 중심의 논의에 치우쳐 왔음을 보여 준다. 다른 각도에서 보면 이렇게 기초생활보장제도의 근로빈곤층 보호 기능이 취약하고 자활지원사업의 규모도 제한적이라는 점은 뒤에서 살펴보는 근로빈곤층 분리보호 방안(노대명, 2008)이나 한국형 실업부조 도입(이병희, 2013; 황덕순, 2012) 등 근로빈곤층 보호를 위한 대안적인 정책에 대한 문제제기의 배경이 되었다.

두 번째 특징은 자활지원사업이 갖고 있는 이중적 성격이다. 자활지원사업의 가장 중요한 특징은 기초생활보장제도의 조건부 수급자를 위한 좁은 의미의 근로연계 복지정책이라는 점이다. 그런데 자활지원사업에는 조건부 수급자뿐만 아니라 차상위계층도 중요한 참여

〈표 9-3〉 자활지원사업 참여자 규모 변화(2002-2012) (단위: 명, %)

구분	수급자			차상위계층 (희망참여자)	계
	조건부 수급자 (의무참여자)	자활특례자 및 일반수급자 (희망참여자)	소계		
2002	58,714 (63.9)	13,732 (14.9)	72,446 (78.9)	19,422 (21.1)	91,868 (100.0)
2003	49,455 (58.9)	16,465 (19.6)	65,920 (78.5)	18,061 (21.5)	83,981 (100.0)
2004	65,412 (58.0)	7,932 (7.0)	83,344 (73.9)	29,425 (26.1)	112,769 (100.0)
2005	49,725 (54.6)	4,135 (4.5)	63,860 (70.1)	27,207 (29.9)	91,067 (100.0)
2006	47,907 (55.2)	12,198 (14.1)	60,105 (69.2)	26,691 (30.8)	86,796 (100.0)
2007	33,612 (56)	7,468 (12.4)	41,080 (68.4)	18,945 (31.6)	60,025 (100.0)
2008	30,771 (61.8)	4,442 (8.9)	35,213 (70.7)	14,617 (29.3)	49,830 (100.0)
2009	35,169 (64.7)	3,594 (6.6)	38,763 (71.4)	15,555 (28.6)	54,318 (100.0)
2010	35,139 (60.7)	5,237 (9.0)	40,376 (69.8)	17,501 (30.2)	57,877 (100.0)
2011	37,869 (59.1)	8,216 (12.8)	46,085 (71.9)	17,996 (28.1)	64,081 (100.0)
2012	46,919 (58.5)	12,187 (15.2)	59,106 (73.7)	21,055 (26.3)	80,161 (100.0)

주: 2011년까지는 각 연도 말 기준, 2012년은 누계. 2012년 『보건복지백서』는 누계 기준 통계만 제시.
자료: 보건복지부, 『보건복지백서』(각 연도).

자로 참여하고 있다. 차상위계층의 비율은 2002년 21.1%에서 2007년 31.6%에 이를 때까지 꾸준히 늘어났고, 이후 조금 줄어들었지만 2012년에도 기초생활보장제도 시행 초기보다 훨씬 높은 26.3%를 차지하였

〈표 9-4〉 자활지원사업의 세부 프로그램별 참여 인원 추이(2005-2012) (단위: 명, %)

연도	보건복지부										고용노동부	계
	자활근로					창업지원		희망키움통장	사회적응프로그램	성과중심자활시범사업		
	자활근로소계	시장진입	사회적일자리	인턴	근로유지	자활기업	생업자금					
2005	65,942 (76.2)	9,484 (11.0)	21,792 (25.2)	426 (0.5)	34,240 (39.6)	3,363 (3.9)	738 (0.9)	- (0.0)	8,427 (9.7)	- (0.0)	8,092 (9.3)	86,562 (100.0)
2006	69,897 (80.1)	9,583 (11.0)	23,639 (27.1)	431 (0.5)	36,244 (41.6)	4,310 (4.9)	564 (0.6)	- (0.0)	8,184 (9.4)	- (0.0)	4,254 (4.9)	87,209 (100.0)
2007	67,907 (77.5)	10,857 (12.4)	24,961 (28.5)	279 (0.3)	31,810 (36.3)	6,724 (7.7)	512 (0.6)	- (0.0)	8,657 (9.9)	- (0.0)	3,851 (4.4)	87,651 (100.0)
2008	57,984 (81.9)	10,647 (15.0)	23,900 (33.8)	145 (0.2)	23,292 (32.9)	8,192 (11.6)	505 (0.7)	- (0.0)	1,877 (2.7)	- (0.0)	2,243 (3.2)	70,801 (100.0)
2009	62,404 (80.0)	14,090 (18.1)	28,097 (36.0)	156 (0.2)	20,061 (25.7)	9,603 (12.3)	515 (0.7)	- (0.0)	1,668 (2.1)	2,000 (2.6)	1,857 (2.4)	78,047 (100.0)
2010	60,162 (67.7)	13,294 (15.0)	27,178 (30.6)	83 (0.1)	19,607 (22.1)	9,458 (10.6)	502 (0.6)	10,685 (12.0)	1,367 (1.5)	4,212 (4.7)	2,440 (2.7)	88,826 (100.0)
2011	60,385 (61.7)	13,228 (13.5)	28,276 (28.9)	26 (0.0)	18,855 (19.3)	10,116 (10.3)	463 (0.5)	14,778 (15.1)	- (0.0)	4,254 (4.3)	7,915 (8.1)	97,911 (100.0)
2012	53,342 (54.3)	12,128 (12.4)	26,042 (26.5)	302 (0.0)	14,870 (15.2)	8,953 (9.1)	386 (0.4)	17,824 (18.2)	- (0.0)	4,231 (4.3)	13,410 (13.7)	98,146 (100.0)

주: 참여자 비중이 가장 큰 프로그램은 진한 음영의 셀로, 참여자의 비중이 두 번째로 많은 프로그램은 연한 음영의 셀로 표시하였음.
자료: 보건복지부, 『보건복지통계연보』(2012).

다. 이는 자활지원사업이 규모는 작지만 기초생활보장제도 수급자 이상의 근로빈곤층 보호 기능을 일부 담당하고 있음을 보여 준다. 나아가 생계급여 대상자가 축소되고 고용연계 복지가 강조되는 새로운 상황 속에서 자활지원사업의 미래는 수급자를 넘어 더 폭넓은 근로빈곤층의 참여가 활성화될 수 있는가에 달려 있다.

• 자활지원사업의 구성 변화와 함의

다음으로 자활지원사업을 구성하는 프로그램의 특징에 대해서 살펴보자. 자활지원사업은 크게 보건복지부 프로그램과 고용노동부 프로그램으로 나뉜다. 고용노동부 프로그램은 규모도 적고, 취업능력이 상대적으로 높은 집단(취업 대상자)을 대상으로 직업훈련과 취업알선 등 일반노동시장 취업을 지원하는 프로그램으로 구성되어 있다. 반면에 보건복지부의 자활지원 프로그램은 오랫동안 일반노동시장 취업이 어려운 수급자(혹은 어렵다고 간주되어 온 비취업 대상자)를 대상으로 자활근로를 통해 취업능력을 배양하고 이를 기반으로 자활공동체를 설립하여 자립시키는 데 초점을 맞추어 운영되어 왔다. 이는 초기 자활지원사업이 영미형 근로연계 복지정책의 특징인 '취업우선정책(work first policy)'과는 다른 이념적 지향에 기반해 있었음을 의미하는 것이다. 자활지원사업의 세부 프로그램별 참여 인원 추이는 이러한 특징을 잘 보여 준다(앞의 〈표 9-4〉 참조).

참여자 수가 가장 많은 자활지원사업과 두 번째로 많은 프로그램을 보면 2007년까지는 근로유지형 자활근로의 참여자가 가장 많고, 두 번째가 사회적 일자리형이었다가, 2008년 이후부터는 사회적 일자리형의 비중이 가장 높아지고, 근로유지형이 두 번째로 순서가 바뀐다. 자활근로사업의 비중은 2008년 81.9%에서 2012년 54.3%로 줄어들지만 여전히 전체 자활지원사업에서 차지하는 비중은 매우 높다. 2010년부터 자활근로사업의 비중이 크게 낮아진 것은 희망키움통장이 본격적으로 시행되었기 때문이다.

자활지원사업 평가에서 중요한 논점 가운데 하나는 자활근로 중심의 자활사업이 수급자의 자립 지원에 성공했는가 하는 점이다. 자립의 기준을 무엇으로 삼을 것인가에 대한 논란이 있을 수 있지만, 취업 혹은 창업과 이를 통한 기초보장 수급으로부터의 탈출은 중요한 지표의

하나다. 그런데 지금까지 자활사업이 수급 탈출에 기여했는가에 대해서는 부정적인 평가가 일반적이다.

복지패널조사를 이용해 자활사업이 수급 탈출에 미친 효과를 분석해 보면 자활사업 참여자가 있을 경우 해당 가구가 수급에서 탈출하는데 부정적인 효과를 갖는 것으로 나타난다(황덕순, 2012). 물론 이로부터 자활사업이 수급 탈출에 부정적인 효과를 갖는다고 단정하기보다, 해당 가구원의 근로능력이 낮아서 자활사업에 참여한 것으로 볼 수도 있다. 이 경우 자활사업에 참여해서라기보다는 낮은 능력 때문에 수급 탈출 가능성이 더 낮게 나타난 것이라고 해석하는 것이 더 타당할 것이다. 그럼에도 복지패널조사를 이용한 분석에서 자활근로에 대한 평가가 정부의 다른 직접 일자리 창출 사업에 비해 더 부정적이라는 점은 현재의 자활근로 중심 모델의 한계를 보여 준다(황덕순, 2012). 최근의 흐름을 보면 자활근로 중심의 자활지원사업이 한계에 부딪친 상황에서 성과관리사업이 도입되는 등 일반노동시장으로의 취업을 우선하는 방향으로 정책이 전환되고 있는 중이다.

그렇지만 자활근로사업을 부정적으로만 평가하는 것도 온당하지 않다. 자활근로사업이 이후에 전개된 정부의 각종 직접 일자리 창출 사업에 모델을 제공해 왔고, 사회적 일자리 및 사회서비스 일자리, 최근의 사회적기업 지원정책에 이르기까지 정부의 재정지원 일자리 정책의 모태가 되어 왔기 때문이다. 또한 일반노동시장에 취업하기는 매우 어렵지만 일자리 기회가 필요한 집단도 있고, 자활근로라는 보호된 일자리를 통해 자립능력을 키우는 것이 필요한 집단도 있다. 특히 지역별로 일반노동시장에서의 고용창출능력에 차이가 있고, 노동시장 수급에 불균형이 있는 경우 자활근로와 같은 재정지원 일자리 사업이 이러한 수급불균형을 완충하는 역할을 수행하기도 한다. 자활근로 내에서도 이러한 사회적 필요가 반영되어 왔다.

〈표 9-5〉 자활근로 유형별 사업배분 규모 및 차상위계층 참여 비율

연도	유형별 사업배분 규모 (전체 자활근로 참여인원 대비)			차상위계층 참여 비율 (자활근로사업단 참여인원 대비)			
	근로 유지형	사회적 일자리형, 인턴형	시장 진입형	근로 유지형	사회적 일자리형	인턴형	시장 진입형
2004	50% 미만	30% 이상	20% 이상	참여 불가	50% 이하	참여 가능	60% 이하
2005	50% 미만	30% 이상	20% 이상	50%까지	60% 이하	제한 없음	70%까지
2006	45% 미만	35% 이상	20% 이상	50%까지	60% 이하	제한 없음	70%까지
2007	40% 미만	40% 이상	20% 이상	50%까지	60% 이하	제한 없음	70%까지
2008	35% 미만	65% 이상		50% 이하	60% 이하	제한 없음	80% 이하
2009	30% 미만	70% 이상		참여 불가	60% 이하	제한 없음	80% 이하
2010	35% 미만	65% 이상		참여 불가	60% 이하	제한 없음	80% 이하
2011	30% 미만	70% 이상		참여 불가	60% 이하	제한 없음	80% 이하
					도시형	도농 복합형	농촌형
2012	20% 미만	80% 이상		참여 불가	20% 이상	25% 이상	35% 이상
2013	20% 미만	80% 이상		참여 불가	30% 이상	40% 이상	50% 이상
2014	20% 미만	80% 이상		참여 불가	30% 이상	40% 이상	50% 이상

주: 2011년까지 인턴형에는 차상위계층의 참여를 제한하지는 않았지만 조건부 수급자와 불완전취업자를 우선적인 대상으로 함.
자료: 보건복지부, 『자활사업안내』(각 연도).

〈표 9-5〉는 자활근로의 유형별 사업배분 규모와 차상위계층의 참여 비율 변화를 보여 준다. 우선 유형별 사업배분에서 낮은 단계에 해당되는 근로유지형의 비중이 줄고 더 높은 단계인 사회적 일자리형과 시장진입형의 비율이 확대되어 왔다. 또한 차상위계층 참여에서 지역노동시장의 필요에 부응하는 방향으로 정책을 전환해 왔다. 자활근로사업단에 차상위계층이 참여할 수 있는 비율이 시기적으로 계속 조정되면서 근로유지형에 대한 참여는 제한하고 사회적 일자리형과 시장

진입형을 중심으로 참여를 늘리는 방향으로 정책이 바뀌어 왔다. 특히 2012년 이후에는 지역의 특성을 반영하여 도시형, 도농복합형, 농촌형으로 갈수록 차상위계층의 참여 비율을 늘리는 방향으로 규칙이 개정되었다.

뒤에서 자세히 살펴보겠지만 개별급여체계로의 개편과 함께 조건부 수급자 규모는 줄어들고 자발적인 자활·고용서비스 참여는 늘어나는 방향으로 정책 환경이 바뀔 것으로 전망된다. 자활·고용서비스에 대한 근로빈곤층의 자발적인 참여를 이끌어내기 위해서는 지역 노동시장의 상황을 적절히 반영하는 것이 매우 중요해질 것이다. 자활근로도 지금까지 발전해 온 과정의 연장선상에서 이러한 정책적 요구를 충족하기 위한 다양한 정책수단 가운데 하나로 앞으로도 중요하게 활용되어야 할 것이다.

4. 근로빈곤층 보호 방안을 둘러싼 논의 전개 과정

기초생활보장제도 도입 전후의 근로능력 빈곤층 보호 방안 논의

기초생활보장제도 도입은 앞에서 지적한 것처럼 공공부조의 발전 과정에서 나타난 질적 전환이라고 볼 수 있다. 한국의 공공부조를 특징짓는 가족과 시장에 의한 보호를 우선하는 정책 가운데 시장에 의한 보호를 우선하는 정책은 포기되고, 가족에 의한 보호의 범위도 크게 축소되었기 때문이다. 이는 복지국가의 성격을 결정하는 가장 중요한 요소인 국가-시장-가족의 관계가 이전과 달라지면서 사회적 시민권(social citizenship)이 확장되었음을 의미한다.

근로능력이 있는 빈곤층을 생계보호대상에 포함하는 것은 사회복지 영역에서 생활보호제도 개선과 관련한 오래된 숙제였다고 볼 수 있다. 이를 위한 논의가 본격적으로 전개된 것은 시민사회에서 주도한 국민최저선 확보를 위한 운동에서 비롯된다(변재관 외, 1998).

이러한 논의가 급진전된 것은 1997년 말 외환금융위기에서 비롯된 경제위기와 고실업시기에 사회안전망 개편 방안이 국가적 의제로 부각되면서였다. 다른 한편으로는 실업대책이 대규모로 실시되면서 임시적으로 시행되던 실업대책의 제도화 관련 논의도 활성화되었다. 고용보험제도의 확충뿐만 아니라 다양한 고용대책 프로그램을 제도화하여 저소득 실업자를 보호하기 위한 새로운 제도로 발전시킬 필요성이 제기된 것이다. 그럼에도 불구하고 경제부처를 비롯한 일각에서는 여전히 기존 제도의 틀은 그대로 둔 채 위기에 대응하기 위한 임시대책들을 일시적으로 늘렸다가 위기 극복 이후에는 다시 이전의 틀로 돌아가야 한다는 주장도 강력하게 남아 있었다.

이 시기의 제도 개선 논의 구도를 표로 정리하면 〈표 9-6〉과 같다. 여기에서 논의 구도를 나누는 두 가지 기준선은 근로능력자의 보호 여부와 주된 정책대상의 구분이다. 이 글에서 특히 강조하고자 하는 것은 그동안 한 번도 쟁점으로 부각되지는 않았지만, 주된 정책대상을 빈곤계층 전체로 볼 것인지, 아니면 실업자로 볼 것인지에 따라서 정책의 대응 방향에 대한 논의가 논의 초기부터 최근까지 크게 달랐다는 점이다.

이 시기 논의의 주된 흐름은 크게 세 가지로 나눌 수 있다. 첫 번째

〈표 9-6〉 기초생활보장제도 도입 전후의 제도 개선 방향 논의

정책대상	근로능력자 생계보호(현금급여) 도입	
	필요	불필요
근로능력 빈곤계층	기초생활보장제도	생활보호제도 유지 및 실업대책 강화
저소득 실업자	저소득 실업자 보호제도	

는 근로능력 빈곤계층을 생계보호대상으로 포함하는 기초생활보장제도의 도입이다. 두 번째는 저소득 실업자에 초점을 맞추어 임시적인 실업대책들을 통합해서 제도화하는 저소득 실업자 보호제도다. 세 번째는 기존 생활보호제도의 틀을 유지한 가운데 실업대책을 통해서 실업 증가에 따른 빈곤계층을 보호하고, 경제가 정상화되면 기존 제도로 돌아가자는 입장이다. 이 가운데 세 번째는 기존 제도의 틀을 유지하자는 주장이기 때문에 첫 번째와 두 번째를 중심으로 내용을 좀 더 자세히 살펴보겠다.

• 기초생활보장제도의 도입

기초생활보장제도 도입 논의를 주도한 것은 참여연대를 비롯한 시민사회와 사회복지학계였다. 주관 부처라고 할 수 있는 보건복지부의 경우 기초생활보장제도 도입이 결정되기 전까지 기존 제도의 틀을 유지하고자 했다. 그 결과 국민기초생활보장법 제정은 우리나라 사회복지제도의 기본 틀을 바꾸는 중요한 입법임에도 불구하고 정부입법이 아니라 의원입법을 통해 이루어졌다.

한편 기초생활보장제도를 통해 근로능력자를 생계급여 대상자로 포괄하면서 조건부 수급제도가 도입되었다. 당시 국민기초생활보장법 제28조의 ⑤는 "보장기관은 대통령령이 정하는 바에 따라 수급자에게 자활에 필요한 사업에 참여할 것을 조건으로 하여 생계급여를 지급할 수 있다."라고 규정하였다.

한 가지 주목할 만한 것은 당시에 기초생활보장제도 도입에 대해서 입장을 같이한 집단 내에서도 조건부 수급제도와 자활사업의 의의에 대해서는 사회적 합의가 이루어진 상태가 아니었다는 점이다. 이를 둘러싼 입장은 크게 세 가지로 구분된다.

첫 번째는 근로능력자에 대해서 1990년대 이후 서구 복지국가의 개혁 과정에서 추진된 '근로연계 복지정책'의 불가피성에 대해서 어느 정도 동의하는 입장이다(문진영 외, 1999). 이와 관련해서 문진영(1999)은 "근로할 의사와 능력이 있는 저소득 실업자에 대해서는 가능한 한 근로유인 프로그램을 포함한 조건부 생계급여를 제공하되 […] 소득의 중단이 있어서는 결코 안 된다."라고 서술하고 있다. 이는 한국 사회의 논의 지형에서 경제부처를 비롯해서 시장주의적 학자들에 의해 주도되는 '기존 제도의 유지'라는 입장과 타협이 불가피하다는 점을 인정한 접근이라고 볼 수도 있다.

두 번째로 시민단체나 사회복지학계 일각에는 '조건부 수급 = 강제노역'이라고 강하게 비판하는 입장이 여전히 남아 있었다. 류정순(2001)은 "(국민기초생활보장)법 제9조에는 근로연계의 '조건부 수급'의 조건이 삽입되어 있는데, 생존의 권리를 시민권으로서 인정한다면 노동을 조건으로 생계비를 박탈할 수 없다. 따라서 이 법은 앞뒤가 맞지 않는 법이라는 원초적인 한계를 가지고 있다는 문제가 제기되고 있다. 국민기초생활보장법이 이렇게 앞뒤가 맞지 않은 채로 통과된 배경에는 국민의 정부가 '생산적 복지'라는 이름하에서 빈민의 시민권으로서의 생존권을 존중하는 진정한 복지(welfare)와 '일하지 않는 자에게는 빵을 주지 않는다'는 근로연계복지(workfare)의 양립할 수 없는 두 가지 다른 이념을 한 법안에 모두 수용하려고 한 데 근본적이고 구조적인 모순이 있다."라고 지적한다.

세 번째로 자활사업의 의의를 적극적으로 받아들여서 이를 통해서 근로능력이 있는 수급자들의 자활과 자립을 촉진해야 한다는 입장이다. 김대중 정부의 생산적 복지정책을 추진한 중심적인 기구였던 '삶의 질향상기획단'을 비롯해서, 앞에서 언급한 자립지원센터 등을 통해 지역사회에서 빈곤계층을 지원해 온 시민사회 일부에서 발견할 수 있는 흐름이다. 삶의질향상기획단이 발간한 『새천년을 향한 생산적 복지의 길』(1999)은 이와 관련해서 "자활지원사업은 취약계층의 요구에 부응하는 주민밀착형 복지사업이며 공공복지 외에도 공동체 자원을 활용하는 제3섹터형 접근이다. 또한 상담에서부터 직업훈련, 창업지원, 경영·기술지원을 병행하는 포괄적 복지사업이라고 할 수 있다. 자활지원사업은 지역사회, 종교기관, 시민단체, 기업, 노조가 참여하는 적극적 근로연계 프로그램이며 참여형 복지전달체계로서 의의를 갖는다. 아울러 자활은 '복지로부터의 자활'이 아니라 '복지와 함께하는 자활'이고 나아가 노동의 성취감을 통한 복지의 완성을 지향한다."라고 선언하고 있다.

기초생활보장제도 내에서 자활사업의 위상에 대한 위와 같은 차이들은 이후 기초생활보장제도가 제도화된 후 자활지원사업의 발전 방향을 둘러싼 논의로 초점이 이동할 때 본격화될 입장 차이를 내포하고 있었다. 특히 참여정부 이후 근로능력자를 기초생활보장제도 내에 통합해서 보호할 것인지, 별도로 분리하여 자활지원사업을 적극적으로 활성화할 것인지를 둘러싸고 본격화된 논쟁의 불씨는 이미 이 시기부터 잠재되어 있었던 것이다.[3]

• 저소득 실업자 보호제도

기초생활보장제도의 도입 논의가 주로 이루어진 것은 외환금융위기에 따른 경제위기와 실업 문제가 심각했던 1998-1999년이었다. 따라서 당시 실업정책의 초점은 실업자 사회안전망 확충 방안이었다. 일시적인 대책을 통해서 위기상황을 넘기고 다시 이전 제도로 돌아갈 것인지, 아니면 경제위기와 고실업을 계기로 실업자 사회안전망을 제도화

3 이와 유사한 현상은 서구의 근로연계 복지정책의 추진 과정에서 진보적인 집단의 일부가 이를 지지한 데서도 나타난 바 있다.

하는 방향으로 나아갈 것인지가 주된 관심이었다.

이 시기에 노동부와 한국노동연구원에서는 '저소득 실업자 보호제도'를 통해서 실업자 사회안전망을 제도화함으로써 기존의 고용보험제도와 생활보호제도를 보완하는 방안을 검토하였다. 또한 생활보호제도를 대신하는 기초생활보장제도 도입 논의와 관련해서는 저소득 실업자 보호제도와 기초생활보장제도가 상충되지 않으며, 기초생활보장제도와 긴밀히 연계하여 저소득 실업자 보호제도를 운영하는 것이 가장 바람직하다고 보았다(황덕순, 1999).

'저소득 실업자 보호제도'는 경제위기 시에 임시적으로 시행되던 여러 가지 프로그램들의 관리와 운영을 체계적으로 일원화하여 저소득 가구를 지원하는 노동시장정책 프로그램으로 통합하고 프로그램 참여에 따라 일정한 생계급여를 지원함으로써 저소득 실업자들이 빈곤에 떨어지지 않도록 지원하자는 것이다.

초기에 이 주장은 기초생활보장제도와 대립되는 것으로 이해되기도 했으나, 실제로는 1) 고용보험제도 → 2) 저소득 실업자 보호제도를 통한 고용서비스 중심의 지원 → 3) 기초생활보장제도를 통한 소득보장이라는 3중의 안전망으로 실업자 사회안전망을 구성하자는 제안이었다. 따라서 기초생활보장제도와 관련해서 저소득 실업자 보호제도를 통한 '선(先)자활지원', 기초생활보장제도를 통한 '후(後)소득지원'의 방식으로 제도를 운영하자고 제안하였다(황덕순, 1999).[4] 이러한 저소득 실업자 보호제도와 관련된 구상은 이후에 실업자 사회안전망을 제도화하여 한국형 실업부조로 발전시키자는 흐름으로 이어진다.

4 이 제안의 세부적인 내용은 황덕순 외(1999) 참고.

기초생활보장제도 도입 이후의 근로빈곤층 보호 방안 개편 논의

• 참여정부에서의 제도 개편 논의

참여정부에서의 논의는 2006년 이전과 이후로 나뉜다. 2006년 이전까지는 기초생활보장제도 내에서의 자활지원사업 개선방안을 중심으로 논의가 이루어지다가, 그 이후부터는 근로능력자를 기초생활보장제도에서 분리하는 자활지원법이 주된 의제로 부각된다. 한편 보건복지부에 의해 자활지원법 논의가 활성화되면서 노동부에서는 저소득 실업자에 대한 보호를 강화하는 '일을 통한 빈곤탈출 지원법' 제정을 제안한다.

물론 2003년부터 시작된 자활지원사업 개선 논의의 배경에는 기초생활보장제도 내에 근로능력자를 통합해서 관리할 것인지, 아니면 분리할 것인지에 대한 입장 차이가 여전히 깔려 있었다고 봐야 할 것이다. 그러나 참여정부 초기에는 근로능력자를 분리하자는 주장이 강하게 부각되지는 않았고, 기존 제도의 틀 안에서 자활지원사업을 활성화하는 방안이 주로 논의되었다.

반면 기초생활보장제도의 틀 안에 근로능력자를 통합해서 보호하는 것이 바람직하다는 입장은 기존 제도를 옹호하는 것이었기 때문에 오히려 의제로 부각되지는 않았다(김미곤, 2005). 결과적으로 보면 다양한 비판과 제도 개선 논의에도 불구하고 참여정부하에서도 기초생활보장제도의 틀이 계속 유지되었고, 그 전제 위에서 여러 가지 제도 개선이 이루어졌기 때문에 밖으로 드러난 논쟁에도 불구하고 참여정부 시기의 논의는 결국 '기초생활보장제도 유지'로 귀결되었다고 볼 수 있다. 아래에서는 이 시기의 논의를 둘로 나누어 참여정부 전기의 자활지원 대상자 통합관리를 중심으로 한 자활지원사업 개선 논의, 참여정부 후기의 자활지원법 도입 논의와 이에 대응해서 제기된 '일을 통한 빈곤탈출 지원법' 관련 논의를 정리한다.

① 자활지원 대상자 통합관리를 통한 자활지원사업 활성화론

참여정부 전기의 자활사업 개편방안에 대한 논의는 자활사업의 관리체계 개선 중심으로 진행되었다. 정부 출범 초기에는 근로빈곤층 보호방안을 전반적으로 개편하는 것도 염두에 두고 있었지만, 여건이 충분히 갖추어져 있지 않다는 판단 아래 자활지원사업의 효과성과 효율성을 높일 수 있는 방안을 찾는 데 초점이 맞추어졌다. 이 시기의 논의가 종합적으로 정리된 것이 한국보건사회연구원과 한국노동연구원을 비롯하여 자활사업 관련 논의에 관여해 온 여러 연구자들이 참여한 『자활정책·지원제도 개선방안 연구』(노대명 외, 2004)이다. 당시의 논의에서 정리된 주요 내용을 정리해 보면 다음과 같다.

자활지원 대상자에 대한 사례관리기능을 강화하기 위해 지방자치단체에 자활전담공무원을 배치한다. 한편 취업 대상자와 비취업 대상자로 나누어서 보건복지부와 노동부가 자활 대상자를 별도로 관리하는 기존 시스템은 대상자의 욕구에도 부합하지 않고, 두 부처 사이에 불필요한 갈등을 확대재생산하고 있다. 따라서 취업 대상자와 비취업 대상자의 구분을 폐지하고 자활전담공무원과 직업상담원의 협력을 통해서 대상자에게 적합한 프로그램이 제공되도록 하는 통합관리 방식

〈표 9-7〉 참여정부에서의 제도개선 방향 논의

정책대상	기초생활보장제도와 근로능력자 보호제도	
	통합	분리
빈곤계층	(기초생활보장제도 유지) 자활지원 대상자 통합관리	'자활지원법' 추진 (복지부, 2006년 이후)
저소득 실업자	'일을 통한 빈곤탈출 지원법' 추진 (노동부, 2007)	

으로 개편한다.

여기에 더해서 기존의 보충급여 방식과 통합급여 방식이 근로능력이 있는 빈곤층의 자활·자립을 위한 유인을 낮추는 한계가 있기 때문에 수급자에게 근로장려금제도를 도입하여 근로 유인을 높이고, 단계적으로 개별급여체계로 전환하여 수급 탈출을 억제하는 제도적 문제를 해결해 나가는 방안도 제안되었다. 이 외에 프로그램별 개선 방안과 실무인력의 역량 강화 방안, 전달체계 개편 방안 등이 제시되었다.

② 자활지원법 vs. 일을 통한 빈곤탈출 지원법

2006년 이후 보건복지부에서는 기초생활보장제도에서 근로빈곤층을 분리하여 자활지원을 강화하기 위해 별도의 법률을 제정하는 방안을 추진하였다. 소득보장을 일차적인 목표로 하는 기초생활보장제도의 틀 안에서는 근로빈곤층의 자립 지원에 한계가 있다는 문제제기를 수용했기 때문이다(노대명, 2006).

새로운 자활지원법을 제정하되 기초생활보장제도와 완전히 단절하기보다는 일정한 연계를 갖는 방식으로 출발하여 단계적으로 제도를 개선해 나간다는 입장에서 개편 방안이 제안되었다. 따라서 자활지원제도의 대상자는 근로능력이 있는 미취업 기초보장 수급자(직권주의에 의한 보호대상)와 취업수급자 가운데 자활사업 참여 희망자(신청주의에 의한 보호대상), 다양한 미취업 빈곤층(신청주의에 의한 보호대상)으로 구성된다.

또한 이행급여를 신설하여 자활사업 참여자 중 취업과 창업에 성공한 가구의 안정적 탈빈곤을 지원하기 위해 주거급여, 의료급여, 교육급여, 자산형성지원금(IDA, individual development account, 이후 희망키움통장으로 발전)을 지원하는 방안을 제안하였다.

새로운 자활지원사업 전달체계는 노대명(2006)에서 제안된 내용과 크게 다르지 않다. 그런데 별도의 자활지원법을 통해 자활지원제도를 분리하면 보건복지부와 지방자치단체, 자활지원센터를 중심으로 한 전달체계가 더 강화되는 방향으로 비쳐지는 것은 피하기 어렵다. 또한 당시까지의 자활지원사업에는 참여를 희망하는 차상위계층만 자발적으로 참여해 왔지만, 새로운 제도는 자활지원제도의 포괄범위를 더 확장하여 미취업 빈곤층까지도 주 대상으로 포함하게 된다. 이는 그동안 수면 아래 잠복해 있던 근로빈곤층 지원을 둘러싼 보건복지부와 노동부 사이의 잠재적인 경쟁·갈등관계를 수면 위로 끌어올리는 계기가 되었다.

따라서 2007년에는 노동부를 중심으로 실직 빈곤층 지원에 초점을 맞춘 새로운 제도 개편 방안이 '일을 통한 빈곤탈출 지원법'으로 제안되었다.[5] 제도 개선의 기본 방향은 고용보험과 기초생활보장제도의 사각지대에 있는 집단을 대상으로 한 다양한 정책을 통합·보완하고, 취업애로계층에게 활성화(activation)를 조건으로 적극적 노동시장정책 참여와 취업촉진급여를 결합하는 것이다. 고용보험 적용범위 확대, 실직기간이 장기화된 자발적 이직자에 대한 실업급여 지급, 연장급여 활성화 등이 패키지로 제안되었지만, 이 개선 방안의 초점은 저소득 실직자에게 적극적 노동시장정책을 제공하면서 '취업촉진급여'라는 생계급여를 제공하는 제도를 신설하는 데 있었다.

• 이명박 정부에서의 제도 개편 논의

이명박 정부에서의 자활지원제도 개편 논의는 기본적으로 참여정부에서 진행된 논의의 연속선상에 있었다. 물론 정권교체 및 2008년 하반

5 이 제안의 주요 내용은 허재준 외(2007)에 정리되어 있다.

〈표 9-8〉 이명박 정부에서의 근로빈곤층 지원제도 개편 논의

주된 사회안전망 확충 대상	기초생활보장제도와 근로능력자 보호제도	
	통합	분리
빈곤계층	기초생활보장제도 유지	자활지원제도 분리 및 근로빈곤층 지원제도 도입
저소득 실업자	저소득층 취업성공패키지 (2009-)	

기부터 본격화되기 시작한 경제위기의 영향으로 세부적인 논의의 내용이나 진행 과정에는 약간 차이가 있다.

참여정부하에서의 법제화를 둘러싼 두 부처의 경쟁은 이명박 정부의 등장으로 일단 막을 내렸지만 노동부는 2008년에도 '취업촉진급여'를 주된 내용으로 하는 '저소득층 취업지원 촉진에 관한 법률'을 추진하였고 보건복지부도 자활지원제도 개선을 추진하였다(노대명, 2008). 이러한 논의의 흐름을 정리한 것이 〈표 9-8〉이다. 그러나 2008-2009년에 이러한 논의는 법제화로까지 진전되지 못하고, 이후 개별 프로그램의 개편에 머무르는 결과를 낳았다.

이에 따라 노동부에서 제안한 '저소득층 취업지원 촉진에 관한 법률'은 유보되고, 2009년부터 저소득층 취업성공패키지 사업이 일반회계의 지원을 통해 시범사업으로 시작되었다. 이 제도의 대상은 최저생계비 150% 이하 빈곤가구의 실직자로서, 고용노동부에 의뢰된 기초생활보장제도의 자활 대상자도 이 제도 아래 통합관리된다. 2010년부터는 이 제도를 통한 직업훈련 대상자에게 일정액의 훈련참여수당이 지원되기 시작하면서 보완적인 현금급여제도를 도입하고자 하는 구상에 더 가까워졌다.

보건복지부에서는 2009년부터 성과중심시범사업(희망리본프로젝트)을 시작하였다. 이는 보건복지부 프로그램이지만 일반노동시장 취

업을 지원하는 사업으로, 지역에 따라 사업을 위탁받은 광역 및 지역 자활센터, 또는 민간위탁기관에 의해 수행되고 있다. 이는 보건복지부가 일반노동시장 취업을 우선하는 전략으로의 전환을 받아들이고 이를 자체 사업에 반영하려고 했기 때문이다. 또한, 일반노동시장 취업을 지원하는 고용노동부 사업으로의 위탁 인원을 확대하고자 하였다. 이에 따라 2012년에 고용노동부로의 위탁 비율은 13.7%로서 2010년의 2.7%에 비해 크게 늘었다. 희망리본프로젝트까지 포함하면 일반노동시장 취업을 지원하는 사업의 비중은 18.0%까지 늘어난다.

한편 희망리본프로젝트가 시작되면서 보건복지부와 고용노동부의 역할분담이 흐려지면서 두 부처 사이에 갈등이 재연되었다. 즉, 취업대상자의 일반노동시장 취업 지원은 노동부, 비취업 대상자의 자립능력 제고 및 보호된 시장으로의 취업 지원(자활공동체 포함)은 보건복지부라는 경계가 무너졌기 때문이다. 일반노동시장으로의 취업을 지원하지만 복지서비스를 필요로 하는 대상자는 희망리본프로젝트로, 그렇지 않은 경우는 고용노동부 위탁으로 잠정적인 역할분담이 다시 이루어졌지만, 문제가 해결되었다기보다는 미봉된 상황이다.

• 박근혜 정부의 개별급여체계로의 전환 방안과 함의

통합급여체계를 개별급여체계로 개편하는 것은 통합급여체계가 갖는 복지급여 탈출에 대한 부정적인 유인을 줄이고, 욕구별 현물급여를 활성화하여 복지에 대한 의존성을 줄이는 것과 함께 국민들에게 필수적인 복지서비스를 확대하는 이중의 목표를 동시에 추구한다. 〈그림 9-1〉은 개별급여체계로의 개편 방향을 정리한 것이다.

이러한 제도 개편에 따라 현재의 기초생활보장제도에서 제공하는 자활급여를 포함한 고용서비스도 근로빈곤층의 욕구에 따라 제공되는 현물서비스로서 개별급여체계로의 개편과 함께 더 폭넓은 대상자에게

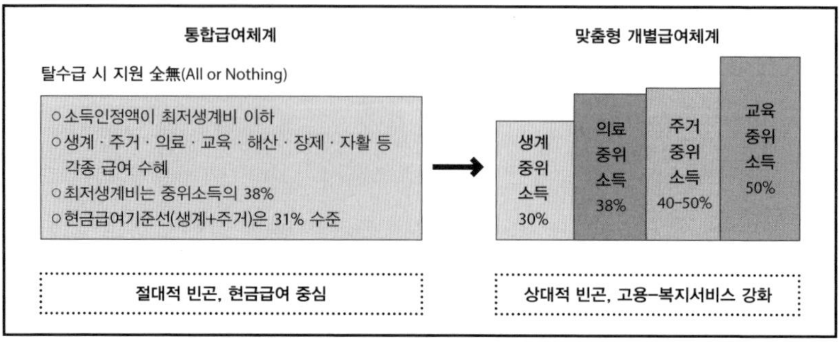

〈그림 9-1〉 기초생활보장제도 개편 방향

자료: 보건복지부, 『2013년 종합자활지원계획』.

제공되는 서비스로 확대될 가능성이 열리게 되었다. 제도 개편으로 자활·고용서비스 지원대상이 되는 근로빈곤층(현재의 기초생활보장제도에서는 차상위계층에 해당)은 중위소득 50% 미만으로 확대되었고, 이에 따라 자활지원사업의 성격도 달라졌다.

첫 번째는 자활지원사업의 성격 변화다. 비록 일부 차상위계층이 참여하고 있지만 기초생활보장제도의 조건부 수급제도에 기반한 자활지원사업은 전형적인 근로연계 복지정책이다. 그러나 개별급여체계로 전환하면서 중위소득 50% 미만 가구까지 자활·고용서비스가 확대됨으로써 우리나라에서도 근로빈곤층에 대한 지원제도가 공공부조 수급자를 대상으로 한 좁은 의미의 근로연계 복지정책에서 폭넓은 근로빈곤층을 대상으로 한 활성화 정책으로 확장될 가능성이 열린 것으로 이해할 수 있다.

두 번째는 앞에서도 지적한 것처럼 활성화 정책으로의 성격 변화가 사회적 시민권에 대해서 갖는 함의다. 개별급여체계로의 전환과 함께 조건부과 대상이 줄어들면서 자발적으로 참여할 수 있는 자활·고용서비스 대상자가 늘어난다면 근로연계 복지정책이 시민권에 대해 갖는 함의에 대한 논란에도 불구하고 사회적 시민권이 확장되는 것으로 이해할 수 있다. 그러나 이러한 논리적 해석의 타당성은 앞으로 자활·고용서비스가 실제로 폭넓은 근로빈곤층의 자활과 자립을 지원할 수 있는 제도로 운영되는가에 달려 있다.

개별급여체계로의 개편이 고용복지 연계정책 측면에서 제도설계 방향을 규정하는 중요한 제도적 전제조건은 생계급여 수급자를 근로능력자와 무능력자로 분리하지 않고 통합해서 운영한다는 것이다. 오랫동안 개별급여체계로의 개편 논의는 근로능력이 있는 빈곤층을 대상으로 한 최저소득보장제도를 근로무능력자와 분리해서 자립지원제도를 획기적으로 강화하는 방안(이하 '근로능력자 분리 보호 방안')과 함께 논의되어 왔다(노대명, 2008). 그러나 이번에 이루어진 개별급여체계로의 개편은 근로능력자와 근로무능력자를 대상으로 한 생계급여를 분리하지 않고 통합하여 운영하는 것을 전제로 한다. 개별급여체계로의 개편과 함께 보건복지부에서는 '(가칭) 빈곤의 예방과 탈빈곤을 위한 자립지원법'(이하 '자립지원법') 제정을 추진하고자 한다.

근로능력자와 근로무능력자로 생계급여제도를 분리하지 않은 상황에서 제정하는 자립지원법은 현재보다 크게 줄어든 소수의 조건부 수급자와 자발적으로 참여하는 차상위계층을 대상으로 하는 제도를 전제로 하는 것으로서, 독자적인 자립지원법 제정에 걸맞은 제도적 기반을 갖추기 어렵다고 판단된다. 2014년에 이미 자활지원사업의 규모와 예산이 2013년에 비해 줄어들었다(대상자: 7만 6천 명 → 7만 2천 명, 예산 4,723억 원 → 4,124억 원)는 점이 이를 보여 준다. 이는 근로능력자와 무능력자를 통합하여 생계급여제도를 유지하는 제도 개편으로부터 귀결되는 중요한 효과의 하나다.

5. 맺음말

5절에서는 지금까지 살펴본 기초생활보장제도와 자활지원사업의 성과에 대한 평가를 요약하고 고용복지 연계정책의 발전 방향을 살펴본다.

고용복지 연계정책 전개 과정의 시사점

• 기초생활보장제도 및 자활지원사업 평가와 시사점

첫 번째로, 근로빈곤층 보호제도로서 기초생활보장제도는 한계를 드러냈다. 기초생활보장제도 시행 초기와 최근을 비교해 보면 근로무능력자의 비중은 늘어난 반면, 근로능력자는 절대 규모도 줄어들었다. 고령인구 증가라는 인구구조 변화가 반영된 것이라 하더라도, 2000년대 이후 근로빈곤층 증가에도 불구하고 기초생활보장제도를 통해 보호하는 근로능력자가 줄어들었다는 점은 기초생활보장제도가 근로빈곤층 보호의 확대라는 사회적 필요에 충분히 대응하지 못했음을 보여준다.

두 번째로, 기초생활보장제도는 자립 촉진 기능의 측면에서 한계를 드러냈다. 근로능력자 중에서 취업자의 비중이 크게 줄고, 조건부과제외자와 조건부 수급자의 비중이 크게 늘었다. 제도와 직접 관련된 요인만 본다면 근로능력자에 대한 보호 기능이 약화되면서 근로능력자 가운데 근로능력이 더 떨어지는 계층이나 근로할 수 있는 여건이 되지 않는 대상자를 중심으로 수급자가 결정되었고, 일반노동시장 취업에 대한 금전적 유인이 전혀 제공되지 않은 상황에서 금전적 유인이 일부라도 제공되는 자활지원사업에 대한 선호가 늘었기 때문으로 해석된다.

세 번째로, 고용과 복지의 연계가 담론 중심의 논의에 그쳐 왔다.

그 결과 실제 정책 대상자는 매우 적음에도 불구하고 마치 기초생활보장제도의 전체적인 성격을 규정하는 것처럼 논의되어 왔다. 다른 각도에서 보면 이렇게 기초생활보장제도의 근로빈곤층 보호 기능이 취약하고 자활지원사업의 규모도 제한적이라는 점이 앞에서 지적한 근로빈곤층 분리보호 방안(노대명, 2008)이나 한국형 실업부조 도입(이병희, 2013; 황덕순, 2012) 등 근로빈곤층 보호를 위한 대안적인 정책에 대한 문제제기의 배경이 되어 왔다.

네 번째로, 자활사업의 성과가 낮을 수밖에 없는 구조적 요인이 있고, 다른 한편으로는 핵심적인 프로그램인 자활근로의 만족도가 낮다. 자활사업에 참여할 경우 수급탈출 가능성이 낮아지지만 이는 구조적으로 해당 가구원이 노동시장에서 취업하지 못하고 있고, 자활사업에 참여하고 있는 동안 수급에서 탈출할 수 있는 기회도 그만큼 적기 때문이다. 그렇지만 자활사업의 핵심을 이루는 자활근로에 대한 평가가 다른 유사 일자리 사업에 비해 더 부정적이라는 점은 분명한 한계다.

다섯 번째는 여러 한계에도 불구하고 자활·고용 프로그램으로서 자활근로가 갖는 의미가 적지 않다는 점이다. 우선 일반노동시장에 취업하기는 매우 어렵지만 일할 기회가 필요한 집단과 보호된 일자리를 통해 자립능력을 키우는 것이 필요한 집단을 위한 프로그램은 여전히 중요하다. 또한 중소도시와 농어촌 지역을 중심으로 일반노동시장에서의 고용창출능력이 낮은 경우 자활근로가 노동시장 수급불균형을 완충하는 역할을 수행하기도 한다. 자활근로사업의 발전 과정에도 이러한 사회적 필요가 반영되어 왔다. 특히 자활·고용서비스에 대한 근로빈곤층의 자발적인 참여를 이끌어내기 위해서는 지역노동시장의 상황을 적절히 반영하면서 다양한 대상자의 특성에 맞는 자활·고용서비스가 제공되어야 한다. 자활근로도 지금까지의 발전 과정의 연장선상에서 이러한 정책적 요구를 충족하기 위한 다양한 정책수단 가운데 하나로 앞으로도 중요하게 활용되어야 할 것이다.

• 개별급여체계의 시사점

첫 번째로 근로능력 수급자와 조건부 수급자 수가 줄어들면서 자활지원사업의 규모와 구성이 크게 달라질 수 있다. 개별급여체계 아래에서 장기적으로 생계급여 해당자는 현행 기초생활보장제도 수급자의 3분의 2에도 미치지 못할 것으로 추정되며, 이들 가운데 근로능력자의 경제활동상태를 고려해 조건부 수급 대상자의 규모를 추계해 보면 현재의 절반 내외에 불과할 것으로 전망된다(황덕순, 2013). 이에 따라 현행 자활사업의 규모와 구성이 달라질 가능성이 크다. 자발적인 자활지원사업 참여자가 크게 늘지 않으면 현재의 규모를 유지하기 어려울 수 있고, 현재 자활지원사업의 예산 편성 방향이나 자발적인 참여자의 프로그램별 선호도도 바뀔 수 있기 때문이다. 이와 함께 사업별로 특화되어 있는 현재의 자활사업 전달체계도 바뀔 수밖에 없는 환경에 놓이게 될 것이다.

두 번째로 자활·고용서비스 수요는 크게 늘어날 가능성이 있다. 자활사업에 강제로 참여해야 하는 조건부 수급자 수는 큰 폭으로 줄어들더라도 차상위계층의 범위가 중위소득 50% 미만으로 넓어지면서 자활·고용서비스를 필요로 하는 근로빈곤층이 크게 늘어나기 때문이다. 잠재적인 자활·고용서비스 수요를 판별해 보면 우선적인 자활·고용서비스 대상자 규모가 20만 명(구직활동경험 미취업자 기준)에서 40만 명(취업가능한 비경제활동인구 포함)으로 나타난다. 여기에 사회복지·고용서비스를 필요로 하는 대상과 불완전취업자(6개월 미만 취업자) 등 잠재적 자활·고용서비스 대상자를 포함하면 그 규모는 약 80만 명으로 늘어난다(황덕순, 2013). 이들의 자립을 촉진하기 위해서는 차상위 근로빈곤층을 대상으로 한 자활·고용서비스가 크게 늘어나야 할 것이다.

세 번째로, 자활·고용서비스의 확대가 제도적으로 보장되어 있지 않다는 점이다. 차상위계층의 자활지원사업 참여는 자발성에 의존하고 실제 사업규모는 예산에 의해 좌우되기 때문에 적용대상 범위가 늘어났다고 해서 근로빈곤층을 대상으로 한 고용서비스가 바로 늘어날 것이라고 볼 수는 없다. 자활지원사업, 특히 자활근로사업의 축소는 자활근로사업에 대한 수요가 큰 농어촌이나 중소도시 지역으로 자활근로가 적절히 배분되지 않는다면 실질적인 의미를 갖는 고용서비스 위축으로 이어질 가능성도 배제할 수 없다. 따라서 자활·고용서비스 확대를 통해 근로빈곤층 보호를 강화하고 실질적으로 사회적 시민권을 확장하고자 한다면, 예산과 전달체계 등 이를 뒷받침할 제도적 기반이 강화되어야 할 것이다.

고용복지 연계정책의 발전 방향

• 정책 환경

보건복지부에서는 자립지원법 제정을 꾸준히 추진해 왔다(보건복지부, 2013). 그러나 근로능력자를 대상으로 한 생계급여제도를 독립시키지 못한 상황에서 자립지원법 제정을 필요로 할 만한 사회적 기반이 충분하지 않다. 현재보다 크게 줄어든 조건부 수급자와 자발적으로 참여하는 차상위계층을 대상으로 하는 자활지원사업이 줄어들기 때문이다.

노대명(2013)도 생계급여를 근로능력자 중심으로 개편하지 못하게 되면서 취업지원제도만을 대상으로 자립지원법을 제정하기는 어려울 것으로 전망하고 있다. 또 다른 가능성은 '한국형 실업부조'로 논의되어 온 새로운 2차 안전망을 새로운 근로빈곤층 보호제도로 제도화하는 방안이다. 고용노동부와 국회를 중심으로 논의가 시작되고 있으나 제도화로 이어질 수 있는지는 아직 유동적이다. 단기적으로 가장 가능성이 높은 시나리오는 근로빈곤층을 대상으로 현행 취업성공패키지가 확대되면서 자활지원사업 규모가 줄어드는 것 이상으로 전반적인 자활·고용서비스가 늘어나는 것이다.

근로빈곤층 보호제도가 어떤 방향으로 발전하더라도 앞에서 살펴본 시사점을 기반으로 할 때 객관적인 정책 환경은 1) 조건부 수급자 축소와 차상위계층을 중심으로 한 자발적인 자활·고용서비스 참여자 확대, 2) 자활근로를 중심으로 한 전통적인 자활지원사업 축소와 일반노동시장 취업에 초점을 맞춘 고용서비스 확대, 3) 보건복지부와 고용노동부, 지방자치단체 등 전달체계 간 연계와 협력 강화의 필요성 확대로 요약될 수 있다. 이하에서는 이러한 정책 환경하에서 고용복지 연계정책을 뒷받침하기 위한 전달체계와 고용복지 연계정책의 발전 방향을 살펴본다.

• 고용복지 연계정책의 발전 방향

생계급여제도는 중·장기적으로 근로빈곤층을 중심으로 재편될 가능성이 있다. 우리나라에서도 점차 근로능력이 없는 보호대상별로 범주적 급여가 확산될 것이기 때문이다. 우선 기초노령연금 및 국민연금 수급자의 확대와 함께 기초생활보장제도의 생계급여를 통해 보호해야 할 고령인구의 규모가 점차 줄어들 것이다. 보육의 확대와 함께 아동양육수당이 늘어나면서 생계급여 기준선 근처의 소득을 얻고 있으면서 아동이 있는 근로능력자들이 생계급여 수급자로 진입하게 하는 유인도 점차 약화될 것이다. 장애연금이나 중증장애인을 대상으로 한 장애수당의 사회적 역할은 아직 크지 않지만, 앞으로 복지가 확대되는 과정에서 장애를 대상으로 관대한 급여가 점차 확대될 가능성이 높다.

따라서 단기간 내에 이루어질 것이라고 보기는 어렵지만, 앞으로 생계급여 수급자에서 근로능력자의 비중이 점차 늘어나고, 근로능력이 없는 수급자들은 점차 다른 제도로 흡수될 것이다. 이는 시간이 흐르면서 개별급여체계하의 생계급여가 근로능력이 있지만 일정 수준 이상의 소득을 얻기 어려운 취약한 근로빈곤층을 중심으로 점차 재편될 것이라는 점을 시사한다.

기초생활보장제도가 갖는 보편적인 최저소득보장제도라는 상징적인 가치 때문에 근로능력자를 대상으로 한 생계급여를 분리하는 것이 정치적으로는 어렵지만, 근로무능력자를 대상으로 한 복지제도의 점진적인 발전이 실질적으로 이러한 방향으로의 변화로 귀결될 것이다. 다만 이러한 제도의 성격 변화가 근로능력자를 분리해서 획기적으로 자립을 위한 지원을 강화하고자 한 '근로능력자 분리보호 방안'과 형식적인 측면에서는 유사해 보이지만 본질적인 문제의식은 희석된다는 점에서 실질적으로는 차이가 크다.

단기적으로 근로빈곤층을 대상으로 한 새로운 생계급여제도의 발전가능성이 가로막힌 상황에서 근로빈곤층 보호의 사각지대를 축소할 수 있는 제도적 가능성은 한국형 실업부조의 제도화에 따라 좌우될 것이다. 경합하는 제도 개선 대안이 실질적으로 사라진 가운데 실업부조를 도입해야 할 객관적인 사회적 필요는 더 커진 반면, 제도적인 장벽은 더 낮아졌기 때문이다.

참고문헌

김미곤(2005). 「국민기초생활보장제도 시행 5주년에 대한 재음미」. 『보건복지포럼』, 2005년 10월호: 6-15.

노대명(2006). 「자활지원제도의 개편방향과 추진전략」. 『근로빈곤층 자활지원 법률체계 개편방안 공청회 자료집』. 보건사회연구원.

노대명(2008). 「자활지원정책의 쟁점과 과제」. 『보건복지포럼』, 2008년 10월호: 7-20.

노대명(2013). 「일을 통한 빈곤탈출 지원정책과 지역자활센터 개편방안」. 한국사회적경제연구회 2013년 9월 월례포럼 발표자료.

노대명 외(2004). 『자활정책·지원제도 개선방안 연구』. 보건복지부·노동부·한국보건사회연구원·한국노동연구원.

대통령비서실 삶의질향상기획단(1999). 『새천년을 향한 생산적 복지의 길: 국민의 정부 사회정책 청사진』. 대통령비서실 삶의질향상기획단.

뢰드멜, I.(2002). 「유럽과 미국의 근로연계 복지정책 비교」. 황덕순·이바르 뢰드멜·히더 트릭키. 『근로연계 복지정책의 국제비교』. 한국노동연구원.

류정순(2001). 「빈민의 생존권은 보장되고 있는가?」. 『한국빈곤문제연구소 창립 공청회 자료집』. 한국빈곤문제연구소.

문진영(1999). 「기초생활보장제도를 중심으로 한 사회안전망 연계 프로그램」. 『실업대책위원회 제1차 워크샵 자료집』. 새정치국민회의.

문진영 외(1999). 「기초생활보장과 복지국가」. 『기초생활보장과 생산적 복지 정책토론회 자료집』. 한국사회보장학회.

변재관 외(1998). 『한국의 사회보장과 국민복지 기본선』. 한국보건사회연구원.

보건복지부(각 연도). 『보건복지백서』.

보건복지부(각 연도). 『보건복지통계연보』.

보건복지부(각 연도). 『자활사업안내』.

보건복지부(2009a, 2003, 2012). 『주요업무참고자료』.

보건복지부(2009b). 『2008년 국민기초생활보장 수급자 현황』.

이병희(2013). 「한국형 실업부조 도입의 쟁점과 과제」. 『한국사회정책』 20(1): 123-144.

허재준 외(2007). 『근로빈곤층 고용지원 강화방안』. 노동부.

황덕순(1999). 「저소득실업자 사회안전망」. 한국노동연구원 편. 『한국의 실업정책』. 한국노동연구원.

황덕순(2002). 「한국의 근로연계 복지정책 평가와 개선방안」. 황덕순·이바르 뢰드멜·히더 트릭키. 『근로연계 복지정책의 국제비교』. 한국노동연구원.

황덕순(2009). 「국민기초생활보장제도와 노동시장정책: 근로빈곤층 보호방안을 중심으로」. 이태진 외. 『2009년 국민기초생활보장제도 모니터링 및 평가: 법제정 10년의 제도운영 점검』. 한국보건사회연구원.

황덕순(2012). 「자활 및 고용지원서비스 발전방향」. 강신욱·정은희·김수현·황덕순·박은경. 『국민기초생활보장제도 개편에 따른 저소득층 소득지원제도 발전방향』. 한국보건사회연구원.

황덕순(2013). 「보장성과 근로유인」. 노대명 외. 『국민기초생활보장제도의 맞춤형 급여체계 개편방안 연구』. 보건복지부·한국보건사회연구원.

황덕순 외(1999). 『저소득 장기실업자 보호방안 연구』. 노동부.

Bothfeld, S. and S. Betzelt (2011). "Activation and Labour Market Reforms in Europe: Challenges to Social Citizenship-Introduction." In: S. Betzelt and Bothfeld (eds.), *Activation and Labour Market Reforms in Europe: Challenges to Social Citizenship*. Basingstoke, UK: Palgrave Macmillan.

Eichhorst, W., O. Kaufmann, Konle-Seidl, and H. J. Reinhard (2008). "Bringing the Jobless into Work? An Introduction to Activation Policies." In: W. Eichhorst, O. Kaufmann, and R. Konle-Seidl (eds.), *Bringing the Jobless into Work? Experiences with Activation Schemes in Europe and the US*. Heidelberg, London and New York: Springer.

Esping-Andersen, G. (1996). "After the Golden Age? Welfare State Dilemmas in a Global Economy." In: G. Esping-Andersen (ed.), *Welfare State in Transition: National Adaptations in Global Economies*. London: Sage Publications.

Jacobs, L. A. (1995). "What are the Normative Foundations of Workfare?" In: P. M. Evans and A. Sayeed (eds.), *Workfare: Does it Work? Is It Fare.* Montreal: Institute for Research on Public Policy.

Pascual, A. S. (2007). "Reshaping Welfare States: Activation Regimes in Europe." In: A. S. Pascual and L. Magnusson (eds.), *Reshaping Welfare States and Activation Regimes in Europe*. Brussels: P.I.E. Peter Lang.

10장 /

외국인력정책의 변화와 전망

저숙련 외국인력 정책을 중심으로

이규용

1. 들어가는 말

이 글의 목적은 우리나라 외국인력정책의 역사적 전개 과정을 비전문 인력(저숙련 인력)을 중심으로 살펴보는 데 있다. 외국인력정책은 크게 전문인력정책과 비전문인력정책으로 구분되며 이는 숙련도를 기준으로 분류한 비자 체계에 의해 규정된다. 출입국제도에 따르면 체류뿐만 아니라 취업활동까지 가능한 취업사증으로는 단기취업자에게 발급되는 단기취업사증(C-4)과 전문인력에게 발급되는 전문인력사증, 비전문인력에게 발급되는 사증이 있다. 외국인 전문인력에게 발급되는 사증은 유형에 따라 교수(E-1), 회화지도(E-2), 연구(E-3), 기술지도(E-4), 전문직업(E-5), 예술흥행(E-6), 특정활동(E-7)으로 세분화된다. 비전문인력에 발급되는 사증은 비전문취업(E-9), 선원취업(E-10), 방문취업(H-2), 관광취업(H-1) 사증이다. 외국인력정책은 이러한 비자 체계를 통해 입국한 외국인력의 도입과 체류에 관련한 모든 정책을 포괄한다고 볼 수 있다.[1]

우리나라의 외국인력정책은 정책의 주체 및 방향, 관련된 법 제도, 외국인력의 도입 및 체류관리체계 등 모든 면에서 비전문인력정책과 전문인력정책이 확연히 구분된다. 또한 도입 규모 면에서도 현저히 차이를 보인다.[2]

---

1 비자 체계가 아닌 경제활동상태로 구분할 경우 외국인력이란 국내에서 경제활동에 종사하는 체류 외국인을 모두 지칭할 수 있다. 여기에는 취업비자 입국자 외에 비취업비자로 입국하여 경제활동에 종사하는 불법체류자, 언론인(D-5), 종교인(D-6), 상사주재원(D-7), 기업투자자(D-8), 무역경영자(D-9), 유학생(D-2), 구직연수자(D-10), 국민의 배우자(F-2), 재외동포(F-4), 영주권자(F-5), 등록외국인의 배우자(F-3)도 취업자 범주에 포함된다. 통계청의 외국인 고용조사 통계(2013)에 따르면 등록 외국인 중 취업상태에 있는 체류 외국인은 75만여 명에 이르며 등록 외국인 이외의 체류 외국인 취업자를 포함할 경우 이보다 더 많은 외국인이 국내에서 경제활동에 종사하고 있다.

외국인력정책의 기조를 보면 전문인력은 적극 유치를 내세우는 데 비해 비전문인력에 대해서는 효율적 활용이라는 틀이 견지되고 있다. 전문외국인력정책은 우수인재 유치를 위한 전자비자제도 도입, 점수이민제 및 영주권제도 활성화, 해외 우수인재의 발굴 및 취업알선, 유학생 유치 및 관리 강화, 넓은 의미에서 창업 및 투자 유치를 통한 경제 활성화, 투자이민 활성화 및 다양화 등의 제도 개선이 이루어져 왔다.[3] 우수인재 유치를 위한 노력으로 이명박 정부 들어 범정부 차원의 정책방안을 모색해 왔고,[4] 박근혜 정부에서도 미래창조과학부를 중심으로 하여 관계부처 합동으로 '해외 우수인재 유치·활용 방안'을 마련하는 등[5] 제도 개선 방안을 지속적으로 모색해 왔다.

이에 비해 비전문외국인력정책은 그동안 인력의 도입, 체류 및 귀국 등 전 과정에 걸쳐 정책 쟁점을 둘러싸고 논쟁이 있어 왔다. 고용허가제와 방문취업제로 구성된 비전문외국인력정책의 전개 과정을 간략히 소개하면 다음과 같다.[6]

---

2 2014년 8월 말 현재 체류 외국인 가운데 전문인력은 5만 401명인 데 비해 비전문인력은 56만 1,996명이다.

3 제2차 외국인정책기본계획 참조.

4 관계부처 및 국가경쟁력 강화위원회(2008. 4)의 「글로벌 고급인력 유치방안」에서 주요 추진과제로 Contact Korea 운영, 구직비자 도입, 점수제 도입, 비자체계 개선 및 체류지원 등을 설정한 바 있다.

5 관계부처 합동(2014. 1), 「해외 우수인재 유치·활용 방안」 참조. 박근혜 정부의 우수인재 유치 방안은 두 가지 정책목표를 추구하고 있다. 첫째는 인재유형별 전략적 유치·활용을 설정하고 인재유형에 따라 연구교육형, 기업활동형, 미래잠재형으로 구분하여 추진과제를 제시하고 있다. 연구교육형은 연구역량 및 국제화 수준 제고, 기업활동형은 글로벌 경쟁력 강화 및 일자리 창출, 미래잠재형은 우수 유학생 유치를 통한 성장잠재력 확보를 과제로 내세우고 있다. 둘째는 외국인 친화적인 사회·문화 인프라 조성으로, 여기서는 정주 여건 및 출입국 제도 개선, 글로벌 인재교류 기반 확대, 범정부적 종합 지원체제 강화가 포함된다.

6 이규용(2013: 197-202)의 내용을 요약·정리하였다.

첫째, 외국인력정책의 도입기(1993-2000. 4)이다. 1980년대 후반 이후 3D 업종 기피 현상이 심화되면서 단순기능인력 부족 문제가 심각해지자 정부는 외국인력을 근로자 신분이 아닌 연수생 신분으로 도입하여 활용하는 정책을 시행하였다. 이 시기는 외국인력 활용 경험이 일천하여 불법체류자의 만연, 송출 비리 문제, 사업장 내에서 외국인력 활용을 둘러싼 갈등 등이 다양하게 표출된 시기라고 볼 수 있다.

둘째, 외국인력 활용을 둘러싼 갈등의 확대기(2000. 4-2004. 8)이다. 이 시기에는 연수생이라는 신분적 제약으로 도입 쿼터가 많지 않은 상태에서 외국인력에 대한 국내의 수요가 지속적으로 증가하여 불법체류자 비율이 80%에 육박하는 등 산업연수제도의 지속적인 유지가 어려운 상황이 되었다. 따라서 산업연수제도를 연수취업제로 전환하여 연수제도와 취업제도를 결합하도록 했으나 본질적인 제도 개선으로 이어지지는 못했다. 외국인력 도입 과정의 투명성, 외국인력 관리의 효율화는 단순히 연수취업제 도입으로 해결될 수 있는 문제가 아니었던 것이다. 한편 이 시기의 또 다른 특징은 2002년 11월부터 시행된 동포를 대상으로 한 취업관리제의 등장이다. 이 제도는 연수취업제와는 구별되지만 과도기적 성격을 갖고 있었다.

셋째, 고용허가제 도입 및 정착기(2004. 8-2007. 3)이다. 이 시기는 고용허가제와 기존 산업연수제도의 병행기(-2006), 고용허가제 정착에 따른 통합시기(2007. 1. 1), 그리고 동포에 대한 저숙련 외국인력 정책 통합 시기로 구분된다. 동포 인력에 대해서는 고용허가제 시행과 동시에 외국국적동포에게 방문동거 체류자격을 부여하고 국내에서 취업활동을 하도록 한 취업관리제는 '특례고용허가제'라는 이름으로 고용허가제에 흡수·통합되었다. 2007년 3월 4일부터는 특례고용허가제를 국내에 호적 또는 친족이 있는 외국국적동포만이 아니라 국내에 연고가 없는 외국국적동포에게도 취업을 허용하는 방문취업제를 도입하였다.

이에 따라 고용허가제는 일반외국인을 대상으로 하는 '일반고용허가제'와 외국국적동포를 대상으로 하는 '특례고용허가제'로 구분된다. 일반고용허가제와 특례고용허가제로 이원화된 형태를 갖추고는 있지만 고용허가제로 통일된 저숙련 외국인력 제도가 안정적으로 정착한 시기다.

넷째, 고용허가제 발전기(2007. 3-현재)이다. 안정적인 제도 정착을 토대로 정부는 고용허가제도를 지속적으로 개선해 왔다. 지금까지의 저숙련 외국인력 정책이 우리 몸에 맞는 외국인력 공급정책으로서 고용허가제 도입을 위한 준비 및 정착기의 성격을 갖고 외국인력에 대한 통제(control) 및 관리의 효율화를 표방해 왔다면 이 시기는 외국인력에 대한 통합적 관리가 요구되는 시기라고 볼 수 있다.

이와 같이 국내 외국인력 활용정책은 두 개의 축을 중심으로 이루어져 왔다. 이러한 제도의 구분은 들어오는 인력의 숙련도를 기준으로 한 것이지만 정책의 추진체계나 운영 방식은 큰 차이를 보이고 있다. 한국의 인구변동이나 산업구조 변화를 고려할 때 외국인력에 대한 수요는 지속적으로 증가할 전망이며 이에 따라 외국인력 도입 방향을 둘러싼 정책 논의도 활발히 전개될 전망이다. 단순히 노동시장의 수급 논리가 아닌 중·장기 국가전략의 일환으로 외국인력 문제를 바라볼 필요성이 증가하고 있다.

이 글은 이러한 관점에서 그동안 한국의 외국인력정책이 어떻게 전개되어 왔는지를 살펴봄으로써 향후 정책 방향에 대한 시사점을 도출하고자 한다. 앞에서도 언급했듯이 외국인력정책의 두 축을 이루는 전문인력정책과 비전문인력정책은 운영 방식이나 전개 과정에서 큰 차이를 보이고 있기 때문에 여기서는 비전문인력에 초점을 맞추어 논의를 진행하고자 한다. 글의 구성은 비전문외국인력정책의 시간적 전개 과정을 중심으로, 고용허가제 도입 이전의 외국인력정책(2절), 고용허가제의 도입 및 실시(3절), 외국국적동포의 국내 취업과 방문취업제 도입(4절)으로 전개된다. 5절은 이러한 제도의 변화에서 나타난 외국인력정책의 주요 쟁점들이 시간의 흐름에 따라 어떻게 변화되어 왔는지를 살펴보고 현시점에서 정책의 쟁점을 정리한다.

2. 고용허가제 도입 이전의 외국인력정책

해외투자기업 산업기술연수생제도의 도입

한국 경제가 고도로 성장함에 따라 1980년대 후반부터 중소 제조업, 건설업 등 이른바 3D 업종을 중심으로 단순기능인력 부족 현상이 심화되면서 외국인 근로자 도입의 필요성이 제기되었다. 우리나라에서 단순기능 외국인력의 수입 문제가 본격적으로 논의되기 시작한 것은 국내 노동시장이 심각한 인력난을 겪기 시작한 1990년대 초반부터다. 물론 이러한 논의가 본격적으로 시작되기에 앞서 중소 제조업을 중심으로 인력난이 심화되기 시작한 1980년대 후반부터 외국인력이 국내에 조금씩 유입되기 시작하여 1990년대에 이르러서는 그 유입 규모가 증가하였다.

인력난이 심화되자 사업자 단체를 중심으로 외국인력의 합법적 도입을 요구하는 목소리가 커졌다. 1989년 10월 석탄협회가 동력자원부에 외국인력 수입을 건의하고, 1990년 7월에는 전자공업협동조합이 베트남의 한국인 2세를 고용할 수 있도록 정부에 건의했으며, 같은 해 10월에는 중소기업협동조합중앙회(현 중소기업중앙회)가 외국인 근로자 수입을 허용해 달라고 노동부에 건의하는 등 외국인력의 도입에 대한 요구가 이어졌다(설동훈, 1999).

외국인력 도입을 둘러싸고 노사 단체와 정부 내에서도 서로 엇갈리는 의견을 보였다. 외국인력 도입은 주로 사용자단체에서 강하게 주장했으며, 한국노동조합총연맹(한국노총)과 전국노동조합협의회(전노협) 등 노동단체는 외국인력의 도입이 내국인 근로자의 취업기회를 박탈하고 근로조건 개선에 걸림돌로 작용할 우려가 있다는 점을 들어 반대 입장을 표명하였다. 정부 부처 내에서도 외국인력 수입을 둘러싸고 정책대응을 하기 시작했으나 부처마다 견해가 달랐다. 전반적으로 상공부·건설부 등은 수입 허용을 주장하였고, 경제기획원·노동부·법무부·보건사회부 등은 반대 입장을 보였다.

1991년 10월 청와대에서 열린 중소기업인과의 오찬간담회에서 노태우 대통령은 "현재 허용되고 있는 산업기술연수 명목의 외국 기능인력 제도를 활용하여 그 인원 및 연수기간을 늘림으로써 중소기업의 인력부족을 해결"하는 방안을 제시하였다(설동훈, 1999: 423-424). 이에 정부는 1991년 10월 법무부 훈령으로 '외국인 산업기술연수 사증 발급 등에 관한 업무처리 지침'과 그 시행세칙을 제정하여 같은 해 11월부터 실시하였다.[7] 이는 그전까지 법무부 내부지침으로 운영되던 외국인 산업기술연수를 법무부 훈령으로 제도화한 것이다.

이 제도는 해외 직접·합작 투자기업, 해외 기술제공기업, 산업설비 수출기업, 상공부 장관의 추천을 받은 기업이 '현지에서 고용한 인력의 기능 향상'을 위해 국내 연수를 실시할 수 있도록 허용하는 것이었다. 이 제도는 기술이전과 같은 연수 목적도 있었지만 실제로는 국내 인력

7 이 제도의 취지 및 목적은 외국진출 한국 기업의 현지공장 근로자를 한국의 모기업에서 연수시켜 현지공장에 투입함으로써 경영효율성을 제고하고, 개발도상국에 대한 기술이전 등 경제협력을 도모하는 것으로 되어 있다. 연수기간은 6개월을 원칙으로 하고 6개월 범위 내에서 연장이 가능하도록 했으며 연수인원은 생산직 근로자 10% 범위 내에서 50명 한도로 설정했으나, 그 후 1994년부터 100명 한도 내에서 종전 최장 1년에서 최장 2년(1년 기본, 1년 연장)으로 연장되었다.

난을 해소하기 위한 외국인력의 편법적 활용이 가능하도록 한 것이었다. 한편, 불법취업자의 국내 유입이 증가하고 영세한 중소기업을 중심으로 인력난이 심화되자 정부는 1992년 6-7월 불법체류 외국인을 자진 신고하도록 하여 불법취업자 및 사용자의 처벌을 면제하고 신고 사업주의 책임하에 12월 말까지 출국 기한을 연장하는 한시적 국내 체류를 허용하였다.[8] 같은 해인 1992년 9월부터 외국인 연수가 불가피하다고 판단한 10개의 3D 업종에 대하여 상공부 장관의 추천 및 법무부 장관의 사증 발급을 거쳐 1만 명의 산업기술연수생을 도입하였다.

산업연수제도 도입

상공부 장관 추천 기술연수제도의 시행 과정에서 문제점이 나타나자 김영삼 정부는 1993년 4월 동 제도의 시행을 중단하고 같은 해 11월 24일 법무부 차관이 주재하는 '외국인 산업기술연수 조정협의회'에서 기존 해외투자기업 산업연수제도의 미비점을 보완함과 아울러 외국인 산업연수생 도입 업종과 규모를 확대한다는 결정을 내렸다. 이에 따라 정부는 1993년 12월 28일 '외국인 산업기술연수 사증발급 등에 관한 업무처리 지침'을 개정했으며 개정된 지침은 1994년 1월 1일부터 시행되었다(설동훈, 1999: 431). 개정된 내용에 따르면 산업기술연수 대상업체를 '주무부처의 장이 추천하는 사업체'에서 '주무부처의 장 또는 주무부처의 장이 지정하는 산업체 유관 공공단체의 장이 추천하는 사업체'로 변경하였다.[9] 이에 따라 산업연수생 도입 업종은 기존의 10개 업종

8 신고한 외국인은 불법체류자 6만 8천 명 중 90%인 6만 1,126명이었는데 그중 제조업 분야의 4만 7천 명(전체 69%)을 출국 유예 조치하였다. 외국인 산업기술연수제도는 중소기업들의 요구를 주무부처인 상공부가 받아들인 것으로 이해할 수 있다. 이에 따라 상공부가 주무부처로 자리잡게 되었다.

9 여기서 주무부처의 장은 상공부(후에 상공자원부→통상산업부→산업자원부로 명칭

에서 21개 제조업종으로 확대되었으며, 연수 기간도 종전의 최장 1년에서 추가로 1년을 연장할 수 있도록 하였고, 노동부는 산업연수생의 근로조건에 대한 지도·감독권을 행사할 수 있게 되었다.

이 시기에 무엇보다 큰 변화는 외국인 산업연수제도에 대한 실무가 민간 경제단체 중 하나인 중소기업협동조합중앙회로 위임되었다는 점이다. 즉, 중소기업협동조합중앙회가 산업연수생의 모집·알선·연수 및 사후관리를 담당하게 되었다. 이에 따라 1994년 1월 '외국인 산업기술연수협력사업 운용요령'을 제정하여 이를 토대로 연수생 도입과 관련한 업무를 시작했으며 중소기업협동조합중앙회 주관에 의해 1994년 5월부터 산업연수생이 본격적으로 도입되기 시작하였다.

정부는 외국인 산업연수생의 충원 실무를 중소기업협동조합중앙회에 위임했지만, 산업연수생 도입 업종과 규모 및 연수기간 등 핵심내용은 직접 심의·결정하였다. 이는 '외국인 산업기술연수조정협의회'에서 이루어졌는데 구성은 다음과 같다. 재정경제원 경제기획국장, 외무부 재외국민영사국장, 법무부 출입국관리국장, 상공부 산업정책국장, 노동부 직업안정국장, 과학기술처 인력정책관이 위원으로 되어 있으며, 국가안전기획부 제4국 1단장, 경찰청 외사관리관, 중소기업협동조합중앙회 산하 산업기술연수협력단장이 참여위원이었다(설동훈, 1999: 433).

외국인 산업기술연수조정협의회는 1993년 제1차 연수생으로 21개 제조업에 2만 명,[10] 1994년 제2차 연수생으로 섬유·신발제조업에 1만

변경)이며, 1996년 외국인 산업기술연수 주관업무는 통상산업부의 중소기업 관련 부서를 중심으로 신설된 중소기업청으로 이양되었다. 중소기업청은 1996년 9월 19일 연수대상 업종, 송출국가 선정, 외국인 산업기술연수협력단, 송출기관, 연수생, 연수업체, 사후관리 등에 대한 사항을 규정한「외국인 산업기술연수제도 운영에 관한 지침」을 제정·고시하였다.

〈표 10-1〉 외국인 산업연수생 정원 확대 추이 (단위: 천 명)

구분	1993	1994	1995	1996	1997	2000	2002
증원	20	10	20	30	2.8	1.7	총정원제 도입
증원 분야	제조업	제조업	제조업	제조업, 연근해 어선	제조업, 내항선, 건설업	연근해 어선	
누계	20	30	50	80	82.8	84.5	145.5

자료: 노동부.

명, 1995년 제3차 연수생으로 21개 제조업에 2만 명, 1996년 2월 10일 제4차 연수생으로 22개 제조업에 1만 9천 명, 같은 해 7월 3일 제5차 연수생으로 1만 명을 도입하기로 했다. 1998년에는 중국 조선족 사기 피해자 1,000명을 한시적으로 도입하여 2001년 외국인력 국내 체류 허용 인원은 8만 3,800명이었으며, 2001년 12월 '외국인산업인력정책심의위원회'의 결정에 따라 2002년부터 8만 5,500명으로 증원되었다.

외국인 산업연수생은 법적으로는 근로자가 아니라 '연수생'이라는 신분 때문에 노동관계법의 보호를 받지 못하여 저임금과 장시간노동, 인권유린 등의 문제가 빈발하자 정부는 개선책을 모색하였다. 1995년 2월 노동부 차관 주재로 8개 부처 국장이 모여 산업연수제도의 개선책에 합의하였고 합의 내용은 1995년 2월 14일 '외국인 산업기술연수생의 보호 및 관리에 관한 지침'으로 제정되었다(설동훈, 1999: 447). 이에 따라 1995년 3월 1일부터 산업연수생도 산업재해보상보험, 의료보험의 적용과 근로기준법상의 강제근로 금지, 폭행 금지, 금품 청산, 근로시간 준수 등 일부 규정의 법적 보호를 받을 수 있게 되었고, 산업안전보건법상의 안전과 보건상의 조치 및 건강진단 등의 혜택을 받을 수

10 1993년 11월 산업연수생 2만 명을 도입하기로 결정함에 따라 1994년 5월부터 산업연수생이 입국하기 시작하였다.

있게 되었다. 또한 1995년 7월 1일부터 국내 최저임금법의 적용을 받게 되어 최저임금이 연수수당의 기준이 되도록 하였다.

산업연수제도에 대한 이러한 개선책에도 불구하고 근본적인 문제점이 해소되지 않자, 노동부는 1995년에 연수제도가 아닌 외국인 근로자의 합법적 국내 취업을 허용하는 고용허가제 도입 계획을 발표했으며 1996년 7월 31일 대통령자문기구인 세계화추진위원회는 노동부의 고용허가제와 산업기술연수제도의 대안을 놓고 논의한 결과 연수취업제를 도입하기로 잠정 결정하였다(설동훈, 1999: 457).

진념 노동부 장관은 1996년 8월 22일 고용허가제 도입 방침을 밝히고 가을 정기국회에 '외국인 근로자 고용 및 관리에 관한 법률안'을 상정했으나 중소기업협동조합중앙회 등 경영계와 통상산업부 및 중소기업청의 반대로 무산되었다. 1997년 4월에도 노동부는 외국인 근로자를 보호·관리하기 위해 근로자, 사용자, 정부, 공익대표로 구성된 '외국인 근로자 고용위원회'를 설치하고 외국인 고용허가제를 실시하는 내용을 담은 법률안의 입법을 재차 추진했으나 이 역시 무위로 돌아갔다.

1997년 말에 발생한 외환위기로 국내 노동시장 상황이 악화되자, 정부는 내국인 실업대책의 일환으로 외국인 불법체류자의 출국 조치 및 내국인의 대체고용 유도라는 정책 기조를 설정하였다. 경기침체기를 맞은 1998년 2월에 집권한 김대중 정부는 국내 노동시장 조건을 우선적으로 고려하여 외국인력정책을 수립할 수밖에 없었다. 정부는 내국인 실업대책의 일환으로 외국인 불법체류자를 내국인으로 대체하는 것을 기본 방침으로 정했으며, 외국인력의 유입은 최소화하되 그 방법은 연수취업제를 채택하는 정책 기조를 정하였다(설동훈, 1999: 462).

법무부는 불법체류 외국인 근로자가 자진 출국할 경우 범칙금을 면제해 주는 조치를 1997년 12월 27일부터 1998년 4월 30일까지 실시한 데 이어 1998년 7월 1일부터 8월 31일까지 재차 실시하였다. 또한 불법체류 외국인 근로자 대신 내국인을 대체 고용하는 기업에 운영자금을 장기저리로 융자해 주었다. 아울러 불법 외국인 근로자에 대한 단속 강화 방침을 천명하였다. 그러나 단속이 실효성을 갖기 어려웠고, 국내 근로자의 대체도 외국인 근로자가 종사하는 업종이 주로 3D 업종이었기 때문에 현실적으로 이를 이용한 업체가 별로 없는 관계로 이러한 정책들은 효과를 거두지 못하였다.

연수취업제와 취업관리제의 도입

산업연수생은 연수생이라는 형식에도 불구하고 사실상 근로에 종사하면서도 법적인 보호가 미흡하여 연수생의 업체 이탈, 송출 비리 등의 문제점이 발생할 뿐만 아니라, 외국인 근로자에 대한 수요를 산업연수제도에 의해 모두 공급할 수도 없어 불법취업 외국인을 양산한다는 비판이 이어지자 산업연수제도의 개선과 보완이 추진되었다.

정부는 1997년 9월 경제장관 간담회에서 외국인력 관리제도의 개선 방안으로 연수취업제도를 도입하기로 결정하고 '출입국관리법' 개정안을 국회에 제출하여 통과되었다. 그 후속 조치로 법무부는 1998년 4월 1일 '출입국관리법 시행령'을 공포했으며, 이에 따라 '외국인 산업기술연수제도'는 법무부 훈령이 아닌 법률에 의해 규정되었다. 그에 따라 연수취업제가 2000년 4월 1일부터 본격적으로 실시되었는데 이는 연수생이 일정 기간 연수 후 소정의 검증 절차를 거쳐 취업자격을 획득하면 정식 근로자로 인정하는 제도로, 산업연수생으로 2년간 체류한 후 연수생이 아닌 취업자 신분으로 1년 더 체류할 수 있게 한 것이다.[11]

2000년에는 노동부를 중심으로 또다시 고용허가제 도입이 시도되었다. 이는 외환위기 이후 감소하던 외국인 근로자가 1999년부터 다시 증가하면서 외국인력에 대한 부당한 대우, 인권유린 문제가 제기되고 국내 인권단체 등의 외국인 고용허가제 도입 건의가 계속됨에 따라 외국인력의 적정 공급과 국가이익 보호 측면에서 외국인력 도입 및 관리제도 개선 방안을 강구하기 위한 것이었다. 2001년에도 노동부 등 정부부처는 외국인 근로자 제도 개편 방안을 지속적으로 모색했으며, 국무조정실은 12월 20일 '외국인산업인력정책심의위원회'를 개최하여 외국인 산업연수제도와 연수취업제 전반에 걸친 개선 대책을 마련하였다.

2001년 12월에 확정 발표된 외국인 산업연수제도 및 연수취업제도의 개선 내용 중 가장 중요한 변화는 기존의 '연수 2년 + 취업 1년'을 '연수 1년 + 취업 2년'으로 변경함으로써 연수생의 쿼터를 종전과 동일하게 유지하더라도 실제 동 제도를 통해 입국할 수 있는 단순기능 외국인력을 최고 2배까지 증가시키는 효과를 가져왔다는 점이다. 즉, 단순기능 외국인력의 합법적인 공급량 증가로 외국인력의 쿼터가 실질적으로 늘어나는 효과를 가져왔으며, 연수기간의 단축과 합법적 근로자 신분으로의 고용기간을 연장하여 사실상 고용허가제도로 전환하는 계기를 마련하였다. 또한 외국인력의 유입 확대로 그에 대한 효율적인 관리체계의 구축이 더욱 시급한 과제로 대두되었다.

11 연수취업자격시험은 중소기업청 주관으로 노동부 산하 한국산업인력공단에서 실시하고 있으며, 평가내용은 한국에서의 생활 영위에 필요한 기초상식, 공장 내 각종 표지판 식별 및 공구기능 이해능력에 초점이 맞춰져 있었다.

3. 고용허가제의 도입 및 실시

고용허가제 도입 배경

그동안 수차례에 걸쳐 외국인력제도의 개편이 이루어져 왔으나 외국인력제도 활용에 따른 문제점을 근본적으로 개선하기에는 미흡하였다. 특히 2002년에 외국인력정책의 대대적인 개편이 이루어졌지만 그동안 문제점으로 지적되어 온 산업연수제도가 유지되는 등 본질적인 제도 개혁이 이루어지지 못했다는 한계를 가지고 있었다. 외국인력정책의 문제점을 근본적으로 개선하기 위해 외국인 고용허가제를 도입하게 된 배경은 다음과 같다.

첫째, 외국인력제도의 근간인 산업연수제도는 인력부족 문제를 해소하기 위해 외국인력을 산업연수생이라는 이름으로 편법적으로 활용한다는 비난을 받아 왔다. 산업연수제도하에서는 외국인력의 체류자격이 취업자가 아닌 연수생 신분이기 때문에 한국 노동관계법의 보호를 제대로 받지 못함에 따라 외국인력 관리 및 보호라는 차원에서도 한계가 있었다. 이러한 산업연수제도의 근본적인 한계 때문에 외국인력에 대한 수요가 급증해 왔지만 산업연수생을 확대하지 못했고 결과적으로 불법취업자가 증가하였다.[12] 그동안 수차례에 걸쳐 외국인력제도 개편이 이루어졌으나 산업연수제도의 기본 틀을 유지한 채 부분적으로 제도를 보완하는 데 그쳐, 결과적으로 외국인력제도의 기본 틀을 바꾸지 않는 한 문제를 해결하기 곤란한 상황에 놓이게 되었다.

둘째, 사업주가 연수생을 선발하는 것이 아니라 민간단체인 연수추천단체에서 연수생을 선발하여 공급하는 방식은 외국인 연수생과

12 이와 같은 문제점에 대해서는 유길상·이규용(2002), 임현진·설동훈(2000) 등을 참조.

고용주와의 업종·기술·기능의 불일치를 초래해 사업주가 필요로 하는 외국인력을 활용하기 어려운 문제가 있었다. 또한 사업주와 외국인 연수생 간의 직접 협의에 의한 임금 등 근로조건 결정기능을 배제함으로써 저임금을 구조적으로 초래하였다. 그 결과 보다 높은 임금을 찾아 사업장을 이탈함으로써 불법체류자로 전락하는 결과를 가져왔다.

셋째, 산업연수제도의 운영 실무를 제조업, 건설업, 연근해어업, 농·축산업의 사용자단체인 업종별 단체가 수행하도록 되어 있어 인력정책 차원에서 통일된 정책 수행을 어렵게 하고 업무의 중복에 따른 비효율성이 내재해 있었다. 또한 업종별 단체의 외국인력 관리도 이탈방지만을 목적으로 한 통제 위주의 관리체계를 구축해 인권침해 논란을 야기해 왔다. 게다가 외국인력제도 도입의 주관 부처가 불명확하여 한국의 노동시장에 부합하는 탄력성 있는 인력정책 수립에 차질을 빚어 왔다. 또한 산업정책적 측면에서도 저임금의 단순기능 외국인력에 의존하는 한계기업에 외국인력이 공급됨으로써 기업구조조정과 경영합리화를 지연시키고 있다는 비판을 받아 왔다.

넷째, 외국인력에 대한 수요조절장치가 마련되어 있지 않아 외국인력에 대한 수요가 급증할 가능성이 내재해 있고, 이에 따라 불법취업자 증가, 내국인 근로자의 일자리 잠식 등 노동시장이 교란될 여지가 많다는 문제를 안고 있었다(유길상·이규용, 2002). 특히 총량 관리와 불법체류자 단속만으로는 외국인력을 적정 수준으로 유지하고 불법취업 문제를 해결하기가 쉽지 않으므로 수요를 적절하게 조절할 수 있는 제도적 장치가 요청되었다.

다섯째, 위와 같은 문제점들로 인해 불법체류 및 외국인 불법취업이 급증한 현실을 더 이상 방치하는 것이 한계에 달했고, 따라서 불법취업 문제를 해소하고 한국 기업의 인력부족을 완화하기 위한 합법적인 외국인력 공급정책의 틀을 재정립할 필요성이 강하게 제기되었다.

여섯째, 저출산·고령화의 진전에 따라 한국의 외국인력 수요는 점증할 전망이므로 중·장기적으로도 통용될 수 있는 외국인력제도의 마련이 절실히 요청되어 왔다.

일곱째, 고용허가제를 도입하고 출입국 관리 행정을 강화하여 산업연수제도와 고용허가제를 둘러싼 사회적 갈등을 종결지음으로써 사회 통합을 유도하고, 산업계에서 필요로 하는 외국인력을 안정적으로 도입하여 중소기업의 인력난을 해소하기 위한 제도적 틀이 필요하였다. 또한 한국에 취업하는 외국인 근로자를 정당하게 대우하고, 불법체류 외국인을 고용한 사업주에 대한 과감한 단속을 통한 출입국 관리 질서 확립과 정주화 방지 노력이 요청되었다.

고용허가제 도입 과정

외국인 고용허가제는 내국인 인력을 구하지 못한 기업이 적정 규모의 외국인 근로자를 합법적으로 고용할 수 있도록 허용하는 제도다. 고용허가제는 외국인 고용허가제 도입, 불법체류자 합법화 조치 등을 내용으로 하는 '외국인 근로자의 고용 등에 관한 법률'의 제정(2003)을 기반으로 2004년 8월 17일부터 시행되었다. 이에 따라 지난 10년간 외국인 고용허가제 도입을 둘러싼 사회적인 논란이 마무리되었는데 그 과정을 살펴보면 다음과 같다.

1995년부터 정부, 국회, 노동계, 시민단체 등 사회 각층에서 산업연수제도가 야기한 송출비리, 불법체류, 인권침해 등의 문제를 개선하기 위해 외국인 고용허가제를 도입해야 한다는 의견이 꾸준히 제기되어 왔다. 1996년에 고용허가제 도입에 대한 2건의 의원입법(이재오·방용석 의원)과 2건의 입법청원(김수환 신부, 박형규 목사)이 국회에 제출되었다. 그러나 이러한 시도들은 기업에게 추가적인 비용 부담을 야기할 수 있다는 이유 등으로 중소기업 관련 단체의 반대에 부딪혀 번번이 좌절되었다. 한국노동조합총연맹(한국노총)·전국민주노동조합총연맹(민주노총)과 인권단체들도 2000-2002년에 걸쳐 고용허가제 도입을 국회에 입법청원하였다. 2000년 7월 25일 새천년민주당은 고용허가제 도입 방안을 마련하여 대통령에게 보고(8. 17, 8. 24)하기로 했다가 보류되기도 했고, 2002년 11월 13일에는 이재정 의원 등 33인이 '외국인 근로자의 고용허가 및 인권보장에 관한 법률(안)'을 국회에 제출한 바 있다.

외국인 고용허가제는 2002년 대통령 선거에서 여당과 야당 모두 선거공약으로 채택하였다. 노무현 대통령이 당선되면서 정부는 관계부처 협의를 거쳐 인력부족 및 불법체류자 문제 등을 해결하기 위해 외국인 고용허가제를 도입한다는 공식 방침을 확정하고(2003. 3. 29), 의원입법안을 토대로 입법을 추진하였다. 2003년 7월 2일에는 국회 환경노동위원회에서 민생 현안에 대하여 임시국회를 열고 산업연수제도와 고용허가제를 병행 실시하는 수정안('외국인 근로자의 고용 등에 관한 법률')으로 법안 심의하기로 합의하였고, 7월 15일에 고용허가제 법안이 국회 환경노동위원회 의결을 거쳐 법제심사위원회에 상정되었으며 7월 31일 국회 본회의를 통과하여, 8월 16일에 '외국인 근로자의 고용 등에 관한 법률'이 제정·공포되었다.[13] 고용허가제에 대한 각계의 요청이 이어지고 정부에서도 합법적인 외국인력제도 도입을 통한 인력난 해소와 30만 명에 달하는 불법체류자 문제를 조속히 해결해야 한다는 여론을 감안하여 고용허가제 도입을 추진해 온 노력이 그 결실을 맺게 된 것이다.

고용허가제 도입으로 2002년부터 외국국적동포를 대상으로 서비스업에 한정하여 실시해 온 취업관리제는 고용허가제에 흡수되었다.

---

13 이후 시행령·시행규칙 등이 개정되어 2004년 8월 17일에 정식으로 고용허가제가 시행되었고 8월 31일에 최초로 필리핀 근로자 92명이 입국하였다.

〈표 10-2〉 산업연수제도와 고용허가제의 비교

구분	산업연수제도	고용허가제
외국인 근로자의 자격	근로자가 아닌 연수생 자격	근로자 자격
도입 및 관리 주체	민간 사업주 단체	국가 또는 공공기관
외국인력 배정 시스템	사업주, 외국인 근로자 모두 선택의 여지가 없는 강제 배정 시스템	사업주가 외국인 근로자 선정 및 자율적인 근로계약 체결
내국인 우선고용 장치 여부	없음	내국인 우선고용 의무화

고용허가제 시행 초기에는 고용허가제와 산업연수제도가 병행되어 운영되다가[14] 2007년 1월 1일부터 산업연수제도를 폐지하고 고용허가제로 통합하였다.

산업연수제도와 새로 도입된 고용허가제의 주요 차이점은 다음과 같다. 산업연수제도는 외국인력을 연수생 신분으로 도입하는 반면에 고용허가제는 근로자 신분으로 도입하는 것이다(〈표 10-2〉 참조). 즉, 산업연수제도는 기존 운영 방식을 그대로 유지하지만 고용허가제는 산업연수제도의 문제점으로 제기되어 온 도입 및 관리 주체의 공공성을 강조하고, 내국인 고용 기회를 보장하며, 사업주가 원하는 적격의 기능인력을 선발하도록 하는 제도적 장치를 갖추고 있다.

고용허가제는 다음과 같은 원칙을 지속적으로 견지해 오고 있다.

첫째, 내국인을 고용하지 못한 사업장에 외국인 고용을 허용한다(보충성). 이에 따라 외국인력 도입 규모와 업종, 사업장별 외국인 고용한도, 신규도입 외국인력 고용한도 등을 제한하며, 외국인 고용 사업주

14 고용허가제 도입 초기에 산업연수제도를 폐지하지 않은 것은 산업연수제도를 활용해 온 중소기업 등 경영계의 어려운 사정을 감안한데다 이들의 반발을 무시하고 고용허가제만 도입하는 것이 현실 여건상 가능하지 않았기 때문이다.

에게 내국인 구인 노력 의무(7-14일)를 부과하고 외국인 근로자의 사업장 변경을 제한한다.

둘째, 외국인력 도입 관련 비리, 브로커 차단을 위해 공공 부문이 직접 관리한다(투명성). 즉, 정부 간 양해각서(MOU)를 체결하고, 공공 부문이 외국인 근로자의 선정·도입·알선을 담당하도록 한다.

셋째, 시장 수요에 맞는 외국인력의 선발과 도입을 지향한다(시장수요 존중). 이를 위해 기능수준 평가, 한국어능력시험, 외국인 알선 시 3배수 추천제 등을 시행하고 있다.

넷째, 외국인 근로자들이 국내에서 정주하지 않도록 제도를 설계하였다(단기순환). 외국인 근로자의 취업기간은 3년이며 재고용 시 1년 10개월 연장(총 4년 10월) 후 그 기간이 끝나면 본국으로 귀국하도록 설계하고 있다. 다만, 2012년 7월 2일부터 성실근로자 재입국제도를 도입하여 1회에 걸쳐 재입국이 가능하도록 하고 있다.

다섯째, 노동관계법 등 내국인 근로자와 동일하게 대우한다(차별 금지). 합리적인 이유 없는 부당한 차별 금지, 근로기준법·최저임금법·산업안전보건법 등 노동관계법을 내국인과 동등하게 적용하고 있다.

고용허가제 도입과 불법체류자 관련 대책

불법체류 외국인은 1994년 이후 급증하는 추세를 보여 2002년 12월 말에는 단순기능 외국인력 36만 3천 명 가운데 불법체류 외국인이 79.8%에 이르렀다. 불법체류자가 이와 같이 급증한 배경은 다음과 같다. 단순기능 외국인력에 대한 수요는 내국인이 취업을 기피하는 업종을 중심으로 계속 증가하고 있으나 외국인력을 합법적으로 도입할 수 있는 제도적 장치가 마련되지 않았다. 이에 따라 관광, 친지방문 등으로 입국한 후 취업하는 불법취업이 급증하였다.

기존의 산업연수제도는 연수생으로 외국인력을 도입하여 근로에 종사하도록 함으로써 외국인력의 편법적 활용이라는 비판을 받아 온 만큼 외국인력의 수요에 부응하여 연수생 규모를 확대하는 것은 한계가 있었기 때문에 한국 정부는 중소기업 인력부족 등을 이유로 불법체류자 문제에 대해 적극적인 조치를 취하지 않았다. 또한 재중 동포, 고려인 등 외국국적동포가 대부분을 차지하고 있는 서비스업에 대해 2002년 취업관리제를 도입하기 전까지는 취업을 금지해 온 점도 불법체류자 증가의 원인이었다.

이러한 이유로 그동안 정부는 불법체류자에 대해 비교적 관대한 입장을 보여 왔다. 불법체류자에 대한 정부의 대책을 시기별로 보면, 외국인력 도입 논의가 시작되어 산업연수제도가 도입된 1994년 5월까지 1992년 6월 불법체류자에 대한 자진신고를 받아 형사처벌 면제 및 출국기한 연기 조치를 시작한 이후 네 차례에 걸쳐 출국기한을 연기하였다. 또한 산업연수제도가 도입되어 2000년 외국인력제도 변화를 모색하기 시작한 시기 이전까지 자진출국(10회), 출국기한 유예(2회) 등 총 12회에 걸쳐 자진출국 불법체류자에 대한 형사처벌 면제 및 출국기한 유예 조치를 반복하였다.

본격적인 외국인력제도 개선 모색기에 해당하는 2002년 이후에도 불법체류자에 대한 유예 조치가 이루어졌다. 2002년 3-5월 동안 불법체류자에 대한 자진신고를 받아 2003년 3월 말까지 1년의 준비기간을 부여했는데, 이 기간 중 자진신고를 한 불법체류자는 총 신고 대상자 27만 6천 명의 93%에 이르렀다. 2002년 11월에는 이들 불법체류자를 모두 출국 조치하기가 쉽지 않은 현실을 감안하여, 일시출국 부담을 완화하고 산업인력 공백을 최소화하기 위해 3년 미만 불법체류자에 대해서는 출국을 1년간 재유예하였다.

이와 같이 1992년 이후 매년 불법체류자에 대한 유예 조치를 반복함으로써 불법체류 분위기를 조장하고, 결국 또 다른 유예 조치를 기대하고 불법체류를 목적으로 입국한 외국인이 급증한 데다 입국 후에는 출국을 기피함에 따라 불법체류가 급증하였다. 게다가 한국이 불법체류자에 대해 관대하다는 인식이 만연함에 따라, 한국에서의 장기 불법체류 가능성으로 기대소득이 높아져 인력송출 과정에서 발생하는 불법중개료가 상승하였고, 이로 인해 과대한 송출비용을 회수하기 위해 장기간 불법체류하는 악순환 구조가 유지되어 왔다.

불법체류자가 급증함에 따라 신분상의 약점을 구실 삼아 임금체불, 폭행, 감금 같은 인권침해 사례가 발생해 국가 이미지 훼손 문제가 제기되었다. 또한 장기 불법체류자 증가에 따른 정주화, 결혼, 자녀교육, 범죄 같은 사회 문제가 발생할 가능성이 커짐에 따라 불법체류자 문제의 해결이 최대의 당면과제로 대두되었다.

이에 따라 고용허가제 도입을 통해 불법체류자 문제를 해결할 수 있는 길을 마련하였다. 불법체류자 대책은 법무부와 노동부가 중심이 되어 추진했는데, 2003년 8월 18일 법무부 장관과 노동부 장관 명의로 불법체류자 처리기준 및 신청절차를 공고하여 8월 말까지 홍보활동을 벌였으며, 9월 1일부터 11월 15일까지 불법체류자 신고절차를 통해 합법화 조치를 단행하였다. 같은 해 11월 16일부터는 4년 이상 불법체류자 등에 대한 관계부처 합동단속에 들어갔다. 구체적인 추진 과정을 살펴보면 다음과 같다.

'외국인 근로자의 고용 등에 관한 법률' 부칙 제2조는 고용허가제 실시 이전의 기존 불법체류자를 체류기간별로 구분해 합법화 조치를 실시하였다. 즉, 2003년 3월 31일을 기준으로 국내 체류기간이 4년 미만인 자(약 22만 7천 명) 가운데 2003년 3월 31일을 기준으로 체류기간이 3년 미만인 자(약 16만 2천 명)는 노동부 장관이 정하여 공표한 업종[15]에 취업을 하고 직업안정기관에서 2003년 10월 31일까지 취업확인서를 11월 15일까지 법무부에 국내 체류를 신고한 경우 노동부 장관이 정한 업종에서 총 체류기간이 2년을 넘지 않는 범위 내에서 취업을 허용하도록 했다. 2003년 3월 31일을 기준으로 체류기간이 3년 이상 4년 미만인 자(약 6만 5천 명)는 노동부 장관이 정하여 공표한 업종에 취업을 하고 직업안정기관에서 2003년 10월 31일까지 취업확인서를 발급받고 법무부에서 사증발급인정서를 발급받아 자진출국하면 재입국 및 취업을 허용하였다. 다만, 재입국하여 취업하는 경우 출국 전 체류기간과 합하여 5년을 넘지 않아야 하며 취업 허용 업종이 아닌 업종에 종사하는 불법체류 외국인 근로자는 노동부 고용안정센터를 통해 취업 허용 사업체로 이동하도록 했다.

2003년 3월 31일 기준으로 4년 이상 불법체류 외국인 근로자 등 합법화 대상이 아닌 경우에는 2003년 11월 15일까지 자진출국 기간을 설정하여, 이 기간 동안 외국인 불법체류자가 자진출국하는 경우 범칙금을 면제하는 조치를 취하였다. 이에 따라 합법화와 출국 조치 등을 통해 불법체류자의 비중이 큰 폭으로 줄어들어 2004년 4월 말 기준으로 전체 외국인 체류자 41만 5천 명 중 불법체류자 비중은 36.2%(15만 명)를 기록하였다(〈표 10-3〉 참조).

〈표 10-3〉 불법체류 외국인 추이 (단위: 천 명, 괄호안 %)

구분	1994	1995	1996	1997	1998	1999	2000	2001	2002	2003	2004.4
전체 외국인력	82	129	210	245	158	217	286	330	363	389	415
불법 체류자	48 (58.9)	82 (63.5)	129 (61.3)	148 (60.3)	99 (63.1)	135 (62.3)	189 (66.2)	255 (77.4)	289 (79.8)	138 (35.5)	150 (36.2)

자료: 법무부.

15 외국인력의 활용이 허용된 업종은 제조업, 건설업, 연근해어업, 농축산업, 서비스업(음식점업, 사업지원서비스업, 사회복지사업, 청소관련서비스업, 간병인서비스업, 가사서비스업 등 6개 업종)이다.

4. 외국국적동포의 국내 취업과 방문취업제 도입

방문취업제 도입 이전

외국국적동포의 국내 노동시장 접근은 1990년대부터 본격화되었다. 1994년 산업연수제도의 도입으로 국내 취업을 희망하는 중국 동포가 증가했으나 실질적인 체류자격을 부여받기가 쉽지 않아 브로커를 통해 불법취업을 하는 동포들이 증가하기 시작하였다. 이 과정에서 취업사기 사건이 종종 발생하여 사회문제로 대두되었다. 사기피해 현황을 보면 1996년 사기 건수 1,274건에 피해자 수는 1만 6,997명이었으며, 피해금액은 558억 원에 달했다.[16] 이에 따라 1996년 12월 4일 총리실 직속 재외동포정책위원회는 재외동포 사기 피해를 수습하기 위해 중국 정부에 수사 협조를 요청하는 한편, 한·중 양국의 공조수사 및 재중동포의 국내 방문 요건을 완화하고 일정 기간 취업을 허용하는 방안을 검토하였다.

재외동포의 국내취업 문호개방에 대한 본격적인 논의는 재외동포법 제정에서 시작되었다. 김대중 정부는 1999년 '재외동포의 출입국과 법적지위에 관한 법률'(이하 '재외동포법')을 제정함으로써 국내에서 재외동포의 편익과 권리를 보장하는 전초를 마련하였다. 재외동포법은 재미·재일 동포 등 선진국 거주 동포에 한해 국민에 준하는 자유로운 출입국과 경제활동을 보장했는데 재외동포 자격 소지자는 단순노무 및 사행행위를 제외한 분야에서 자유롭게 취업할 수 있었지만, 주로 구주·미주 지역의 동포들이 이러한 자격을 부여받았다. 재외동포법의 시행은 우리나라 동포포용정책의 시발점이라고 할 수 있다. 재외동포는

16 우리민족서로돕기운동·재중국동포문제시민대책위원회의 조사(1997)로 파악된 자료다(설동훈, 1999: 385).

5년 기한의 재외동포(F-4) 비자를 받아 자유롭게 출입국하고, 그 이후에도 체류기간 연장을 통해 국내에 계속 체류할 수 있도록 하였다. 또한 취업과 경제활동도 사회질서 또는 경제안정을 해하지 않는 범위 내에서 자유롭게 허용했으며, 다만 당시 한국에 입국하기 시작한 중국 동포들의 불법취업 문제를 고려하여 재외동포법에 취업상 제한 조항을 두었다. 이는 중국 동포의 대거 입국에 따른 노동시장 교란 가능성을 방지하고자 함이었다. 하지만 재외동포법이 미국, 일본 등 선진국 거주 동포에게는 국민에 준하는 자유로운 출입국과 경제활동을 보장하지만 중국 및 CIS 국가 그리고 대한민국정부 수립 이전에 이주한 동포는 사실상 제외하는 결과를 가져오자 정부는 우회경로로 이들의 국내 취업을 허용하는 제도를 도입하였다(이규용 외, 2012: 87-91).

정부는 2002년 7월 중국 및 구소련 동포에 대해 모국의 친척 방문 연령을 45세 이하로 낮추고, 65세 이상인 자에 대해서는 모국 방문을 전면적으로 허용하는 등의 개선책을 추진하고, 2002년 12월에는 이들 동포들에 대해 제한적이나 서비스업 분야에서의 단순노무를 제도적으로 허용하는 취업관리제를 도입하게 된다. 국무조정실이 주관한 관계기관 합의에 따라 외국인력제도 개선 방안이 마련되었고, 2002년 11월 25일 법무부 차관을 위원장으로 하는 외국인산업인력정책심의위원회에서 중국 및 구소련 동포들에 대해 제한된 범위의 단순노무 업종, 즉 서비스업 분야에서 합법적인 취업활동을 허용하는 취업관리제 시행 방안을 확정하여 2002년 12월부터 본격적으로 시행하였다.

취업관리제는 외국국적동포에게 방문동거(F-1) 체류자격을 부여해 입국을 허용하고, 3개월 이내에 국내에서 고용노동부 고용안정센터의 취업알선을 통해 표준근로(고용)계약을 체결한 자에게 체류자격외활동(취업활동)을 허가하는 제도다. 또한 방문동거 사증 발급 연령을 30세 이상으로 완화하고, 제한적이나마 서비스업 분야에서의 단순노무를 제도적으로 허용하였다. 취업관리제 도입은 동포들에게 2년간 (2004년 8월 17일 이전에 추천서를 발급 받은 자, 이후 취업한 자는 최장 3년까지 체류 가능) 취업할 수 있는 기회를 제공했지만 외국인력으로 관리되는 계기가 되었다. 즉, 노동시장 유연성 내지는 보충성의 원칙에 따라 엄격한 업종별 쿼터와 사업장 규모별 허용 인원을 적용받기 시작한 것이다.

김대중 정부에서 시작된 재외동포정책은 노무현 정부에서 제도 안착으로 이어졌다. 노무현 정부는 2004년 고용허가제를 통해 동포를 포함한 외국인 근로자의 제도적 안정 기반을 구축하였고, 2007년 방문취업제(특례고용허가제)를 실시하여 재외동포법의 대상에서 제외되었던 중국 및 CIS 국가 동포들의 모국 왕래 및 취업 확대 등을 보장해 줌으로써 이전 정부의 과제를 해결하였다.

이 과정을 살펴보면 다음과 같다. 취업관리제의 시행에도 불구하고 재외동포정책에 대한 논란이 지속되자 2004년 3월 재외동포법 개정으로 이어졌다. 이 법에 의해 드디어 중국 동포 등 대한민국정부 수립 이전에 이주한 사람들도 동포로 인정받게 되었다. 2004년 6월에는 적용 연령을 대폭 완화하여 만 25세 이상인 경우도 친척 초청 범위에 포함시키고 동포 입증 방법과 입국 절차도 크게 간소화하였다. 2004년 8월 고용허가제가 실시되면서 취업관리제를 고용허가제에 편입시켜 특례고용허가제로 관리하기 시작하였다. 이에 따라 외국국적동포들은 본격적으로 외국인력정책의 틀 안에서 관리되기 시작했다.

'취업관리제'가 '특례고용허가제'로 명칭이 바뀌면서 기존의 취업관리제하에서는 법무부 차관이 위원장인 외국인산업인력정책심의위원회에서 허용 업종과 업종별 정원 등을 최종 조정했으나 고용허가제가 도입되면서 중국 동포를 포함, 비전문 분야 외국인력과 관련하여 국무총리 소속의 외국인력정책위원회에서 정한 규모, 업종 등에 따라 해당

사업장의 사용자가 중국 동포를 고용할 수 있도록 하였다.

'외국인 근로자의 고용 등에 관한 법률'에 의거해 방문동거(F-1) 자격으로 입국한 동포들 중 취업희망자는 외국인 등록과 취업교육 이수 후 비전문취업 자격으로 변경이 가능하도록 하였다. 취업허용 업종도 건설업에 이어 2006년 제조업, 농축산업, 연근해어업 등으로 확대되었다.

방문취업제 도입

특례고용허가제가 국내에 호적 또는 친족이 있는 동포에게만 취업을 허용함에 따라 국내에 호적·친족이 없는 동포는 혜택을 받을 수 없게 되자, 많은 동포들이 편법으로 입국하여 불법체류자가 증가하는 등 많은 부작용이 발생하였다. 이에 정부는 2007년 3월 외국국적동포에 대한 문호를 대폭 확대하고 국내 취업 조건과 환경을 자유화하는 방문취업제를 전격적으로 도입하였다. 이는 국내에 호적 또는 친족이 있는 외국국적동포에게 3년간 취업을 허용하던 특례고용허가제를 중국과 구소련에 거주하는 만 25세 이상의 동포에 대해 5년 체류기한의 방문취업복수비자(H-2)를 발급하고 비자 유효기간 내에서 자유로운 출입국을 허용한 제도다. 국내에 호적 또는 친족이 있는 연고동포는 초청을 받으면 입국이 가능하도록 하고, 무연고동포는 중국 현지에서 한국어능력시험을 거쳐 합격한 경우 외국인력정책위원회가 정하는 연간 쿼터 범위 내에서 추첨을 통해 입국하도록 하였다. 이에 따라 무연고동포 3만 명이 신규 입국하였다. 방문취업(H-2) 자격으로 입국한 사람 중 취업하고자 하는 경우에는 '외국인 근로자의 고용 등에 관한 법률'에 정한 절차에 따라 취업교육을 이수하는 등의 절차를 마친 후 취업하도록 했다. 방문취업제와 고용허가제 일반의 고용 절차는 〈그림 10-1〉과 〈그림 10-2〉에서와 같이 차이를 보인다.

1. 도입규모 및 송출국가 선정 등 주요 정책 결정	○외국인력정책위원회(위원장: 국무조정실장)에서 심의 · 의결: 도입 업종 · 규모, 송출국가 선정 등 외국인력 관련 주요 사항
2. 인력송출 양해각서 체결 (우리나라 ↔ 송출국 정부)	○송출비리 방지 등을 위해 수용국가와 양해각서 체결 ○정기적으로 양해각서 이행 여부를 평가해 갱신 여부 결정
3. 취업 희망 외국인 근로자 구직자 명부 작성 (송출국 공공기관 ↔ 산업인력공단)	○송출국은 한국어시험 성적, 기능테스트 결과, 경력 등 객관적 기준을 통해 송출대상인력(도입 정원의 일정 배수) 선정 ○송출국 정부에서 구직자 명부를 작성 · 송부하면 산업인력공단에서 외국인 구직자 명부를 인증
4. 외국인 근로자 선정 및 고용허가서 발급 (사용자 ↔ 고용부)	○사용자가 고용센터를 통해 내국인 구인 노력(7–14일) 등을 하였음에도 내국인을 채용하지 못한 경우 고용허가 신청 ○고용센터는 외국인 구직자 명부 중 구인요건에 맞는 외국인을 복수 추천(3배수) ○추천된 외국인 구직자 중에서 사용자가 적격자를 선정하는 경우 해당 외국인 근로자에 대해 고용허가서 발급
5. 근로계약 체결 (사용자 ↔ 외국인 근로자)	○사용자는 선정한 외국인 구직자와 표준근로계약서를 이용하여 근로계약 체결(임금, 근로시간, 휴일, 근무장소 등 근로조건 및 계약기간 명시) ○사업주는 직접(재취업자 고용 시) 또는 산업인력공단(신규 고용 시) 등에 대행 신청하여 근로계약 체결
6. 사증발급인정서 발급 (사용자 ↔ 법무부)	○사용자가 고용허가서, 표준근로계약서 등을 제출하면 법무부에서 사증발급인정서 발급
7. 외국인 근로자의 도입 (사용자 ↔ 외국인 근로자)	○사용자는 외국인에게 사증발급인정서 송부, 외국인은 재외공관으로부터 취업사증(E–9)을 발급받아 입국(산업인력공단 등에서 대행 가능) ○국내에 입국한 외국인 근로자는 취업교육 이수(16시간 이상, 산업인력공단, 민간 취업교육기관 등)
8. 외국인 근로자 고용 관리 (고용부) 외국인 근로자 체류 관리 (법무부)	○외국인 근로자 고용 사업장에 대한 근로감독 실시(고용부) ○고충상담, 무료교육 서비스 제공(고용부, 산업인력공단 등) ○사업장의 휴 · 폐업, 임금체불 등 불가피한 사유 발생 시 사업장 이동 허용(고용부) ○출입국 관리 행정 강화, 법무부–고용부 간 업무 연계체제 구축 등을 통해 엄정한 체류 관리 실시

〈그림 10-1〉 일반 외국인 근로자(E-9) 고용 절차

1. 도입 업종 · 규모 등 주요 정책 결정	○ 외국인력정책위원회에서 심의 · 의결: 도입 업종 · 규모 등 외국인력 관련 주요 사항
2. 방문취업(H-2)사증 발급, 입국 (재외공관 ↔ 동포 등)	○ 요건을 갖춘 외국국적동포에게 방문취업(H-2)사증 발급(재외공관)
3. 취업교육 이수 (동포 ↔ 교육기관)	○ 취업하고자 하는 외국국적동포는 외국인 취업교육을 사전에 이수
4. 구직신청 (동포 등 ↔ 고용부)	○ 외국국적동포는 고용센터에 구직신청서 제출
5. 특례고용가능확인서 발급 (사용자 ↔ 고용부)	○ 내국인 고용기회 보호를 위해 사업주가 고용센터를 통해 내국인 구인 노력(7–14일) 등을 하였음에도 채용하지 못한 경우 특례고용가능확인서 발급
6. 외국국적동포 선정 및 근로계약 체결 (사용자 ↔ 고용부 · 동포)	○ 사용자 및 외국국적동포는 고용센터의 추천 또는 자율 구인 · 구직으로 표준근로계약서 체결
7. 근로개시 신고 (사용자 ↔ 고용부) 취업개시 신고 (동포 ↔ 법무부)	○ 사용자는 외국국적동포가 근로를 개시한 날로부터 10일 이내에 고용센터에 근로개시 신고 ○ 외국국적동포는 근로를 개시한 날로부터 14일 이내에 법무부에 취업개시 신고

〈그림 10–2〉 외국국적동포(H-2) 고용 절차

방문취업제는 그동안 국내 출입국 및 취업 등에서 상대적으로 소외받았던 중국 및 CIS 국가의 외국국적동포에 대해 자유로운 왕래와 취업기회를 확대한 동포포용정책으로서 의미가 크다. 방문취업제 도입은 한민족 정체성과 한국에 대한 이미지 제고, 불법체류율 감소 등으로 긍정적인 평가를 받았다. 또한 그동안 법적 지위 측면에서 많은 차별을 받았던 외국국적동포들은 자유로운 출입국과 안정적인 한국

체류가 가능해졌다는 점에서 진일보한 조치다. 방문취업제 도입으로 외국국적동포 규모가 2005년 19만 명에서 2008년 42만 명으로 3년 만에 2배가량 증가했고, 그동안 커다란 사회문제로 지적되었던 동포의 불법체류율도 크게 하락하였다.[17]

방문취업제 도입으로 입국자가 급증하자 정부는 이후 지속적인 제도 개선을 통해 노동시장에 미치는 영향을 최소화하려 노력하였다. 인력부족 업종으로의 동포 인력을 유인하기 위해 방문취업동포가 농축산·수산업이나 제조업에 2년 이상 근무 시 친척초청권을 부여하고 4년 6개월 이상 근무 시 영주권과 초청권을 부여하는 정책을 도입한 것이다. 건설업에서 제조업과 농축산·수산업으로 중국 동포 인력을 유인하기 위해 2009년 5월 건설업종 취업등록제를 실시하였고(2009년 3월 이전 취업교육을 받은 자 대상), 방문취업 3년 체류가 만료되어 출국자가 늘어나 산업체 숙련인력 공백 현상이 발생하자 2009년 12월 9일부터 2010년 1월 31일까지 시행하던 방문취업 예약자 고용지원 프로그램을 2월 28일까지 1개월 연장하기도 했다. 또한 단순노무 업종 취업이 금지되는 재외동포 자격자 중 일부가 단순노무직에 종사하는 것으로 나타나자 2010년 4월 재외동포 취업활동 제한을 고시하기도 했다.

이러한 조치들은 방문취업자가 국내 노동시장에 미치는 영향을 고려한 것이기도 하지만, 한편으로는 재외동포 자격의 확대로 이어졌다. 재외동포 자격의 적극적인 부여는 법무부에 의해 주도되었다. 법무부는 모국과 동포 간 교류 확대와 거주국에 따른 동포 간 차별 해소를 위해 2008년부터 중국 및 구소련 동포들에 대한 재외동포법 적용 요건을 완화하고 고학력자, 상공인 등 단순노무 업종에 취업할 우려가 없

17 2004년 35.3%에 달하던 불법체류율은 2007년에 10.5%로 하락하였다.

는 경우 등 일정 범위 내에서 재외동포 자격을 부여해 왔다. 2009년 3월에는 1차 산업과 제조업 등 인력난이 심한 업종에서 4년 이상 장기 근속한 동포들에게도 적극적으로 재외동포 자격 변경을 허용하기 시작한 것이다. 이는 특례고용허가 또는 방문취업 자격으로 입국한 동포들이 5년의 체류기간이 만료되면 돌아가야 했으나 체류기간이 만료되기 전에 재외동포 체류 자격으로 변경하면 한국에 장기거주할 수 있도록 한 것이다.

2009년 12월에는 4년제 대학을 졸업한 고학력자, 상공인 등 국내에서 단순노무 직종에 취업할 우려가 없는 경우 일정 자격을 갖춘 동포들에게 체류자격을 부여하였고(단순노무 업종 미취업각서 제출자에 한함), 2009년 12월부터는 국적신청 후 심사대기 중인 동포에게 영주 자격으로 전환하여 신청할 수 있도록 하였다. 재외동포법 시행 이후 원칙적으로 제한받았던 중국 동포들에 대한 규제의 빗장이 풀리고 정주화의 길이 열린 셈이다.

2010년 4월에는 재외동포 자격부여 지침을 정비하여 방문취업자격 동포에 대해서도 재외동포(F-4) 자격으로 전환할 수 있도록 했다. 기존의 1차산업과 제조업에 장기근속한 경우 외에 다음의 경우 F-4 체류 자격을 부여했는데, 1) 기능사 자격을 획득한 경우, 2) 만 63세 이상 고령자로 국내 노동시장에서 단순노무 종사자로 간주할 수 없는 경우, 3) 간병인, 가사도우미 등 내국인의 대체가능성이 없는 경우, 4) H-2 비자 취득 후 최근 2년간 연평균 200일 이상 해외거주자가 그 대상이다.

2008년 출범한 이명박 정부는 국내 노동시장을 보완하면서 산업현장의 인력수요에 적합하게 외국인력을 활용하는 방향으로 외국인력 정책을 변화시켰다. 이는 방문취업제 도입으로 동포 규모가 큰 폭으로 증가하여 동포에 의한 내국인 대체 위험성이 제기되었고, 많은 동포들이 취업신고를 부실하게 함에 따라 건설업 등 내국인 대체 가능성이 있는 업종에 취업한 동포에 대한 관리를 강화할 필요성이 대두되었기 때문이다. 여기에 세계금융위기로 국내경기가 빠르게 침체될 가능성이 커지자 정부는 재외동포 인재 풀(pool)은 전략적으로 유치하되 방문취업제는 국내 경제 상황에 부합하도록 변경하였다.

이에 따라 법무부는 방문취업 사증 발급 대상을 엄격히 제한했는데 2008년 10월 15일 방문취업제를 개선해 국민 1인당 초청 가능한 친인척 인원을 3명으로 제한하고, 무연고동포 방문취업 허용 인원을 예년에 비해 줄였다. 동포에게 국내 취업을 허용하면서도 취업기간을 4년 10개월로 제한하기도 했다.

또한 그동안 외국인력 도입 규모에서 제외되었던 모국 방문 성격의 방문취업 동포들마저 2009년 3월 전체 외국인력 쿼터 규모에 포함시키는 사증발급총량제를 도입하여 총체류규모로 제한하고(2012년 30만 3천 명), 2007-2008년 연고동포와 무연고동포 각각 3만 명 등 총 6만 명에 달했던 도입 규모를 1만 7천 명으로 대폭 축소하였다. 이어서 2010년 3월 외국인력정책위원회에서는 2010년 외국인력의 도입규모를 3만 4천 명으로 정하고 이를 모두 일반 외국인력에만 배정했는데, 이후에도 일반 외국인력은 규모를 확대했지만 동포는 1명도 배정하지 않고 체류인원 총원(30만 3천 명)에서 관리·유지하였다. 그 결과

〈표 10-4〉 연도별 외국인력 도입인원 결정 내역 (단위: 명)

구분	2007	2008	2009	2010	2011	2012
전체	109,600	132,000	34,000	34,000	48,000	57,000
일반(E-9)	49,600	72,000	17,000	34,000	48,000	57,000
동포(H-2)	60,000	60,000	17,000	0	0	0

자료: 고용노동부, 외국인력 공급계획 보도자료(각 연도).

동포포용정책 차원에서 추진된 방문취업제(특례고용허가제)의 정책 취지가 약화되고 국내 경제 상황에 따라 규모를 조정하는 외국인 근로자로서의 성격이 보다 강화되었다고 평가할 수 있다.

정부가 동포들의 잦은 직장이동과 내국인 대체 가능성 문제를 이유로 도입규모를 축소함에 따라 동포 사회의 불만이 고조되었다. 외국인 근로자와 달리 방문취업동포가 체류기한 만료로 출국하거나 재외동포(F-4) 자격으로 전환하여 감소한 인원만큼만 신규 입국을 허용한 관계로 입국 기회가 크게 줄었기 때문이다. 이처럼 사증발급총량제 도입에 따른 입국 제한으로 동포 사회의 불만이 커지자 정부는 재외동포(F-4) 자격과 영주(F-5) 자격 부여를 적극 활용하기 시작하였다.

한국어 자격시험에 합격하고 전산 추첨에 탈락한 방문취업 대기자가 8만여 명에 달하자 정부는 장기 대기 중인 동포들에게 모국 방문과 기술연수 기회를 제공하기 위해 1년 단기복수(C-3) 자격을 부여하였다. 또한 중국 무연고동포에 한해 실시되고 있는 한국어 자격시험과 관련하여 동포들의 경제적 부담, 브로커에 의한 사기 피해 등으로 중국 동포 사회의 불만이 고조되는 문제점이 나타나자 동포에게 재외동포 자격을 부여하기 시작하였다.

또한 단순노무 종사 가능성이 낮은 대졸자, 법인기업 대표 등에 대해 재외동포 자격 부여를 확대하고, 방문취업 비자를 소지한 동포 중 국내 노동시장 교란의 우려가 없는 제조업 등 특정 산업 분야에 장기 근속한 동포에 대해 재외동포 자격으로 변경할 수 있도록 하였다. 방문취업(H-2) 동포가 한 직장에서 1년만 일하면(2011년 8월 이후 취업자는 2년) 재외동포(F-4)로 전환하여 계속 체류할 수 있도록 허용하자 중국 동포 숫자가 급증하였다. 또한 모국과의 유대 강화, 동포 거주국과의 관계 증진을 위해 영주 자격 관련 제도를 개선하였다. 즉, 방문취업 동포가 제조업, 농축산업, 어업 분야에서 장기 근속한 경우 그리고 한국 국적 취득 요건을 갖춘 동포에 대해 친족 초청이 가능한 영주 자격을 부여하였다.

2007년 세계경제위기 이후 외국인력정책위원회는 외국인력의 유입에 따른 국내 노동시장 보호를 위해 동포들에 대한 입국 쿼터를 제한하였다. 이에 따라 사증발급총량제로 과거 한국어 자격시험에 합격했으나 입국하지 못한 동포들[18]을 대상으로 법무부는 '단기사증입국동포에 대한 단계별 체류자격 변경' 정책을 통해 이들이 단기사증으로 입국하도록 한 후 기술연수와 자격증 취득을 유도하고, 나아가 재외동포 자격을 취득할 수 있도록 하였다.

방문취업을 원하는 중국 동포에 대해 매년 부과하던 한국어 자격시험 후 전산추첨으로 선발하는 시스템을 당분간 보류하고 기존 시험합격자 중에서 전산추첨으로 선발하며(2010. 5. 18), 한국어 자격시험 합격 후 1년 이상 전산추첨에서 탈락한 동포들에게 국내 선진기술교육 기회를 부여하기 위해 단기종합(C-3, 90일) 복수 사증으로 입국하게 한 다음 장기 체류 자격으로 변경하여 취업이 가능하도록 했다(2010. 6. 21).

2010년 7월부터는 무연고동포 전산추첨 대기자에게 1년 단기종합(C-3) 복수 사증을 발급하며 국내에서 기술연수(D-4)를 실시하고, 1년 연수 후 H-2 → F-4 → F-5 단계별 체류자격 변경제도도 실시하고 있다. 기술연수를 위해 법무부는 '재외동포기술연수관리단'을 개설하여 방문취업 전산추첨 대상자 중 C-3-M 비자로 입국한 동포들에 대한 기술연수를 총괄하도록 했다.

그런데 이렇게 하여 입국한 동포들이 제조업 기술연수보다 농축산업 등의 연수를 신청하는 사례가 증가하자 2010년 8월 농축산업 등

---

18 2008년 8월 기준으로 한국어 자격시험에 합격한 16만여 명 중 9만 1,261명이 방문취업 비자를 발급받지 못했다.

〈표 10-5〉 방문취업(H-2)과 재외동포(F-4) 자격 비교

방문취업(H-2)	재외동포(F-4)
취업기간 제한(3+2년), 취업기간 만료 시 귀국	3년마다 체류기간을 연장하여 계속 체류 가능
단순노문직 취업(제조업, 건설업, 농축산업, 어업, 서비스업 일부)	단순노무직 외에 모든 업종 취업 가능 (단순노무직 취업 금지)
총체류규모 제한(30만 3천 명)	체류규모 제한 없음

1차산업 연수대상자를 만 55세 이상으로 제한하였다. 또한 C-3 동포들이 대행사를 통해 한국으로 입국하고 고용주의 약속 불이행으로 불법체류자가 증가하자 2010년 9월에는 1차산업 기술연수제를 폐지하였다. 그러나 방문취업 전산추첨자를 대상으로 하는 기술연수는 확대하였다.

2011년에도 방문취업제를 개선하여 2011년 7월 기술교육대상자 연령을 만 55세 미만으로 제한하고, 2011년 8월 방문취업 5년 체류 만기자 후속 정책을 발표해 체류기간이 만료되기 전에 출국할 경우 재입국을 보장한다는 기본방침을 천명하였다. 2011년 11-12월 무시험으로 하이코리아에 사전신청한 동포를 대상으로 방문취업자 및 기술연수자를 추첨한다고 발표하고,[19] 2012년에는 재외동포 자격 부여 범위를 확대해 국내 체류 동포의 만 19-24세 자녀에게도 입국 기회를 부여하기로 했다.

2014년 법무부는 방문취업(H-2) 만기 출국자 재입국 사증 발급 기준을 개선하였다. 개선된 내용에 따르면 완전출국일 기준 '만 60세 미만자'로서 출국 후 6개월이 경과한 사람은 3년간 유효한 방문취업(H-

19 법무부는 2010년 한국어 자격시험의 문제점과 실효성을 검토한 후 한국어 자격시험 제도 폐지를 선언한 바 있다.

2-7, 1년) 복수사증을 발급하도록 하였다. 다만, 지방 제조업, 농축어업, 육아도우미로 취업개시신고를 하고 '1년 이상 동일업체(고용주)에서 취업 중이었던 사람'은 완전출국 후 2개월 경과 시 사증을 발급하도록 하였다.

방문취업제로 이어진 동포에 대한 취업정책은 외국인력정책과 동포정책이라는 양면성을 내포하면서 정책의 정체성이 점차 변화해 오고 있는 것으로 평가할 수 있다. 정책의 변화 과정은 두 정책의 실질적인 주관부처인 고용노동부와 법무부의 입장 차이가 반영되었거나, 또는 타협의 결과일 수도 있으며, 향후 어떤 방향으로 정립해야 할 것인가에 대해서는 보다 많은 논의가 요청되고 있는 실정이다.

5. 외국인력정책의 주요 제도 변화와 쟁점

외국인력정책은 계속 변화하고 있으며 한국의 인구변동 등 사회·경제적 여건 변화와 맞물려 지속적인 쟁점이 될 것으로 보인다. 여기서는 고용허가제 도입 이후 이루어진 주요 제도 개편 내용을 정리하고 현시점에서의 외국인력정책 관련 쟁점을 언급하고자 한다.

주요 제도 변화

• 제도 추진 체계

고용허가제는 정부가 국내인력을 구하지 못한 기업에 적정 규모의 외국인 근로자를 합법적으로 고용할 수 있도록 허가하고 이들의 도입과 관리를 관장하는 제도다. 고용허가제로 입국한 외국인 근로자는 단순기능 업무에 종사할 수 있는 비전문취업(E-9) 사증을 부여받으며 상시

근로자(고용보험 기준) 300인 미만 또는 자본금 80억 원 이하 중소 제조업, 농축산업, 연근해어업에 취업이 가능하다. 매년 고용허가제를 통한 외국 인력의 도입 규모, 업종 및 송출국가 선정 등 주요 정책은 국무총리실에 설치된 외국인력정책위원회(위원장: 국무조정실장)에서 심의되고 결정된다.[20]

• 체류기간의 변화

외국인력제도 변화의 핵심 내용 가운데 하나는 외국인력 체류기간의 변화다. 체류기간이 이와 같이 변화하게 된 기본 배경은 체류기간 만료 후 불법체류율 증가(외국인 근로자의 수요), 숙련인력에 대한 사업주의 요구 등이 맞물려 이루어진 결과다. 특히 가장 최근의 변화는 성실근로자 재입국제도다. 2012년 7월 2일부터 일정한 요건을 충족하는 외국인 근로자에 대해 사용자가 신청하면 3개월 후 재입국 취업이 가능하도록 하고 있다. 재입국 취업 시 사용자의 내국인 구인 노력, 외국인 근로자의 한국어시험 및 취업교육 의무는 면제된다. 재입국 취업은 1회에 한하여 허용함에 따라 취업활동기간은 다시 5년(3+2년)간 허용된다.[21] 이는 2010년 하반기부터 재고용 만료자가 발생하여 2011년

---

20 외국인력정책위원회의 위원은 기획재정부·외교부·법무부·산업통상자원부·고용노동부·행정자치부·문화체육관광부·농림축산식품부·보건복지부·국토교통부·해양수산부 차관 및 중기청장 등으로 위원장을 포함 20명 이내로 구성되며, 정책위원회에 상정되는 안건 등을 사전에 심의하는 외국인력고용위원회(위원장: 고용노동부 차관)를 고용노동부에 설치한다(노·사·정·공).

21 아래 세 가지 요건을 모두 충족해야 한다.

1) 취업기간 중 사업장 변경이 없을 것(단, 횟수에 산입되지 않는 사업장 변경 시는 최종 사업주와 근로계약 1년 이상 유지 필요)
2) 외국인력정책위원회가 도입 업종이나 규모 등을 고려하여 내국인을 고용하기 어렵다고 정하는 사업 또는 사업장에서 근로하고 있을 것(현재 농축산업, 어업, 50인 이하 제조업에 대해 인정)
3) 재입국 후에 1년 이상의 근로계약을 체결하고 있을 것

〈표 10-6〉 취업활동기간의 변화

구분	2004. 8	2005. 5	2009. 12	1212. 7-
취업 활동 기간	3년	3년 + 3년 (중간에 1개월 출국)	4년 10개월 (3년 + 1년 10개월)	4년 10개월 + 요건 충족 시 4년 10개월 추가(중간에 3개월 출국) * 요건: 사업장 변경 없이 농축산업, 어업, 50인 이하 제조업 종사
특징	–	재고용을 통한 숙련인력 활용 지원	출국 부담 완화 및 인력공백 해소	숙련인력 활용 지원, 불법체류 및 사업장 변경 감소에 기여

3만 4천 명, 2012년 6만 7천 명으로 급증하고 기업에서는 숙련 단절의 어려움을 계속 호소하는 가운데, 일부 외국인 근로자가 불법체류자로 남는 문제를 줄이기 위해 도입된 것이다. 이러한 과정은 외형적으로는 정착화 과정의 일부로 볼 수 있는데, 단순인력의 체류기간 연장 확대가 갖는 사회·경제적 파급 효과를 고려할 때 매우 논쟁적인 이슈다.

• 송출국가, 외국인 고용 업종, 도입규모의 변화

고용허가제의 송출국가는 송출 과정의 투명성 담보, 원활한 구직자 명부 확보, 사업주 선호도, 취업기간 만료자 귀국 담보 가능성, 외교적·경제적 영향력 등은 물론 송출국 확대에 따른 관리비용 증가 등을 종합적으로 고려하여 결정된다.

현재 인도네시아, 태국 등 15개 송출국가를 지정하고, 고용노동부 장관은 송출국 정부와 구직자 선발 기준, 한국어 자격시험 등에 대해 MOU를 체결하여 운영하고 있다. MOU의 주요 내용으로는 1)한국어 자격시험 응시연령(18-39세) 및 금고 이상 전과자 배제 등 구직자 선발기준, 2)건강검진 실시, 인력송출, 송출에 관한 근로자 전산관리시스템 구축, 3)한국어 자격시험 합격자에 대한 사전교육의무(산업안전,

〈표 10-7〉 송출국가의 확대

2004년 송출국가 (6개국)	2006년 추가 국가 (3개국)	2007년 추가 국가 (5개국)	2008년 추가 국가 (1개국)
필리핀, 몽골, 스리랑카, 베트남, 태국, 인도네시아	우즈베키스탄, 파키스탄, 캄보디아	중국, 방글라데시, 네팔, 키르기스스탄, 미얀마	동티모르

〈표 10-8〉 취업허용 업종의 변화

구분	2004년	변화	2011년 이후
일반 (E-9)	제조업 건설업 농축산업	2005년, 2006년, 2011년 일부 서비스업 추가; 2006년 어업 추가	제조업, 건설업, 농축산업, 어업, 일부 서비스업(5개)
특례 (H-2)	건설업 일부 서비스업(6개)	2005년, 2006년, 2007년, 2011년 서비스업 추가; 2006년 제조업, 농축산업, 어업 추가	제조업, 건설업, 농축산업, 어업, 다수 서비스업(29개)

한국문화, 노동관계법 등), 4)기타 무단이탈 방지, 근로자의 귀국 담보, 송출 과정에서 투명성 확보 등으로 되어 있다.

고용허가제 허용 업종은 일반 외국인력의 경우 2004년 제조업, 건설업, 농축산업으로 시작하여 2011년부터 어업과 일부 서비스업(냉장·냉동 창고 등) 등으로 확대되었다. 방문취업 동포의 취업허용업종은 2004년 건설업과 일부 서비스업(6개)으로 시작하여 2011년부터 제조업, 농축산업, 어업과 29개 서비스업(음식업, 가사·간병, 도·소매업 등)으로 확대되었다(〈표 10-8〉 참조).

외국인력의 도입규모는 매년 말 외국인력정책위원회에서 국내 경제상황, 노동시장 동향, 불법체류 추이 등을 종합적으로 고려하여 결정하고 있다. 연도별 외국인력 도입 규모를 보면 2004년 8월 31일 최초로 필리핀 근로자 92명이 입국한 이래 매년 수만 명의 외국인 근로자

〈표 10-9〉 외국인력 도입규모의 변화 추이(2004-2014)

구분	2004	2005	2006	2007	2008	2009	2010	2011	2012	2013	2014
합계	41,000	18,000	72,800	109,600	132,000	34,000	34,000	48,000	57,000	62,000	53,000
일반 (E-9)	25,000	14,300	34,750	49,600	72,000	17,000	34,000	48,000	57,000	62,000	53,000
특례 (H-2)	16,000	3,700	38,050	60,000	60,000	17,000	-	-	-	-	-

주: 입·출국이 잦은 방문취업 동포(H-2)는 2010년부터 총 체류한도(30만 3,000명)로 관리.

〈표 10-10〉 외국인력의 업종별 배분 추이(2004-2014)

구분	2004	2005	2006	2007	2008	2009	2010	2011	2012	2013	2014
제조업	17,000	12,000	30,600	42,100	60,800	13,000	28,100	40,000	49,000	52,000	42,250
건설업	6,000	1,000	100	4,400	6,000	2,000	1,600	1,600	1,600	1,600	2,350
서비스업		300	250	200	400	100	100	150	150	100	100
농축산업	2,000	1,000	1,500	1,900	4,000	1,000	3,100	4,500	4,500	6,000	6,000
어업			2,300	1,000	800	900	1,100	1,750	1,750	2,300	2,300
합계	25,000	14,300	34,750	49,600	72,000	17,000	34,000	48,000	57,000	62,000	53,000

(E-9, H-2)가 한국에 입국하여 취업활동을 하고 있는데, 연도별 도입 규모는 2006년부터 2008년까지 계속 증가하는 추세였으나, 2008년 말 세계금융위기의 여파로 2009년과 2010년에 크게 감소했다가 2011년부터 다시 증가하고 있다. 일반 외국인력(E-9)은 제조업, 농축산업 등을 중심으로 배정하고 업종별 배분 원칙을 갖고 있는 데 비해, 방문취업 동포는 2010년부터 총량 관리를 하면서 업종별 배정을 하지 않고 있다.

외국인력정책의 쟁점

외국인력의 유입은 유입국가의 개인이나 지역사회 또는 국가 전체적으로 경제, 사회, 정치, 문화 및 기타 분야에 다양한 영향을 미치기 때문에 외국인력정책은 다차원적인 측면에서 고려해야 한다. 외국인력이 장기 거주하는 경우, 이들은 생산활동에 기여하는 노동자로서뿐만 아니라 소비자로서의 역할도 커지므로, 이민자들이 수입의 일부분을 소비한다면 노동에 대한 파생 효과가 발생한다. 또한 외국인력의 공급 확대에 따른 낮은 노동비용으로 제품 공급이 증가하고 그로 인해 제품의 가격이 하락하면, 내국인들은 저렴한 비용으로 제품의 소비를 촉진할 수 있으며 이는 결과적으로 국민경제에 기여한다. 그러나 단기체류 외국인력의 경우에는 소득의 대부분을 해외로 송금하기 때문에 소비 촉진 효과가 크지 않다. 한편, 낮은 임금과 통제하기 쉬운 노동력을 이점으로 외국인력이 노동시장에서 우위를 점하게 된다면 편익보다는 비용이 더 커질 것이다. 기존 노동시장의 상황과 이민자의 직업 배치가 어떻게 조화를 이루는가에 따라 이민자 수용의 편익과 비용의 크기가 달라질 것이다.

이런 점에서 현재 한국의 외국인력정책이 초래한 사회·경제적 영향에 대한 검토는 이민정책의 방향성 모색에 중요한 과제를 제기한다. 직관적으로 볼 때 한국의 외국인력활용정책에는 이민정책의 다양한 이해관계자 중 일차 수요자인 기업의 입장이 주로 고려되어 온 것으로 평가된다. 즉, 인력부족에 근거해 외국인력 도입을 확대하는 논의가 중심이 되어 왔으며, 외국인력을 활용하여 기업의 경제활동을 촉진했다는 긍정적 편익만 강조되어 온 측면이 강하다. 전문인력의 경우에도 이러한 논리의 틀을 크게 벗어나지 못한 데다 전문인력 활용에 따른 편익 제고의 기반을 만들지 못한 점도 문제점으로 지적될 수 있다.

이는 실증분석결과에서도 제기되고 있다. 그동안 외국인력이 국내 노동시장에 어떤 영향을 미치고 있는지에 대한 선행연구들의 결과를 보면 비록 일관된 분석결과를 보여 주지는 못하지만, 외국인력 공급 확대에 따라 내국인 노동시장에서 부정적 영향이 있었음은 부인하기 어렵다. 다만 이러한 부정적 영향이 어느 정도이며, 산출 효과를 통해 부정적 영향이 어느 정도 상쇄되는지에 대한 의미 있는 결과를 제시하지는 못하고 있다. 사실 이와 같은 이슈는 중요한 문제이기 때문에 보다 광범위한 논의가 이루어져야 하며, 이를 이민자 유입 조절을 위한 자료로 활용할 필요가 있다.

외국인력의 유입 효과에 대한 대부분의 논의가 노동시장 및 경제적 효과에 초점을 맞추고 있지만, 사회·문화·복지 효과도 중요한 정책 이슈이기 때문에 이에 대한 논의도 향후 보다 활발히 이루어질 필요가 있다. 외국인력의 사회·경제적 영향의 문제와 이를 토대로 한 외국인력정책의 수립은 크게 두 가지 방향에서 논의가 정립될 필요가 있다. 첫째, 외국인력의 유입 과정에서 이러한 요소를 고려하여 선별기능을 강화하는 것이다. 둘째, 선별기능이 제대로 작동하더라도 외국인력 유입에 따른 편익을 제고하거나 비용을 줄이기 위한 환경 조성, 체류지원 및 통합 정책의 확대, 외국인력에 대한 법·행정 조치의 엄격성, 기업 내 인적자원관리의 효율화, 외국인력 및 이민자에 대한 국민의 인식 변화 등 다양한 차원에서 논의가 이루어져야 한다. 외국인력의 유입이 필요하다면 이를 어떻게 받아들이고 활용하며 편익을 제고할 것인가를 정립하는 것이 외국인력정책의 목적이자 과제라고 볼 수 있다.

이러한 관점에서 현행 고용허가제의 과제를 언급하면 다음과 같다. 고용허가제로 운영되는 현행 외국인력제도는 공공기관을 통한 외국인력의 공급체계방식으로 수요국가의 요구에 부합하는 적격자의 선정 및 송출비리의 근절, 외국인력 고용관리체계와 외국인력 송출규모의 연계를 통해 국가별 쿼터 조절 및 송출국의 외국인력 관리 유도 등의 장점을 갖고 있다. 또한 외국인 근로자의 권리가 최저임금법이나 노동관계법 적용을 통해 내국인 근로자와 차별이 거의 없을 정도로 노동권이 신장되어 있다는 점도 들 수 있다. 이러한 장점은 대만이나 싱가포르 등 우리나라와 유사한 외국인력제도를 갖고 있는 국가들에 비해 우수한 것으로 평가되며, 이는 2011년 UN의 공공부문 대상을 수상한 것에서 알 수 있듯이 국제적으로도 긍정적인 평가를 받고 있다.

그러나 이와 같은 평가는 주로 고용허가제라는 제도적 틀에 초점을 맞춘 것인데, 또 한편으로는 노동시장 관점이나 외국인력 활용의 비용-편익이라는 경제적 측면에서 볼 때 과연 현재와 같은 제도 운영이 바람직한가에 대해서는 검토가 필요하다. 특히 저출산·고령화가 노동시장에 직접적으로 영향을 미치는 상황이 도래하면서 한편에서는 외국인력의 수요 증대를 이야기하지만, 다른 한편으로는 저숙련 외국인력 공급 증대에 따른 내국인 노동시장의 부정적 영향이 주로 국내 취약계층에 집중되고 있으며, 외국인력의 유입 확대에 따른 사회적 비용의 증대, 나아가서는 저임금·저숙련 의존형 산업구조의 유지라는 문제를 야기한다.

또한 동포인력에 대해서는 여전히 동포정책과 노동시장정책이 혼재되어 있어 노동시장 규제라는 측면과 동포인력의 활용이라는 양면성이 동포인력정책에 대한 적극적인 대처 방향을 설정하지 못하게 하고 있는 실정이다. 아울러 고용허가제로 입국한 외국인력을 단순히 경제적 차원의 노동시장 접근뿐만 아니라 우리의 국제적인 인적 네트워크로 활용하려는 시각도 필요하다.

이런 점에서 고용허가제가 갖는 제도적 의의를 점검하고 향후 환경 변화에 대응하여 제도를 어떻게 운용해 나가야 할 것인가는 매우 중요한 정책과제다. 현재의 여건하에서 안정적 제도 운용도 중요하지만 중·장기적 관점에서 제도의 틀을 점검하고 개선방안을 모색할 필요성이 제기된다. 이는 외국인력 문제뿐만 아니라 외국인력 유입과 연관된 노동시장, 산업구조, 인구변동과 같은 환경적 요소와 동포 문제,

불법체류와 정주화 문제 등 사회·정치적 문제도 함께 고려해야 함을 의미한다.

참고문헌

고용노동부(각 연도). 『고용허가제 업무편람』.

곽재석(2012). 「포용과 배제의 동포정책과 발전과제」. 『다문화사회연구』 5(1): 33-73.

박영범·설동훈·이규용(2010). 『외국인력 정책의 중장기 발전방향 연구』. 고용노동부.

설동훈(1999). 『외국인 노동자와 한국사회』. 서울대학교출판부.

유길상·이규용(2002). 『외국인 근로자의 고용실태와 정책과제』. 한국노동연구원.

이규용(2011). 「외국인 인력정책」. 정기선 엮음. 『한국 이민정책의 이해』. 백산서당.

이규용(2013). 「외국인력과 사회통합」. 전경옥 외. 『다문화사회 한국의 사회통합』. 이담출판사.

이규용(2016). 「외국인력정책」. 이혜경 외. 『이민정책론』. 박영사.

이규용 외(2007). 『외국인력 노동시장 분석 및 중장기 관리체계 개선방향 연구』. 한국노동연구원.

이규용 외(2011). 『외국인력 노동시장 구조분석』. 한국노동연구원.

이규용 외(2012). 『글로벌시대의 다문화인력 운용 방안』. 기획재정부.

임현진·설동훈(2000). 『외국인근로자 고용허가제 도입 방안』. 노동부.

정기선 외(2013). 『2013 체류외국인 실태조사: 고용허가제와 방문취업제 외국인의 취업 및 사회생활』. 이민정책연구원.

11장 /

여성고용정책의 변화와 쟁점*

이주희

1. 들어가는 말

이 연구에서는 여성고용정책을 남녀고용평등정책과 모성보호를 포함한 여성고용촉진정책으로 나누어 살펴보고자 한다. 여성고용정책은 서로 다른 상황에 있는 남녀에 대한 동등한 처우가 노동시장에서 불평등한 성과 격차를 발생시키고, 더 많은 가사와 양육부담을 가지고 있는 여성에 대한 특별한 대우가 또 다른 차별을 낳는 월스톤크래프트(Wollstonecraft) 딜레마의 전형적인 사례다(이주희, 2012a: 36). 그런 점에서 남녀평등을 추구하는 정책과 여성에 대한 보호를 제공하는 정책 모두 상호 모순되거나 기대하지 않았던 부정적 효과를 가져올 수도 있다. 또한 특정 제도나 정책에서 이 두 가지 목적을 명확하게 구분하기 어렵거나, 구분할 필요가 없는 경우도 있다. 1948년 대한민국정부가 수립된 이후 지금까지 실시된 여성고용정책에서 남녀고용평등에 대한 강조는 법제상으로만 존재할 뿐 현실적으로는 상당히 제한되어 여성고용을 촉진하는 데 제대로 기여하지 못했다. 또한 여성고용촉진정책은 질 낮은 일자리에 여성 인력을 집중시키는 결과를 가져와 오히려 남녀고용평등을 제한한 면이 컸다.

1990년대부터 서구 선진국에서는 일과 생활의 균형이 여성고용정책에서 점차 주목받기 시작했는데, 저출산이 본격화된 시기였으므로 한국정부 역시 이를 받아들여 적극적으로 추진하기 시작하였다. 문제는 이와 관련된 정책이 경제적 효용, 즉 국가경쟁력 확보를 위한 여성인력의 활용이라는 정책 담론 아래서 주로 진행되면서 고용평등에 대한 관심은 더욱 약화되었다는 점이다(이주희, 2012a). 평등하지 못한 노

* 2013년 정부(교육부)의 재원으로 한국연구재단의 지원을 받아 수행된 연구임(NRF-2013S1A3A2055212).

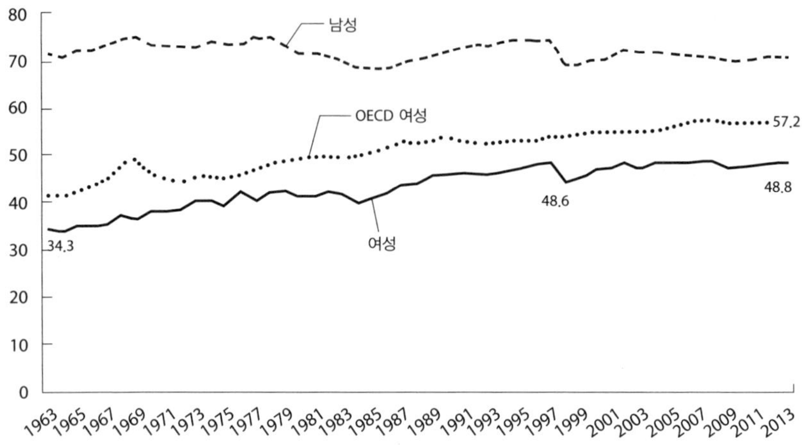

〈그림 11-1〉 한국의 남녀 고용률과 OCED 여성 고용률 비교

주: 15세 이상 인구 남녀 고용률. 단, OECD 여성 고용률은 15-64세 기준.
자료: 통계청 국가통계포털(http://kosis.kr/), OECD(http://stats.oecd.org/).

동시장은 여성이 노동시장에 참여하는 기회비용을 높여 고용률에 긍정적인 영향을 끼칠 수 없다. 일과 생활이라는 두 영역에서 남녀평등이 전제되지 못한다면 여성의 유급노동과 가사노동의 조화를 위한 노력은 여성 일자리의 질을 지속적으로 악화시킬 수도 있다. 실제로 〈그림 11-1〉에 나타난 바와 같이 한국의 여성 고용률은 정부 통계가 존재하는 1963년 34.3%에서 2013년에는 48.8%까지 증가한 것이 사실이지만, 이는 아직도 70%대에서 안정적으로 유지되고 있는 남성 고용률보다는 현저히 낮은 수준이다. 특히 1997년 48.6%에 이른 후 정체되는 양상을 보이는데, 이는 고용률을 측정하는 기준이 되는 연령대가 한국과 다름을 감안하더라도 OECD 국가의 여성 고용률 평균인 57.2%(2012년 기준)와는 상당한 차이를 보이는 수치다. 특히 여성 고용률이 70%대에 달하는 스웨덴이나 60%대를 현저히 넘어선 영미권 국가들과 비교할 때 이러한 차이는 더욱 두드러진다.

이 글에서는 이와 같이 여성 고용률을 높이는 데에도 한계점을 노출한 한국의 여성고용정책이 50여 년에 걸쳐 어떻게 전개되어 왔는지 4개의 주요 시기로 나누어 검토하고자 한다. 그런 다음 3절에서는 이러한 정책과 더불어 나타난 여성 일자리의 주요 특성과 정책 쟁점을 2013년 통계청 경제활동부가조사, 2012년의 고진로사회권 질문지조사,[1] 통계청 고용형태별 근로실태조사표 자료, 그리고 노사발전재단의 적극적 고용개선조치 원자료를 분석하여 살펴본다. 마지막으로 4절에서는 한국의 여성고용정책이 나아가야 할 방향에 대해 논의한다.

2. 주요 여성고용정책의 도입 시기와 내용

이 절에서는 주요 여성고용정책을 1961년부터 1987년까지의 권위주의 정부, 1988년부터 1997년의 민주주의 이행기, 1998년부터 2007년까지의 김대중·노무현 정부, 그리고 2008년 이명박 정부에서 2013년 박근혜 정부의 초기까지 네 시기로 나누어 살펴본다. 대한민국정부가 수립된 1948년부터 1960년까지의 내용을 제외한 것은 이 시기 통계자료의 연도별 신뢰도가 떨어질 뿐 아니라(정무장관(제2)실, 1995), 1953년 만들어진 근로기준법이 헌법이 보장하는 남녀평등권[2]에 입각해서 남녀 노동자에 대한 차별대우를 금지하긴 했어도 차별행위에 대한 법적

1 이 조사는 한국연구재단 사회과학기반사업(SSK) 고진로(high road) 사회권 연구과제 2년 차에 실시되었다(이주희, 2012b). 2012년 1월부터 2월 중반까지 전국적으로 지역, 성, 연령을 고려하여 주민등록 인구현황 자료에 비례하여 할당된 표집에 기초하여 수집되었으며, 조사대상자는 총 1,020명이었다. 여기서는 그중에서 임금근로자 609명을 대상으로 분석한 내용을 제시한다.

2 헌법 제34조 4항 “여자의 근로는 특별한 보호를 받으며 고용, 임금 및 근로조건에 있어서 부당한 차별을 받지 아니한다.”

적용 기준이 없고 이와 관련된 사회인식이나 정책적 관심도 거의 형성되지 못하여 실효성이 없었기 때문이다(백진아, 2004).

권위주의 정부의 여성고용정책(1961-1987)

1960년대는 수출주도 성장이 본격적으로 이루어지면서 노동집약적인 경공업 부문에 여성 노동력이 지속적으로 유입된 시기다. 1963년 경제활동인구조사가 시작된 이후 1970년대 중반까지 제조업 부문 여성 취업자 수는 급증했으며 1990년대에 이르러서야 감소하기 시작하였다(정무장관(제2)실, 1995). 이러한 양적 확대를 기반으로 1970년대에는 여성노동운동 역시 급속하게 성장했는데, 특히 1975년 '세계 여성의 해'가 선포되면서 차별에 대한 사회적 감수성이 증가하였다(황유정, 2014: 51). 여성운동단체의 조기정년 철폐 소송이나 결혼퇴직제 철폐 투쟁 등이 사회적 관심을 받게 된 것도 이 시기다. 1981년 보건사회부 부녀아동국이 가정복지국으로 개편되고 노동청도 노동부로 승격되어 부녀담당관이 신설되었다.

1980년대의 가장 중요한 성과로는 1985년 1월부터 국제연합(UN)의 '여성차별철폐협약(Convention on the Elimination of All Forms of Discrimination against Women, CEDAW)' 당사국이 된 것을 들 수 있다. 1970년대 성장한 여성운동과 이러한 국제사회로부터의 압력이 합쳐져 여러 가지 정치적 고려와 함께 1987년 남녀고용평등법이 제정되기에 이르렀다(백진아, 2004). 1980년대에는 종합적인 여성발전계획이 경제사회발전 5개년계획에 통합되는 변화도 발생하였다(김미경·서동희, 2004).

• 남녀고용평등정책

남녀고용평등법은 권위주의 정권의 말기인 1987년 12월 4일 제정되어 1988년 4월 1일부터 시행되었다. 이 법이 제정된 것은 위에서 살펴본 사회적 배경과 더불어 근로기준법의 미미한 효과에 대한 문제의식이 커지고 있었기 때문이다. 1980년대에 작성된 한 보고서에 따르면 "우리나라 전체 근로자의 3분의 1을 차지하는 여성근로자는 모집, 채용, 배치, 승진, 정년, 임금 등 모든 면에서 현행 헌법 및 근로기준법상 보장된 평등대우를 받지 못하고 있다. 근로기준법은 평등고용과 관련하여 차별금지의 추상적 규정 하나(제5조)만을 두고 있어 실제로 고용기회의 균등이나 고용 중의 신분보장을 위해서는 아무런 기능도 발휘하고 있지 못하다"(서경숙·김엘림, 1985: 11).[3]

남녀고용평등법은 바로 이러한 문제의식을 가지고 제정되었다. 이 법은 모집·채용·교육·배치·승진 및 정년·퇴직·해고에서 여성 차별을 금지하고 근로여성의 혼인·임신 또는 출산을 퇴직 사유로 예정하는 근로계약을 체결할 수 없도록 하였다. 또한 여성 노동자가 육아휴직을 사용할 수 있게 했으며, 사업주의 육아시설 제공에 관한 사항도 명시하였다. 남녀차별에 관한 분쟁을 조정하기 위해 자율적 분쟁처리제도(고충처리기관)와 지방노동행정관서의 분쟁해결지원제도(고용문제조정위원회) 설치 관련 내용도 포함되어 있었다(박선영 외, 2009: 48).

남녀고용평등법 제정이 역사적으로 큰 의의를 갖는 사건이긴 하지만, 이에 대한 여성학자들의 평가는 그다지 긍정적이지 않다. 이 역시 근로기준법과 마찬가지로 차별에 관한 규정이 모호하여 실효성이 떨어진다는 평가(백진아, 2002)를 면치 못했고, 남녀고용평등보다는 오히

3 같은 1980년대의 저서에서 김영정(1989: 266)은 이와 같은 법과 현실의 괴리에 대해 유사한 의견을 제시하고 있다. "1953년 5월 제정된 근로기준법에는 엄연히 남녀균등처우의 원칙(제5조)이 있지만 실제에 있어 여성근로자의 90% 이상이 이러한 법제 규정의 내용을 모르고 있으며, 또한 사회 일반의 태도 역시 동일 노동에 대한 동일 임금과 승진에 있어서의 동일한 대우에는 매우 부정적인 데 문제가 있다." 그러나 바로 이러한 평등의식의 부족은 남녀고용평등법의 효과에도 부정적인 영향을 미쳤다.

려 "직업능력과 고용촉진을 지원하는 법"(김미성·전경옥·문경희, 2007: 99)이라는 의견도 제시되었다. 바로 이러한 이유로 이 법은 이후 지속적인 개정 과정을 거치게 된다.

• 여성고용촉진정책

여성고용촉진과 관련하여 1967년 직업훈련기본법이 제정되었으나 성별에 따라 교육직종이 구분되어 미용, 전화교환, 방직 등 여성을 대상으로 한 교육훈련 내용은 상당히 제한적이었다. 예를 들어 1972년 5월 기준으로 총 117개 직종 가운데 여성 직종은 10여 개에 불과하였다. 공공직업훈련 역시 80%가 교도소에서 행해져서 혜택을 받을 수 있는 일반여성은 극히 드물었다(황유정, 2014: 37). 사업장 내 직업훈련 실시 의무제를 채택한 '직업훈련에 관한 특별조치법'이 1974년 제정되었으나 여성노동자가 그 혜택을 받기는 상당히 어려웠다. 1983년 여성개발원의 한 보고서에 따르면 여성을 위한 직업훈련은 총체적으로 부진하여 여성을 위한 전담 직업훈련기관이 한 곳도 없었던 한편 입학자격에서 여성을 배제한 곳도 상당수 있었다. 입학자격이 있다 하더라도 남성 직종에 여성이 지원하는 경우는 거의 없었다(황유정 2014: 60에서 재인용). 이러한 엄격한 직종 분리는 이후 여성을 저임금·저생산성 직종에 격리시키는 주요 원인이 되었다.

민주주의 이행기의 여성고용정책(1988-1997)

노태우 정부는 1988년 여성정책 총괄부서인 정무장관(제2)실을 신설하여 각 부처의 여성정책이 서로 조율될 수 있는 기반을 마련하였다. 그러나 1990년대의 경제 환경은 여성에게 결코 유리하지 않았다. 세계화로 인한 규제 완화와 기업에 대한 경쟁력 제고 압력은 노동유연화를 포함한 신인사제도로 나타났는데, 이로 인해 성장산업의 남성노동자는 핵심 노동자로 발전한 반면 사양산업의 여성노동자는 주변화되었다(백진아, 2002). 중간관리자 감소와 팀제 도입은 가사노동 부담을 남성보다 더 많이 지고 있던 여성인력에 대한 기피를 초래하기도 했다.

김영삼 대통령은 3당 통합이라는 변칙적 방식으로 대통령직에 당선되었음에도 민간인 대통령으로서 시민사회의 기대가 컸고, 대통령도 시민사회의 요구에 적극적으로 반응하려 하였다(권수현, 2011). 특히 이 시기에는 세계화추진위원회의 '여성사회참여 확대를 위한 10대 과제', 그리고 1995년 9월 중국 베이징에서 개최된 제4차 세계여성대회에서 채택한 행동강령 등의 영향으로 여성발전기본법이 1995년 12월 30일 제정되어 그 다음해 7월부터 시행되었다. 이로써 한국은 여성에 대한 다양한 의제를 포괄적으로 종합한 법을 가진 국가가 되었으며, 5년마다 여성정책의 기본계획을 수립할 의무를 가지게 되었다(이광택, 2000).

• 남녀고용평등정책

이 시기 남녀고용평등정책은 남녀고용평등법의 1차 및 2차 개정을 통해 살펴볼 수 있다. 1989년 4월 1일 남녀고용평등법은 동일가치 노동에 대한 동일임금 규정 및 차별의 정의 규정을 추가하고, 성차별의 입증 책임을 사업주에게 부과하고 벌금형과 징역형까지 가능하게 하는 등 이 법의 실효성을 높이기 위한 방향에서 처음으로 개정이 이루어졌다. 또한 현존하는 차별을 해소하기 위해서 국가, 지방자치단체 또는 사업주가 잠정적으로 특정 성의 근로자를 우대하는 조치를 취하는 것은 이 법에서 말하는 차별로 보지 않는다고 규정하여, 잠정적 우대조치나 모성보호가 차별이 아니라 실제적인 평등 실현을 위한 조건임을 인정하였다. 육아휴직제도의 실효성을 보장하기 위해 육아휴직을 사용하더라도 승급, 승진, 퇴직금 등에 불이익이 없도록 했으나 이를 여성노동자에게만 적용함으로써 양육의 책임을 여성에게만 맡기는 전통적 성 역할 고정관념을 해소하지 못했다는 비판을 받기도 했다(백진아, 2002; 박선영 외, 2009).

남녀고용평등법의 2차 개정(1995. 8. 4)은 여성단체 및 전교조 등이 고졸여사원의 용모 기준을 요구한 기업을 고소하면서 촉발되었다. 따라서 모집과 채용 시 직무수행과 무관한 신체적 조건이나 미혼 등을 요구하는 행위와 교육·배치·승진에 있어 혼인이나 임신, 출산 또는 여성인 것을 이유로 차별대우하는 행위를 모두 금지하였다. 또한 1차 개정 시 문제가 되었던 육아휴직 대상자를 '근로여성 또는 그를 대신한 배우자인 근로자'로 확대함으로써 모성에 대한 남녀 공동의 책임성을 인정하게 되었다(박선영 외, 2009).

• 여성고용촉진정책

이전에는 모성보호제도가 근로기준법에 규정되면서 그 비용을 기업에서 부담하도록 했는데, 이는 기업이 여성 고용을 기피하는 주된 원인이 되어 왔다. 이 문제를 해결하기 위해 정부는 제1차 근로여성복지기본계획에서 '모성보호비용의 공공부담화' 방안을 제시하였다. 이 근로여성복지기본계획은 1994년부터 1997년까지 "취업 확대와 복지 증진, 국제협력 증진 등 근로여성과 관련하여 추진될 정부정책을 총망라하여 체계적으로 정리한"(노동부, 1994) 문건이다. 여기서 정부는 1991년도 영유아보육법에 따라 보육시설이 마련되긴 했으나 보육대상 100만명의 14.4%밖에 보육하지 못하는 현실, 육아휴직제 보급률 제고의 필요성, 직업능력개발 대상자 중 여성의 낮은 비율, 비정규근로의 불안정성 등을 언급하면서 보육시설의 확대 및 정비, 공공직업훈련에서의 여성 우대, 여성전용취업정보센터 확대를 통한 취업알선기능 보강, 그리고 모성보호비용을 사회보험에서 부담하는 것 등을 적극적으로 검토하고 있다.

외환위기와 김대중 · 노무현 정부의 여성고용정책(1998-2007)

외환위기를 겪으며 구성된 김대중 정부는 김영삼 정부에서 시작된 구조조정과 노동시장 유연화 정책을 더욱 강력하게 시행하였다. 이 시기부터 특히 여성 일자리의 비정규직화가 한국 노동시장의 큰 문제로 부각되기 시작하였다. 그럼에도 불구하고 노무현 정부까지 이어진 이 10년간은 여성에 대해 상당히 호의적인 정책이 유지된 시기로 분류될 수 있다.

김대중 정부는 1998년 정무장관(제2)실의 한계를 극복하기 위해 대통령직속 여성특별위원회를 설치하여 여성정책의 총괄 조정 기능을 강화하고 6개 부처에 여성정책 담당관을 설치하였다. 여성특별위원회는 위원장이 장관이 아닌 장관급이어서, 이전 정무장관(제2)실과 큰 차이가 없다는 비판으로 인해 2001년 여성부로 개편되었다. 노무현 정부는 여성계의 지속적 요구에 따라 호주제를 폐지하였다. 또한 이 시기에는 국제적인 성 주류화 정책의 영향을 받아 다양한 정부정책에 대한 성별 영향평가가 실질적으로 시작되었다(권수현, 2011).

이 시기의 또 다른 중요한 특성은 고령화가 본격적으로 진행되면서 저출산과 더불어 이제까지 제대로 활용되지 못한 여성인력에 대한 관심이 크게 대두되었다는 점이다. 특히 정부는 백만 명을 웃도는 것으로 추산되는 잠재적인 여성인력 활용방안을 적극적으로 모색하기 시작하였다. 고용상황뿐 아니라 여성권한척도(GEM)와 같은 국제지표가 최하위권을 맴돌고 있다는 사실도 법제상의 평등 확보를 위한 긍정적인 압력으로 작용하였다(이주희, 2004).

• 남녀고용평등정책

남녀고용평등법이 시행된 지 10년이 경과하면서 고용에서의 차별뿐 아니라 교육·재화·시설·용역 등의 제공 및 이용과 관련된 남녀차별을 금지할 필요성이 등장하였고, 이러한 취지를 담아 대통령직속 여성특별위원회가 추진한 '남녀차별 금지 및 구제에 관한 법률'이 1999년 2월 28일 제정되어 같은 해 7월 1일부터 시행되었다. 남녀고용평등법상의 차별 금지 의무가 사용자에게 있는 데 비해 차별금지법에서는 그 주체가 공공기관으로 확대되었다. 그러나 차별 시정에 대한 '명령'이 아니라 '권고'밖에 할 수 없다는 한계로 인해 이 법 역시 다양한 차원에서 성평등을 보장하는 데에는 제한적인 역할밖에 하지 못했다(이광택, 2000).

이 법에 고용상의 성차별과 성희롱 권리구제 내용이 구체적으로 포함됨에 따라 같은 해 2월 8일 남녀고용평등법의 3차 개정도 이루어지게 된다. 이때 직장 내 성희롱을 보다 효과적으로 규제하기 위해 이의 개념과 함께 사용자 의무와 관련된 일련의 조항이 신설되었다.[4] 또한 이 개정에서 "사업주가 여성 또는 남성 어느 한 성이 충족하기 현저히 어려운 인사에 관한 기준이나 조건을 적용하는 것도 차별로 본다."라는 간접차별 개념 정의가 처음으로 포함되었다. 이 간접차별의 개념은 2001년 8월 14일 4차 개정 시 좀 더 구체화되었다(박선영 외, 2009).[5]

---

4 이 법의 개정은 여성계의 오랜 요구 외에도 1998년 2월 서울대학교 조교 성희롱 사건 승소판결의 영향을 받아 이루어졌다.

5 "사업주가 근로자에게 성별, 혼인, 또는 가족상의 지위, 임신, 출산 등의 사유로 합리적인 이유 없이 채용 또는 근로의 조건을 달리하거나 그 밖의 불이익한 조치를 취하는 경우를 말한다. 사업주가 채용 또는 근로의 조건은 동일하게 적용하더라도 그 조건을 충족시킬 수 있는 남성 또는 여성이 다른 한 성에 비해 현저히 적고 그로 인하여 특정 성에게 불리한 결과를 초래하여 그 기준이 정당한 것임을 입증할 수 없는 경우에도 이를 차별로 본다."

이러한 새로운 차별 개념의 도입으로 기존에 문제시 되지 않던 기업의 성별 직무 격리 관행이 간접차별로 인식되는 계기가 되었다. 2004년 전국금융산업노동조합 하나은행지부가 남성과 여성을 구분하여 채용, 배치한 후 승진과 임금에 있어 차별한 것을 진정한 사건을 노동부가 간접차별로 인정한 바 있다.

2006년 사부문에서의 적극적 고용개선조치(Affirmative Action, AA) 도입은 이 시기 가장 주목할 만한 변화다. 이 제도는 남녀고용평등법의 6차 개정(2005. 12. 30)을 통해 실시되었다. 적극적 고용개선조치(AA)는 동종 산업의 유사 규모(2006년 실시 당시 1,000인 이상 사업장, 2008년부터는 상시근로자 500인 이상 사업장) 기업들을 비교, 평가하여 여성 근로자 및 관리자가 평균보다 60% 낮은 기업에 대하여 간접차별의 징후가 있다고 보고 시행계획서와 이행실적보고서 작성을 통해 개선방안을 요구하는 제도다.[6] 그러나 이와 관련된 많은 연구가 이 제도의 효과나 파급력에 대해서는 유보적이거나 부정적이었다(이주희 외, 2012).

• 여성고용촉진정책

남녀고용평등법 4차 개정(2001. 8. 14)은 모성보호의 사회분담화 차원에서 근로기준법과 고용보험법의 개정과 함께 이루어졌다. 새로 개정된 남녀공용평등법은 근로자의 육아휴직 시 소득보전제도와 휴직기간 중 해고금지 규정을 신설하였다. 개정 근로기준법은 임신 중인 여성에 대하여 산전후를 통해 90일간의 유급보호휴가를 주도록 하고, 이 경우

---

6 적극적 고용개선조치(AA) 제도의 관리자는 '한국표준직업분류'상 고위 임직원 및 관리자를 말한다. 관리자는 조직의 다른 부서 또는 외부기관에 대하여 소관부서를 대표하는 자로서, 기업의 주된 활동과 관련된 업무를 기획 · 조정하고 부서원을 지휘 · 평가하는 위치에 있어야 한다. 직급과는 무관하며 업무지휘 및 감독권, 인사고과(근평)권, 결재권 등 세 가지 권한의 유무로 판단한다.

휴가기간의 배치는 산후에 45일 이상이 되도록 규정하였다. 단계적인 사회분담 범위 확대 원칙에 따라 총 90일 중 최초 60일은 사용자가 부담하도록 하고 남은 30일은 사용자가 아닌 고용보험법에 의거하여 지급하도록 고안되었다(노동부, 2001). 2006년 1월 1일 이후부터는 우선지원 대상 기업의 근로자가 출산한 경우 90일간의 급여를 고용보험에서 지급하고 대규모기업은 종전과 동일하게 지급하도록 하였다.

2007년 12월 21일 8차 개정 시 남녀고용평등법은 일·가정 양립을 강조하고자 '남녀고용평등과 일·가정 양립 지원에 관한 법률'로 법제명이 바뀌게 된다.[7] 이 개정을 통해 배우자 출산휴가제도, 육아기 근로시간 단축제도, 육아휴직 분할사용제도 등이 구체적으로 명시되었다(박선영 외, 2009). 이 외에도 노동부는 여성의 특성을 고려한 취업지원 기능을 강화하여 2006년 9월 여성 워크넷을 구축하고 주부취업상담센터도 운영하였다. 이 시기를 전후하여 여성의 취업을 촉진하기 위해 출산 후 계속고용지원금, 엄마채용장려금 등도 신설하였다.

이명박 · 박근혜 정부의 여성고용정책(2008-2013): 과거로의 회귀?

2008년에는 약 10년간 이어져 온 중도 정부가 보다 보수적인 정권으로 바뀌면서 여성운동의 정치적 기회구조가 불리하게 변화하였다. 이명박 정부는 여성부 폐지를 주장하다가 결국 존치시켰으나 정부 내 여성부의 위상은 불가피하게 하락하게 되었으며, 여성운동세력도 약화되었다(권수현, 2011). 그러나 이러한 정치적 변화보다 더욱 중요한 변

---

7 이러한 명칭 변경에 정부의 저출산 문제에 대한 위기의식이 일정 부분 기여한 것으로 보이나, 남녀 평등한 육아문화 정착을 위해서는 무엇보다도 동일노동 동일임금 원칙의 보다 강력한 이행이 필요하다. 이러한 조치가 요구되는 이유는 (남녀 간 임금격차가 현재와 같이 현저히 차이가 나는 한) 여성의 가사 및 육아 전담이 개별 가구의 합리적 선택으로 지속될 수밖에 없기 때문이다.

화는 노동시장에서 발생하고 있는 여성고용의 비정규직화였다. 이전부터 전체 여성 노동자 중 비정규직이 차지하는 비중이 남성보다 훨씬 더 높았지만 김유선(2009)의 연구에 따르면 2008년에 30대 이후부터는 여성의 비정규직 비율이 남성에 비해 크게 높아져 45-49세 코호트의 경우 비정규직 비율은 여성 72.8%, 남성 36.8%로, 그 격차가 40%p 이상 벌어졌다. 2008년 여성 비정규직은 남성 비정규직의 절반에도 현저히 못 미치는 36.7%의 임금을 받는 것으로 나타났으며, 여성 비정규직 중 최저임금에 못 미치는 월평균 임금을 받는 사람이 4명 중 1명꼴이었다.

• 남녀고용평등정책

노동시장의 이러한 상황에도 불구하고 이명박 정부와 박근혜 정부의 여성고용정책은 남녀고용평등보다는 일자리 창출 및 일과 가정의 양립 방안에 좀 더 초점이 맞추어져 있어 이 시기 실시된 남녀고용평등정책 사례를 찾기는 어렵다.

• 여성고용촉진정책

이명박 정부는 2008년 말 경제위기 이후 여성고용정책을 일자리 창출 위주로 재편하였다. 2009년 정부의 주요 일자리 사업에 참여한 여성 비율은 70%를 상회하고 기타 통합 고용지원서비스의 여성 비중도 높은 편인데, 이러한 일자리의 경우 단기적인 성격이 강하기 때문에 여성의 안정적 고용 창출에 큰 도움이 되지 않을 수 있다(이주희, 2012a). 2010년 7월 시행된 '경력단절여성 등의 경제활동 촉진법'은 국가적 차원에서 여성의 인턴취업을 지원하고 경력단절여성지원센터를 마련하는 근거가 되었다. 이러한 정책을 이어받아 박근혜 정부가 확대하기로 한 여성새로일하기센터, 여성새로일하기지원본부 등에서 실시하고 있는 여성에 특화된 교육이나 취업지원은 그 효과도 미미할 뿐 아니라 설령 효과가 있다고 하더라도 오히려 성별 직무 격리나 저임금 직종에 여성이 집중되는 현상을 지속시킬 수 있다. 경력단절여성에 대한 '특별'한 법을 만듦으로써 오히려 여성의 경력단절현상을 당연시하고 낮은 노동시장지위를 고착화할 수 있기 때문이다. 공보육의 부족이나 장시간 근로 관행, 지나치게 큰 임금격차와 채용 및 승진상의 남녀차별 등 근본적인 경력단절 유발요인에 대한 구체적이고 적극적인 시정 노력 없이 고학력이거나 취약계층 등 특정한 여성집단을 대상으로 한 임시방편적 취업교육과 취업지원시스템 구축은 여성고용의 양과 질을 높이는 데 크게 기여하기 어렵다.

고용률 제고라는 가시적 성과를 위해 이명박 정부에서는 시간제 일자리 확산도 시도하였다.[8] 시간제 근로 확대는 2007년 남녀고용평등법이 '남녀고용평등과 일·가족 양립 지원에 관한 법률'로 개정되는 과정에서 주목받은 이명박 정부의 여성고용정책이었다. 2010년부터 시간제 근무 공무원 제도를 도입하고 사기업에 인사노무관리 매뉴얼 및 컨설팅 지원과 단시간 일자리 창출 지원금을 지급하기 시작했음에도 불구하고,[9] 질 낮은 여성 시간제 일자리의 급속한 증가를 가져왔을 뿐, 장시간 근로의 축소와 양질의 시간제 일자리 확산과 같은 제대로 된 성과를 내지는 못했다.

하지만 시간제 일자리는 박근혜 정부에서 고용률 70%를 달성하기

---

8 시간제 일자리와 관련된 이후 논의는 이주희(2013)를 인용하였다.

9 고용노동부에 따르면 2008년 8월부터 시행하기 시작한 단시간 일자리 창출 지원금제도는 단시간 일자리 창출 컨설팅을 종료한 날부터 1년 이내에 구직자와 근로시간이 15시간 이상 30시간 이하이면서 기간의 정함이 없는 근로계약을 체결한 경우 지원한다. 지원금액은 신규 채용된 단시간근로자 임금의 100분의 50이되, 1인당 월 40만 원을 초과하지는 못하며 지원기간은 1년이다.

위한 핵심적인 정책도구로 부활하였다. 경력단절여성을 주요 정책대상으로 하고 있다는 점도 유사하다. 이전 정부와의 차별화를 위해 '양질'의 시간제 일자리라는 점을 강조하고는 있으나, 이를 어떻게 달성할 것인가에 대해서는 이전 정부와 큰 차이가 있다고 보기는 어렵다. 논리적으로 판단할 때, 고용률 70%와 '양질'의 시간제 일자리 창출은 동시에 달성할 수 있는 목표가 아니다. 대부분의 유럽 복지선진국에서도 시간제 노동자에 완전한 보호를 제공하는 일을 제대로 하지 못했다. 시간제 고용이 고용률 증가와 경쟁력, 생산성을 함께 제고하기 위해서는 고용보호의 대상에서 제외되어야만 했다. 이는 특히 현재 한국의 노동시장이 겪고 있는 급격한 유연화에 비추어 볼 때 더욱 양립 가능한 목표가 아니라고 판단된다. 해외 선진국에서 기업이 시간제 노동자를 고용한 이유는 비용 절감과 유연성 확보가 가능했기 때문이다. 한국의 경우 이는 전일제 임시직, 그리고 이보다도 못한 간접고용직과 특수고용직을 통해 기업이 이미 충분히 누리고 있는 효과다.

3. 여성 일자리 특성과 고용정책 쟁점별 평가

여성 일자리의 낮은 질

지난 50여 년 동안 여성고용정책이 꾸준하게 실시되었음에도 여성의 고용률이 50%에도 미치지 못한다는 것은 큰 문제이지만, 이보다 더 중요한 문제는 이러한 일자리의 질이 매우 낮다는 것이다. 〈표 11-1〉에 나타나 있는 남녀별 고용형태에 따른 특성을 살펴보면 여성의 일자리는 남성 일자리에 비해 비정규직 규모가 크고, 이들의 임금과 근로조건은 상당히 낮다. 특히 정부안과 대비하여 종사상 지위상 임시 일용직으로 분류되는 다수의 장기임시노동자를 포괄하는 비정규직의 정의를 사용한 저자 수정안의 경우 그 차이는 더욱 크게 나타난다.[10] 여성 임금근로자의 60%가량이 비정규직으로 일하고 있으며, 이들의 임금비는 남성 정규직의 36.1%에 불과하다.

〈표 11-2〉는 성별과 고용형태별로 나누어 일자리에 대한 인식과 일자리 특성에 대한 판단이 어떻게 상이한가에 대해 살펴본 것이다. 여성의 경우 대체로 남성보다 현재 일자리의 경력/학력 일치도와 임금수준에 대해 좀 더 긍정적으로 인식하고 있는 것으로 드러났으나, 이러한 여성 일자리는 정규직과 비정규직 모두 남성 정규직 일자리에 비해 시간운영의 자율성, 업무재량권 및 다양성 등 좋은 일자리 특성에 있어 뒤떨어진다고 평가되고 있었다.

이와 같이 여성 일자리의 양과 질이 전혀 개선되지 못한 것은 우리나라 여성고용정책의 다음과 같은 특성 때문이다. 우선, 노동시장에서의 성 평등은 그 자체로 큰 의미와 의의를 가짐에도 불구하고, 여성고용의 문제는 경제성장과 시장 효율의 관점에서만 접근되어 왔다. 또한 여성고용정책의 범위를 여성을 대상으로 한 특수한 정책에 한정하여 노동시장에서의 낮은 지위를 고착화하고 여성의 주변화를 유도하였다. 마지막으로, 여성에게 차별적 효과(disparate impact)를 가져오는 최저임금 및 비정규직보호법 등 일반 노동시장정책의 효과 분석에 소홀하여 보다 일반적인 고용정책 수단을 통해 여성의 일자리를 개선하는 작업을 지체시켰다(이주희, 2012a: 37).

---

10 정부와 노동계의 의견이 불일치하는 부분은 비정규직 중 한시근로와 관련되어 있다. 이 연구는 노동계의 입장을 수용하고자 한다. 정부는 한시근로를 근로기간을 정해 계약한 기간제, 계속 직장을 다닌다 하더라도 계약이 반복·갱신된 경우, 그리고 고용계약기간을 정하지 않았으나 비자발적인 사유로 계속 근무를 기대할 수 없는 자로 한정하였다. 그러나 이 연구는 이미 일차적으로 임시 일용직으로 분류된 경우라면 퇴직이나 이직, 가족부양이나 건강상의 문제 등 비자발적이 아니라 자발적 사유로 계속 근무를 기대할 수 없다 하더라도 한시근로에 포함시켰다.

〈표 11-1〉 성별에 따른 고용형태별 특성(2013)[1]　　(단위: 비중/평균)

구분		여성						남성					
		정규	비정규				전체	정규	비정규				전체
			한시	비전형	시간제	계			한시	비전형	시간제	계	
정부안	비중	59.4	13.9	9.5	17.3	40.6	100.0	73.5	11.2	10.3	5.1	26.5	100.0
	임금비[2]	63.4	51.3	47.9	21.1	37.7	53.0	100.0	79.8	57.4	24.7	60.6	89.5
	연령	39.0	39.4	48.8	46.0	44.4	41.2	41.0	41.8	49.0	44.1	45.0	42.1
	학력[3]	3.77	3.67	2.86	3.19	3.28	3.57	4.11	3.91	3.05	3.61	3.52	3.96
	기업규모[4]	3.04	3.20	2.74	2.13	2.64	2.88	3.64	3.55	2.40	2.17	2.84	3.43
	노조 조직률	12.4	4.6	1.4	0.6	2.1	8.2	19.8	7.1	2.0	0.8	3.9	15.6
	사회보험 미가입[5] 연금	24.9	27.7	68.7	84.4	61.4	39.7	15.0	31.1	75.9	92.0	60.0	26.9
	사회보험 미가입[5] 건강	23.9	24.4	61.1	80.7	56.9	37.3	12.0	22.3	63.4	85.6	50.3	22.2
	사회보험 미가입[5] 고용	23.8	25.2	64.0	80.6	57.8	37.6	13.3	25.6	67.3	86.3	53.3	23.9
	전체(천 명)	4,661	1,087	743	1,357	3,187	7,848	7,634	1,165	1,067	526	2,758	10,392
저자 수정안	비중	41.8	31.4	9.5	17.3	58.2	100.0	62.0	22.7	10.3	5.1	38.0	100.0
	임금비	67.3	42.6	44.4	19.6	36.1	49.2	100.0	63.7	53.2	22.9	55.4	83.1
	연령	37.1	41.8	48.8	46.0	44.2	41.2	41.1	41.2	49.0	44.1	43.7	42.1
	학력	4.07	3.32	2.86	3.19	3.21	3.57	4.24	3.67	3.05	3.61	3.49	3.96
	기업규모	3.53	2.46	2.74	2.13	2.41	2.88	3.92	2.82	2.40	2.17	2.62	3.43
	노조 조직률	17.4	2.2	1.4	0.6	1.6	8.2	23.1	4.4	2.0	0.8	3.3	15.6
	사회보험 미가입 연금	1.8	57.0	68.7	84.4	67.1	39.7	4.1	52.8	75.9	92.0	64.2	26.9
	사회보험 미가입 건강	0.9	54.7	61.1	80.7	63.4	37.3	1.4	46.0	63.4	85.6	56.0	22.2
	사회보험 미가입 고용	1.7	53.8	64.0	80.6	63.4	37.6	3.0	47.6	67.3	86.3	58.1	23.9
	전체(천 명)	3,283	2,465	743	1,357	4,565	7,848	6,442	2,357	1,067	526	3,950	10,392

주: 1) 전체 임금근로자 1,824만 명 중 각 고용 형태의 비중을 의미함. 비전형 근로는 파견, 용역, 특수고용, 가내, 일일 근로 형태로 구성되었으며, 정부 통계에서 한시근로와 비전형 근로가 중복된 경우 중복을 반영한 수치와 달리 이 표에서는 각 고용 형태의 중복을 제거하였음.

2) 임금비는 정규직 남성 월평균 임금을 100으로 했을 때 상대적 임금비이며, 정부 통계의 임금비는 정부안 분류 정규직 남성의 월평균 임금 295.54만 원, 수정안의 임금비는 수정안 정규직 남성의 월평균 임금 318.61만 원을 100으로 했을 때의 상대적 임금비임.

3) 학력수준은 무학 0, 초등학교 1, 중학교 2, 고등학교 3, 전문대 4, 대학교 5, 대학원(석사) 6, 대학원(박사) 7로 표기한 범주형 연속변수의 평균값.

4) 기업규모는 1-4인을 1, 5-9인을 2, 10-29인을 3, 30-99인을 4, 100-299인을 5, 300-499인을 6, 500인 이상을 7로 표기한 범주형 연속변수의 평균값.

5) 사회보험 중 연금과 건강보험은 직장 가입이 되지 않은 비중.

자료: 통계청, 『경제활동인구조사 근로형태별 부가조사』 2013년 8월 원자료 저자 분석.

〈표 11-2〉 성별과 고용형태에 따른 일자리 인식과 일자리 특성 (단위: 비중/평균)

구분		일자리에 대한 인식			일자리 특성[1]					
		학력 및 경력과 일치 정도	임금 수준[2]	일자리 상실 두려움[3]	시간 운영 자율성	업무내용/전반적 방향 결정 및 재량권	업무 내용 다양성	업무 내용이 흥미로움	항상 새로운 일을 배움	노력에 따른 보상 차이
남성	정규	84.5	61.5	26.5	5.90	6.34	6.03	5.92	6.11	4.66
	비정규	47.5	42.4	31.7	5.19	5.03	4.67	4.57	4.47	4.45
	전체	69.3	53.7	28.6	5.61	5.80	5.47	5.37	5.44	4.58
여성	정규	84.7	67.3	21.4	5.23	5.17	5.64	5.56	5.81	3.67
	비정규	66.3	47.7	32.0	5.40	4.99	4.16	4.63	4.61	3.63
	전체	73.0	54.8	28.1	5.34	5.06	4.70	4.97	5.04	3.64
t/X^2						***	***	*		***
전체		70.9	54.2	28.4	5.49	5.47	5.13	5.19	5.26	4.16

주: 1) 10점 척도를 사용했으며 평균값이 높을수록 좋은 일자리 특성이 본인 일자리와 일치.
2) 노력과 성과에 대비한 임금의 적정성에 대한 긍정 응답 비율.
3) 일자리를 잃거나 직장을 바꾸어야 할지 몰라 두렵냐는 질문에 대한 긍정 응답 비율.
*** $p < .001$ ** $p < .01$ * $p < .05$
자료: 2012년 고진로사회권 실태조사 저자 분석.

고용평등정책의 한계: 여성 관리직의 부족

여성고용정책의 주요 목표는 남녀 간 평등한 고용기회 제공이다. 그러나 남녀고용평등법이 수없이 개정되고 적극적 고용개선조치(AA)가 실시되었음에도 45개국 5,977개 기업 정보를 활용한 GMI Ratings 2013년 보고서에 따르면 한국은 개발도상국 중 여성 임원 비율이 1.9%로 선진국 평균(11.8%)은 물론이고 개발도상국 평균(7.4%)에도 못 미치는 최하위를 기록하였다. 이는 〈표 11-3〉에 나타난 고용노동부 고용형태별 근로실태조사 자료 분석에서도 드러난다. 민간부문 기업 전체의 관리직 비율은 8%대 초반에서 정체, 기업 고위임원의 비중은 3%대에서 정체 중이다.

〈표 11-3〉 관리직 및 기업 고위임원 여성 비율(2009-2012) (단위: %)

구분	2009	2010	2011	2012
전 직종	32.3	32.8	33.3	33.9
관리직 전체	8.2	8.2	8.3	8.4
기업 고위임원[1)]	2.2	3.5	3.8	3.3
행정 및 경영지원 관리직	9.2	8.6	8.5	8.2
전문서비스 관리직	11.8	12.4	13.8	14.3
건설전기 및 생산 관련 관리직	3.7	4.4	4.9	4.2
판매 및 고객서비스 관리직	10.5	10.1	8.0	9.5

주: '기업 고위임원'은 상시근로자 300인 이상 사업체의 회장, 부회장, 사장, 부사장과 500인 이상 사업체의 이사급 이상을 의미함.

자료: 통계청 '고용형태별 근로실태조사표'(http://kosis.kr) 자료를 저자가 재구성하였음. 고용노동부에서 실시하는 이 조사는 근로자 1인 이상 사업체에 종사하는 자영업주를 제외한 정규 및 비정규직 근로자의 임금, 근로시간, 고용형태, 사회보험 등 각종 근로조건에 관한 사항을 사업체 특성 및 인적 속성별로 파악하여 관련 정책 수립의 기초자료를 제공하기 위해 1년마다 면접조사로 진행됨. 조사범위는 한국표준산업분류(제9차 개정)에 의한 임금근로자 1인 이상 민간 부문의 전 산업(공공행정, 국방 및 사회보장행정, 가사서비스업, 국제 및 외국기관 제외)이며, 조사대상은 1인 이상 임금근로자를 고용하고 있는 사업체 중 층화계통추출방법에 의해 추출된 약 32,000개 표본사업체 및 동 사업체에 종사하는 정규 및 비정규직 근로자임.

노사발전재단이 축적한 적극적 고용개선조치(AA) 자료를 분석한 결과, 여성 임원 및 관리자 비율은 업종별 격차가 매우 커서, 여성 관리직은 경공업(2), 도소매업, 숙박 및 음식점업, 항공운수업, 교육서비스업 등의 분야에 집중되어 있고 여타 중화학공업 분야는 여성의 진출이 매우 부진하였다(〈그림 11-2〉 참조). 그림에는 나타나 있지 않지만 추가로 분석한 결과 공공기관의 경우 업종 간 격차가 사기업보다도 크게 나타났다.

노무현 정부의 적극적 고용개선조치는 외환위기 이후 도입된 여성고용정책 중 유일하게 평등을 추구하는 것이었으나 그 실효성에 대해서는 많은 비판이 있어 왔다. 무엇보다도 여성고용의 질을 평가할 수

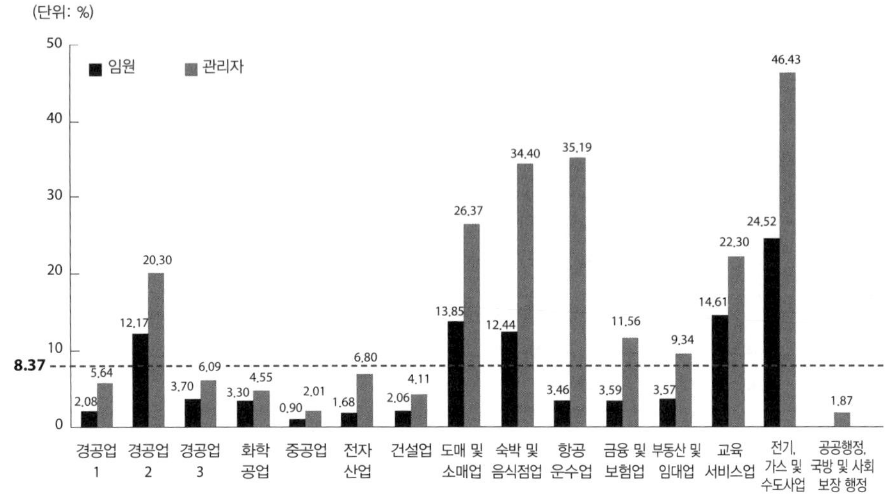

〈그림 11-2〉 업종별 여성 임원 및 관리자 비율(2013)

주: 경공업 1은 식료품, 음료, 담배제조업, 경공업 2는 섬유제품, 의복과 의복액세서리, 모피, 가방, 신발, 가죽 제조 및 인쇄와 기록매체 복제업, 그리고 경공업 3은 목재 및 나무제품 제조업, 펄프, 종이 및 종이제품 제조업, 가구 및 기타 제조업임.
자료: 노사발전재단 적극적 고용개선조치(AA) 원자료 저자 분석.

있는 비정규직이 분리 보고되어 있지 않아서 기업 관리자로 성장할 수 있는 정규직 여성고용의 양을 정확하게 파악하기 어렵고, 기업도 비정규직이나 시간제 근로 등 상대적으로 용이하게 여성고용의 양을 늘리는 방안을 선호하는 문제가 발생하고 있다. 또한 시행계획서의 경우 제출대상을 여성근로자와 여성관리자로 분리하여 각각 동종 업종 유사규모 평균의 60%에 못 미치는 기업으로 한정하고 있어 1) 업종 내 세분류된 기업 간 편차, 2) 평균의 60%라는 기준의 부적절성, 3) 여성근로자 고용률과 관리자 고용률의 분리평가 등에 대한 문제제기가 끊이지 않고 있다(이주희 외, 2012).

4. 맺음말

전반적으로 여성고용과 관련된 많은 법들이 만들어졌음에도 불구하고 지금까지 살펴본 바와 같이 그 효과는 미미하였다. 특히 현재 한국 노동시장에서 갈수록 다양해지는 여성고용차별의 기제를 근본적으로 막을 수 있는 정책이 보이지 않는다. 남녀고용평등법의 제정 및 개정을 계기로 기본적인 규제의 틀이 만들어진 것은 사실이지만, 이 법의 경우 전반적인 남녀평등의 제고보다는 차별에 대한 선별적 조치의 성격이 더 부각된다(김미성·전경옥·문경희, 2007).

저임금 비정규직에 격리되어 있는 다수 여성노동자의 노동시장 지위를 고려할 때 향후 여성고용정책에서 남녀 평등한 제도의 확충은 그 무엇보다도 큰 중요성을 가진다. 그런 점에서 고용과 돌봄이라는 양 방향에서 여성과 남성의 같음을 추구하는 시민-노동자-돌봄인(citizen-worker-carer) 모델에 대한 관심과 개발이 필요하다. 여성이 고용과 관련하여 남성과 유사해지는 한편, 남성은 돌봄과 관련하여 여성과 유사해지는 것이 이 모델의 핵심적 특성이다(이주희, 2012a). 여성이 남성보다 돌봄노동에 더 많은 시간을 투여하는 한 여성에 대한 사용자의 차별적 채용과 대우는 지속될 것이기 때문이다.

좀 더 세부적이고 구체적인 목표는 간접차별의 혐의가 두어질 수 있는 전반적인 고용정책에서 여성에 미치는 효과와 관련된 감수성을 높이는 것이 되어야 할 것이다. 여성 비정규직의 규모가 이렇듯 높은 상태에서는 비정규직의 정규직화, 그리고 비정규직의 임금수준 향상이 필요하다. 최저임금을 노동자 평균임금의 50% 수준으로 인상하는 것 역시 저임금부문에 집중적으로 분포된 여성노동자의 일자리 질 향상에 크게 도움이 될 것이다. 또한 시간제근로의 도입보다는 노동자의 노동시간 선택권을 확대해 나가면서 남성노동자의 육아휴직 사용과 가사노동 분담을 이끌어낼 수 있도록 장시간 근로 관행이 바뀌어야 할 것이다.

참고문헌

권수현(2011). 「여성운동과 정부, 그리고 여성정책의 동학: 한국 사례를 중심으로」. 『아시아여성연구』 50(1): 7-48.

김미경·서동희(2004). 「한국과 영국, 스웨덴의 여성정책의 형성과 정부 역할의 변화」. 『한국행정학보』 38(6): 349-370.

김미성·전경옥·문경희(2007). 「한국과 스웨덴의 여성고용과 남녀고용평등정책 비교」. 『아시아여성연구』 46(2): 85-128.

김영정(1989). 『변화와 도전: 한국여성의 현실과 정책』. 이화여자대학교출판부.

김유선(2009). 「성별·고용형태별 차별실태와 개선방향」. 한국노총 여성정책토론회 발표자료.

노동부(1994). 『제1차 근로여성복지기본계획: 1994-1997』.

노동부(2001). 『근로여성의 모성보호를 위한 개정 근로기준법 의의와 주요 내용』.

박선영·박복순·권혜자·김원정(2009). 「남녀고용평등법 시행 20년의 성과와 과제」. 한국여성정책연구원 연구보고서.

백진아(2002). 「90년대 여성노동정책의 형성과 담론: 남녀고용평등법과 모성보호관련법을 중심으로」. 『젠더와 사회』 1: 41-68.

백진아(2004). 「여성노동정책의 전개와 과제」. 『동덕여성연구』 9: 9-29.

서경숙 · 김엘림(1985). 「여성고용촉진법제에 관한 연구」. 한국여성개발원 조사연구보고서.

이광택(2000). 「여성관련 노동법 및 정책연구」. 한국노총 중앙연구원 보고서.

이주희(2004). 「적극적 조치와 여성노동: 사회경제적 효과를 중심으로」. 『한국여성학』 20(3): 139-170.

이주희(2012a). 「여성의 평등한 노동권을 위한 고용과 복지의 재구조화」. 『한국여성학』 28(3): 35-62.

이주희(2012b). 『고진로 사회권: 비정규직을 위한 대안적 복지 패러다임』. 후마니타스.

이주희(2013). 「시간제근로의 확대와 정책대안」. 『노동리뷰』 103: 52-60.

이주희·김종숙·이택면·김태홍·정성진·김상미·유은경·전주현·인정(2012). 「적극적 고용개선조치 개선방안」. 노사발전재단 AA연구보고서.

정무장관(제2)실(1995). 「한국여성발전 50년」.

황유정(2014).「한국의 여성고용정책 변화에 관한 연구: 역사적 제도주의 관점에서의 분석」. 이화여자대학교 박사학위논문.

12장 /

4대 사회보험 적용·징수 통합 추진과 향후 과제*

장신철

1. 들어가는 말

우리나라의 4대 사회보험은 그동안 각기 상이한 적용·징수 체계를 가짐으로써 사회보험의 사각지대 해소를 어렵게 할 뿐만 아니라 보험행정의 효율성이 낮고 보험료를 납입하는 사업주에게 불편을 초래한다는 비판을 받아 왔다. 보건복지부가 운영하는 건강보험·국민연금과 고용노동부가 운영하는 고용보험·산재보험으로 보험행정이 이원화된 것이 그 근본 원인으로 지적된다. 보험의 적용·징수 업무[1]는 법에 따라 보험에 가입시키고 보험료를 징수하는 기계적인 업무이기 때문에 어느 한 기관에서 수행하는 것이 가능하다. 이를 통해 기업이 보험료를 내면서 3개의 공단(건강보험공단, 국민연금공단, 근로복지공단)을 상대해야 하는 불편을 크게 줄일 수 있음은 물론이다.

4대 사회보험의 적용·징수 체계를 효율화하려는 시도는 김대중·노무현·이명박 정부를 거치면서 지속적으로 이어졌다. 김대중 정부에서는 1998년 사회보장심의위원회(위원장: 국무총리)에 설치된 '사회보험통합추진기획단'(1998. 11-1999. 12)을 통해 통합 방안을 논의하였고, 노무현 정부에서는 대통령 직속 국정과제위원회의 하나인 '빈부격차·차별시정위원회'가 보험료 부과 기준을 과세소득으로 통일시키고 국세

---

* 필자는 노무현 정부 시절인 2004년 2월부터 2006년 2월까지 대통령 직속 국정과제위원회의 하나인 '빈부격차·차별시정위원회'의 행정관으로 근무하면서 4대 사회보험 적용·징수 통합의 1단계 작업을 담당하였다. 본고의 의견은 정부의 입장과는 무관하다.

1 여기서 보험 적용·징수 업무라 함은 보험가입·자격 관리, 소득 파악 및 보험료 부과·징수, 체납보험료 관리를 말한다. 보험의 적용은 사업장이 사회보험 성립신고를 각 보험공단에 제출하는 것을 말하며, 보험 적용이 되면 그에 따라 근로자 개인에 대한 피보험자 관리가 이루어지게 된다. 따라서 '보험 적용'은 통상 피보험자 관리 업무까지를 포함하는 개념이다. 그러나 고용보험의 경우에 보험 적용은 근로복지공단에서 행하고 피보험자 관리는 실업급여 지급을 위해 고용센터에서 행함으로써 업무 이원화로 인한 행정 비효율 문제가 지적되고 있다.

〈표 12-1〉 우리나라의 4대 사회보험과 담당 부처

구분	법률(시행시기)	관장부처 및 집행기관	재정관리
건강보험	국민건강보험법(1977), 국민건강보험재정 건전화특별법(1977)	보건복지부, 국민건강보험공단	국민건강보험공단
국민연금	국민연금법(1988)	보건복지부, 국민연금공단	국민연금기금
고용보험	고용보험법(1995)	노동부, 근로복지공단	고용보험기금
산재보험	산업재해보상보험법 (1964)	노동부, 근로복지공단	산업재해보상보험 및 예방기금

청 산하에 보험징수공단을 신설하여 4대 사회보험의 적용·징수를 통합하려는 개혁적인 시도를 하였다(2005. 3-2007. 12). 이명박 정부에서는 2008-2009년 국회에서 '징수공단 신설안'과 '건강보험공단 중심의 징수안'이 대립되다가 결국 적용 및 보험료 부과 업무는 각 공단에 존치시키고, 징수 업무 중 극히 일부라 할 수 있는 고지서 발송, 수납 및 체납 관리 업무만을 건강보험공단으로 일원화하여 2011년부터 시행함으로써 10여 년에 걸친 긴 논쟁은 일단락되었다.

적용·징수 통합이라는 정책의제(policy agenda) 형성과 2009년 최종 정책 결정이 이루어지기까지는 다양한 정책참여자의 상호작용이 있었다. 가장 영향력이 큰 정책선도자(policy entrepreneurs)는 행정부에 대한 컨트롤 타워 역할을 하는 청와대였으며, 최종 정책조정안을 정당화(legitimation)하는 데에는 입법권을 쥐고 있는 국회(정치권)가 영향력을 미쳤다. 노무현·이명박 정부에서 개혁은 모두 청와대가 그 중심에 있었고, 개혁으로 영향을 받게 되는 보건복지부와 노동부는 정도의 차이는 있으나 개혁에 적극적인 입장은 아니었으며, 3개의 보험공단과 공단노조들은 조직 변동과 인력 이동 등 직접적인 영향을 크게 받게 되

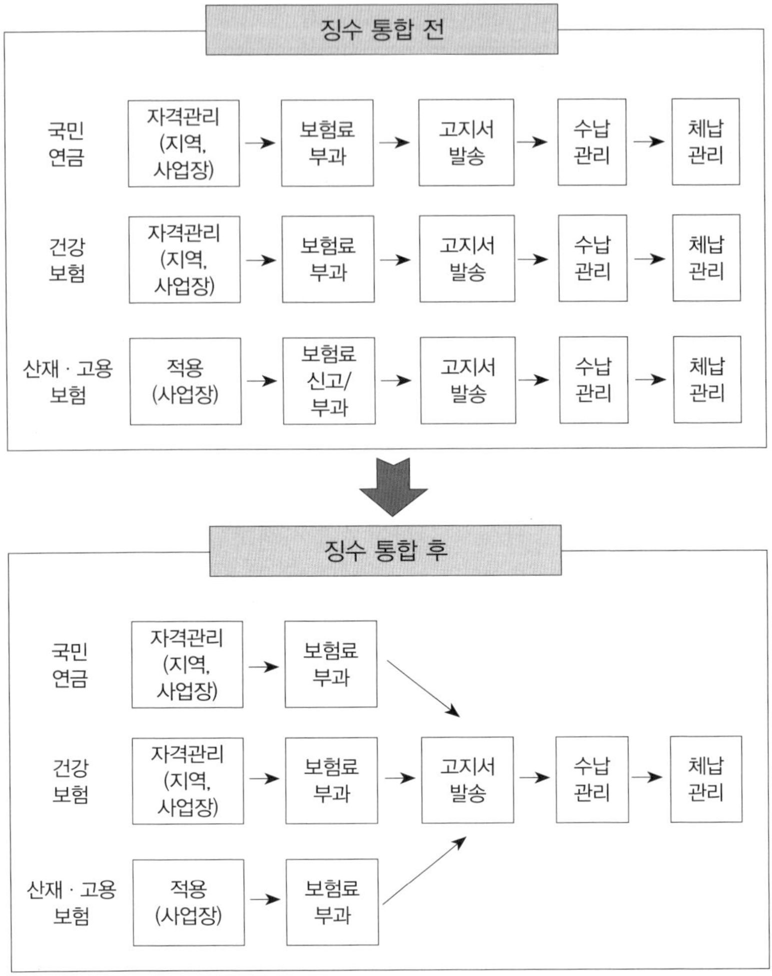

〈그림 12-1〉 징수 통합 전후의 업무 처리 변화

므로 다양한 이유를 들어 징수 통합에 강하게 반대해 왔다. 교수 등 전문가 집단, 일부 시민사회단체와 언론은 공청회, 언론 기고 등을 통해 일원화 작업에 대해 의견을 개진하고 논리적 근거를 제시하기는 했지만 공식적 추진조직(initiators)이 아니라 비공식적 참여조직(participants)이었다(이송호, 2012).

2011년 1월부터 건강보험공단으로 일원화된 징수 업무(보험료 고지 + 수납 + 체납 관리)는 아직 미완의 모습이다. 〈그림 12-1〉에서 보듯이 징수 통합 후에도 보험 적용·피보험자 관리, 보험료 부과 업무는 3개의 보험공단이 각각 담당하고 있어 징수 일원화와는 거리가 먼 '고지서 통합'에 그치고 있기 때문이다. 따라서 앞으로 사회보험 사각지대 해소와 사회보험행정의 효율화, 대국민 서비스 향상을 위한 추가적인 적용·징수 통합 작업은 언제라도 착수되어야 한다. 이러한 개혁 작업의 내용과 속도는 앞서 살펴본 다양한 정책참여자들의 문제인식과 정책형성 의지에 따라 좌우될 것이다.

이 장에서는 김대중·노무현·이명박 정부에서 추진된 4대 사회보험 적용·징수 업무 통합이라는 정책 형성 과정에 대해 상세하게 검토한 다음 그 과정에 영향을 미친 각 정책참여자들의 역할과 향후 과제에 대해 살펴보고자 한다.

2. 4대 사회보험 적용·징수 체계의 문제점[2]

우리나라의 사회보험은 경제발전 단계에 맞추어 그때그때 필요에 따라 개별적으로 도입되었기 때문에 사회보험제도 간 연계에 대한 고려가 충분치 못했다.[3] 그 결과 사회보험 적용·징수 체계도 중앙부처인

---

2 4대 사회보험 징수 통합 논의에서 가장 큰 기폭제가 된 2005-2006년 전후를 기준으로 기술했으나, 이와 같은 문제점들은 아직도 지속되고 있다. 당시 적용·징수 통합 추진에 대한 논거는 심규범(2006)에 상술되어 있다.

3 처음부터 국민보험(National Insurance)이라는 포괄적인 하나의 틀로 접근한 영국과는 달리 대부분의 OECD 국가들도 필요에 따라 4대 보험을 순차적으로 도입하였다. 그러나 징수 업무를 우리나라처럼 각 기관이 중복적으로 수행하는 국가는 없다. 국세청에서 징수하는 국가와 어느 한 사회보험공단에서 징수하는 국가로 대별된다(장신철, 2006).

보건복지부와 고용노동부를 중심으로 이원화되는 결과를 가져왔다. 직장가입자(근로자)라는 동일한 행정대상을 놓고 보면 보험 적용·징수 업무를 3개 공단에서 각각 수행하고, 국세청도 근로소득세 징수체계를 운용함으로써 공급자 중심의 행정을 해왔다. 그로 인해 초래된 다음과 같은 문제점들은 4대 사회보험행정에 치명적인 약점이 되어 왔다.

광범위한 사회보험 사각지대의 존재

사회보험의 사각지대란 법률상 당연히 가입해야 할 보험가입 대상자가 보험 가입에서 제외되어 있는 것을 말한다. 이러한 사각지대의 대부분은 의도적인 보험가입 회피 행위에 의해 발생한다. 우리나라 사회보험의 사각지대는 비정상적으로 규모가 크고, 사회보험의 적용 필요성이 더 큰 영세사업장 근로자와 비정규직일수록 가입률이 낮다는 데 문제의 심각성이 있다. 〈표 12-2〉에서 보듯이 2005년 8월 현재 정규직의 사회보험 직장 가입률은 경우 63-75%대인 데 비해 비정규직의 경우는 30%대에 불과하였고, 5인 미만 사업장은 대부분 가입률이 10%에도 미치지 못하였다.[4] OECD 선진국에서 사회보험 가입 회피는 조세 회피(tax evasion) 행위에 해당하여 엄한 처벌을 받고 있기 때문에 사각지대의 규모가 협소한 것과 대조적이다(Feld and Larsen, 2004).[5] 사각지대를 해소하기 위해서는 4대 사회보험 간의 정보 연계, 4대 사회보험 간 부과·징수기준 통일, 국세청이 보유한 과세자료와의 정보

---

4 산재보험 급여의 사각지대는 없다. 왜냐하면 산재보험은 보험사고 발생 시 보험가입 여부와 관계없이 우선 보험급여를 지급하고 나중에 사업주에 대해 3년치의 산재보험료 추징 등 강제가입 조치를 취하기 때문이다.

5 외국의 경우 학생, 외국인 근로자, 건설현장, 도소매업 등에서 일부 사각지대가 나타나고 있으나 그 규모는 EU 국가들의 경우 전체 근로자 수를 기준으로 7-19%로 추정된다(장신철, 2006).

〈표 12-2〉 사회보험별 직장 가입률(2005. 8)[1] (단위: %, 괄호안은 5인 미만 사업장)

구분	한시적 근로자	비전형 근로자	시간제	비정규직	정규직
건강보험	48.7(10.9)	25.8(8.7)	2.4(0.6)	37.7(8.3)	75.9(25.0)
국민연금	47.5(10.3)	23.6(7.4)	2.3(0.6)	36.6(7.8)	75.7(25.6)
고용보험	45.2(9.5)	22.0(7.0)	2.5(0.6)	34.5(7.1)	63.8(23.3)

주: 통계청 경제활동인구조사의 비전형 근로자에는 학습지교사, 보험설계사, 캐디, 택배기사 등 특수근로형태 종사자와 가정내 근로자 등 직장가입이 제도적으로 적용되지 않는 대상이 포함되어 있기 때문에 사회보험 적용률이 더욱 낮게 나오는 측면이 있다.
자료: 통계청, 2005년 경제활동인구 부가조사.

공유 등 인프라가 강화되어야 한다.

적용 · 징수 업무의 중복 수행에 따른 행정 비효율

사회보험 운영의 기본 업무는 보험의 적용(피보험자 관리 포함)과 보험료 부과다. 고용보험과 산재보험은 근로자인 직장가입자만을 대상으로 하며, 건강보험과 국민연금은 지역가입자도 존재한다. 따라서 4개 보험 모두 직장가입자는 공통된 행정대상이 된다. 물론 국세청도 근로자에 대하여 근로소득세를 징수하므로 3개의 보험공단과 국세청은 동일 근로자에 대하여 각각의 행정을 수행하고 있는 것이다. 2006년 8월 기준으로 3개 공단 정규직의 44.9%가 공통 업무인 적용·징수 업무에 매달려 있었다(정원에 포함되지 않는 비정규직까지 포함하면 이 비중은 더욱 커진다). 지역 단위로 보면 근로소득세를 징수하는 국세청 지방사무소, 고용보험 피보험자를 관리하는 고용노동부 고용센터, 3개의 보험공단 지역사무소 등 5개 기관이 존재한다. 결국, 4대 사회보험의 적용·징수와 국세 행정이 철저하게 공급자(행정기관) 위주로 이루어짐으로써 동일 행정대상에 대해 중복적으로 업무를 수행하는 행정 비효율이 크게 발생하고 있는데, 어떻게 이를 개혁하여 국민들에 대한 서비스 업무의 비중을 높이느냐 하는 것이 과제다.

〈표 12-3〉 3개 공단의 적용·징수 인력(2006. 8) (단위: 명)

구분	국민건강보험공단		국민연금관리공단		근로복지공단		계
	본부	지방	본부	지방	본부	지방	
적용 · 자격 관리	76	1,372	23	1,375	28	1,323	
소득 파악 · 징수	138	2,698	20	1,315			
계	214	4,070	43	2,690	28	1,323	8,368
현원 대비 비율	41.1%		56.6%		39.8%		44.9%

자료: 빈부격차·차별시정위원회(2006).

〈표 12-4〉 4대 사회보험 간 상이한 적용 · 징수 체계(2006. 12)

구분	건강보험	국민연금	고용보험	산재보험
적용 제외자	1개월 미만 종사자	1개월 미만 종사자	월 60시간 미만 근로자	
부과 기준	과세 근로소득	과세 근로소득	임금총액	
부담 주체	사용자 · 가입자가 1/2씩 부담 (지역은 본인이 전액 부담)		• 실업급여: 각 1/2 • 고용안정 · 능력개발: 사용자 전액 부담	사용자 전액 부담
납부 방식	개산보험료 부과 확정보험료 부과 (부과고지)	확정보험료 부과 (부과고지)	개산보험료 납부 확정보험료 납부 (자진납부)	
정산 여부	정산	확정	정산	
납부 기한	다음달 10일	다음달 10일	• 개산보험료: 당년 3월 31일까지 • 확정보험료: 익년 3월 31일까지	
산정 방법	표준보수월액×보험료율 (1-100등급)	표준소득월액×보험료율 (1-45등급)	• 개산보험료: 추정임금총액×보험료율 • 확정보험료: 실지급임금총액×보험료율 (등급체계 없음)	
관리 단위	인별 관리	인별 관리	사업장별 관리	

적용 · 징수 체계 상이에 따른 행정 비효율과 보험가입자의 불편

〈표 12-4〉에서 보듯이 4대 사회보험은 각기 상이한 징수체계를 가짐으로써 정보의 상호 공유를 통한 사각지대 해소에 구조적인 장애를 초래하였다. 2005년 노무현 정부 때의 개혁에 의해 보험료 징수 기준과 납부 방식이 통일되어 2011년부터 시행되고 있지만 미진한 점이 남아 있다. 아직도 건강보험과 국민연금의 경우 1개월 미만 종사자는 적용에서 제외한다는 빠져나갈 구멍(loophole)이 남아 있어 이를 통해 보험가입을 회피하는 대상자가 많고, 소득세법에는 일용근로자의 정의가 '3개월 미만 종사자'로 되어 있어 4대 사회보험 정보를 공유함에 있어 장애로 작용하고 있다. 따라서 사각지대를 해소하기 위해서는 4대 사회보험 간의 적용(보험 가입) 기준을 통일하고 소득세법의 일용근로자 정의도 사회보험과 일치시킴으로써 보험가입을 의도적으로 회피하는 행위를 제도적으로 차단해 나가는 것이 필요하다.

3. 각 정부에서의 적용 · 징수 통합 논의[6]

김대중 정부

• 4대 사회보험 적용 · 징수 통합 논의의 시작

4대 사회보험 통합[7] 논의는 1997년부터 시작되었다. 마지막 4대 사회보험이 1995년 7월에 시작되었으므로 정책의제 선정(agenda setting)은

6 이 절의 논의는 장신철(2006)에 주로 의존하였다.

7 4대 사회보험 통합의 범주에는 완전 통합(급여 및 재정의 일원화, unification), 관리·운영의 통합(integration), 제도의 연계(linkage) 등이 있다. 사회보험통합기획단에서는 완전 통합까지를 염두에 두고 논의를 하였다(김용하, 1999a, 1999b).

매우 빨랐다고 할 수 있다. 정부 내 최초의 결정은 1997년 9월 9일 노사개혁위원회(대통령 직속 자문기구)에서 장기적으로 4대 사회보험 통합을 추진하되 단기적으로는 고용보험과 산재보험, 국민연금과 건강보험의 적용·징수 통합을 추진하기로 의결한 것이었다(김태영 외, 2011). 뒤이어 1998년 2월 제1기 노사정위원회에서는 의료보험·국민연금과 고용보험·산재보험의 보험료 징수를 통합하는 2:2 징수통합방안에 합의하였고, 대통령직 인수위원회에서는 '고용보험과 산재보험의 관리운영체계 통합'을 100대 국정과제로 선정하였다. 1998년 6월과 9월 고위당정정책조정회의에서는 국무총리가 위원장인 사회보장심의위원회 산하에 기획단을 설치하고 통합추진방안을 마련하도록 결정함으로써 1998년 11월 '사회보험통합추진기획단'[8]이 설치되었다. 1년여 동안 가동된 사회보험통합추진기획단의 활동은 그 이후 4대 사회보험 적용·징수 일원화 논의에 중요한 초석을 제공하였다.

• 사회보험통합추진기획단의 활동과 건의 내용

사회보험통합추진기획단(이하 '통합추진기획단')은 1998년 11월 1차 회의 이후 1년여 동안 활동하면서 총 55차례의 회의를 거쳐 1999년 12월 대정부 정책건의안을 제출하였고, 동 건의안은 사회보장심의위원회에서 확정되었다. 기획단의 건의사항 대로 충실히 이행된다면 2000년 6월까지 시행방안 수립 및 관련 법령 제·개정 후 1년 동안의 시행 준비 작업을 거쳐 2001년 7월부터 새로운 제도가 시행되는 것이었다. 그러나 복지부는 추진 시한을 장기과제로 조정해 줄 것을 요청

---

8 통합추진기획단장은 송자 명지대학교 총장이 맡았고, 한국노동연구원장·보건사회연구원장이 공동 상임위원이었다. 위원은 학계, 노동계, 관계 부처 등 총 60명에 이르는 방대한 규모였다.

사회보험통합추진기획단의 대정부 정책건의안 내용(1999)

■ 관리조직 통합 방안

- 단계적 2 : 2 통합(국민연금 + 건강보험 : 고용보험 + 산재보험)
- 준비단계: 기능 연계를 위한 여건 조성(전 국민 연금 정착, 건강보험 통합)
- 1단계: 현행 관리조직을 유지하면서 징수 · 자격 관리 업무만 각각 한 곳에서 위탁 통합 관리
- 2단계: 관리조직을 2 : 2로 통합
- 장기: 4대 사회보험 간 정보공유체계 구축을 추진하면서 징수 · 자격 관리 업무의 완전 통합 방안을 강구

■ 기능별 통합 방안

- 보험료 부과 기준
  - 근로자에 대해서는 의료보험 · 국민연금을 과세대상소득 기준으로 통일한 후 궁극적으로 4대 사회보험을 개인별 임금총액 기준으로 일원화[9]
  - 자영자에 대해서는 소득파악률이 일정 수준에 도달할 때까지 현행 유지
- 자격 및 징수 관리
  - 준비단계에서는 사업장 관리번호 일원화, 서식 등 표준화
  - 1단계: 건강보험과 국민연금 간에 개인별 통합 관리(기능 연계)
  - 2단계: 2 : 2 조직 통합에 의한 개인별 통합 관리(조직 통합)
- 급여 및 재정 관리
  - 보험재정과 급여는 모두 분리하여 운영
  - 각 사회보험의 장기적 재정추계 및 전망을 효율적으로 수행할 수 있는 전문부서 설치
- 정보 전산 관리
  - 정보공유체계 구축은 관리조직의 통합과 달리 장기 개발 기간과 많은 예산이 필요하므로 국무총리실 산하에 실무기획단을 구성하여 추진

---

9 국세청과의 소득자료 연계를 통해 사회보험의 사각지대를 해소하기 위해서는 노동부에서만 사용하는 개념인 '임금총액'이 아니라 '과세소득' 기준으로 일원화하는 것이 타당함에도 당시 어떤 논리로 그러한 건의를 했는지 의문이 든다.

하였고, 2001년 5월 전자정부특별위원회에서 4대 사회보험의 관리조직 통합은 고려대상에서 제외되었다. 국무조정실도 여러 가지 여건의 미성숙으로 건의사항들을 강하게 밀고 나가지 못함으로써 통합추진기획단의 건의사항들은 일부 사항만 이행되는 데 그쳤다.[10]

• 김대중 정부에서의 적용 · 징수 통합 시도의 평가

통합추진기획단은 관리운영조직의 통합, 재정 통합, 적용·징수 통합 등 여러 가지 과제에 대해 방대한 검토를 하였고 대정부 건의 내용을 제출하였다. 그러나 김대중 정부하에서 통합추진기획단의 활동을 끝으로 4대 사회보험 통합 작업을 끌고 나가는 중심조직은 사라지고, 대신 복지부와 노동부를 중심으로 부처 자체의 필요에 의해 관련 과제들을 수행해 나가게 되었다.

돌이켜 보면 통합추진기획단은 다음과 같은 한계를 가졌던 것으로 평가된다. 첫째, 통합추진기획단이 활동한 1998년 11월부터 1999년 9월까지는 외환위기로 촉발된 경제위기로 정부의 관심은 고용보험 등 사회보험 적용 확대와 실업대책 및 사회안전망 확충에 있었기 때문에 4대 사회보험 통합 논의는 크게 주목을 받지 못하였다. 둘째, 통합추진기획단의 건의가 강제성이 없는 대정부 건의 수준에 머물렀기 때문에 그 추진동력이 강하지 못했다. 셋째, 당시 의료보험조차도 지역조합(161개)과 직장조합(142개)으로 분리되어 있는 등 통합의 여건이 성숙

---

10 이행된 사례로는 2000년 7월 건강보험과 국민연금의 보험료 부과 기준이 소득세법상 과세대상 소득으로 대부분 일원화되었고, 직장과 조합별로 나뉘어 있던 건강보험 조직을 2000년 7월 단일조직으로 통합된 것을 들 수 있다. 무엇보다도 큰 성과는 4대 사회보험을 어느 공단 사무소에서나 처리하는 '4대 사회보험 정보연계망'이 구축되어 2003년 2월부터 서비스를 시작한 것이었다. 2005년 1월부터는 '고용보험 및 산업재해보상보험의 보험료 징수 등에 관한 법률'이 시행되었다.

하지 않은 상황에서 4대 사회보험 간 적용·징수 통합을 논하기에는 시기상조였다. 넷째, 통합기획단의 대정부 건의 내용을 보면 두 부처의 칸막이에 막혀 '국민연금+건강보험'과 '고용보험+산재보험'이라는 2:2 통합을 기본으로 하여 관리조직 통합, 피보험자 통합 관리를 건의한 한계를 보였다. 이는 복지부와 노동부 간의 이견과 3개 공단 노조들의 통합 반대 등이 복합적으로 작용한 결과였다.

김대중 정부하에서 사회보험 적용·징수 통합이 지속적으로 추진되지 못한 데에는 정부 내에서 이 과제를 수행해 나갈 정책선도자가 없었다는 것도 치명적인 약점으로 작용하였다. 관리운영체계의 통합이라는 문제에 있어서 복지부·노동부와 3개의 보험공단, 공단노조들이 매우 방어적인 자세를 취했기 때문에 이를 개혁해 나가기 위해서는 청와대 또는 재정경제부가 컨트롤 타워 역할을 하는 수밖에 없다. 그러나 당시 청와대 내에서는 사회보험 통합 이슈에 대해 관심을 가진 수석실이 없었고 재정경제원이 재정경제부로 격하되면서 과거 경제부총리 때 갖고 있던 정책조정기능을 상실함으로써 이러한 거대 개혁과제를 끌고나갈 리더십이 부재했다. 결국 김대중 정부하에서는 사회보험 통합 징수를 지속적으로 추진해 나갈 정책선도자가 사라짐으로써 통합기획단의 건의는 대안 제시로 끝나고 정책은 표류하게 되었다.

노무현 정부

• 청와대 빈부격차 · 차별시정위원회의 개혁 드라이브(2005-2007)

노무현 정부 때에는 청와대 직속으로 분야별 국정과제위원회가 설치되어 여러 가지 개혁과제를 주도적으로 추진해 나갔다. 총 13개 국정과제위원회 중 복지부·노동부와 관련이 있는 것은 빈부격차·차별시정위원회(위원장: 이정우 청와대 정책실장)와 저출산고령사회위원회(위원장:

김용익)였다. 노무현 정부의 대통령직 인수위원회에서는 빈부격차 완화를 통한 국민통합 과제로 '사회보험 사각지대 해소와 부과·징수업무 일원화'를 채택한 바 있는데 이 작업을 추진한 것이 빈부격차·차별시정위원회였다.[11] 노무현 정부의 국정철학을 입안했던 이정우 청와대 정책실장이 위원장을 겸임했기 때문에 힘이 실려 있었고, 세 차례의 종합부동산세 입안, 근로장려세제(EITC) 도입(2008)을 위한 기초작업 등 굵직한 과제를 수행하였다.

① 1단계: 보험료 징수 기준을 과세소득으로 통일 결정(2005. 11)

적용·징수 일원화 작업은 2005년 초부터 본격적으로 준비되었다. 1단계 과제는 우선 4대 사회보험마다 각기 다른 보험료 징수 기준을 통일하는 소프트웨어적인 일원화였다. 보험 적용 업무(피보험자 관리 포함)와 3개 공단의 조직 개편을 어떻게 할 것인가에 대해서는 향후 추진 과제로 남겨 두었다. 2005년 4월 연구용역을 발주하면서 여기에 참여하는 학자와 복지부·노동부 및 3개 공단의 실무자를 함께 묶어 작업반 형식으로 과제를 검토해 나갔다. 이를 통해 2005년 10월까지 6회의 실무회의를 거쳐 2005년 11월 1일에는 빈부격차·차별시정위원회 비서관 주재로 관계 부처 1급 회의를 개최하였다. 2005년 11월 29일에는 국무회의를 거쳐 직장가입자의 4대 사회보험료 부과 기준은 (갑근세)과세소득으로, 보험료 징수 방법은 전년도 소득 기준, 고지납으로 통일한다는 데 관계 부처가 합의하였다. 또한 건강보험과 국민연금 보험료 부과의 등급제는 폐지하되 상·하한선은 유지하도록 했다(장신철, 2006).[12]

---

11 동 위원회는 김대중 정부 시절에 존재했던 '삶의질 향상 기획단'의 후신에 해당한다.

12 그러나 징수기준을 과세소득으로 변경하기 위한 관련법(고용보험 및 산업재해보상보험의 보험료 징수 등에 관한 법률, 국민연금법, 건강보험법) 개정안은 바로 제출되지 않았고 2006년 10월 입법 예고된 '사회보험료 징수 등에 관한 법률안'에 관련 내용이 포함

② 2단계: 국세청 산하 '사회보험징수공단' 신설을 통한 하드웨어적 통합 추진(2006-2007)

1단계 개혁 작업에 성공한 빈부격차·차별시정위원회는 2단계 작업으로서 국세청 산하에 가칭 '사회보험징수공단'(이하 '징수공단')을 신설하여 4대 사회보험의 적용·징수 업무를 모두 담당하게 하고, 보험공단은 급여 중심의 서비스 기관으로 전환한다는 목표를 설정하였다. 징수공단 설치의 논리적 근거는 1) 3개의 공단과 국세청으로 이원화된 소득 파악 조직과 인력을 징수공단으로 일원화하면 국세청 소득정보와의 연계를 통해 사회보험의 사각지대를 크게 줄일 수 있다는 점, 2) 보험가입자 입장에서는 보험료 계산이 크게 간편해지고 3개의 보험공단 대신 징수공단 한 곳만 상대함으로써 편의성이 극대화된다는 점, 3) 중복적인 징수 담당 인력을 다른 서비스 업무에 투입할 수 있게 됨으로써 3개의 공단을 서비스 기관으로 탈바꿈할 수 있다는 점, 4) 4대 사회보험료를 한꺼번에 통합고지할 경우 고지비용이 연간 100-200억 원 이상 절감될 것이라는 점이었다.

징수공단 설치 방안은 2006년 9월 노무현 대통령이 참석한 '사회보험 적용·징수업무 통합 혁신방안'에 대한 제82회 국정과제회의[13]에서 방침이 확정되었다. 노무현 대통령은 이 자리에서 "사회보험 적용·징수 통합은 오래 미뤄둔 과제이지만 효율성 제고와 국민편의 증진을

되었다. 동법은 제17대 국회에서 회기 만료로 자동 폐기됨에 따라 보험료 징수 기준이 과세소득으로 최초 적용된 것은 건강보험공단이 통합징수를 시작한 2011년 1월부터다.

13 국정과제회의는 관계부처 간에 얽혀 있는 개혁과제에 대해 밀도 있는 쟁점 조정과 협의를 거쳐 최종적으로는 대통령 참석하에 개혁 내용을 발표하는 장이었다. 정책이슈가 발굴되면 민간 전문가, 관계 공무원 등으로 연구팀이 구성되고, 이후 국정과제위원회의 전문위원회 사전검토, 공청회, 관련 부처와의 협의, 국정과제위원회 본회의 의결 등의 절차를 거치게 된다. 노무현 정부하에서 주요한 정책들이 국정과제회의를 통해 발표되었다. 그러나 이명박 정부가 들어서면서 대통령 직속의 각종 위원회를 축소함에 따라 국정과제회의도 사라지게 되었다(http://pcpp.go.kr).

위해 어려움이 있더라도 제기되고 있는 문제점을 보완하고 당과도 긴밀히 협의하여 혁신방안을 추진해 나갈 것"을 지시하였다. 또한 그는 지난 1998년 국민연금을 전 국민에게 확대 적용하는 과정에서 당 안팎과 사회적으로 자영업자의 소득파악 문제 등에 따른 불공평을 비롯하여 여러 가지 문제점이 제기되었지만, 그 과제를 추진한 결과 여러 측면에서 문제가 본격적으로 제기되어 해결되는 방향으로 전개된 사례를 들면서 여러 가지 어려움이 있지만 이 과제도 이해당사자와 국민들을 설득해 나가면서 추진하도록 당부하였다(사회보험적용·징수통합추진기획단, 2006).

2006년 10월 27일부터 '사회보험료 징수 등에 관한 법률안'이 입법예고되었다. 법률안의 핵심은 2005년 11월 확정된 대로 4대 사회보험의 보험료 부과 기준을 과세소득으로 일치시키고 징수 방법을 통일하는 것과 국세청 산하에 징수공단을 신설하여 적용·부과·징수 절차를 총괄하는 것이었다. 관련 준비작업을 위해 2006년 9월 26일 대통령 훈령으로 국무총리실 산하에 '사회보험적용·징수통합추진기획단'이 설치되었다. 기획단은 관계부처(재정경제부, 행정자치부, 복건복지부, 노동부, 예산처, 국세청)와 3개 공단의 파견인력으로 구성되었다. 기획단장은 국무조정실 정책차장이 맡았고 부단장은 국무조정실 사회문화조정관, 국장은 국세청 파견자가 맡았다. 징수공단은 2009년 1월부터 운영을 개시한다는 목표로 2006년 중 법 통과를 위한 활동을 전개하였다. 2006년 10월 총리 주재 국정현안정책조정회의, 확대 당정협의회를 통해 법률안 내용을 확정하고 2006년 11월 '사회보험료 징수 등에 관한 법률안'과 6개 관련 개정 법률안을 정부입법으로 국회에 제출하였다.[14]

14 법안은 국세청을 산하기관으로 두고 있는 재정경제부 장관이 제출하였다.

• 한나라당 박재완 의원의 건강보험공단 중심 통합 징수안 발의

한나라당 박재완 의원은 2006년 11월 "4대 사회보험 통합, 바람직한 해법은?"이라는 주제로 정책간담회를 개최한 후 2007년 1월 정부안에 대응하여 건강보험공단에 징수 업무만 위탁하는 법률안을 제출하였다. 박 의원의 안은 새로운 징수공단을 설립하지 않고 건강보험공단에 징수 업무만을 위탁하도록 한 것이다. 그는 "전문가 간담회 결과, 정부안은 조직을 하나 더 추가하는 결과를 초래할 뿐 실익이 없다는 결론이 도출됐다."라면서 "이에 기존 사회보험 공단 중 가장 많은 사업소를 가지고 있으며 업무 범위도 가장 광범위한 건강보험공단에 징수 업무를 위탁하도록 했다."라고 밝혔다. 그는 징수조직의 신설 없이 기존 조직의 창구를 단일화함으로써 보험가입자의 편의성을 증진하고 보험료 징수비용의 절감 효과를 기대할 수 있을 것으로 보았다.

• 3개 보험공단의 징수공단 신설 반대 투쟁

예상대로 3개 공단 노조들은 징수공단 설치에 대해 '4대 보험노조 공동대책위원회'를 꾸려 강하게 반대하였다. 이들 노조들은 정부가 일방적으로 4대 사회보험 통합 징수를 밀어붙이고 있다고 주장하면서 이를 저지하기 위한 집회를 열고 국회를 상대로 반대 활동을 전개하였다. 당시 3개 공단은 전체 정규직 1만 8천여 명 중 8천 명 정도가 적용·징수를 담당하고 있었기 때문에 정부안대로 개혁이 추진될 경우 약 50%에 해당하는 인력이 재배치되어야 할 것으로 예상되었다. 하지만 당시 정부는 징수공단 설치에 따른 잉여인력을 감축하지 않고 새로운 업무에 재배치할 계획을 갖고 있었다(관계부처 합동, 2006). 2008년 7월부터 시행 예정이던 노인수발보험 업무 수행과 2008년부터 국민연금의 완전노령연금 지급 본격화에 대비한 인력 확충이 필요했기 때문이었다. 근로복지공단의 경우에는 산재 환자의 재활서비스 및 사례관리 등 서비스 향상을 위해 잉여인력을 흡수할 여력이 많았다.

그러나 3개 공단 노조들은 사전에 자신들과 충분한 의견수렴 없이 정권 말기에 정부가 일방적으로 징수공단 설치를 통한 징수통합을 결정했다고 주장하면서 강하게 반대하였다. 2007년 11월 19일 국회 재정경제위원회 법안소위에서 징수공단 중심의 징수 관련 법안이 통과되자 4대 보험노조 공동대책위원회는 11월 20일부터 파업과 집회를 통해 정부의 방침 철회를 주장하였다.

• 징수공단 설치를 위한 통합징수법안의 좌초

통합징수법안 통과를 위해 총리실에 설치된 '사회보험적용·징수통합추진기획단'이 2006년 말부터 국회 및 3개 공단 노조 등을 상대로 대외적인 활동을 전개했으나 상황은 녹록지 않았다. 처음부터 통합징수에 반대 입장을 취해 온 노조들은 차치하고라도 국회를 설득하기도 쉽지 않았다. 2007년은 노무현 정부의 사실상 마지막 해였고 레임덕이 이미 심화되고 있었기 때문에 3개 공단과 각 부처의 이해관계가 걸려 있는 개혁과제에 대한 동의를 얻기는 어려웠다. 당시 통합민주당은 징수공단 설치에 찬성하는 입장이었고, 한나라당 내에서는 찬반 의견이 팽팽하였다. 그러나 통합징수법안을 추진해 나갈 통합민주당의 추동력은 약했고 적극적으로 한나라당 의원들을 설득하고자 하는 당 차원의 노력도 부족하였다. 결국 통합징수법안은 2007년 들어 국회 재정경제위원회 전체회의를 통과했으나 법제사법위원회의 문턱을 넘지 못하고 제17대 국회 임기만료로 2008년 5월 자동폐기되었다. 한나라당 박재완 의원이 제출했던 건강보험공단 중심의 통합징수 관련 법안도 동일하게 폐기되었다.

이명박 정부[15]

• 청와대 영향에 의한 건강보험공단 중심의 징수통합으로 균형추 이동

2008년 2월 25일 들어선 이명박 정부는 노무현 정부 때와는 다른 각도에서 적용·징수 통합을 추진하였다. 한나라당 시절에 2007년 초 징수 업무를 건강보험공단으로 일원화하는 법안을 제출했었던 박재완 전 의원이 청와대 정무수석을 거쳐 정책기획수석으로 발탁된 것은 정책 방향의 큰 변화를 예견하였다.[16] 그는 2008년 4월 열린 관계부처 회의 말미에 참석하여 의견을 주도하면서 관계 장관들이 징수공단을 신설하는 쪽으로 의견을 정리한 것을 변경하여 징수 업무를 건강보험공단에 위탁하는 방안을 추진하기로 결정하는 데 결정적인 역할을 하였다. 이날의 결정에 따라 사회보험징수통합추진기획단 구성 및 운영에 관한 규정(대통령훈령)이 제정되고 정부 내 징수 통합 업무를 추진할 소관부처가 2008년 7월 국무조정실에서 건강보험공단을 담당하는 보건복지가족부(이하 '복지부')로 이관되었다. 2008년 8월에는 사회보험 징수통합이 공공기관 선진화 추진과제로 선정되어 제1차 '공기업 선진화 추진계획'에 포함되어 발표되었는데, 유사 기능인 징수 업무를 일원화하여 소비자에게 원스톱 서비스를 제공하고, 4대 사회보험 징수 업무를 건강보험공단으로 통합한다는 것이 그 내용이었다.

건강보험공단으로 징수통합의 방향을 선회한 것에는 복지부 전재희 장관의 역할도 컸다. 전 장관은 사회보험 징수통합을 사회보험청

15 여기에 열거된 날짜별 사실관계는 설정곤(2010), 국민건강보험공단(2011)에 주로 의존하였다.

16 박재완 전 의원은 2008년 6월까지 정무수석으로 있다가 그해 6월부터 2010년 7월까지 정책기획수석을 맡고 있었기 때문에 본인의 관심 사항이었던 사회보험 징수통합 문제에 대해 지속적으로 영향력을 미칠 수 있었다.

신설의 전 단계로 생각하고 관계 부처 설득에 적극적이었다.[17] 건강보험공단 노조도 징수통합을 사회보험청 설립을 위한 하나의 과정으로 생각하였다. 반면, 국세청 산하 징수공단의 신설안을 적극적으로 밀고 나가야 할 기획재정부 장관과 국세청장은 이 문제에 있어 상대적으로 소극적이었다. 국세청은 1999년 사회보험통합기획단의 논의 과정에서도 사회보험료 징수를 맡는 것에 반대했었기 때문에 국세청 산하에 별도의 공단을 두는 방안이 대안에서 제외되었다(최병호, 2006). 2006년 12월 근로장려세제(EITC) 시행을 위한 조세특례제한법 개정안이 국회를 통과한 뒤 2007-2008년에는 국세청 본청에 근로소득지원국, 일선 세무서와 지방청에 소득지원과(계)가 신설되는 등 조직과 인력이 크게 확대되었으며, 사회보험료를 국세청 산하 공단에서 징수하는 데 대한 반대 의견도 있었기 때문에 징수공단 신설에는 큰 관심을 두지 않았던 것으로 보인다.

• 여당 내 의견 충돌: 징수공단안 vs. 건강보험공단안

건강보험공단 쪽으로 힘의 균형이 급격히 쏠리고 있는 정부 내 움직임과는 별도로, 국회에서는 통합징수기관을 어디로 할지에 대한 논란이 계속되었다. 2009년 초 국회에서는 기획재정위원회와 보건복지가족위원회가 사회보험 통합징수 문제를 놓고 대립하였다. 기획재정위원회는 이혜훈 의원 안에 기초하여 노무현 정부에서 구상했던 징수공단을 신설하는 안을 지지하였다. 한나라당은 건강보험공단 중심의 징수통합을 추진 중이었으나 이혜훈 의원 등 일부 의원들의 반대로 당론

---

17 가령, 통합 징수 업무의 범위와 관련하여 노동부는 국민의 편의를 강조하면서 적용·징수 업무를 함께 건강보험공단으로 위탁해야 한다는 의견을 강하게 피력했으나 전재희 장관이 이영희 노동부 장관을 설득하여 징수 업무의 극히 일부만을 건강보험공단에 이관하는 것으로 결정되었다.

으로 확정하지 못했다. 이혜훈 의원은 노무현 정부에서 제출했던 내용과 유사한 '국세청 산하 징수공단 법안'을 2008년 11월 7일 대표발의하였다. 이러한 가운데 국회 보건복지위원회 위원이었던 한나라당 심재철 의원의 대표발의(19인 전원 한나라당 의원)로 2008년 11월 12일 징수통합 관련 법안(6개)이 발의되었다. 보건복지위원회는 심재철 의원안을 2009년 2월 25일 법제사법위원회로 회부하였고, 이혜훈 의원 안은 국회 기획재정위원회 조세소위원회를 통과한 후 2009년 4월 초 법제사법위원회로 회부되었다. 조세소위원회에서는 "사회보험 징수통합은 국세청 산하로 추진함이 타당하다."라는 기획재정위원회의 의견서를 첨부하였다.[18]

징수통합을 둘러싸고 3개의 공단과 공단노조, 국회 상임위원회, 정부 부처 간의 힘겨루기는 관련법이 국회 상임위원회에 제출된 2008년 말부터 본격화되었다. 3개 공단 중에서는 건강보험공단으로 징수통합을 관철시키고자 했던 건강보험공단이 이사장의 지시에 의해 각 지역 지사장들이 조직적으로 보건복지위원회 의원들을 면담하였고, 법제사법위원회 개최를 앞두고는 보다 밀도 있게 법제사법위원회 소속 지역 의원들을 설득하였다.[19]

---

18 2009년 3월 30일자 동아일보의 "희한한 여-여 법안전쟁" 보도에는 당시 국회 내에서의 갈등이 잘 소개되어 있다. 한나라당 내에서 징수공단 중심의 통합을 주장했던 재정위 서병수 위원장은 징수통합은 재정위와 복지위가 함께 관여된 사안인데 복지위 논리대로만 간다면 문제라고 보면서 복지위에 끝장 토론을 제안했고 법사위에서 결론이 나지 않으면 본회의에서 투표하는 방식도 고려하였다. 그러나 복지위 소속 한나라당 심재철 의원은 재정위의 생각을 도무지 알 수가 없다고 비판하였다. 복지위 소속 한나라당 유일호 의원은 재정위가 처음부터 복지위 법안에 의사표명을 했으면 상황이 지금처럼 되지는 않았을 것이라고 말했다. 재정위 소속 일부 여당 의원은 '토론 부재'를 지적하였다. 한 해 50조 원이 넘는 4대 보험료를 징수하는 기관을 결정하는 과정에서 당 내에서 제대로 논의가 없었다는 것이다.

19 건강보험공단 자료에 의하면 2009년 4월 30일 건강보험 중심의 징수통합을 위한 국민연금법, 건강보험법 개정이 이루어지기까지 약 18개월 동안 국회의원을 상대로 한 면

한편, 3개 공단 노조들은 공동투쟁을 전개했는데,[20] 특히 징수통합으로 가장 큰 인력조정에 직면할 것으로 예상된 국민연금노조의 저항이 가장 심하였다. 2009년 2월 25-26일 국민연금노조는 보건복지위원회에서 건강보험공단 중심의 징수통합안이 통과된 데 반발하여 두 차례 파업을 벌였고, 징수통합이 졸속으로 추진되고 있다고 비난하는 광고를 신문에 게재하였다. 복지부는 전재희 장관이 건강보험공단 중심의 징수통합에 강한 소신을 가지고 법 통과를 위해 여야 의원을 면담하는 등 관련 작업을 적극적으로 지휘해 나갔다.[21] 반면, 2009년 4월 23일 기획재정위원회에 출석한 기획재정부 장관의 "국세청이 과세자료, 데이터베이스 노하우가 있어 국세청 산하 공단이 통합징수하는 것이 합리적이라 생각하나, 본인이 부임하기 전에 진도가 너무 많이 나가 있어 돌이키기 어려운 상황이었다."라는 발언이 시사하듯이 당시 기획재정부는 징수공단안을 관철시키고자 하는 적극적인 의지와 활동이 미약하였다. 2009년 4월 30일 열린 법제사법위원회 전체회의에서는 기획재정위원회의 의견서 내용을 설명하고 의원들의 대체토론 후 일부 반대의견을 부대의견으로 붙여서 통과시켰다. 그날 밤 열린 본회의에서는 징수통합 관련 2개 법안(건강보험법, 국민연금법)이 표결처리되

담이 2008년 243건, 2009년 647건 등 총 890건이 이루어져 의원 1명당 약 3건의 면담을 실시한 것으로 나타나 있다(국민건강보험공단, 2011).

20 2009년 4월 9일 공동투쟁본부는 "우리는 국세청 산하 징수공단의 설치를 결사반대한다."라는 내용의 설명서를 통해 사회보험 징수통합은 기존 공단의 틀 안에서 고용보장과 제도 발전을 전제로 검토되어야 함을 주장하면서, 정부와 여당이 건강보험공단 중심의 징수통합이 원만히 이루어지도록 노정 간 추가협상에 임할 것을 촉구하고, 이 같은 요구를 묵살한다면 대정부 투쟁에 나설 것임을 밝혔다.

21 전재희 장관은 2008년 10월 24일 국회 보건복지위원회 국정감사에서 건강보험공단에 의한 징수통합은 고지서 통합에 불과하다는 박근혜 의원의 지적에 대해 징수통합은 1단계 작업이며, 단계적으로 적용까지 통합해야 하며, 장래에 4대 보험을 묶어 하나의 독립된 사회보험청 설립을 고려해야 하고, 이를 위해 가장 접근성이 높은 건강보험공단으로 징수통합을 추진했다고 답변하였다(신황용·김연희·이희선, 2010).

어 압도적인 표차로 가결되었다. 징수통합 시행일은 2011년 1월 1일로 정해졌다.

• 2009년 6월 사회보험 징수통합을 위한 '노사정 합의서' 체결

2008년 7월 복지부에 설치된 '사회보험징수통합추진기획단'은 2008년 8월 6일 노정(勞政) 간 첫 만남을 가진 이후 2008년 2월 26일 '사회보험 발전과 건강보험 공단 징수통합을 위한 노사정 합의서(잠정합의안)'에 서명할 때까지 12차례의 회의를 개최하여 의견을 조율하였다. 이 합의서의 내용을 보면 1) 정부는 징수통합과 관련하여 각 공단의 인력에 대한 고용 보장, 2) 징수통합에 따라 전환배치될 각 공단별 인력 규모는 인력 분석을 통해 노사정 간 합의로 결정, 3) 건강보험공단으로 전환되는 직원에 대한 인사·처우와 근속기간에 불이익이 없도록 조치, 4) 노사정은 징수통합으로 절감되는 인력을 활용하여 각 공단이 서비스기관으로 발전할 수 있도록 새로운 업무 확대, 5) 징수통합 시행 시까지 노사정실무협의회 구성 등이었다. 잠정합의안은 근로복지공단 노조에서 과반수의 찬성을 얻지 못해 위기를 맞기도 했으나 결국 재투표를 통해 통과되었고, 2009년 6월 4일 복지부 장관 회의실에서 노사정 합의서 조인식[22]이 이루어짐으로써 노정 합의를 통해 정책이 추진되는 선례를 남겼다.[23] 이로써 건강보험공단 중심의 징수통합은 사

---

22 합의서에는 복지부 장관 전재희, 노동부 장관 이영희, 건강보험공단 이사장 정형근, 국민연금공단 이사장 박해춘, 근로복지공단 이사장 김원배, 건강보험공단 직장노조위원장 이판규, 전국공공서비스노조 사회보험지부장 김동중, 근로복지공단노조 위원장 이종수 등이 서명하였다.

23 복지부 사회보험징수통합추진기획단은 2009년 6월 4일 보도자료를 통해 건강보험공단으로 징수를 일원화하는 이유에 대해 1) 건강보험공단은 각 공단 중 접근성과 편의성이 가장 우월하다는 점, 2) 징수통합에 따른 사회적 혼란과 갈등을 최소화할 수 있다는 점, 3) 건강보험공단의 소득 파악 노하우와 징수 경험을 활용하여 징수율 향상의 교두보

실상 확정되었고, 국회 환경노동위원회에 계류되어 있는 통합징수 관련 법안의 통과는 시간문제로 남게 되었다. 복지부도 2009년 6월 12일 '사회보험징수통합준비위원회'[24] 1차 회의를 개최하여 노사정실무협의회[25]와 정보화실무협의회를 구성하여 업무 재설계, 정보시스템 구축, 조직 설계 및 인력 재배치, 법령 정비, 홍보 등 본격적인 준비 작업에 착수하였다(보건복지부, 2009; 설정곤, 2010; 국민건강보험공단, 2011).

한편, 국회 환경노동위원회에 제출되어 있던 통합 관련 법안(고용보험법, 산재보험법, 고용·산재보험료징수법, 임금채권보장법)은 2009년 12월 21일 환경노동위원회 법안심사소위를 통과하고, 2009년 12월 22일 환경노동위원회 전체회의를 거쳐 2009년 12월 30일 국회 본회의를 통과함으로써 건강보험공단 중심의 징수통합을 위한 관련 법안이 모두 통과되었다. 이로써 1998년 이후 10여 년 동안 논쟁을 벌여 온 적용·징수 통합 문제가 일단락되었다.

4. 징수 통합 과정에서의 정책참여자 역할 분석

국가정책 의제의 형성과 정책결정 과정을 어떠한 이론으로 설명하든간에 내외부적인 환경 변화를 극복하면서 충분한 자원을 동원하여 자

역할이 가능하다는 점 등을 들었다. 건강보험공단으로의 징수 통합은 초기 투자비용이 적게 들고 노조와의 갈등을 최소화할 수 있기 때문에 상대적으로 용이하게 접근할 수 있는 장점이 있지만, 징수통합을 통해 궁극적으로 얻고자 하는 사회보험 사각지대의 해소와 사회보험행정의 효율성 제고 측면에서는 효과가 반감되는 측면이 있다.

24 복지부 차관이 위원장을 맡고 정부 6명, 공단 3명, 민간전문가 5명이 참가하였다.

25 12인으로 구성되었는데, 정부 6인(복지부 4, 노동부 1, 기획재정부 1), 노조 3인, 공단 3인이 참여하였다. 총 42차례의 협의를 진행하여 징수통합에 따른 업무·조직 설계, 전환배치인력 규모 산정, 재배치 직원의 근로조건에 관한 사항 등에 대해 합의하였다.

신들이 가진 정책신념(policy beliefs)을 관철시키고자 하는 정책참여자의 역할은 주요한 관심사항이다(Kingdon, 1984; 정정길 외, 2010). 흔히 청와대(대통령), 정부 부처, 국회, 여론, 이익집단, 전문가 등이 정책참여자라 할 수 있는데, 징수통합 문제는 청와대가 주도자(policy entrepreneurs)였고 국회에서 논쟁을 거쳐 정치적 지지 확보 여부에 따라 정책의 창(policy windows) 열림이 좌우되었다.

청와대와 관련 부처

4대 사회보험 적용·징수 통합은 복지부와 고용부 그리고 3개의 공단이 관련되어 있고 통합의 수준에 따라 대규모 인력조정이 수반되기 때문에 정책 조정이 쉽지 않은 과제다. 적용·징수 통합에 의해 3개의 공단은 조직 측면에서 큰 영향을 받게 되고 그 공단들을 지휘·감독하고 있는 복지부·고용부도 직·간접적인 영향이 있기 때문에 이들 조직이 먼저 나서서 통합을 주창할 가능성은 크지 않고 조직 방어 경향으로 흐르기 쉽다.[26]

앞에서 살펴본 세 차례의 사회보험의 징수통합 시도 중 두 차례(노무현·이명박 정부)는 청와대가 직접 주도한 것이었고, 김대중 정부에서의 통합 시도도 대통령직 인수위원회에서 100대 국정과제에 포함시킴으로써 논의가 본격 추진된 것이다. 이처럼 두 개 이상의 부처와 기관들이 관계되어 있는 개혁 과제들은 국정의 컨트롤 타워 역할을 하는 청와대가 정책 주도자 역할을 하는 것이 불가피하다. 현재의 징수통합이 이루어지는 데 기초가 된 노무현 정부 때의 통합징수법안은 대통

26 1998-1999년 사회보험통합기획단의 민간위원으로 참여했던 김연명 교수는 고용부, 복지부와 3개 공단의 이기주의와 태업으로 1년간의 활동에도 불구하고 큰 성과가 보이지 않고, 사회보험통합기획단이 마치 사회보험통합반대기획단이 된 듯한 소회를 기록한 바 있다(김연명, 2000).

령이 직접 참여하는 국정과제회의를 통해 뒷받침되었기 때문에 신속한 추진이 가능하였다. 그러나 이명박 정부로의 정권 교체는 정책결정자(policy makers)의 변동을 가져옴으로써 건강보험공단 중심의 징수통합으로의 정책 변화가 초래되었다. 2008년 4월 박재완 수석이 주재한 청와대 회의에서 건강보험공단 중심의 징수통합을 결정한 후 2008년 7월 국무조정실에 있었던 '사회보험적용·징수통합추진기획단'이 복지부로 이관된 것은 사실상 힘의 균형추가 건강보험공단 중심의 징수통합으로 완전히 기울어졌음을 의미한다.[27]

앞으로 있을 수 있는 4대 사회보험의 추가적인 적용·징수 통합 작업 역시 청와대가 어떤 정책 의지를 가지는가에 좌우될 것으로 보인다. 앞서 언급했듯이 이 작업은 개혁에 의해 영향을 받게 되는 부처가 개혁의 주체로 나서기 어렵고 이해관계자들의 저항을 극복할 만한 파워를 갖춘 기관만이 추진할 수 있기 때문이다.

3개 보험공단과 노조

적용·징수 통합 문제에 있어서 건강보험공단, 국민연금공단, 근로복지공단이라는 공공기관의 입장과 그곳에서 일하는 노조는 이해관계가 일치할 수도 있고 다를 수도 있다. 노무현 정부 때 징수공단 중심의 징수통합을 결정할 때 세 공단의 경영진은 정부 입장과 공동보조를 취할 수밖에 없었지만 공단노조들은 반발하였다. 이명박 정부 때 건강보험공단노조는 형식상 공동투쟁본부를 이끌면서 징수통합에 반대 목소리

27 2009년 4월경 국회 재정위와 복지위의 여당 의원들 간에 징수통합기관에 대해 이견이 대립되고 있을 당시 재정위의 한 관계자는 "박재완 수석이 결정하자 당이 그대로 수용했다."라면서 "재정위 소속 의원들의 자존심이 상한 측면도 있다."라고 발언한 것을 보면 박재완 수석의 역할이 결정적이었음을 다시 한 번 알 수 있다(동아일보, 2009. 3. 30).

를 냈다. 징수통합으로 항상 가장 큰 영향을 받아 온 국민연금공단노조는 징수통합에 가장 강한 반대 입장을 취하였다. 하지만, 세 공단 노조들은 2008년 2월 26일 '사회보험 발전과 건강보험공단 징수통합을 위한 노사정 합의서(잠정합의안)'를 통해 고용안정 등 핵심사항에 대해 정부의 동의를 얻었고, 사실상 건강보험공단 중심의 징수통합이 결정된 것이므로 그 이후에는 공동보조를 취하는 데 큰 어려움이 없었다. 그리고 세 공단과 노조 모두 국세청 중심의 징수통합에 반대한다는 공동의 목표가 있었으므로 각 공단과 노조는 상호 협조하여 건강보험공단안을 통과시키기 위한 입법 지지 활동을 적극적으로 전개할 수 있었다.

공단 노조들은 앞으로 있을 수 있는 제2단계 적용·징수 통합에서도 개혁의 방향에 중요한 정책 참여자로서 역할을 할 것이다. 이명박 정부하에서 3개 공단 노조들은 정부를 상대로 한 투쟁을 통해 고용보장을 핵심으로 하는 노사정 합의안을 이끌어낸 바 있고, 건강보험공단 중심의 징수통합을 이룬 성공 경험도 가지고 있다. 따라서 공단 노조들은 제2단계 징수통합을 먼저 주장하지는 않겠지만, 만일 추진이 된다면 당연히 건강보험공단을 중심으로 한 완전 적용·징수 통합을 주장할 것이다.[28] 따라서 정부가 건강보험공단 중심으로 제2단계의 적용·징수 통합을 추진한다면 공단 노조들과 큰 방향에서 이견이 없는 것이므로 추가 통합 작업은 보다 탄력을 받을 수 있다.

---

28 노무현 정부 시절 국세청 중심의 징수통합이 실패로 돌아간 원인으로 노조 등 이해관계자들과의 협의 부족과 설득 실패를 들기도 한다. 이러한 주장이 틀리다고는 할 수 없다. 그러나 정부가 징수공단 중심의 징수통합안을 유지하는 한 노조가 이에 동의해 줄 리가 만무했던 것도 사실이다. 따라서 당시 노무현 정부는 노조에 고용안정을 보장해 주는 선에서 타협의 선을 긋고 개혁 추진에 속도를 낸 것이었다.

시민사회단체와 전문가

진보적인 단체들과 학자들은 건강보험공단으로의 징수통합보다는 국세청으로의 통합을 찬성하는 입장이 많았다. 참여연대는 2009년 3월과 5월 두 차례의 성명 발표를 통해 4대 사회보험 징수통합은 근본적인 접근이 필요하다고 보면서 "건강보험공단 중심의 통합안으로 인해 사회보험 사각지대의 해소는 요원한 일이 되었고 효율성 제고에도 큰 실효성이 없으며 국민 불신과 사회적 비용을 초래"한다고 주장하였다. 2009년 3월 '사회민주주의연대'가 개최한 토론회에서 참석자들은 조세행정과 사회복지를 연계할 필요성으로 인해 국세청이 직접 징수하는 안이 최적이지만, 기존의 3개 보험공단이 있음을 고려하여 징수공단안이 현실적 대안이라는 의견을 제시하면서 건강보험공단 중심의 통합에 반대하는 입장을 보였다. 교수 등 전문가들은 관계 부처와 공단과의 친소관계 등에 따라 공청회 등에서 징수공단안을 지지하는 쪽과 건강보험공단안을 지지하는 쪽으로 나뉘었다(신황용·김연희·이희선, 2010). 한국경영자총협회에서는 공식 입장을 내지는 않았지만 국세청을 상대하는 데 부담을 느끼는 사업주들의 속성상 사회보험료 징수를 국세청 산하의 공단이 맡는 것에 대해서는 반대 의견을 갖고 있었다. 그러나 시민사회단체와 전문가들은 징수통합 문제에 있어서 주도적인 추진조직이 아니었기 때문에 정책 결정에 미친 영향은 제한적이었다.

5. 맺음말: 향후 과제

이명박 정부하에서 건강보험공단 중심으로 이루어진 징수통합은 10여 년 전 출발했던 사회보험 통합 논의의 주요 골자가 모두 제외된 채 흔히 '무늬만 통합'이라는 비판을 받고 있다(제갈현숙, 2009). 〈그림 12-1〉에서 보았듯이 자격관리 및 보험료 부과 업무는 그대로 3개 공단에서 처리하고 있고 고지서 발송, 수납·체납 관리만 통합이 이루어져 있기 때문이다.

2008년 6월 체결된 노사정 합의서에는 '징수통합'이라는 표현을 쓰고 있을 뿐 보험료 부과 업무를 제외한다는 내용이 없었고, 2008년 10월 국회에서 전재희 복지부 장관의 답변을 볼 때에도 징수통합은 적용 업무를 제외한 보험료 부과까지 포함되는 것으로 해석되지만, 복지부가 후속 작업을 추진하는 과정에서 보험료 고지서 발송부터만 통합하는 것으로 축소되었다. 따라서 향후 추가 개혁이 이루어진다면 보험료 부과 업무의 통합과 적용 업무의 통합이라는 두 단계가 더 남아 있다. 조정호(2012)는 현재의 불완전한 징수통합이 초래하는 다양한 문제점을 지적하고 있으며,[29] 공단과 공단노조들도 현재의 징수통합이 불완전하게 이루어져 있다는 데에는 동의한다. 따라서 보다 완전한 형태의 적용·징수 일원화를 추진하는 것이 보험의 사각지대 축소와 보험행정의 효율화를 위해 필요함은 자명하다.

그동안의 적용·징수 통합 작업 시 공단노조에서 반대의 명분으로 삼아 온 인력 구조조정은 징수통합을 저지하기 위한 표면적인 이유라

---

29 그 예로는 보험료 부과와 피보험자 관리, 보험급여가 연동되지 않는 시스템적 한계, 근로복지공단과 고용센터 간의 부험료 부과 및 급여지급을 위한 피보험자 정보의 불일치, 보험료 부과기관과 징수기관이 다른 데 따른 기관 간 복합민원 발생 등이다.

고 보인다. 노무현·이명박 정부하에서 모두 징수통합을 통해 전환되는 인력에 대한 고용안정을 보장한 바 있고, 정부가 인력 감축을 목표로 징수통합을 추진한 것이 아니라는 점은 명확하다(관계부처 합동, 2006; 국무조정실, 2009). 마찬가지로 앞으로 있을 수 있는 추가적인 징수통합 작업도 고용보장을 기초로 하여 중복적인 적용·징수 인력을 서비스 부분에 재배치하는 것이 기본구상이 될 것이므로 인력 구조조정 반대를 명분으로 한 추가적인 징수통합에 대한 노조의 반대는 설득력이 없다.

그러면 향후 완전한 징수통합은 어떻게 이루어야 할까? 부분적인 징수통합이 이미 건강보험공단 중심으로 시행되고 있으므로 향후 추가적인 적용·징수 통합도 건강보험공단으로 일원화해야 한다는 주장이 가능할 것이다. 건강보험공단에서의 부분적인 징수통합이 안착되었고 노조와 큰 갈등 없이 추진할 수 있는 현실적인 대안이기 때문이다. 반면, 지금이라도 늦지 않았으니 참여정부에서 구상했던 대로 국세청 산하 징수공단으로 적용·징수를 통합해야 한다는 주장도 가능하다. 건강보험공단으로의 부분적인 징수통합이 사회보험 사각지대 해소[30]와 보험행정의 효율화 측면에서 효과가 미미하므로 더 늦기 전에 방향 전환을 하자는 것이다. 어느 쪽이 최선인가에 대해서는 여전히 논란이 있겠지만, 현재와 같은 불완전한 징수통합은 바람직하지 않으므로 정부도 이제 어느 쪽으로든 제2단계의 적용·징수 통합에 드라이브를 걸 필요가 있음은 분명하다. 4대 사회보험 적용·징수 통합은 노

---

30 통계청의 경제활동인구부가조사에 의하면 2015년 8월 기준으로 비정규직의 사회보험 가입률은 고용보험 42.5%, 국민연금 36.92%, 건강보험 43.8%로서 통합징수가 시작된 2011년에 비해 1-2%p 정도 상승하였으나, 그동안 정부와 공단이 사각지대 해소를 위해 다양한 노력을 기울여 온 점을 감안한다면, 건강보험공단으로의 징수통합 자체가 사회보험 사각지대 해소에는 별다른 기여를 하지 못한 것으로 평가된다.

사정이 서로 포지티브섬(positive sum)을 창출할 수 있는 과제이고, 보다 완전한 적용·징수통합으로 나아가야 한다는 데 대해서는 이미 공감대가 광범위하게 형성되어 있으므로 이를 더 늦출 이유는 없을 것이다.

참고문헌

관계부처 합동(2006). 「사회보험 적용·징수업무 통합 혁신 방안」.

국무조정실(2009). 「사회보험 적용·징수 통합, 궁금합니다 Q & A」.

국민건강보험공단(2011). 「4대 사회보험 징수통합 사업 성과보고서」.

김연명(2000). 「흔들리는 4대 사회보험 통합」. 『월간 복지동향』 17: 20-22.

김용하(1999a). 「사회보험 통합 추진의 현황과 전망」. 『월간 복지동향』 4: 6-10.

김용하(1999b). 「사회보험통합기획단 동향」. 『월간 복지동향』 6: 37-38.

김태영·정원회·이영안·김봉준(2011). 「4대보험 통합징수 사례연구」. 중앙공무원 교육원 연구용역 보고서.

보건복지가족부(2009). 「사회보험 징수통합 추진계획」.

보건복지부(2009). 「사회보험 징수통합을 위한 노사정 합의서 체결」(보도자료).

빈부격차·차별시정위원회(2006). 「사회보험 적용·징수업무 통합 혁신방안 마련」(보도자료).

사회보험적용·징수통합추진기획단(2006). 「사회보험 관리운영체계의 통합추진 방안」.

설정곤(2010). 「4대 사회보험 징수통합 추진현황 및 향후계획」. 『보건복지포럼』 167: 54-63.

신황용·김연희·이희선(2010). 「한국의 4대 사회보험 통합관리체계 확립방안에 대한 쟁점: AHP 기법을 이용한 상대적 가중치 및 우선순위 측정을 중심으로」. 『정책분석평가회보』 20(4): 87-115.

심규범(2006). 「사회보험 적용·징수업무 통합방안」. 사회보험 적용·징수업무 통합을 위한 입법 공청회 자료.

이송호(2012). 「국가정책형성과정의 대안에 관한 탐색적 연구」. 『한국사회와 정책연구』 22(4): 51-77.

장신철(2006). 「사회보험 적용·징수 일원화와 향후 과제」. 한국노동연구원.

정정길 외(2010). 『정책학 원론』. 대명출판사.

제갈현숙(2009). 「10년 사회보험 개혁의 부실한 결실로서 징수통합: 새로운 사회보험 개혁 의제가 요구된다!」. 사회공공연구소 이슈페이퍼.

조정호(2012). 「고용·산재보험 적용·부과 시스템의 효율화 방안」. 고용노동부 연구용역보고서.

최병호(2006). 「사회보험 적용·징수 통합에 대한 코멘트」. 2006년 11월 6일 입법 공청회 자료.

Feld, L. and C. Larsen (2004). "Black activities in Germany in 2001 and in 2004: A Comparison based on Survey Data." Rockwood Foundation Research Unit.

Kingdon, J. (1984). *Agenda Alternatives and Public Policies*. Boston: Little, Brown and Company.

찾아보기

ㄱ

가족돌봄 휴직제도 183
간접차별 22, 182, 440, 441, 451
갑을오토텍 162, 241-244
개별급여체계 347, 348, 350, 351, 364, 372, 375-377, 380, 383
경력단절 24, 27, 151, 152, 163, 313, 444
경력단절여성 등의 경제활동 촉진법 443
경력단절여성지원센터 443
경제개발 5개년계획 32, 35, 73, 74
경제위기 극복을 위한 사회협약 19, 121, 123, 177, 302, 309, 316
고령자고용촉진법 35, 50, 266
고용관계시스템 160
고용률 9, 10, 15, 26, 61, 432, 444, 445
고용보험법 32, 35, 50, 160, 267, 273, 285, 299, 300, 302, 305
고용보험연구기획단 19, 48, 284, 295
고용보험 전달체계 296
고용보험제도 48, 52, 265, 267, 282
고용보호 규정 194
고용복지 연계정책 20, 347, 348, 351, 377, 378, 381, 382
고용불안 47, 51, 64, 107, 134, 238, 266
고용서비스 47, 58, 63, 65, 66, 135, 140, 270, 291, 309, 311, 369, 375, 381, 382
고용안정 123, 124, 126, 127, 140, 148, 158, 267, 484
고용안정사업 48, 52, 290-292, 295, 296, 299, 305, 308-312
고용의제 규정 146, 147, 194
고용정책기본법 35, 273
고용창출사업 65
고용창출형 경제정책 62
고용평등 22, 160, 182, 183, 431
고용허가제 21, 53, 389, 390, 396-399, 401-404, 406, 410, 420-423, 427
고정상여금 196, 197, 224
고정성 17, 197, 198, 242, 243, 245
공공직업안정기관 57, 66, 67
공공직업훈련 40, 56, 436, 438
공무원의 노동조합 설립 및 운영 등에 관한 법률 142, 178
공무원직장협의회 172, 178
공정안전관리(PSM) 제도 332
교원노조 129, 137, 143, 177
교원의 노동조합 설립 및 운영 등에 관한 법률 129, 143, 177
구조조정 62, 120-126, 132, 134, 139, 238, 266
구직급여 49, 269, 270, 290, 293, 301-305, 308
국가고용전략회의 61, 153
국가기술자격제도 5
국민기초생활보장제도 20, 65, 347
국제노동기구(ILO) 16, 40, 107, 128, 137, 171, 196, 204, 259, 261, 323, 334,

336
근로계약법제론 188, 189
근로기준법 16, 34, 38, 64, 84, 111, 135, 169, 170, 174, 178, 181, 183, 187, 189, 190, 201, 202, 210, 212, 225, 230, 240-242, 320, 321, 395, 435, 438, 441
근로능력자 20, 347, 349, 351, 356, 357, 365, 366, 368, 370, 377, 378, 380-383
근로빈곤층 20, 350, 356, 358, 360, 364-366, 368, 370, 377, 380-383
근로빈곤층 보호제도 378, 381, 382
근로시간 단축 16, 48, 64, 125, 126, 178, 204
근로연계 복지정책 20, 348-351, 356, 358, 361, 367, 376
근로자대표 201
근로자직업훈련촉진법 56, 273
근로자 참여 및 협력 증진에 관한 법률 135, 154, 202, 204
근로자파견제도 172, 174
근로장려세제(EITC) 20, 347, 474
금아리무진 판결 196, 198
기간제 근로자 60, 158
기간제 및 단시간 근로자 보호 등에 관한 법률 145, 157, 180
기능대학 56, 265

ㄴ

남녀고용평등과 일·가족 양립 지원에 관한 법률 183, 442, 444
남녀고용평등법 22, 35, 50, 55, 182, 183, 434, 435, 437, 438, 440-442, 451
남녀고용평등정책 431, 434, 437, 440, 443
남녀차별금지 규정 175
남녀차별 금지 및 구제에 관한 법률 182, 440
네오코포라티즘 115, 117
노노갈등 10, 96, 144
노동과학 323
노동관계법 77, 82-85, 93, 94, 99, 100, 107, 111, 137, 170-172, 216, 404
노동기본권 59, 70, 123, 124, 128, 129, 134, 135, 137, 139, 141, 142, 174, 175
노동시간 선택권 451
노동시장 유연화 59, 60, 184, 439
노동운동 15, 71-73, 80, 85-88, 91-93, 95, 96, 98-101, 106, 107, 111, 115, 119, 140, 160, 171, 236
노동위원회법 16, 79, 84, 94, 145, 169
노동유연성 175
노동쟁의 72, 76, 77, 79-81, 84, 95, 101
노동쟁의조정법 16, 79, 85, 94, 95, 169
노동조합 및 노동관계조정법 135, 155, 156, 179
노동조합법 16, 78, 83, 84, 93, 95, 169
노사개혁 107, 108, 113, 114, 137
노사관계개혁위원회(노개위) 16, 108, 109, 113, 130, 171
노사관계개혁추진위원회 110
노사관계법·제도 선진화 방안 137, 181, 184
노사관계선진화위원회 154
노사분규 16, 46, 71, 72, 77, 95, 97, 99-103, 111, 113, 131, 133, 216, 223, 235
노사정위원회 16, 19, 59, 121, 123-125, 130, 131, 134, 137-140, 144, 154, 158, 172-180, 186, 187, 204, 205, 302, 311-314, 317, 464
노사협력 프로그램 112

노사협의회 72, 78, 84, 112, 170, 185, 202
노사협조주의 85, 114
노인빈곤율 10
노조의 자유설립주의 78, 170
노조 전임자 근로시간면제 제도 151, 156, 160

ㄷ
단결권 109, 123, 128, 177, 179, 185
단체교섭권 85, 94, 177, 179
단체행동권 97, 84, 85, 93, 216
도시산업선교회 87, 89, 91

ㅁ
무노동 무임금 100, 102, 122, 133, 182
물가연동제 219
물질안전보건자료(MSDS) 332, 333
민주노조운동 91

ㅂ
방문취업제 22, 388, 389, 408, 411, 413-417, 419, 420
복리후생비 198-200
복수노조 109, 125, 138, 151, 154-156, 160, 182, 201
복수노조 교섭창구 단일화 156
부당해고 181, 186
불법체류자 389, 400-402, 404-407, 411
불법파견 145-147, 164, 180, 194, 206
비정규직 고용개선 종합계획 147
비정규직보호법 59, 60, 146, 148, 446
빈부격차·차별시정위원회 23, 467-469

ㅅ
사내하도급 159, 161, 192, 193
사망만인율 330, 338, 339
사업내직업훈련 40, 44, 56, 270
사업내직업훈련 의무제도 41, 270, 289-291, 301
사용자책임 192, 193, 195, 196
사회보험 사각지대 309, 459, 460, 468, 484
사회보험징수공단 469
사회안전망 15, 36, 52, 53, 64, 134, 139, 147, 158, 159, 307, 352, 368, 369
사회적기업육성법 58, 136
사회적 시민권 350, 351, 376
사회적 일자리 58, 140
사회적 조합주의 16, 205
산업안전보건법 320, 321, 327, 331, 332
산업안전보건정책 19, 321, 342
산업평화공동선언 111
산재예방정책 322, 324-326, 329, 331, 339, 342
생계급여 352, 353, 356, 360, 369, 377, 380-383
소득불평등 10, 17
손배·가압류 제도 135, 148, 149, 206
시간제 근로 확대 444
신노사문화 109, 130, 131, 134
신의칙 원칙 243, 244
신직업교육체제 271
실업급여 48, 53, 65, 66, 269, 270, 282, 283, 286-288, 290, 295, 296, 298, 301-303, 308, 309, 349
실업률 9, 24-26, 38, 43, 45, 50, 51, 139, 305, 308
실업자 재훈련 프로그램 274

ㅇ
여성고용촉진정책 431, 436, 438, 441, 443
연수취업제 21, 389, 396-398
연장근로 162, 206, 211, 229, 242, 246

온정적 노사관계 76
와일드캣 스트라이크(Wildcat Strike) 95
외국국적동포 389-391, 402, 405, 408-411
외국인 근로자의 고용 등에 관한 법률 401, 402, 406, 411
위장도급 192-194
유니언숍 94, 99, 185
육아휴직제도 437
6.29 민주화선언 32, 33, 72, 97, 101, 102, 223, 224
일을 통한 빈곤탈출 지원법 370, 372, 373
일자리 만들기 사회협약 19, 139-141, 309, 316
임금연구회 117, 236
임금유연화 전략 200
임금의 개념 210
임금의 구성 210
임금인상 억제정책 17, 216, 217, 224, 247
임금채권보장법 172, 176, 177, 478
임금피크제 163, 186, 246, 309, 312
임금협정 115-117
임의조정제도 99

ㅈ

자유방임 임금정책 223
자활지원법 370, 372, 373
자활지원사업 20, 353-362, 368, 370-373, 378-382
자활지원센터 355, 373
장기구직자고용촉진장려금 307, 310
장기실직자채용장려금 305
쟁의기간 중 대체근로 109
저소득 실업자 보호제도 366, 368, 369
저임금 근로자 정책 218, 225
적극적 고용개선조치 183, 433, 441, 448
적응훈련지원금 300
전국교직원노동조합(전교조) 129, 143, 438
전국민주노동조합총연맹(민주노총) 60, 109, 113-115, 119, 123-125, 129, 134, 138, 157, 172, 173, 186, 236
전태일 87, 88, 218
정기상여금 196, 200, 243, 244
조건부 수급제도 347, 351, 356, 366, 376
조세 회피 460
종업원대표제 201-204
직권중재제도 폐지 137, 160, 179
직업능력개발사업 48, 56, 267, 273, 289, 290, 295, 299, 303, 307, 308, 311
직업능력개발제도 265, 269
직업병 320, 325, 329, 340
직업안정법 32, 35, 39, 40, 50
직업훈련기본법 32, 43, 251, 261, 263, 273, 436
직업훈련에 관한 특별조치법 43, 251, 261, 436

ㅊ

차상위계층 351, 358, 359, 363, 364, 373, 377, 380-382
창업교육훈련지원금 300
채용장려금 300, 305, 306
청년실업 25, 36, 152
총액임금제 17, 103, 104, 115, 231-234
최저임금법 225, 229, 396, 404, 426
최저임금심의위원회 35, 50
최저임금제 17, 35, 50, 219, 226, 227
취업우선정책(work first policy) 361

ㅌ

통상임금 17, 18, 162, 185, 196-201, 211, 229, 230, 240-247
통합급여체계 347, 357, 375

특례고용허가제 389, 410, 411
특수형태 종사자 163

ㅍ
파견근로자 147, 174, 176, 180, 181, 311
파견근로자 보호 등에 관한 법률 59, 176
평균임금 185, 198, 211, 212, 225, 226, 240
필수유지업무 151, 179

ㅎ
한국경영자총협회(경총) 100, 116, 173, 235, 482
한국교원노동조합(한교조) 129
한국기술교육대학 49, 265
한국노동연구원 19, 309
한국노동조합총연맹(한국노총) 80, 93, 104, 116, 117, 125, 138, 145, 173, 219, 282, 392
한국산업안전공단 19
한국산업인력공단 56
한국직업능력개발원 49
한국직업훈련관리공단 35
활성화 정책(activation policy) 348-350
희망리본프로젝트 375

발간사

서울대학교 국가리더십연구센터는, 우리나라가 국민들이 바라고 전 세계가 부러워하는 '모범국가'로 발전하는 데 기여하기 위해서 2013년 3월 설립되었다.

어떤 조직, 어떤 사회, 어떤 국가의 흥망과 성쇠는 지도자에 달려 있다고 해도 과언이 아니다. 한 나라가 모범국가로 발전하는 과정의 핵심도 국가의 지도자다. 국가지도자의 비전과 역량에 따라 모범국가로 나아가기도 하고, 형편없는 국가로 머물러 있거나 또는 추락하기도 한다. 그들이 무엇을 시대적 과제로 인지하고 어떤 국가의 비전을 설정하며, 그것을 달성하는 과정에서 어떻게 국민의 지지를 확보하면서 동시에 여러 가지 어려움과 저항을 극복하는지에 따라 모범국가로 나아갈 수도 있고 그렇지 않을 수도 있다. 그것도 한 세대가 아니라 세대를 이어 가면서 각 시대의 국가적 과제를 국가지도자들이 어떻게 설정하고 이를 추진하는지가 중요하다. 각 세대를 책임지는 국가지도자들이 계속해서 보다 나은 국가에 대한 비전을 설계하고 이를 잘 성취할 수 있는 지혜를 가진다면, 우리나라는 그야말로 전 세계가 부러워하는 모범국가로 우뚝 설 수 있을 것이다.

국가리더십연구센터는 바로 그러한 지혜를 연구하고 이를 미래의 지도자들에게 전수하여, 지금부터 70년 뒤에는 우리가 광복 70년 동안 이룩해 왔던 것보다 더 많은 발전을 이룩하고, 그로부터 다시 70년 뒤에는 그야말로 전 세계가 부러워하는 모범국가로 우뚝 서는 데 기여하고자 한다.

이를 위한 사업으로 국가리더십연구포럼, 역사리더십연구포럼, 정책리더십연구포럼을 각각 추진하고 있다. 첫째, 국가리더십연구포럼은 대한민국정부 수립 이후 국가의 발전과 국민의 행복에 기여한, 생존하고 있는 국가지도자들을 초청하여 이들이 격변의 과정에서 무엇을 국정목표와 가치로 설정하고, 이를 달성하기 위해서 어떤 전략과 수단을 사용하였는지, 특히 여러 가지 저항과 어려움을 어떻게 극복하였는지 그 생생한 리더십의 경험을 청취, 정리, 연구하는 동시에 이를 역사적 사료로 후세에 전달하고자 하는 사업이다. 둘째, 역사리더십연구포럼은 중요한 역사적 전환 시점에 나라의 발전을 위해 헌신한 역사적 인물을 대상으로 이들이 그 시대를 어떻게 이해하고 무엇을 시대적 비전으로 설정하였으며 이를 어떤 리더십으로 달성하였는지를 연구하는 사업이다. 셋째, 정책리더십연구포럼은 각 정책분야별 역사적 변화의 궤적을 추적하고 향후 전망을 제시하는 사업이다. 대한민국이 '모범국가'로 나아가기 위해서는 우리가 어디에서 와서 현재 어디에 있으며 또 앞으로 어디로 갈지를 파악하는 것이 필요하다. '모범국가'라는 것이 고정된 것이 아니라 전 세계라는 공간과 역사라는 시간에 따라 변화되는 국가의 모양이라고 볼 때, 각 정책영역별 역사적 변동과 전망을 정리함으로써 보다 구체적인 국가발전의 방향을 설정할 수 있을 것이다. 그래서 각 정책분야별로 의미 있는 발전과 개혁이 무엇인지, 이러한 변화가 이루어지는 과정에서 추진세력은 저항세력을 어떻게 극복하는지 정치·경제·사회적 제약조건과 이를 극복하는 전략과 수단을 탐색하는 사업이다.

이러한 세 가지 포럼의 연구 성과를, 동시대와 공유하는 한편 후세에 전해 주기 위해서, 국가리더십연구총서의 형태로 지속적으로 발간하고자 한다. 많은 분들의 관심과 비판, 그리고 격려를 통하여 모범국가로 나아가는 데 조금이라도 기여를 할 수 있으면 하는 마음 간절하다.

국가리더십연구센터 소장 김병섭

필자 소개(가나다순)

금현섭

서울대학교 사회복지학과를 졸업하고, 서울대학교 행정대학원에서 행정학 석사학위를, 미국 미시간대학교(Ann Arbor)에서 정책학 석사학위를, 텍사스대학교(Austin)에서 정책학 박사학위를 받았다. 현재 서울대학교 행정대학원 교수로 재직 중이다. 저서로는 『국가운영시스템: 과제와 전략』(공저, 2008), 『한국사회의 부패: 진단과 처방』(공저, 2013), 『한국사회의 이중구조와 생애주기적 불평등』(공저, 2015) 등이 있다.

김성중

전북대학교 무역학과를 졸업하고 미국 코넬대학교에서 노동경제학 석사학위를, 원광대학교에서 경제학 박사학위를 취득하였다. 1976년 행정고시에 합격한 후 노동부에서 직업훈련, 고용보험, 고용정책, 산재보험, 산업보건, 노동조합, 근로기준 정책 등을 담당하고, 서울지방노동위원장과 노동부 차관, 제8대 경제사회발전노사정위원회 위원장을 역임하였다. 현재 전북대학교 석좌교수 및 법무법인 태평양의 고문으로 재임 중이다. 저서로는 『노동조합 어떻게 할 것인가』(1993), 『한국의 고용정책』(2005) 등이 있다.

김원배

서울대학교 공대를 졸업하고 미국 워싱턴대학교에서 경제학을 전공하였으며, 경희대학교에서 경영학 박사학위를 취득하였다. 1973년 제14회 행정고시에 합격한 후 노동부 안전정책과장, 노정과장, ILO 주재관, 청와대 노동담당행정관 등을 역임했으며, 1994년부터 공보관, 대전노동청장, 노정기획관, 직업안정국장, 노정국장, 청와대 노동비서관 등을 거쳐 2000년 중앙노동위원회 상임위원, 노동부 기획관리실장, 2004년에는 노사정위원회 상임위원에 임명되어 일자리사회협약 등 노사정위원회 합의를 이끌어 낸 바 있고, 2007년에 근로복지공단 이사장에 임명되어 3년여의 임기를 마치고 2010년부터 김&장 법률사무소 상임고문으로 일하고 있다.

김헌수

조선대학교 법학과를 졸업하고 서울대학교 행정대학원에서 행정학 석사, 국방대학원에서 안전보장학 석사학위를 취득하고 조선대학교에서 산업안전공학 박사학위를 취득하였다. 제24회 행정고시에 합격하여 고용노동부에서 임금복지, 노정, 법무담당관과 고용정책, 고용보험 업무를 담당하였고, 현장에서는 여수고용노동지청장, 광주지방노동청장, 인천지방노동청장, 중앙노동위원회 상임위원 겸 사무처장을 역임하였다. 광주대학교 겸임교수와 조선대학교 대학원 석좌교수로 있으면서 노동법과 산업안전보건에 대해 강의했으며, 호주 브리즈번의 그리피스대학교 노사관계학과에서 visiting scholar로 1년간 근무하였다. 2009년부터 김&장 법률사무소 상임고문으로 재직 중이다. 저서로는 『최저임금법』(공저, 1988), 『노동법』(공저, 2001), 『기업회생』(공저, 2010), 『복수 노조시대의 부당노동행위』(2011), 『복수 노동조합과 노동조합 전임자』(2012, 개정4판), 『노동조합 및 노동관계조정법』(2013, 개정4판) 등이 있다.

송지태

부산대학교 기계공학과를 졸업하고 독일 부퍼탈대학교 대학원에서 안전공학으로 석사학위를, 가톨릭대학교 대학원에서 산업보건과 보건학으로 각각 석사학위와 박사학위를 취득하였다. 고용노동부 능력개발심의관, 산업안전국장, 부산지방고용노동청장을 역임한 후 서울과학기술대학교 겸임교수, 한국승강기안전기술원 이사장, 한국안전기술협회 회장을 거쳐 현재 한국안전환경과학원 대표를 맡고 있다.

유길상

고려대학교 경제학과를 졸업하고 미국 하와이주립대학교에서 경제학 석사학위와 박사학위를 취득하였다. 현재 한국기술교육대학교 테크노인력개발전문대학원 교수로 재직 중이다. 경제기획원 행정사무관(행정고시 제23회), 한국노동연구원 고용보험연구센터 소장, 한국노동연구원 부원장, 한국고용정보원 원장, 한국기술교육대학교 테크노인력개발전문대학원장, 대통령 자문 국민경제자문회의 위원, 대통령 자문 사람입국·일자리위원회 위원, 사회보장위원회 위원, 고용정책심의위원회 위원, 한국사회보장학회 회장, 세계공공고용서비스협의회(WAPES) 부회장 등을 역임하였다. 저서로는 『고용보험제도 실시방안 연구』(공저, 1993), 『실업급여 수급자의 특성과 재취업 행태』(2003), 『고용서비스 전달체계 해외사례연구』(공저, 2011),『고용보험 국제비교』(2013) 등이 있다.

이규용

전남대학교 경제학과를 졸업하고 성균관대학교에서 석사학위와 박사학위를 취득하였다. 현재 한국노동연구원 선임연구위원 및 지역고용연구실장으로 재직 중이며, 한국이민학회와 한국지역고용학회 부회장, 외국인력정책위원회 실무위원으로 활동하고 있다. 저서와 논문으로『이민 정책론』(공저, 2016),「취업취약계층 노동시장정책 효율화 방안 연구」(공저, 2013),「이민정책의 국제 비교」(2015) 등이 있다.

이주희

이화여자대학교 사회학과를 졸업하고 미국 위스콘신대학교 사회학과에서 석사학위와 박사학위를 취득하였다. 현재 이화여자대학교 사회학과 교수로 재직 중이며, W20(G20 Outreach Group) 한국 대표, 서울시 일자리위원회 부위원장으로도 활동하고 있다. 대통령 자문 빈부격차차별시정위원회 전문위원, 노사관계제도선진화연구위원회 연구위원, 비판사회학회 부회장, 이화여자대학교 고진로사회권 연구소장 등을 역임한 바 있다. 저서로는『21세기 한국노동운동의 현실과 전망』(2002), *The New Structure of Labor Relations: Tripartism and Decentralization* (2004),『유리천장 깨뜨리기』(2004),『고진로(High Road) 사회권: 비정규직을 위한 대안적 복지 패러다임』(2012) 등이 있다.

이철수

서울대학교 법과대학을 졸업하고 동 대학원에서 법학 석사학위와 박사학위를 취득하였다. 현재 서울대학교 법학전문대학원의 교수로 재직 중이며, 서울대학교 노동법연구회 회장, 서울대학교 고용복지법센터 소장을 맡고 있다. 노사관계개혁위원회 책임전문위원, 한국고용노사관계학회 회장, 한국노동법학회 회장, 서울대학교 기획처장, 서울대학교 평화통일연구소 대외협력실장, 서울대학교 법과대학 최고지도자과정(ALP) 원장을 역임하였다. 저서로는『공무원 노사관계의 합리적 운영을 위한 제도개선방안』(2008),『장시간 노동과 노동시간 단축』(공저, 2011),『노동조합의 경제적 효과와 근로자대표권 연구』(공저, 2013) 등이 있다.

장신철

서울대학교 사회복지학과와 미국 일리노이대학교 노사관계대학원을 졸업하고, 한국기술교육대학교에서 고용정책학 박사학위를 받았다. 1991년 행정고시에 합격하여 고용노동부, 국무조정실, 대통령비서실, 주OECD대표부, 서울지방노동위원회 등에서 근무하였으며, 현재 서울지방고용노동청장으로 재직하고 있다. 1991년부터 1995년까지 우리나라에 고용보험을 도입하는 업무와 노무현 정부 때 추진되었던 4대 사회보험 적용·징수 통합 작업을 담당하였다. 보고서로는 「사회보험 적용·징수의 일원화와 향후 과제」(2006), 「OECD의 한국 노동법 모니터링」(2008), 「OECD 국가의 노동시장정책」(2011), 「민간 고용서비스의 선진화를 위한 과제」(2013) 등이 있다.

정병석

서울대학교 무역학과를 졸업하고 미국 미시간주립대학교에서 경제학 석사학위, 중앙대학교에서 경제학 박사학위를 취득했다. 행정고시 합격한 후 노동부에서 30년간 근무하면서 직업훈련, 고용정책, 근로기준정책 등을 담당하고 차관을 역임했으며, 한국기술교육대학교(코리아텍) 총장을 거쳐 현재 한양대학교 특임교수로 있다. 저서 및 논문으로는 『최저임금법』(공저, 1989), 「한국노동시장에서의 노동이동 행태분석」(1994), 「이행노동시장 이론기반 노동시장정책 발전방안」(2010) 등이 있다.

황덕순

서울대학교 경제학과를 졸업하고 동 대학원에서 석사 및 박사 학위를 취득하였다. 현재 한국노동연구원 선임연구위원이며, 청와대 빈부격차차별시정위원회 비서관, 청와대 빈부격차차별시정기획단 행정관, 보건복지부 국민기초생활보장추진단의 위원을 역임하였다. 저서로는 『국민기초생활보장제도 개편에 따른 저소득층 소득지원제도 발전방향』(공저, 2012), 『비공식취업 연구』(공저, 2012), 『사회서비스 산업 노동시장 분석: 돌봄서비스를 중심으로』(공저, 2012) 등이 있다.